高等院校
会计学新形态 系列教材
ACCOUNTING

财务管理

微课版 | 第4版

蒋红芸 曾繁荣 / 主编
杨礼洪 黄志媛 / 副主编

FINANCIAL

MANAGEMENT

人民邮电出版社
北 京

图书在版编目（CIP）数据

财务管理：微课版 / 蒋红芸，曾繁荣主编. --
4版. -- 北京：人民邮电出版社，2025. --（高等院校
会计学新形态系列教材）. -- ISBN 978-7-115-67310-7

Ⅰ．F275

中国国家版本馆 CIP 数据核字第 2025PM5516 号

内 容 提 要

本书按照财务管理活动的内在逻辑组织相关内容。全书分为 10 章，具体包括财务管理总论、货币
时间价值与风险分析、财务报表分析、短期筹资方式、长期筹资方式、筹资决策、项目投资决策、证券
投资管理、营运资本管理和利润分配等内容。本书内容新颖，理论与实践结合紧密，案例可读性强，深
入浅出地引导读者理解相关知识点。

本书可作为高等院校经济管理类专业相关课程的教材，也可作为企事业单位会计人员、经济管理人
员及自学者的参考书。

◆ 主　　编　蒋红芸　曾繁荣
　　副 主 编　杨礼洪　黄志媛
　　责任编辑　刘向荣
　　责任印制　陈　犇

◆ 人民邮电出版社出版发行　　北京市丰台区成寿寺路 11 号
　　邮编　100164　电子邮件　315@ptpress.com.cn
　　网址　https://www.ptpress.com.cn
　　三河市兴达印务有限公司印刷

◆ 开本：787×1092　1/16
　　印张：15.5　　　　　　　　　　　2025 年 8 月第 4 版
　　字数：425 千字　　　　　　　　　2025 年 8 月河北第 1 次印刷

定价：56.00 元

读者服务热线：(010)81055256　印装质量热线：(010)81055316
反盗版热线：(010)81055315

第 4 版前言

　　财务管理是现代企业管理的重要分支，是研究资金获取、有效使用和合理分配的一门学科。随着我国市场经济的不断发展、资本市场的不断完善，财务管理的意义日益凸显，其成效如何，在一定程度上关系到企业的兴衰成败。财务管理知识不仅是企业财务工作者必备的专业素养，也是企业各级管理人员需要掌握的核心内容。财务管理课程是当前高等院校本科会计类专业的专业课，也是经济管理类其他专业的专业基础课。《财务管理（微课版 第 4 版）》在第 3 版的基础上，融入党的二十大精神，结合财务管理理论和财务实践的发展，以及教学实践和反馈，对原有内容进行了修订和补充。该教材具有以下特点。

　　（1）内容新颖，结构合理。本书内容继承与创新并重，既充分借鉴了现有教材的研究成果，又紧密融合了财务管理理论与实践的最新进展。在章节设计上，按照财务活动的内在逻辑将财务管理的主要内容划分为 10 章，各章既独立又有机联系，帮助读者构建系统知识框架。

　　（2）理论结合实践，应用性强。本书将相关理论融入财务实践，针对课程重点和难点部分，配以实务图表，进行深入浅出的阐述与通俗易懂的分析，将财务管理理论与应用能力培养紧密联系在一起，突出教材的实用性和有效性。

　　（3）立德树人，将德育教育融入教材。注重培养读者从事财务工作需具备的职业精神和社会责任感。案例突出本土化，立足中国实践，讲述中国故事。

　　（4）形式灵活，方便自学。本书采用二维码形式链接微课视频，扫码即可观看。读者可随时随地学习各章重难点，提升学习效率。

　　本书由蒋红芸、曾繁荣担任主编，杨礼洪、黄志媛担任副主编。具体分工为：第 1 章、第 2 章、第 4 章、第 6 章由蒋红芸、曾繁荣编写；第 3 章由王秋霞编写；第 5 章由杨礼洪编写；第 7 章、第 9 章由王晓莹、蒋红芸编写；第 8 章、第 10 章由黄志媛、卞子全编写。

　　本书得到桂林理工大学教材建设基金资助出版，在此表示感谢！在编写本书的过程中，编者参考了大量的相关文献，在此对相关文献的作者致以真诚的感谢！

　　由于编者水平有限，书中难免存在不足之处，恳请各位读者批评指正。

编　者

目　录

第1章
财务管理总论

【学习目标】

财务管理在现代企业管理中的地位越来越重要。本章主要阐述企业财务管理的基本理论，旨在帮助初学者对财务管理建立整体认知，为后续章节的学习奠定理论基础。

通过本章的学习，读者应达到以下目标。

- 掌握财务管理的概念；
- 理解财务管理目标的含义；
- 熟悉影响财务管理的环境因素；
- 了解企业的基本组织形式；
- 了解财务管理智能化的发展趋势。

【引导案例】

正邦科技破产重整的警示

正邦科技成立于 1996 年，初期以饲料生产为主业，2007 年上市后，公司逐步向生猪养殖全产业链拓展，跻身国内生猪养殖行业前三强。2020 年公司净利润达 59.6 亿元，市值一度突破 800 亿元，成为资本市场瞩目的"猪周期"标杆企业。正邦科技的激进扩张策略始于 2019 年猪价上涨周期，公司通过大规模举债实现产能跃进：2019—2021 年累计投资超 400 亿元新建猪场，资产负债率从 68%攀升至 92.6%，流动负债占比高达 73.22%，且大量采用"明股实债"模式隐藏真实负债。这种过度依赖债务驱动的扩张模式，使企业每头猪的固定资产投入达行业均值的 1.5 倍，重资产结构严重削弱了其抗风险能力。2021 年下半年生猪价格开启下行通道，每头猪亏损超 800 元。雪上加霜的是，2022 年非洲猪瘟在江西、四川等核心产区复发，导致公司能繁母猪存栏量减少 40%，产能利用率不足 50%，形成"越养越亏"的恶性循环。2021 年与 2022 年，正邦科技失去盈利能力，净利润由正转负。截至 2022 年底，公司流动负债达 275 亿元，而账面货币资金仅剩 7.83 亿元。2023 年 3 月，因无法支付到期债务，公司最终于 2023 年 9 月进入破产重整程序。

正邦科技从养殖标杆企业到最终陷入破产重整的窘境，这一巨大转变背后究竟暴露了哪些财务管理层面的问题？企业应当如何构建并优化财务管理体系，以确保稳健运营与持续发展？

1.1　财务管理的概念

任何组织都需要进行财务管理，但营利性组织和非营利性组织的财务管理存在显著差异，本书主要讨论营利性组织的财务管理，即企业财务管理。企业财务管理是基于企业再生产过程中客观存在的财务活动和财务关系产生的，是企业组织财务活动、处理财务关系的一项价值管理工作。为了了解什么是财务管理，首先需要了解企业的财务活动和财务关系。

1.1.1 企业财务活动

企业在生产经营过程中，不断发生资金的收入与支出。例如，企业采购材料、支付工资、支付利息等都属于资金的支出。而通过销售产品，企业又可以收回一定的资金，形成资金的收入。只要企业持续开展生产经营活动，就会不断地发生资金的收支事项（见图1-1）。

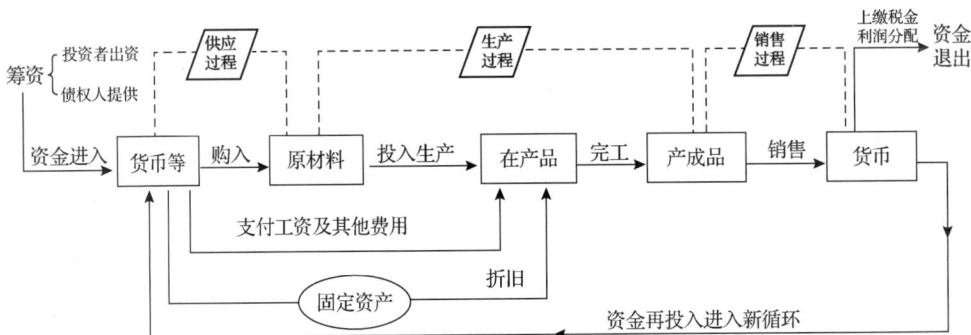

图 1-1　企业的资金运动过程

资金的收支构成了企业的财务活动。具体而言，企业的财务活动可分为以下4个方面。

1. 筹资引起的财务活动

企业为了从事生产经营，首先必须筹集一定数量的资金。企业通过向投资者吸收直接投资、发行股票、发行债券、用留存收益转增资本等方式筹集资金。这时，资金表现为流入。当企业偿还借款，支付利息、股利及各种筹资费用时，资金表现为流出。这种因为资金筹集而产生的资金收支，便是由企业筹资引起的财务活动。

在进行筹资活动时，企业一方面要确定筹资的总规模，以保证投资所需的资金；另一方面要通过筹资渠道、筹资方式和筹资时机等的选择，合理确定筹资结构，以降低筹资成本和融资风险，提高企业价值。

2. 投资引起的财务活动

企业筹集资金的目的是开展生产经营活动，以取得利润，从而实现企业价值的最大化。企业将筹集到的资金投资于企业内部（用于购置流动资产、固定资产、无形资产等），便形成了企业的对内投资；企业将筹集到的资金用于购买其他企业的股票、债券或与其他企业联营，便形成企业的对外投资。无论是企业购买内部所需的各种资产，还是在外部购买各种证券，都需要支出资金。而当企业变卖其对内投资的各种资产或收回其对外投资时，则会产生资金的收入。因企业投资而产生的资金收支，便是由投资引起的财务活动。

在进行投资活动时，企业一方面要考虑投资规模，确保获取最佳投资回报；另一方面要合理选择投资项目和投资方式，确定合理的投资结构，以提高投资报酬率，降低投资风险。

3. 经营引起的财务活动

企业在日常的经营活动中，会收支一系列的资金。首先，企业要采购材料或商品，以便从事产品生产和销售活动，同时，还要支付工资和其他营业费用；其次，企业将产品或商品销售出去，便可取得收入，收回资金；最后，如果现有资金不能满足企业经营的需要，企业还要利用商业信用等方式来筹集所需资金。上述各方面活动均属于企业经营引起的财务活动，也称为资金营运活动。

企业营运资金主要是为了满足日常经营活动的需要而垫支的资金。一定时期内，资金周转越快，资金的利用效率就越高，企业就能利用相同数量的资金生产出更多的产品，取得更多的报酬。因此，如何加速资金周转、提高资金利用效率是企业营运资金管理中必须考虑的问题。

4. 利润分配引起的财务活动

企业也可能会因对外投资而分得利润，这表明企业实现了资金的增值或获得了投资报酬。企业的利润要按规定的程序进行分配：第一，弥补以前年度的亏损，但不得超过税法规定的弥补期限；第二，按照规定依法缴纳所得税；第三，弥补在税前利润弥补亏损后仍存在的亏损；第四，提取法定公积金和任意公积金；第五，向投资者分配利润。可见，随着利润分配过程的进行，不管资金退出企业还是留存企业都会影响企业的资金运动。这种活动便属于由利润分配引起的财务活动。

过高的利润支付率会导致较多的资金流出企业，从而影响企业的再投资能力；而过低的利润分配率又可能引起投资者不满，对于上市公司而言，这种情况可能引起股价下跌，从而使公司价值下降。可见，企业应该根据实际情况，确定合理的利润分配政策。

上述企业财务活动的 4 个方面，不是相互割裂、互不相关的，而是相互联系、相互依存的。正是上述既互相联系又有一定区别的 4 个方面，构成了完整的企业财务活动，也构成了财务管理的基本内容：企业筹资管理、企业投资管理、营运资金管理、利润及其分配管理，如图 1-2 所示。

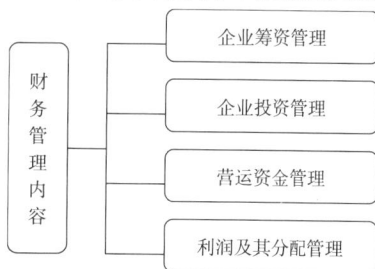

图 1-2　企业财务管理的基本内容

1.1.2　企业财务关系

企业的筹资活动、投资活动、经营活动、利润及其分配活动与企业各个方面都有广泛的联系。企业财务关系是指企业在组织财务活动过程中与各有关方面发生的经济利益关系。企业的财务关系如图 1-3 所示。

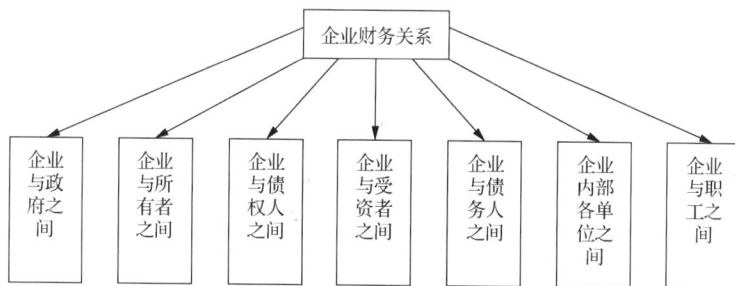

图 1-3　企业财务关系

1. 企业与政府之间的财务关系

政府作为社会管理者，担负维护社会正常秩序、保卫国家安全、组织和管理社会活动等责任，有义务为企业生产经营活动提供公平的经营环境和公共设施。政府依据社会管理者的身份无偿参与企业利润的分配。企业必须按照税法规定向政府缴纳各种税款，包括所得税、增值税、财产税、资源税等。由于税收具有强制性、无偿性和固定性的特征，因此企业与政府之间的财务关系体现了一种强制和无偿的分配关系。

2. 企业与所有者之间的财务关系

企业与所有者之间的关系是共同分享收益的关系，体现经营权与所有权的关系。这主要是指投资者向企业投入资金，企业向其支付投资报酬所形成的经济关系。企业所有者需要按照投资合同、协议、章程的约定履行出资义务以便及时形成企业的资本。企业在利用资本进行经营并实现利润后，应该按照出资比例或合同、章程的规定，向其所有者支付报酬。所有者通常会与企业发生以下财务关系：所有者可以参与或监督企业经营；所有者对企业的净资产享有分配权；所有者对企业承担一定的经济法律责任。

3. 企业与债权人之间的财务关系

企业与债权人之间的财务关系体现的是债务与债权关系。这主要是指企业向债权人借入资金，并按借款合同的规定按时支付利息和归还本金所形成的经济关系。企业除利用资本进行经营活动外，必要时还会借入一定数量的资金，以便降低资金成本，扩大企业的经营规模。企业的债权人主要有贷款机构、企业自身所发行的债券的持有人、商业信用提供者，以及其他出借资金给企业的单位和个人。企业要按合同、协议的约定及时向债权人支付利息；债务到期时，企业要合理调度资金，按期向债权人归还本金。

4. 企业与受资者之间的财务关系

企业与受资者之间的财务关系是体现所有权性质的投资与受资的关系。这主要是指企业以购买股票或直接投资的形式向其他企业投资而形成的经济利益关系。随着市场经济的深入发展，以及企业经营规模和经营范围的不断拓展，这种关系将越来越广泛。企业向其他单位投资，应按约定及时履行出资义务，并根据其出资额所占被投资单位股份的份额参与被投资单位的经营管理和利润分配。

5. 企业与债务人之间的财务关系

企业与债务人之间的财务关系体现的是债权与债务关系，即企业将其资金以购买债券、提供借款或商业信用等形式借给其他单位或个人时，两者之间形成的经济关系。企业将资金借出后，有权要求其债务人按约定的条件支付利息和归还本金。

6. 企业内部各单位之间的财务关系

企业内部各单位之间的财务关系体现了企业内部各单位之间的经济利益关系。这是指企业内部各单位之间在生产经营各环节中相互提供产品或劳务所形成的经济利益关系。在实行内部经济核算制和经营责任制的条件下，企业内部各部门、各单位之间相互提供劳务和产品时也要进行计价结算。企业在处理这种财务关系时，要严格界定有关各方的经济责任，以便有效地发挥激励机制和约束机制的作用。

7. 企业与职工之间的财务关系

企业与职工之间的财务关系体现了企业与职工之间在劳动成果上的分配关系。这主要是指企业在向职工支付劳动报酬的过程中与职工所形成的经济关系。职工是企业的劳动者，他们以自身提供的劳动作为参加企业分配的依据。企业根据职工工作业绩的大小，用其收入向职工支付薪酬。

1.1.3 企业财务管理的特点

1. 财务管理是一项综合性管理工作

财务管理主要运用价值形式对企业经营活动实施管理，包括筹资管理、投资管理、营运资金管理、利润分配等。这是一项综合性较强的经济管理活动。它通过价值管理，合理规划和控制企业所有的物质条件、营运过程和营运结果，从而达到不断提高企业价值的目的。因此，财务管理既是企业管理的一个独立方面，又是一项综合性的管理工作。

2. 财务管理涉及生产经营的各个方面

财务管理活动涉及供应、生产、销售等各个环节。企业内部某一部门与资金不发生联系的现象极为罕见。可以说，企业财务管理的触角伸向企业经营的每一个角落。企业内部的每一个部门都在合理使用资金、节约资金、提高资金效率等方面接受财务的指导，受到财务管理部门的监督和约束。

3. 财务管理可以反映企业的生产经营状况

在企业经营中，经营是否得当，决策是否科学，技术是否先进，产销是否顺畅，都能迅速地在企业财务指标中得到反映。例如，如果企业生产的产品滞销，则会导致企业库存增加，资金周转放缓，盈利能力减弱，这一切都可以通过各种财务指标反映出来。财务部门应向企业领导及时通报有关财务指标的变化情况，以促进各部门工作进入提高经济效益的轨道中，努力实现企业价值最大化的目标。

1.2　财务管理目标

1.2.1　财务管理目标的含义

目标是个人、部门或整个企业所期望的成果，也是行为的导向。缺乏明确的目标，企业就无法判断一项决策的正确性。财务管理目标是指在特定理财环境中，企业理财活动所希望实现的结果，是评价企业理财活动是否合理的基本标准。财务管理目标决定了企业财务管理的基本方向，因此，确定合理的财务管理目标是财务管理必须解决的一个关键问题。

企业的财务管理目标究竟是什么？我国理论界有许多不同的表述，具有代表性的观点主要有 4 种，如图 1-4 所示。

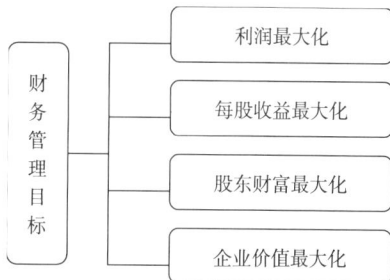

图 1-4　财务管理目标

1. 利润最大化

利润最大化就是企业以实现利润最大化作为财务管理目标的理论设定。以利润最大化作为企业的财务管理目标，其主要原因为：①人类从事生产经营活动的核心目的就是创造更多的剩余产品，在商品经济条件下，剩余产品的多少可以利用利润作为价值指标来衡量；②在市场经济中，盈利能力强的企业将获得更多的资本使用权；③企业个体利润最大化能够驱动社会整体财富增长，促进社会的进步和发展。

以利润最大化作为财务管理目标的核心优势在于：企业为追求利润最大化，必然会重视经济核算，提升管理水平，推动技术革新并降低产品成本。这些措施不仅有利于企业资源的合理配置，而且有利于企业经济效益的提高。

但是，利润最大化作为财务管理目标也存在以下缺点。

（1）未考虑获得利润所需的时间，即忽略了资金的时间价值。例如，A、B 两家企业的利润均为 100 万元，其中，A 企业今年赚取了 100 万元利润，而 B 企业是去年赚取了 100 万元利润，哪一个企业的理财目标实现得更好？若不考虑资金的时间价值，则难以做出正确的判断。

（2）未反映创造的利润与所投入的资本数额之间的对比关系。例如，A、B 两家企业的利润均为 100 万元，但 A 企业是在投资了 300 万元后获得 100 万元利润，而 B 企业是投资 500 万元后获得 100 万元利润，哪一个更符合企业的目标？此时若不考虑利润与所投入资本的关系，则难以做出正确的判断。

（3）未考虑获取利润与所承担风险的关系。例如，如果 A 企业赚取的 100 万元利润已全部收回现金，而 B 企业赚取的 100 万元利润全部是应收账款，哪一个更符合企业的目标？此时若不考虑利润与所承担风险的关系，则难以做出正确的判断。

（4）可能导致企业财务决策出现短期化倾向，影响企业长远发展。由于利润指标通常按年计算，片面追求利润最大化，可能导致企业的短期行为，如忽视人才开发、产品开发、生产安全、技术装备水平、履行社会责任等。

2. 每股收益最大化

每股收益最大化的观点认为：应当把企业的利润与股东投入的资本联系起来，用每股收益来概括企业的财务目标。每股收益不仅能说明企业的盈利水平，还便于在不同资本规模的企业之间或同一企业但不同时期之间进行比较，以揭示盈利水平的差异，避免利润最大化目标在衡量资本效率方面的缺陷。但是，这种观点仍有以下缺点：①仍未考虑每股收益取得的时间；②仍未考虑风险因素；③无法避免企业的短期行为。

3. 股东财富最大化

股东财富最大化是指企业财务管理以实现股东财富最大化为目标。对于上市公司来说，股东财富由其所拥有的股票数量和股票价格两方面共同决定。在股票数量一定时，股票价格越高，股东所持股份的价值越高。

股东财富最大化目标的主要优点是：①考虑了风险因素，因为风险水平会对股价产生重大影响；②有利于抑制企业的短期行为，因为不仅当期利润会影响股票价格，预期利润同样会对股价产生重要影响；③股东财富最大化目标比较容易量化，便于进行考核和实施奖惩。

然而，股东财富最大化目标也存在以下缺点：①通常仅适用于上市公司，对非上市公司则较难应用；②股票价格受多重因素影响，除财务因素外，其他因素也可能导致股票价格波动，使其不能准确反映企业的经营业绩，如某些濒临破产的上市公司，由于可能存在的机会，其股票价格可能仍处于高位；③过度强调股东的利益，而对公司其他利益相关者的诉求重视不足。

微课堂

财务管理目标

4. 企业价值最大化

企业价值最大化是指企业财务管理行为以实现企业价值最大化为目标。企业价值最大化要求企业采用最优的财务政策，充分考虑资金的时间价值，以及风险与报酬的关系，在保证企业长期稳定发展的基础上，使企业总价值达到最大。其基本思想是将企业长期稳定发展置于首位，强调在企业价值增长中满足各方的利益诉求。

企业价值最大化这一目标在理论上是合理的，关键问题在于如何计量企业价值。有学者认为可以通过式（1-1）进行计量：

$$V = \sum_{t=1}^{n} FCF_t \frac{1}{(1+i)^t} \tag{1-1}$$

式中，V 为企业价值；t 为取得报酬的时间；FCF_t 为第 t 年的公司报酬（常用现金流量表示）；i 为风险报酬率；n 为企业经营期限，在持续经营假设的条件下，n 为无穷大。

如果每年的 FCF 相等，则式（1-1）可简化为：

$$V = \frac{FCF}{i} \tag{1-2}$$

通过式（1-2）可知，当 i 不变时，FCF 越大，企业的价值越大；当 FCF 不变时，i 越大，企业的价值越小。可见，企业的总价值 V 与 FCF 成正比，与 i 成反比。i 的高低由企业风险大小来决定：当风险大时，i 就高；风险小时，i 就低。这意味着企业的价值与预期的报酬成正比，与预期的风险成反比，公司的价值只有在风险和报酬达到均衡时才能达到最大。

企业价值最大化目标的主要优点如下。

（1）考虑了取得报酬的时间，并根据货币时间价值的原理进行科学的计量。

（2）价值最大化目标考虑了风险与报酬之间的联系，能够有效地克服企业财务管理人员不顾风险的大小，只片面追求利润的倾向。

（3）价值最大化目标能够抑制企业在追求利润上的短期行为。因为不仅过去和当期的利润会影响企业的价值，而且预期利润也会对企业价值产生重大影响。

（4）价值最大化目标注重考虑企业与各方的利益关系，其中不仅包括股东的利益，而且包括债权人、经理、职工等的利益。

企业价值最大化目标的主要缺点如下。

（1）企业的价值过于理论化，不易操作。

（2）对于非上市公司，只能对企业进行专门的评估才能确定其价值，而评估比较容易受到评估标准和评估方式的影响，估值很难做到客观和准确。

> 小知识
>
> 多年前，某报曾经做过 300 条鲸鱼突然死亡的报道。这些鲸鱼在追逐一群沙丁鱼时，不知不觉被困在一个海湾里。弗里德里克•哈里斯这样评价："这些小鱼把海上巨人引向死亡。"这些鲸鱼只顾眼前利益而空耗实力最终陷入了死亡的境地。这件事带给我们的启示：企业确定财务管理目标时，其目光应是长远的而非短浅的，其内容应是全面而非片面的，其内涵应是战略性的而非急功近利的。

1.2.2　财务管理目标与利益冲突

企业的财务管理目标与利益冲突主要表现在两个方面：委托代理问题与利益冲突、社会责任与利益冲突。

▶ 微课堂

财务管理目标与利益冲突

1. 委托代理问题与利益冲突

（1）股东与管理层。股东委托管理层代表其管理企业，要求管理层为实现股东目标付出最大努力。然而，管理层作为追求自身效用最大化的个体，其具体行为目标与股东目标事实上并非完全一致。管理层的目标通常包括：提高报酬，包括物质和非物质的报酬，如薪资、奖金、荣誉和社会地位等；增加闲暇时间，降低劳动强度；规避风险，管理层因付出努力与获得回报之间存在不确定性，因此倾向于避免承担额外风险，期望付出与回报对等。

股东目标与管理层目标不一致可能导致管理层行为偏离股东利益。例如，①道德风险。股价上涨收益由股东享有，但经营失败将损害管理层的职业价值，因此管理层可能采取保守策略，即避免失误的同时降低工作投入，以规避个人风险；②逆向选择。管理层可能为实现自身利益而损害股东目标，如假借工作需要配置豪华办公设施、高档车辆、增加职务消费等。

为了解决或弱化这一矛盾，股东通常可以采取以下措施来协调自己和管理层的目标。①监督。股东通过获取企业更多的信息并对管理层进行监督，在管理层行为背离股东目标时，采取降薪或解雇等措施。不过，股东对于企业情况的了解和对管理层的监督虽然必要，但受到监督成本的限制，不可能做到事无巨细。因此，虽然监督可以减少管理层违背股东意愿的行为，但不能解决全部问题。②激励。防止管理层背离股东目标的另一种方式是采用激励计划，使管理层共享企业的财富增长，鼓励他们采取符合股东最大利益的行动。例如，企业每股收益和股票价格提高后，给管理层以现金或股票期权等奖励。在采用激励计划时，股东需要权衡收益与成本。报酬过低不足以激励管理层；报酬过高则侵蚀股东收益。可见，激励虽然可以减少管理层违背股东意愿的行为，但无法完全杜绝管理层自利行为。

通常，股东会同时采取监督和激励两种方式来协调自己和管理层的目标。尽管如此，管理层仍可能采取一些对自己有利而不符合股东利益最大化的决策，给股东造成一定的损失。监督成本、激励成本和偏离股东目标的损失之间此消彼长、相互制约。股东要权衡轻重，力求找出使三项之和最小的解决办法，这也就是最佳的解决办法。

（2）大股东与中小股东。大股东是指股份占比较大的股东，即与其他股东相比，该股东所持股份最多。大股东往往是能够左右股东大会和董事会决议的控股股东，通常还能委派企业的最高管理者，从而掌握企业的重大经营决策，拥有对企业的控制权。而人数众多但持有股份数量较少的中小股东基本不会直接参与企业经营管理决策。从大股东与中小股东掌握的信息来看，大股东掌握的信息要比中小股东全面得多。在信息不对称情况下，拥有信息优势的一方是代理人，另一方是委托人，中小股东与大股东之间除了具有"持有股份"这一共性外，又分别具有"委托人"和"代理人"的特征，因此大股东有可能只从自身利益出发进行决策，而忽略中小股东的利益。

大股东侵害中小股东利益的主要表现形式有：①关联交易转移利润；②非法占用巨额资金，利用上市公司进行担保和恶意融资；③为大股东委派的高级管理者支付过高的薪酬和福利；④发布虚假信息，操纵股价，欺骗中小股东；⑤利用不合理的股利政策，侵吞中小股东的利益。

（3）债权人与股东。债权人投资企业的目标是到期收回本金，并获得约定的利息收入。企业借款的目的是扩大经营规模，投资于有风险的经营项目获得高报酬。可见，两者的目标存在冲突。

但是，资金一旦到了企业手里，债权人就失去了控制权，股东可能为了自身的利益而伤害债权人的利益。例如，股东可能会改变举债资金的原定用途，将其用于风险更高的项目，这会增加偿债风险。高风险的项目一旦成功，额外的利润就会被所有者独享；若项目失败，债权人却要与所有者共同负担由此而造成的损失。另外，股东可能在未征得债权人同意的情况下，举借新债，由于偿债风险相应增大，从而导致原有债权的价值降低，使原有债权人蒙受损失。

股东与债权人的上述利益冲突，可以通过以下方式解决：①限制性借债。债权人事先在借款合同中规定借债用途限制、借债担保条款和借债信用条件，使所有者无法通过以上两种方式削弱债权人的债权价值；②收回借款或停止借款。当债权人发现企业有侵害其债权价值的意图时，采取收回债权或不再提供新借款的措施，从而保护自身权益。

2．社会责任与利益冲突

企业的财务管理目标与社会责任在许多方面是一致的，企业在追求自身目标时，必然会产生社会效益。例如，企业为了生存，必须生产出符合社会需要的产品，满足消费者的需求；企业为了发展，要扩大经营规模，自然会增加职工人数，解决就业问题；企业为了获利，必然会提高劳动生产率，改进产品质量、改善服务，从而提高社会生产效率和公众的生活质量。但是，企业的财务管理目标与社会责任也存在冲突的地方。例如，企业为了获利，可能生产伪劣产品、忽视员工的健康和权益、造成环境污染、浪费能源等。

国家要保护所有公民的正当权益，股东作为社会的一员，在谋求自身利益时不能损害他人利益。为此，国家颁布了一系列保护公众利益的法律法规，如《中华人民共和国环境保护法》《中华人民共和国消费者权益保护法》和《中华人民共和国产品质量法》等。国家通过这些法律法规来强制企业承担社会责任，协调企业和社会公众的利益，促进经济可持续发展。

1.3　财务管理环境

财务管理环境也称理财环境，是对企业组织财务活动和处理财务关系产生影响的企业内外部各种条件的统称。企业财务活动是在一定的环境下进行的，必然受到环境的影响，如企业的资本运作及资本的配置和利用效率会受到环境的影响，企业的运营成本、利润和资本需求量也会受到环境的影响等。因此，财务管理要获得成功，必须深刻认识和认真研究其所面临的各种环境。

理财环境可分为内部理财环境和外部理财环境。内部理财环境指企业的内部条件，如企业组织形式、公司治理结构、企业技术水平、职工素质等；外部理财环境是指影响企业财务管理的各种外部因素，如经济环境、法律环境、金融市场环境、社会文化环境等。企业可以改变内部理财环境，而难以改变外部理财环境。本节讨论的主要是外部理财环境，如图 1-5 所示。

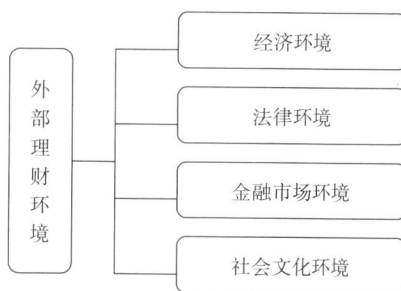

外部理财环境
- 经济环境
- 法律环境
- 金融市场环境
- 社会文化环境

图 1-5　外部理财环境

1.3.1　经济环境

经济环境涵盖的内容十分广泛，包括经济周期、经济发展水平、经济政策、通货膨胀和竞争等。

1. 经济周期

在市场经济中，经济的发展与运行带有一定的波动性，大体上会经历复苏、繁荣、衰退和萧条几个阶段的循环。这种循环叫作经济周期。在不同的经济周期，企业应采用不同的经营理财策略。西方财务学者探讨了经济周期中的经营理财策略，现将其要点进行归纳，如表 1-1 所示。

表 1-1　经济周期中的经营理财策略

阶段	复苏	繁荣	衰退	萧条
经营理财策略	1. 增加厂房设备； 2. 实行长期租赁； 3. 增加存货； 4. 开发新产品； 5. 增加劳动力	1. 扩充厂房、设备； 2. 继续增加存货； 3. 提高产品价格； 4. 开展营销规划； 5. 增加劳动力	1. 停止扩张； 2. 处置闲置设备； 3. 停产不利产品； 4. 停止长期采购； 5. 削减存货； 6. 停止扩招雇员	1. 建立投资标准； 2. 保持市场份额； 3. 压缩管理费用； 4. 放弃次要利益； 5. 削减存货； 6. 裁减雇员

我国的经济发展和运行曾历经若干次从投资膨胀到控制投资、紧缩银根直至回归正常发展的过程，呈现出周期特征。企业的筹资、投资和资金营运等财务活动不可避免地受到这种经济周期波动的影响，如在紧缩时期，社会资金短缺，资金利率会提高，企业筹集资金难度加大，甚至可能会影响企业的正常生产经营活动。随着经济全球化进程的深入，我国受国外经济周期波动的影响也日益显著。

2. 经济发展水平

经济发展水平同样会对企业财务管理产生重要影响。如果一个国家经济发展相对滞后，其企业财务管理通常难以得到重视并有效发挥作用。一个国家的经济发展水平越高，其企业财务管理水平就越高。财务管理水平的提升，又将推动企业降低成本，改进效率，提高效益，从而促进经济发展水平的提高；而经济发展水平的提高，必然催生更先进的财务管理方法。

3. 经济政策

经济政策是指政府为指导和影响经济活动所规定并付诸实施的准则和措施。经济政策包括财税政策、金融政策、外汇政策、外贸政策、价格政策、投资政策、社会保障制度等方面。这些方面将深刻影响企业财务管理系统的运行。例如，金融政策中的货币发行量、信贷规模会影响企业投资的资金来源和投资的预期收益；财税政策会影响企业的资金结构和投资项目的选择等；价格政策会影响资金的投向和投资的回收期及预期收益；会计制度会影响会计要素的确认和计量，进而对企业财务活动的预测、决策及事后的评价产生影响；等等。

可见，经济政策对财务的影响至关重要。这就要求企业财务管理人员应当深刻领会国家的经济政策，研究经济政策的调整可能对理财活动造成的影响。例如，当大多数投资者尚未关注国家经济政策变化时，如果企业及时把握政策动向，抓住投资机会，便能享受国家的政策红利。

4. 通货膨胀

通货膨胀是指在货币流通条件下，因货币供给量超过实际需求，即现实购买力大于产出供给，导致货币贬值，而引起的一段时间内物价持续普遍上涨的现象。通货膨胀不仅损害消费者利益，也给财务管理带来很大挑战。例如，通货膨胀可能造成企业利润虚增，导致企业资金由于利润分配而流失；引起资金占用大量增加，从而增加企业的资金需求；引起利率提高，加大企业资金成本；引起有价证券价格下降，增加企业筹资难度；等等。

企业对通货膨胀本身无能为力，只有政府才能控制通货膨胀速度。财务管理人员应预判通货膨胀的发生及其影响，并采取积极、主动的措施予以防范。例如，在通货膨胀初期，货币面临贬值风险，企业可通过投资实物资产来规避风险，实现资本保值；与供应商签订长期购货合同，以锁定成本、减少物价上涨造成的损失；举借长期债务，以稳定资本成本。在通货膨胀持续期，企业可以采取更加严格的信用政策，减少企业债权；调整财务策略，防止和减少企业资本流失等。

5. 竞争

竞争广泛存在于市场经济之中，任何企业都无法回避。市场竞争不仅体现为产品和劳务的竞争，还表现为人才竞争、技术竞争、资金竞争、营销竞争和管理竞争等多个方面。市场经济本质上是一种竞争经济，竞争能促使企业用更优的方法生产出更佳的产品，并由此推动经济发展。然而对企业来说，竞争既是机遇，也蕴含挑战。企业财务人员应深入研究本企业及竞争对手的特点，明确自身的优势和劣势，分析造成这种情况的原因，寻求对策，为企业进行财务决策、制定财务策略提供可靠的依据，使企业在竞争中立于不败之地。

1.3.2　法律环境

财务管理的法律环境是指规范与影响企业财务活动和财务管理的各种法律、法规和规章。市场经济是法治经济，企业的一切经济活动必须在法律框架内进行。法律既约束企业的非法经济行为，也为企业开展各种合法经济活动提供保障。企业的各项理财活动，包括筹资、投资和利润分配，均须遵守相关法律规范。影响企业财务管理的主要法律环境因素包括企业组织法律规范、税收法律规范及财务法规等。

1. 企业组织法律规范

企业必须依法设立，才能合法经营，获得良好的法律环境。组建不同类型的企业，需依照相应的法律规范，包括《中华人民共和国公司法》（以下简称《公司法》）、《中华人民共和国外商投资法》《中华人民共和国个人独资企业法》和《中华人民共和国合伙企业法》等。

例如，《公司法》对公司的设立条件、设立程序、组织机构、组织变更和终止的条件、程序都做了明确的规定，包括股东人数、法定资本最低限额和资本筹集方式等。只有按照其规定的条件和程序设立的企业，才能称为"公司"。《公司法》还对公司生产经营的主要方面做出了规定，包括股票的发行和交易、债券的发行和转让、公司的财务会计要求和利润分配等。公司一旦成立，其主要活动包括财务管理活动均须按照《公司法》的规定来进行。

2. 税收法律规范

税法是税收法律制度的总称，是调整税收征纳关系的法律规范。税收是指国家为实现其职能，凭借政治权力，按照法律规定，通过税收工具强制、无偿地征收货币或实物的一种经济活动，也是参与国民收入分配和再分配的一种形式。税收由政府征收，取之于民，用之于民。税收具有无偿性、强制性和固定性的形式特征。税收的强制性是指税收是国家以社会管理者的身份，凭借政权力量，通过颁布法律或政令来进行强制征收。税收的无偿性是指通过征税，社会集团和社会成员的一部分收入转归国家所有，国家不向纳税人支付任何报酬。税收的固定性是指税收是按照国家法规规定的标准征收的，即纳税人、税目、税率等要素均由法规明确规定，并保持相对的稳定性和连续性。

任何企业都有法定纳税的义务。纳税会使企业发生现金流出，对企业财务状况有重要影响。每个企业都希望在不违反税法的前提下减少税务负担，但减轻税负只能通过合法的税收筹划实现，绝不能在纳税行为发生时偷税漏税。因此，财务管理人员应当精通国家税收法律的规定，熟悉税法对企业筹资决策、投资决策、利润分配等的影响，以及减税、免税的原则规定。企业财务决策应当主动适应税收政策导向，通过精心筹划，在不违反税法的前提下，尽可能地减轻企业的税收负担。

3. 财务法规

财务法规主要包括《中华人民共和国会计法》《企业会计准则》和《企业财务通则》等。《中华人民共和国会计法》是规范我国会计行为的基本法律，自 1985 年首次颁布以来经历了多次修订，最近一次是在 2024 年，重点解决会计工作中的突出问题，强化会计监督，加大对违法行为的处罚力度，切实提高信息披露质量，更好地维护社会公共利益。《企业会计准则》是指导企业财务报告编制的基本规范，自 1993 年实施以来经历了多次修订，以进一步完善且保持与国际准则持续趋同。《企业财务通则》是各类企业开展财务活动、实施财务管理的基本规范。我国第一个《企业财务通则》于 1993 年 7 月 1 日起施行，并于 2006 年重新进行修订，修订的《企业财务通则》于 2007 年 1 月 1 日开始实施。通则对企业资金筹集、资产营运、成本控制、收益分配、重组清算的财务行为，以及财务信息管理与财务监督等方面进行了规定。2021 年，财政部对《企业财务通则》发布了修订征求意见稿，向社会广泛征求意见。

除上述法律规范外，与企业财务管理相关的经济法规还有很多，如《中华人民共和国证券法》（以下简称《证券法》）等。财务管理人员要熟悉这些法律规范，在遵守这些法规的前提下履行财务管理的职能，实现企业的财务管理目标。

党的二十大报告单列"坚持全面依法治国，推进法治中国建设"章节，这充分体现了以习近平同志为核心的党中央对法治建设的高度重视。在"全面依法治国"的法治观念指引下，财务管理人员作为经济活动的重要参与者与监督者，应秉持高度的法治意识与职业操守，严格执行财务会计法规，依法加强对企业财务行为的监管，提高信息披露质量，维护投资者和社会公众的合法权益，促进市场的公平与透明。

1.3.3 金融市场环境

企业资金的筹集和投资都与金融市场密不可分。金融市场是资金融通的场所，即资金供应者和资金需求者双方通过特定形式融通资金的平台。深入了解各类金融市场及其运行规则，有利于财务管理人员高效开展筹资与投资活动。

1. 金融市场与企业理财的关系

（1）金融市场是企业投资和筹资的场所。在现实经济生活中，资金所有者在为闲置资金寻求出路时，需统筹考量其安全性、流动性和盈利性；而资金需求者在筹资时，也需要在控制资金成本的同时，满足在数量和时间上的需要。要实现资金所有者和需求者意向的有效匹配，需要创造一个理想的市场环境。金融市场提供了多种融资形式和金融工具。因此，企业需要筹集资金时，可进入金融市场选择适宜的方式筹资。企业持有闲置资金时，也可以在金融市场灵活配置投资，实现资金增值。

（2）企业通过金融市场实现长短期资金的互相转化。企业持有的股票和债券属于长期投资，在金融市场上可以随时抛售变现，成为短期资金；远期票据也可以通过贴现变为现金。大额可转让定期存单，可以在金融市场卖出，成为短期资金。同样，短期资金也可以在金融市场上转变为股票、债券等长期资产。

（3）金融市场可以为企业理财提供有价值的信息。企业进行筹资、投资决策时，可以参考金融市场提供的有关信息。例如，金融市场的利率变动反映了资金的供求状况；有价证券市场的行情反映了投资人对企业经营状况和盈利水平的评价。这些市场信息是企业经营和理财的重要依据，企业财务管理人员应保持时刻关注。

2. 金融市场的分类

金融市场可以根据不同的标准进行分类，常见的分类方法如表1-2所示。

表1-2　　　　　　　　　　　　　金融市场的基本类型

分类标准	名称	内容与特点
标的物	货币市场	货币市场是指期限在一年以下的金融资产为交易标的物的短期金融市场。该市场的主要功能是保持金融资产的流动性，以便随时转换成可以流通的货币。货币市场一般指国债、商业票据、银行承兑汇票、可转让定期存单、回购协议等短期信用工具买卖的市场
	资本市场	资本市场是指期限在一年以上的金融资产交易的市场，包括长期借贷市场和长期证券市场
	外汇市场	外汇是以外币表示的金融资产，可用作国际支付结算手段，并能兑换成其他形式的外币资产和支付手段。货币市场交易的是同一种货币或以同一种货币计值的金融资产，而外汇市场交换的是以不同种货币计值的两种金融资产。外汇市场发挥货币兑换和国际结算的作用
	黄金市场	黄金市场是专门集中进行黄金买卖的交易中心或场所。目前，由于黄金仍是国际储备工具之一，在国际结算中占据重要的地位，因此，黄金市场仍被看作金融市场的组成部分
交割方式	现货市场	现货市场是市场上的买卖双方在协议成交后，当场或几天内买方支付货币，卖方交割金融资产的交易市场
	衍生品市场	衍生品市场是各种衍生品交易的市场，包括期货、期权、互换等，衍生工具的合约订立与标的物交割通常间隔比较长的时间
交易程序	发行市场	发行市场又称一级市场或初级市场，是指新发行的证券从发行者手中转移到投资者手中的市场，是证券或票据等金融工具最初发行的市场
	流通市场	流通市场又称二级市场或次级市场，是指已经发行的证券进行转让、交易的市场
成交和定价方式	公开市场	公开市场指的是金融资产的交易价格通过众多的买主和卖主公开竞价而形成的市场，或者说众多的市场主体以拍卖方式定价的市场
	议价市场	议价市场是没有固定场所、相对分散的市场。在议价市场上，金融资产的定价与成交是通过私下协商或面对面的讨价还价方式进行的

3. 金融市场的构成

（1）金融市场主体。金融市场主体即金融市场的交易者。金融市场的参与者必须是能够独立做出决策并承担利益和风险的经济主体，各类经济主体在金融市场上交替地以资金供给者和需求者的身份出现。金融市场上的交易主体的主要目标是获取收益或规避风险。

金融市场的主体包括政府部门、工商企业、居民、金融机构和中央银行五大类。其中，各国的中央政府和地方政府通常是金融市场上资金的需求者，他们主要通过发行政府债券筹措资金。

企业是金融市场的重要主体，他们既是资金的需求者，又是资金的供给者，但在总体上，工商企业是资金的净需求者。居民是金融市场上主要的资金供给者。居民以个人或家庭的名义将闲置资金投资于金融资产，成为金融市场主要的资金供给者。金融机构包括商业银行和非银行金融机构，它们是储蓄转化为投资的重要渠道，在市场上充当资金的供给者、需求者和中介人等多重角色。中央银行是金融市场的监管者，其通过公开市场业务参与金融市场的交易，但交易不以营利为目的，而是以管理宏观经济运行和满足政府政策需要为己任。

（2）金融市场客体。金融市场客体是指金融市场的交易对象或交易标的物，也即通常所说的金融工具。它是资金供应者和资金需要者之间进行资金融通时所签发的各种具有法律效力的凭证，如商业票据、债券、股票等。

（3）金融市场价格。金融市场价格反映的是在一定时期内转让货币资金使用权的报酬，通常表现为各种金融工具的价格，其在很多情况下可以通过利息率或收益率来反映。一种金融资产的流动性、收益性和风险性特点决定了其内在价值，从而奠定了这种金融资产交易价格的基础，但现实中的交易价格还受到市场供求关系、交易者的心理预期等因素的影响。常见的衡量金融工具价格的指标有银行同业拆借利率、贴现市场利率、银行存/贷款市场利率、债券投资收益率、股票投资收益率等。

（4）交易组织形式。交易所采用的方式是金融市场不可缺少的重要组成部分。金融市场的交易既可在有形市场进行，也可在无形市场进行。具体的交易组织形式一般有两种，即拍卖方式和柜台方式。

拍卖方式是指在金融市场上进行交易的金融工具都以拍卖的方式成交。金融交易中的拍卖与其他商品拍卖相似，买卖双方通过公开竞价来确定交易价格。

柜台方式不同于拍卖方式，它并不是通过交易所将众多交易者集中起来，以竞价方式确定交易价格，而是通过中介机构在交易所以外的场所完成各类金融工具的交易，一般也称为场外交易方式。

4．利率

在金融市场上，从资金的借贷关系看，利息是供给方让渡资金使用权的收益，也是需求方在一定时期运用资金的成本。利率作为资金这种特殊商品的价格，发挥着调节资源再分配的功能。因此，利率在资金分配及企业财务决策中起着重要作用。利率可按照不同的标准进行分类。

（1）按利率之间的变动关系分为基准利率和套算利率。基准利率是指在多种利率并存条件下起决定性作用的利率。基准利率的决定性作用体现为其变动会导致其他利率发生相应的变动。因此，了解基准利率水平的变化趋势，即可了解其他利率的变化趋势。基准利率在西方通常是指中央银行的再贴现率，在我国是指中国人民银行对商业银行的贷款利率。

套算利率是指在基准利率确定后，各金融机构根据基准利率和借贷款项的特点而换算出来的利率。例如，某商业银行规定，向信用级别分别为 AAA 级、AA 级、A 级的企业提供贷款，应分别在基准利率基础上浮动 0.5%、1%、1.5%。

（2）按借贷期内是否变化分为固定利率和浮动利率。固定利率是指在借贷期内固定不变的利率。如果借贷期内发生通货膨胀，则实行固定利率会使债权人的利益受到损害。

浮动利率是指在借贷期内可以随物价变动加以调整的利率。在通货膨胀条件下采用浮动利率，可以减小债权人的损失。

（3）按利率形成机制不同分为市场利率和法定利率。市场利率是指在金融市场上由借贷双方通过竞争而形成的利率，包括借贷双方直接融资时商定的利率和在金融市场上买卖各种有价证券时的利率。市场利率是借贷资金供求状况的显示器，当资金供过于求时，利率呈下跌趋势；当资金供不应求时，利率呈上升趋势。

法定利率是指由政府通过金融管理部门或中央银行确定的利率。法定利率对资金供求关系变动的反应不及市场利率敏感。如果金融机构严格按照法定利率开展业务，通常无法实现资金供求的均衡。

1.3.4 社会文化环境

社会文化环境是指人们在特定的社会环境中形成的习俗观念、价值观念、行为准则和教育水平，及人们对经济、财务的传统看法等。社会文化环境包括教育、科学、文学、艺术、新闻出版、广播电视、卫生体育、世界观、习俗，以及同社会制度相适应的权利义务观念、道德观念、价值观念和劳动态度等。

财务管理与社会文化密切相关：一定时期内的社会文化对财务管理活动的影响是具体、实在的，会影响财务管理人员的业务水平、职业道德、社会地位及其所运用方法的先进程度，从而最终影响财务管理理论和实践的发展。如果企业忽视社会文化对财务活动的影响，可能引发意想不到的财务管理问题。

1.4 企业组织形式与财务经理

1.4.1 企业组织形式

企业组织形式是指企业的性质及体制。不同形式的企业，财务管理的侧重点及内容有较大的区别。一般来说，典型的企业组织形式主要有3种：个人独资企业、合伙企业和公司制企业。

1. 个人独资企业

个人独资企业是指个人单独出资、独立所有、个人控制的企业。个人独资企业有3个主要优点。①创立容易。例如，不需要与他人协商并取得一致，只需要较低的注册资本等。②维持个人独资企业的固定成本较低。例如，政府对其监管较少，对其规模也没有什么限制，企业内部协调比较容易。③不需要缴纳企业所得税。

然而，个人独资企业也有不利之处：①由于个人资本规模有限，信用水平较低，难以筹集大量资本，因此即使企业遇到有利可图的投资机会，也会因无法筹集到足够资金而错失良机；②独资企业业主对债务承担无限责任，即当企业的资产不足以偿还到期债务时，业主必须用个人全部财产来偿还其债务；③企业的存续年限受制于业主的寿命。

多数个人独资企业的规模较小，抵御经济衰退和承担经营失误及损失的能力不强，平均存续年限较短。有一部分个人独资企业能够发展壮大，然而由于规模扩大后其固有缺点凸显，于是转变为合伙企业或公司制企业。

2. 合伙企业

合伙企业是由合伙人订立合伙协议，共同出资，共同经营，共享收益，共担风险，并对合伙债务承担无限连带责任的营利性组织。通常，合伙人是两个或两个以上的自然人，有时也包括法人或其他组织。合伙企业也具有创立容易、资金规模小等优点，但同样存在责任无限、企业生命有限等缺点。合伙企业可分为普通合伙企业和有限合伙企业。

普通合伙企业由普通合伙人组成，合伙人对合伙企业债务承担无限连带责任。有限合伙企业由普通合伙人和有限合伙人组成，普通合伙人对合伙企业债务承担无限连带责任，有限合伙人以其认缴的出资额为限对合伙企业债务承担责任。有限合伙企业要求至少有一个普通合伙人。

大型企业组织以个人独资或合伙制的形式存在是很困难的。因为个人独资企业和合伙企业最主要的优势是资金规模小，但其劣势在创办之后日益突显，如无限责任、有限的企业生命、产权转让困难和筹集资金困难等。

3. 公司制企业

公司制企业与独资企业、合伙企业完全不同，它是在政府工商行政管理部门登记注册的企业法人，所有权与经营权分离是其重要特征。

公司作为独立法人，具有以下优点：①无限的生命力，除非企业破产清算，不会因为所有者或经营者的自然死亡而宣告结束；②有限债务责任，企业股东只以出资额为限对企业债务负责；③融资的规模性，由于公司制企业信用较佳、规模较大、企业融资所受的限制条件较少，因此融资规模一般较大；④股份转让的便利性，由于公司制企业，尤其是股份有限公司将企业注册资本分为若干等额的股份，因此在发达的金融市场上，公司制企业的股份转让非常便利。

公司制企业的缺点有3个。①双重税收。公司作为独立的法人，其利润需缴纳企业所得税，企业利润分配给股东后，股东还需缴纳个人所得税。②组建公司的成本高。《公司法》对于建立公司的要求比建立独资或合伙企业的高，并且需要提交一系列法律文件，通常花费较长的时间。公司成立后，政府对其监管比较严格，需要定期提交各种报告。③存在代理问题。经营者和所有者分开以后，经营者成为代理人，所有者成为委托人，代理人可能为了自身利益而伤害委托人利益。

具体来说，公司可分为有限责任公司和股份有限公司。有限责任公司是指由50个以下股东共同出资，股东以其出资额为限对公司承担责任，公司以其全部资产对公司债务承担责任的公司。股份有限公司是指全部资本由等额股份构成，股东以其认购的股份为限对公司承担责任，公司以其全部资产对公司债务承担责任的公司。有限责任公司与股份有限公司都是以其全部资产对其债务承担责任，除法律另有规定外，两者的股东对公司承担的都是有限责任。但是，有限责任公司与股份有限公司是两种不同的公司组织形式。根据我国《公司法》的有关规定，两者主要存在以下区别。

（1）设立方式不同。有限责任公司只能以发起方式设立，公司资本只能由发起人认缴，不得向社会公开募集。股份有限公司既可以发起设立，也可以募集设立，即由发起人认缴公司设立时发行的一部分股份，其余股份向社会公开募集或者向特定对象募集。

（2）股东人数限制不同。有限责任公司的股东人数为50人以下，并允许设立一人有限责任公司和国有独资公司。股份有限公司设立时，应当有1人以上200人以下的人作为发起人，其中需有半数以上的发起人在中国境内有住所。

（3）股东出资的表现形式不同。有限责任公司股东的出资表现形式为出资证明书，出资证明书必须采取记名方式，股东以实际出资金额或出资比例行使股权。股份有限公司股东的出资具有股份性，全部资本分成等额股份，表现形式为金额相等的股票，股票可以采用纸面形式，但上市公司的股票通常为无纸化形式，股东以持有的股票数额或股票所占总股本的比例行使股权。

（4）股权转让限制不同。有限责任公司的股东之间可以相互转让其全部或部分股权，公司章程另有规定的除外；股东向股东以外的人转让股权的，应当经过其他股东过半数同意；经股东同意转让的股权，在同等条件下，其他股东有优先购买权。股份有限公司的股票以自由转让为原则，以法律限制为例外，股票还可以依法在证券交易所上市交易。

（5）组织机构设置不同。有限责任公司的组织机构设置比股份有限公司更为灵活，如当公司的股东人数较少或者规模较小时，可以不设董事会，只设一名执行董事；股东会的召集方式、通知时间和决议的形成程序等也较为灵活。股份有限公司则必须设置股东大会、董事会、监事会，并依法规范运作。

（6）信息披露义务不同。有限责任公司的经营事项和财务账目无须向社会公开。股份有限公司，尤其是向社会募集股份的公司，负有法律规定的信息披露义务，其财务状况和经营状况等要依法向社会公开披露。

3 种形式的企业组织中，个人独资企业占企业总数的比重很大，但绝大部分的商业资金是由公司制企业控制的。因此，财务管理通常把公司的财务管理作为讨论的重点，本书所讲的财务管理也主要是指公司的财务管理。

1.4.2 财务经理

企业的财务管理活动是通过财务经理来完成的。随着财务管理理论和实践的不断发展，财务管理已经成为企业管理的重要内容，这不仅为财务经理提供了施展才能的广阔空间，同时也向他们提出了较高的要求。

1. 财务经理在现代企业组织结构中的地位

在西方国家中等规模以上的企业中，尽管其组织形式各不相同，但一般都会设有财务总监职位，专门分管企业的财务工作。担任该职务的人主持制订财务决策和公司规划，在公司的经营活动中占有重要的地位，是最有希望升任副总裁的人选之一。在财务总监下设有会计经理和财务经理，他们直接对财务总监负责。其中，会计经理负责企业内部的会计和审计；财务经理负责现金及有价证券、筹资及信贷部的管理等。在特殊时期，风险管理、兼并收购活动、法律事务及财务规章制度的制定等也是财务经理的职责。

在我国，每个公司的组织结构不尽相同。图 1-6 描绘了典型的企业组织结构。图 1-6 中的财务经理和会计经理是完全不同的概念。会计经理的工作主要是对经营活动的事后事项的处理，比如进行凭证账簿的管理、税务结算、出具财务报表等；财务经理则负责处理筹资、投资、营运资金管理和利润分配等业务。

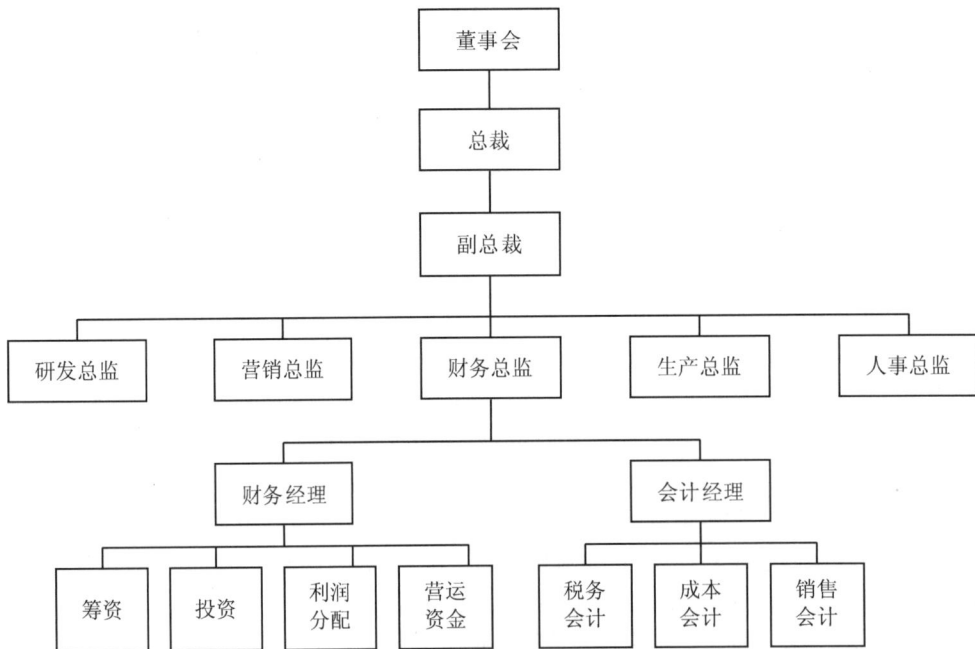

图 1-6 企业组织结构图

由于重大财务决策的极端重要性，许多重要的财务决策通常由董事会决定。例如，只有董事会才有权决定和宣布股利分配方案、批准重大的投资计划及决定公开发行债券或股票等。因此，从表面上看，财务经理的许多权力是非正式的。但是，财务经理要为这些重大的决策进行详细的准备，因此对决策有重大影响。各项建议通过财务部门汇集、分析和报告给董事会，在董事会的审议过程中，高级财务管理人员可以再次提出建议，并对审议过程发挥相当大的推动作用。

2. 财务经理的职责

财务管理的对象是资金和资金的流动。在市场经济条件下，资金总是在企业和金融市场之间流动，因此无论是大型跨国公司，还是小型的国内企业，财务经理均处于企业和金融市场之间，充当企业和金融市场之间的媒介。资金在金融市场和企业之间流动，而财务经理则是引导、管理这种流动的重要角色。财务经理对资金进行引导和管理活动的步骤如下。

（1）在企业需要资金时，财务经理通过货币市场和资本市场向投资者发售金融资产筹集资金。

（2）财务经理将所筹集到的资金用于购买企业的实物资产或投资于金融资产。

（3）如果企业的投资决策成功，一般而言，企业将会通过生产经营产生正的现金流量。由企业生产经营活动产生的现金收益可以通过两种方式使用：以股利或利息的形式通过金融市场归还给投资者，并且最终偿还债务本金；进行再投资，或者对现有资产进行更新，或者扩大经营规模。

由上面的论述可知，财务经理的一部分工作是在企业与金融市场之间进行资金运作，如筹资、投资、利润分配及偿还债务等。另一部分工作则是制订财务日常收支计划，如对企业流动资产的管理等。

3. 财务经理应具备的素质

企业的财务管理是通过财务经理来完成的，为了实现其职责，财务经理应具备以下素质。

（1）道德素质。这是财务经理的首要素质。财务经理是现代企业核心部门的负责人，由于其所处的位置十分重要，其品德素质对企业发展至关重要。良好的道德素质主要表现在作风正派、有敬业精神、诚信等方面。

（2）知识素质。财务经理只有勤于思考和善于学习，才能掌握最新的知识，才能适应时代发展的需要。财务经理的知识素质主要有以下几个：会计知识及相关政策法规知识，这是作为财务经理的基本素质；宏观经济学和微观经济学的知识；企业产品知识；信息技术知识等。

（3）熟知企业的经营情况。财务经理的目的是帮助经理人实施对企业的管理，是经理人的专业支持者。现代财务管理参与企业战略的制定和实施，这就要求财务经理不仅要熟知财务数据，还必须深入了解企业各方面的情况，充分收集影响企业发展的各种因素，并对企业偿债能力、盈利能力、营运能力等进行综合分析，从而为企业决策者的规划决策提供信息支持，同时也从价值方面对各业务部门提供咨询服务。

（4）具备足够的管理技能。在当今快速发展的市场经济条件下，财务经理的管理能力与企业的生存、发展密不可分，从公司整体发展战略的规划制定到实施过程的调整和控制、经营结果的分配，财务管理贯穿企业的一切活动。财务经理在企业战略规划实施中，要协调及处理好股东、债权人、债务人、税务部门、审计部门和政府部门等有关利益人的关系以及企业内部各方面的关系。这些关系是否协调，影响到企业能否顺利发展。因此，财务经理应具有较高的综合素质，具备较强的沟通、协调能力和解决问题的能力。

财务经理是诊断企业财务状况症结的能手，是设计切实可行的财务管理方法的专家。在实践中，财务管理和财务决策是一项系统工程，组织和驾驭这一过程的财务经理必须具有出色的组织、协调能力和高度的责任心与自信心。因此，财务经理是一个极具挑战性且充满机遇的职位，极有发展前途。

1.5　财务管理的智能化发展

1.5.1　人工智能的发展历程

人工智能（Artificial Intelligence，AI）是一门关于知识的学科，用于模拟、延伸和扩展人类智能，通过使机器具备感知、学习、推理和决策的能力而达到完成复杂任务的目标。1956 年，达特茅斯会议的召开标志着 AI 研究的正式开始，此时研究者的关注点主要集中在逻辑推理和问题求解上。由于计算能力和算法的限制，AI 研究在 70 年代末至 80 年代初经历了低潮期，被称为 "AI 寒冬"。到了 80 年代中期，专家系统的出现为 AI 研究带来了新的活力。专家系统能够模拟人类专家的决策过程，在医疗诊断和金融预测等领域取得了显著成果。21 世纪初，互联网的普及和计算能力的提升为 AI 的发展注入了新的动力，特别是大数据分析、深度学习等关键技术的突破使得 AI 在自然语言处理、推荐系统、计算机视觉等领域取得了重大进展。

我国高度重视 AI 技术的发展，2017 年，国务院发布了《新一代人工智能发展规划》，这是一个具有里程碑意义的国家战略文件，旨在全面推动我国人工智能技术的发展和应用。该发展规划提出了面向 2030 年我国新一代人工智能发展的指导思想、基本原则、战略目标、重点任务、资源配置和保障措施，部署构筑我国人工智能发展的先发优势，加快建设创新型国家和世界科技强国。《新一代人工智能发展规划》提出六个方面的重点任务：一是构建开放协同的人工智能科技创新体系，从前沿基础理论、关键共性技术、基础平台、人才队伍等方面强化部署，系统提升持续创新能力；二是培育高端高效的智能经济，大力发展人工智能新兴产业，加快推进产业智能化升级；三是建设安全便捷的智能社会，发展便捷高效的智能服务，推进社会治理智能化；四是加强人工智能领域军民融合，推动形成全要素、多领域、高效益的人工智能军民融合格局；五是构建泛在安全高效的智能化基础设施体系，加强网络基础设施、大数据基础设施、高效能计算基础设施的建设升级；六是前瞻布局重大科技项目，针对我国人工智能发展的迫切需求和薄弱环节，设立新一代人工智能重大科技项目。随着人工智能技术日益成熟，商业化场景逐渐落地，工业、医疗、安防、金融等领域成为目前的主要应用场景。

1.5.2　人工智能对财务管理的影响

1. 提升财务管理工作效率

人工智能对财务管理的影响是多方面的，特别是在提高财务管理工作效率方面，具有显著优势。如传统的财务管理需要人工进行数据核对等工作，不仅耗时费力，还容易出现错误。而智能化技术通过机器人流程自动化（Robotic Process Automation，RPA）等工具，可以自动完成这些重复性任务，既减少了人为错误，又提高了数据处理的速度和准确性，提升了财务管理工作的效率和质量。此外，人工智能还能实现跨系统、跨平台的数据整合，消除信息孤岛，使财务部门能够更全面地掌握企业财务状况，加速实现业财融合。

2. 提高数据分析与预测能力

人工智能具备强大的数据分析和预测能力，能够为财务管理提供更精准的数据支持。通过对历史财务数据的深度学习和分析，人工智能可以识别出数据中的模式和趋势，从而预测未来的财务状况和经营成果。这种预测能力不仅有助于企业制定更合理的预算和资金规划，还能够为企业决策提供更准确的数据依据，这有助于企业提前采取防范措施，降低决策风险。

3. 促进财务管理创新与转型

智能化时代的到来为财务管理发展提供了新的机遇与挑战。为适应智能化时代的快速发展，企业财务管理也需创新与转型。传统的财务管理往往侧重于数据的记录和报告，而人工智能的应用使得财务管理更加侧重于数据的分析和应用。通过人工智能技术，财务部门可以更加深入地了解企业的财务状况和经营状况，为企业的战略规划和决策提供更有价值的信息。同时，人工智能也推动了财务管理模式的创新，如财务共享服务中心、智能财务云平台等新型财务管理模式的出现，进一步提升了财务管理的效率和质量。

1.5.3 财务管理智能化的应用

智能财务管理在企业中的应用场景非常广泛，涵盖从数据处理到决策支持的各个方面。以下是智能财务管理在企业中的主要应用。

1. 自动化财务流程

智能技术通过机器人流程自动化来处理重复性财务任务，如账单处理、支付管理、应收账款和应付账款管理。这不仅减少了人工操作错误，还提高了工作效率，保障了财务流程的高效性和准确性。

2. 实时财务监控与分析

智能化技术使财务管理能够实现实时财务监控和分析。通过云计算和物联网技术，企业可以实时获取和分析财务数据，及时了解企业的财务状况和运营情况。这种实时性使得财务管理更加灵活，能够迅速应对市场变化和企业内部的财务需求，如实时监控现金流，及时发现和应对潜在的财务风险。

3. 成本控制与优化

智能财务管理系统通过分析企业的各项成本，挖掘优化空间，提出优化建议，帮助企业降低运营成本。此外，智能技术在供应链财务管理中的应用，能够有效提升供应链效率，降低物流和库存成本。

4. 财务报表与数据可视化

智能系统可以根据不同需求，自动生成定制化的财务报表，通过图表和仪表盘等可视化工具直观展示财务数据，能够帮助管理层快速理解和分析企业财务状况，做出及时调整。

5. 增强决策支持

智能财务系统通过大数据和机器学习技术，提供深入的财务报表分析和投资决策支持。企业管理层可以借助这些分析工具，获取精准的财务洞察，做出更科学的决策，提高投资回报率。

6. 风险管理与合规

智能化财务管理系统能够识别出异常交易、欺诈行为等风险因素，及时发现潜在风险，为企业制定风险应对策略提供依据。同时，通过自动化监控和审批流程，确保企业财务管理符合相关法律法规和内部政策，防止内部舞弊和违规行为的发生。

本章小结

本章讲述了财务管理概念、财务管理目标、财务管理环境、企业组织类型与财务经理、财务管理的智能化发展等内容。

（1）企业财务活动包括资金的筹集、运用、收回及分配等一系列环节，具体包括企业筹资引起的财务活动、企业投资引起的财务活动、企业经营引起的财务活动和企业分配引起的财务活动。企业财务关系是指企业在组织财务活动过程中与有关各方所发生的经济利益关系。企业主要的财务关系包括：与所有者之间的财务关系，与债权人之间的财务关系，与政府之间的财务关系，与受资者之间的财务关系，与债务人之间的财务关系，本单位内部各部门之间的财务关系，与职工之间的财务关系。

（2）财务管理的目标是企业理财活动所希望的结果，是评价企业理财活动是否合理的基本标准。从历史发展来看，财务管理目标有利润最大化、每股收益最大化、股东财富最大化和公司价值最大化等观点。

（3）财务管理环境又称理财环境，是指对企业财务活动和财务管理产生影响的内外部环境。企业财务管理是在一定外部环境条件下进行的管理活动。外部理财环境主要包括经济环境、法律环境、金融市场环境和社会文化环境。

（4）企业组织的基本类型有独资企业、合伙企业和公司制企业。本章还主要介绍了财务经理在现代企业组织结构中的地位、财务经理的职责及财务经理应具备的素质。

（5）智能财务管理在企业中的应用场景涵盖了从日常财务操作到战略决策支持的各个方面。通过自动化财务流程、实时财务监控、成本控制、财务报表与数据可视化、增强决策支持、风险管理与合规，智能财务管理不仅提高了企业运营效率和财务透明度，还为企业持续发展提供了坚实的财务支持。

关键术语

财务活动	财务关系	财务管理目标	利润最大化	每股收益最大化
股东财富最大化	企业价值最大化	财务管理环境	经济环境	法律环境
金融市场	独资企业	合伙企业	公司制企业	

练 习 题

一、思考题

1. 简述企业的财务活动。
2. 简述企业的财务关系。
3. 简述利润最大化作为企业财务管理目标的优缺点。
4. 简述股东财富最大化作为企业财务管理目标的优缺点。
5. 企业财务管理为什么要考虑环境因素？
6. 什么是金融市场？金融市场的构成要素有哪些？

二、单项选择题

1. 现代企业财务管理的最优目标应该是（　　　）。
   A. 追求利润最大化
   B. 追求总产值最大化
   C. 追求企业价值最大化
   D. 追求成本最低

2. 作为财务管理目标，每股收益最大化较之利润最大化的优点在于（　　　）。
   A. 考虑了资金时间价值因素
   B. 反映了企业创造利润与投入资本之间的关系
   C. 考虑了风险因素
   D. 能够避免企业的短期行为

3. 企业同其被投资单位之间的财务关系反映的是（　　　）。

  A. 经营权和所有权关系   B. 债权债务关系

  C. 投资与受资关系   D. 债务债权关系

4. 企业与政府间的财务关系体现为（　　　）。

  A. 债权债务关系   B. 强制与无偿的分配关系

  C. 资金结算关系   D. 风险收益对等关系

5. 企业同债权人之间的财务关系反映的是（　　　）。

  A. 经营权和所有权关系   B. 风险收益对等关系

  C. 投资与受资关系   D. 债务与债权关系

三、判断题

1. 企业与所有者之间的财务关系会涉及企业与法人单位的关系、企业与商业信用者之间的关系。   （　　　）

2. 当存在控股股东时，企业委托—代理问题常常表现为大股东与中小股东之间的代理冲突。   （　　　）

3. 股东财富由股东所拥有的股票数量和股票市场价格来决定。如果股票数量一定，当股票价格达到最高时，股东财富也达到最大。   （　　　）

4. 股东与管理层之间存在委托代理关系，因目标差异会产生冲突，通常可通过建立监督与激励机制予以协调。   （　　　）

5. 普通合伙企业的合伙人无须对合伙企业的债务承担无限连带责任。 （　　　）

四、案例题

案例一　HG 公司的财务管理目标演变

HG 公司成立于 1965 年，作为国营煤矿，其财务管理以完成国家生产计划为核心目标，通过扩大产量追求产值最大化。企业资产由国家统配，产品由国家统购包销。

HG 公司 1975—1979 年生产任务的完成情况如表 1-3 所示。

表 1-3   HG 公司生产任务的完成情况

年限	产量（万吨）			产值（万元）		
	计划	实际	增减	计划	实际	增减
1975	14	16	2	560	640	80
1976	14	16.5	2.5	560	660	100
1977	15	18	3	600	720	120
1978	15	19	4	600	760	160
1979	16	20	4	640	800	160
合计	74	89.5	15.5	2 960	3 580	620

HG 公司生产的煤炭属优质煤，由国家无偿调配，企业所需的生产资料和资金每年均由该地区煤炭管理局预算下拨。1975—1979 年产量从 16 万吨增至 20 万吨，年年超额完成国家下达的生产任务，多次被评为"红旗单位"，但利润主要依赖规模扩张而非效率提升。

进入 20 世纪 80 年代，随着经济体制改革，HG 公司面临市场化挑战，财务管理目标转向利润最大化与员工利益保障的双重目标，通过成立销售部、引入市场化机制（如工效挂钩、成本控制全员负责制），将财务管理与业务拓展结合，强调降本增效和提高资金周转效率。

表 1-4 是 HG 公司 1985—1989 年的生产经营统计。

表1-4　　　　　　　　　　　　　HG公司的生产经营统计表

指标	年份					
	1985	1986	1987	1988	1989	合计
煤炭产量（万吨）	30	32	32	28	26	148
营业收入（万元）	3 000	3 200	3 200	3 360	3 380	16 140
营业成本（万元）	1 800	1 920	1 760	1 820	1 690	8 990
营业利润（万元）	1 200	1 280	1 440	1 540	1 690	7 150

进入20世纪90年代后，在市场经济体制改革推动下，HG公司于2002年9月完成股份制改制，其通过将5 000万元净资产转化为5 000万股（面值1元/股），以每股3元的价格公开发行。其中，民营企业家石某认购2 000万股（占40%），其余由50名社会投资者持有，顺利完成企业改制。改制后的HG公司重点解决两大核心问题：一是优化资本结构；二是投入1.2亿元进行设备更新和生产线升级。公司制定了明确的十年发展规划，目标包括：达到行业一流技术水平、实现本地市场20%和全国市场5%的占有率、保持16%的自有资金报酬率、在合适的时机上市并力争上市后股票价格达到18元/股。经过持续努力，公司于2016年成功在上海证券交易所上市。上市后，公司进入快速发展期，但也暴露出一系列管理问题。管理层过度关注股价表现而忽略了经营中的风险，在筹资和投资方面缺乏全面考虑，导致许多经营策略失误，2023年资产负债率升至68%。

受到利益相关者理论和ESG理念的影响，管理层逐渐认识到，HG公司要实现长期稳定的发展，不能仅仅将财务管理的目标局限于股东价值最大化，还应该关注债权人、职工、客户、供应商等所有利益相关者的利益，只有这样，公司才能在激烈的市场竞争中建立良好的口碑和稳定的合作关系，实现可持续发展。HG公司于2024年启动改革，构建涵盖员工、客户、供应商、债权人及社区等多元主体的价值共创体系，如在员工方面，公司加大了对员工培训和发展的投入，改善员工的工作环境和福利待遇；在客户方面，加强了对产品质量和服务的管理，优化客户反馈机制；在供应商方面，与供应商建立了长期稳定的合作关系，共同推动供应链的可持续发展；在社区方面，积极参与社区建设和公益活动，为当地社会发展做出贡献等。

要求：根据上述情况，分析和讨论下列问题。

（1）财务管理目标是否具有稳定性？

（2）HG公司财务管理目标的演进过程是怎样的？

（3）简述各种财务管理目标的优点及其局限性。

案例二　顺丰控股的上市之路

虽然屡屡传出顺丰将登陆资本市场的消息，但顺丰官方对于公司上市却一直持否认态度。"上市的好处无非是圈钱，获得企业发展所需的资金。顺丰也缺钱，但是顺丰不能为了钱而上市。上市后，企业就变成一个赚钱的机器，每天股价的变动都牵动着企业的神经，对企业管理层的管理是不利的。"2011年，顺丰创始人王卫罕见接受采访，在谈及顺丰不上市时态度非常明确。在王卫看来，一旦上市，公司就要进行信息披露，这样将不利于制订战略计划。作为一家正在快速成长的企业，更加需要保护好自己的商业秘密。此后，顺丰高层公开露面，对于上市问题基本上都延续了王卫的否认态度。但是，2016年2月18日，顺丰控股发布公告称，其拟在国内证券市场首次公开发行股票并上市，目前正在接受中信证券、招商证券、华泰联合证券的上市辅导，且深圳市证监局已受理顺丰控股的上市辅导申请。资本市场一片哗然。

2016年5月23日，另一则消息则引爆沉寂许久的资本市场。鼎泰新材发布公告，宣布将其全部资产和负债与顺丰控股 100%股权进行置换，差额部分由鼎泰新材以发行股份方式向顺丰控股股东购买。宣布启动 IPO 上市程序不过三个月，顺丰突然改变了对接资本市场的模式，中国民营第一大快递公司正式宣告以"短平快"的借壳方式登陆资本市场。2016 年 10 月 11 日傍晚，中国证券监督管理委员会（简称"中国证监会"）并购重组委发布 2016 年第 75 次会议审核结果公告：马鞍山鼎泰稀土新材料股份有限公司发行股份购买资产获有条件通过。自 5 月 23 日首次披露借壳方案，到获得证监会有条件通过，顺丰用时 141 天，刷新了圆通 194 天借壳上市的纪录，再次定义了中国快递之"快"。

从拒绝上市到主动上市，说明这 5 年时间快递行业已经发生了巨大变化，如果不借助资本市场的力量，顺丰将越来越难维持自己的龙头地位。对于顺丰的上市，国海证券指出，顺丰作为快递业龙头企业，拥有完善的网络布局和优质的品牌优势，依托行业高景气度和政策红利的逐步兑现，未来发展空间广阔。2024 年顺丰以"A+H"双平台模式登陆港股，全球发售 1.7 亿股，定价 32.3～36.3 港元/股，其 H 股最终发行价定为每股 34.30 港元，募资总额 58.31 亿港元。此举旨在缓解因国内竞争加剧导致的财务压力，并为国际化扩张及科技研发筹集资金。筹集资金中的 45%用于国际物流能力建设、35%用于国内网络升级、10%投向科技数字化，体现了"轻重资产结合"的战略平衡。

从借壳上市到港股二次融资，反映出快递行业从规模扩张转向精细化运营的竞争升级需求，标志顺丰其国际化战略的深化。港股上市后，顺丰获得国际资本青睐，反映出市场对其全球化布局和技术投入的认可，推动了快递行业整体效率的提升。

要求：根据上述情况，分析和讨论下列问题。

（1）顺丰控股为什么未能将不上市这一决定坚持到底？

（2）顺丰为什么放弃 IPO 而选择了借壳上市？

第2章
货币时间价值与风险分析

【学习目标】

在当今资本运作领域，收益与风险如影随形。企业在进行财务管理和投资理财活动时，必须树立货币时间价值观念和风险观念，权衡风险与报酬的关系。

通过本章的学习，读者应达到以下目标：

● 掌握货币时间价值的含义和相关计算方法；

● 掌握风险的衡量标准及风险与报酬的关系；

● 熟练运用货币时间价值观念和风险观念思考问题、分析问题和解决问题。

【引导案例】

拿破仑的玫瑰花之约

1797 年 3 月，拿破仑在卢森堡的第一国立小学发表演讲时，向学校表达了感激之情。他说："为了感谢贵校对我和我的夫人约瑟芬的盛情款待，我不仅今天献上一束玫瑰花，还承诺未来每年的今天，只要法兰西存在，我都会派人送给贵校一束价值相等的玫瑰花，作为法兰西与卢森堡友谊的象征。"

然而，随着时间的推移，拿破仑身陷连绵不断的战争和频繁的政治动荡中，最终在滑铁卢战败并被流放。他将对卢森堡的承诺抛诸脑后。而卢森堡这个小国却始终铭记着这位"欧洲巨人与卢森堡孩子亲切互动"的时刻，并将其写入史册。

1984 年底，卢森堡旧事重提，向法国提出了索赔要求：要么从 1797 年起，以 3 路易的本金，按 5% 复利计算，清偿这笔"玫瑰花"债；要么在法国各大报刊上公开声明"拿破仑是个言而无信的小人"。起初，法国政府愿意用重金赎回拿破仑的声誉，但计算结果却让他们惊呆了：原本 3 路易的许诺，经过近两个世纪的时间，累积本息竟达到了 1 375 596 法郎。

在深思熟虑后，法国政府选择了另一种应对方式。他们声明："今后，无论在精神上还是物质上，法国将一如既往地支持卢森堡大公国的中小学教育事业，以兑现我们拿破仑将军那一诺千金的玫瑰花信誉。"这一回应最终获得了卢森堡人民的谅解。你认为 3 路易的本金是如何累积到 1 375 596 法郎的？

注：1 路易=50 法郎。

2.1 货币时间价值

货币时间价值是一个客观存在的经济概念。所有的财务活动和资本运作都是在特定的时间和空间中完成的，因此需要通过科学的方法来计算其价值，并对这些财务活动和资本运作的优劣进行评估。时间价值观念揭示了不同时点之间资金的换算关系，从而为企业的财务决策提供了重要依据。

2.1.1　货币时间价值的概念

货币时间价值是指一定量的资金经过一定时间的投资和再投资所增加的价值，也称为资金的时间价值。人们通常认为，当前持有的资金比未来获得的相同数量的资金更有价值，即使没有通货膨胀，这种观点依然成立。原因在于，从经济学角度来看，现在的 1 元钱与未来的 1 元钱的购买力不同。因为如果不将现在的资金消费，而选择在未来消费，那么就失去了在这段时间内享受或投资的机会。因此，未来消费时，需要更多的货币来补偿这段时间的延迟消费损失，多出的部分即为贴水。

当货币被投入生产经营后，其数量会随着时间的推移不断增加，这是一个客观的经济现象。企业的资金周转循环从货币资金的投入开始，用于购买资源并生产产品，最终出售时所获得的货币量往往高于最初投入的金额。随着资金的循环和周转次数的增加，货币数量也以指数级增长，从而体现出货币的时间价值。货币的时间价值在其周转使用过程中产生，代表货币所有者因将资金让渡给他人使用而获得的一种社会财富分配形式。然而，并非所有通过生产经营所得的利润都属于资金的时间价值。从数量上看，资金运用过程中所增加的价值并不完全是时间价值，因为投资者在货币增值过程中还需承担投资风险和通货膨胀等因素的影响，从而要求更高的补偿。因此，时间价值应被理解为在没有风险和通货膨胀的条件下的社会平均利润率。

货币时间价值可以用绝对数或相对数来表示，即通过利息额或利率来衡量。例如，如果将现在的 1 元存入银行，假设存款利率为 10%，那么一年后可以得到 1.1 元。这个 1 元在一年内通过投资增值了 0.1 元，这 0.1 元就是货币时间价值的绝对数。在实际业务中，人们通常习惯用相对数来表示货币时间价值，即用增值部分占初始投资的百分比来衡量。例如，上述 0.1 元的增值对应的是 10% 的价值增值率，也就是说，1 元资金一年的时间价值为 10%。

在实际工作中，这两种表示方法之间并没有严格的区分，人们通常以利率来计量货币时间价值。利率实际上反映的是社会资金的利润率。各种利率形式，如贷款利率、存款利率、投资者要求的必要报酬率、股票的股息率和债券的利率等，通常都是以相对数来表示的。尽管这些利率与资金时间价值相关，但它们与资金时间价值并不完全相同，只有在没有风险和通货膨胀的情况下，这些比率才与资金时间价值相等。

2.1.2　货币时间价值的计算

在计算货币时间价值时，需要注意两组关键概念：第一，根据利息是否加入本金并一起计息，计算利息的方式可以分为单利和复利；第二，根据资金所在的时点不同，将不同时点上的资金分别称为现值和终值。计算资金时间价值的过程首先要明确单利与复利的区别。在此基础上，大家应掌握复利终值与复利现值的计算方法，并进一步理解和应用年金终值与年金现值的计算原理和方法。

1. 单利与复利

单利是一种计息方法，是指仅对本金计算利息，不将之前计息期产生的利息加入本金再计算利息，即利息不产生额外的利息。与之相对的是复利。复利是每经过一个计息期，将所生利息加入本金，再计利息，俗称"利滚利"。计息期是指相邻两次计息的时间间隔，如年、月、日等，除非特别说明，计息期通常为一年。复利的概念充分体现了货币时间价值的意义，因为资金在投资过程中能够不断增值，理性的投资者总是会选择最适合的资金投入方式以获取回报。在讨论资金的时间价值时，通常采用复利计算。

例如，假设小明现在将 1 000 元存入银行，利率为 5%，并计划 3 年后取出。我们可以分别计算在单利和复利方式下，3 年后他可以取出多少钱。按照单利计算，3 年后小明将取出 1 150 元（1 000 × 1.15）。按照复利计算，3 年后他将取出 1 157.63 元（1 000 × 1.05 × 1.05 × 1.05）。

微课堂

复利终值

2. 复利终值

复利终值又称将来值，是现在收到或支付的一笔款项在未来某一时点上的价值，俗称本利和。如存入银行一笔现金 1 000 元，年利率为 10%，一年后取出 1 100 元，则 1 100 元即为复利终值。

若某人将本金存放于银行，年利率为 i，则

第一年的本利和为：$FV = PV + PV \times i = PV \times (1 + i)$

第二年的本利和为：$FV = PV \times (1 + i) \times (1 + i) = PV \times (1 + i)^2$

第三年的本利和为：$FV = PV \times (1 + i)^2 \times (1 + i) = PV \times (1 + i)^3$

第 n 年的本利和为：$FV = PV \times (1 + i)^n$ （2-1）

微课堂

终值函数

式中，FV（Future Value）为复利终值；PV（Present Value）为本金；i 为利率；n 为计息期数；$(1 + i)^n$ 通常称为复利终值系数，用符号（$F/P, i, n$）表示。例如，（F/P, 8%, 6）表示利率为 8%，6 期的复利终值系数。复利终值系数可以通过查阅"附录一 复利终值系数表"直接获得。

【例 2-1】博文公司计划将 10 000 元现金存入银行，4 年后取出投资新的生产线。在银行存款年利率为 8% 的情况下，4 年后，这笔存款的实际价值是多少？

该问题可表述为：已知 PV=10 000 元，i=8%，n=4，求 FV。

$FV = 10\ 000 \times (F/P, 8\%, 4) = 10\ 000 \times 1.361 = 13\ 610$（元）

3. 复利现值

现值又称本金。复利现值是复利终值的逆运算，它是指今后某一特定时点收到或付出一笔款项，按复利计算的相当于现在的价值。例如，在年利率为 10% 的情况下，一年后若想取出 1 100 元，则现在应该存入 1 000 元，这 1 000 元即为一年后的 1 100 元的现值。

微课堂

现值函数

其计算公式为：

$$PV = FV \times (1 + i)^{-n}$$ （2-2）

式中，PV 为复利现值；n 为贴现期数；$(1 + i)^{-n}$ 通常称为复利现值系数，用符号（$P/F, i, n$）表示。比如，（P/F, 6%, 4）表示利率为 6%，4 期复利现值系数。复利现值系数可以通过查阅"附录二 复利现值系数表"直接获得。

【例 2-2】博文公司打算 4 年后用 400 万元投入新品研发，则在银行年利率为 6% 的条件下，该公司现在存入多少钱才能在 4 年后连本带利一次性取得 400 万元？

该问题可表述为：已知 FV=400 万元，i=6%，n=4，求 PV。

$PV = 400 \times (P/F, 6\%, 4) = 400 \times 0.792 = 316.80$（万元）

4. 年金终值与年金现值

在现实生活中，除了前面提到的一次性收付款外，还有一些款项是在固定的时间间隔内，以相等金额定期收到或支付的。这种在一定时期内每次等额收付的系列款项称为年金（Annuity），通常用符号 A 表示。年金形式多样，例如保险费、折旧、租金，以及分期偿还贷款等。

微课堂

普通年金终值的计算

根据收付时间点的不同，年金可分为普通年金、先付年金、递延年金和永续年金。其中，大多数款项的收付发生在期末，这种年金形式称为普通年金。其他

形式的年金则是普通年金的转化形式。

计算年金时，如果逐笔计算复利终值与复利现值再求和，则计算过程非常复杂。因此，可以采用简化的方式，计算年金终值和年金现值。下面我们逐一介绍各种年金终值与现值的计算方法。

（1）普通年金终值与现值。

普通年金是指一定时期内每期期末等额收付的系列款项，又称后付年金。如图 2-1 所示，这是一个发生在每期期末的连续 n 期的等额收付款系列，也就是一个 n 期的普通年金。

① 普通年金终值法。普通年金终值是对一定时期内每期期末等额收付的款项计算复利终值并求和，如图 2-1 所示，这是一个 n 笔期末等额收付的款项在第 n 期期末的价值计算图。

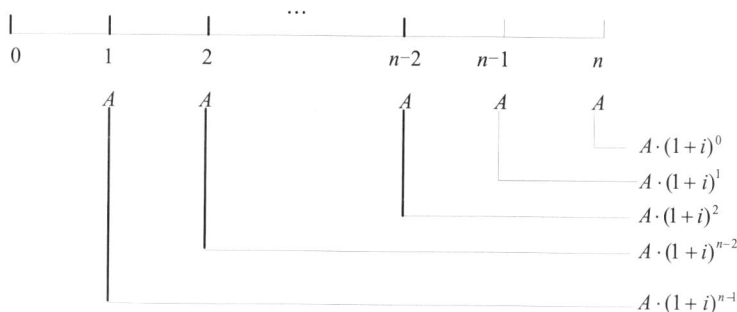

年金函数

图 2-1　普通年金终值计算图

根据年金终值的定义，结合图 2-1，我们可以将普通年金终值的计算归纳为公式（2-3）：

$$FVA = A \times (1+i)^0 + A \times (1+i)^1 + A \times (1+i)^2 + \cdots + A \times (1+i)^{n-1} \tag{2-3}$$

根据等比数列前 n 项和公式 $S_n = \dfrac{a_1 \times (1-q^n)}{1-q}$ 整理可得

$$FVA = A \times \frac{(1+i)^n - 1}{i} \tag{2-4}$$

式中，FVA（Future Value of Annuity）为年金终值；A 为年金；$\dfrac{(1+i)^n - 1}{i}$ 通常称为年金终值系数，用符号 $(F/A, i, n)$ 表示，如 $(F/A, 6\%, 5)$ 表示利率为 6%，5 期年金终值系数。年金终值系数可以通过查阅"附录三　年金终值系数表"直接获得。

【例 2-3】博文公司准备在今后 5 年内，每年年末从利润留存中提取 60 000 元存入银行，计划 5 年后，将这笔存款用于建造厂房，若年利率为 6%，则 5 年后共可以积累多少资金？

该问题可表述为：已知 A=60 000 元，i=6%，n=5，求 FVA。

FVA = 60 000 ×（F/A，6%，5）=60 000 × 5.637 = 338 220（元）

年金的计算与年金终值的计算互为逆运算。也就是说，如果已知某系列款项若干年后的年金终值，就可以倒求年金。

【例 2-4】博文公司准备在 5 年后建造厂房，届时需要资金 338 220 元，若年利率为 6%，则该公司从现在开始每年年末应存入多少钱？

根据题意，已知年金终值 FVA，倒求年金 A，是年金终值的逆运算。

338 220 = A×（F/A，6%，5）

A = 338 220 ÷（F/A，6%，5）= 338 220 ÷ 5.637 = 60 000（元）

② 普通年金现值法。普通年金现值是将一定时期内按相同时间间隔在每期期末等额收付的款项折算到第一期期初的现值之和。如图 2-2 所示，这是一个 n 笔期末等额收付的款项在第 1 期期初的价值计算图。

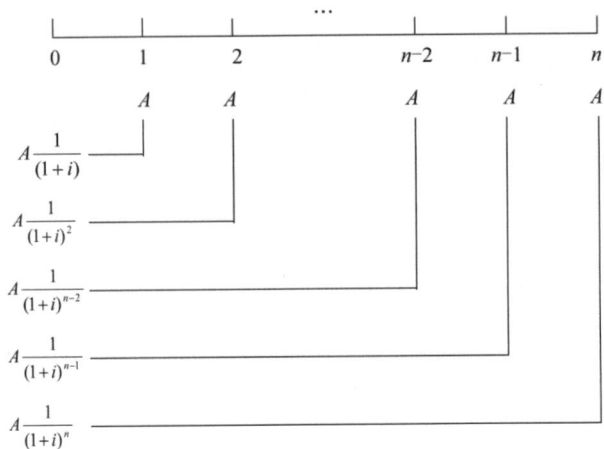

图 2-2　普通年金现值计算图

根据年金现值的定义，结合图 2-2，我们可以将普通年金现值的计算归纳为公式（2-5）：

$$PVA = A\frac{1}{(1+i)} + A\frac{1}{(1+i)^2} + \cdots + A\frac{1}{(1+i)^{n-2}} + A\frac{1}{(1+i)^{n-1}} + A\frac{1}{(1+i)^n} \tag{2-5}$$

同样，根据等比数列前 n 项和公式 $S_n = \dfrac{a_1 \times (1-q^n)}{1-q}$ 整理可得：

$$PVA = A \times \frac{1-(1+i)^{-n}}{i} \tag{2-6}$$

式中，PVA（Present Value of Annuity）为年金现值；$\dfrac{1-(1+i)^{-n}}{i}$ 通常称为年金现值系数，用符号（P/A，i，n）表示，如（P/A，10%，6）表示利率为 10%，6 期年金现值系数。年金现值系数可以通过查阅"附录四　年金现值系数表"直接获得。

【例 2-5】博文公司准备在今后的 6 年内，每年年末发放职工年终奖 80 000 元，若年利率为 10%，则该企业现在需向银行一次存入多少钱？

该问题可表述为：已知 A=80 000 元，i=10%，n=6，求 PVA。

$PVA = 80\,000 \times （P/A，10\%，6） = 80\,000 \times 4.355 = 348\,400$（元）

年金的计算过程与年金现值的计算过程互逆。也就是说，如果已知某系列款项的年金现值，就可以倒求年金。

【例 2-6】博文公司现在存入银行 348 400 元，准备在今后的 6 年内等额取出，用于发放职工年终奖，若年利率为 10%，问每年年末可取出多少钱？

根据题意是已知年金现值 PVA，倒求年金 A，是年金现值的逆运算。

$348\,400 = A \times （P/A，10\%，6）$

$A = 348\,400 \div （P/A，10\%，6） = 348\,400 \div 4.355 = 80\,000$（元）

（2）先付年金终值与现值。

先付年金是指一定时期内每期期初等额收付的系列款项，又称即付年金。如图 2-3 所示，这是一个发生在每期期初的连续 n 期的等额收付款系列，也就是一个 n 期的先付年金。

① 先付年金终值。先付年金终值是一定时期内每期期初收付的等额款项的复利终值之和。

将图 2-3 与图 2-1 进行比较可以看出，先付年金与普通年金的付款次数相同，只是付款时点不同，先付年金终值比普通年金终值多一个计息期。因此，在普通年金终值的基础上乘以（$1+i$）就是先付年金终值，即：

$$XFVA = A \times \frac{(1+i)^n - 1}{i} \times (1+i) \qquad (2-7)$$

式中，$XFVA$ 为先付年金终值，与普通年金终值 FVA 的区别只在于多乘了一个（$1+i$）。

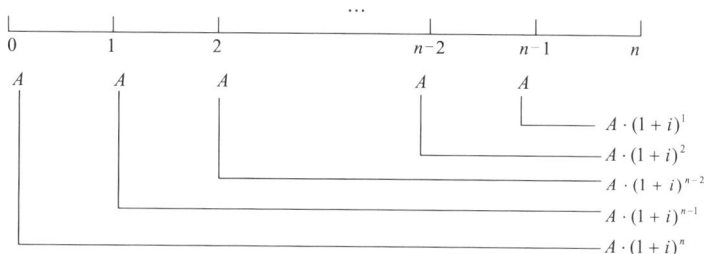

图 2-3　先付年金终值计算图

【**例 2-7**】博文公司有一基建项目，分 8 次投资，每年年初投入 40 000 元，预计第 8 年建成，该项投资为贷款投资，年利率为 12%，则该项目 8 年后的投资总额为多少？

该问题可表述为：已知 A=40 000 元，i=12%，n=8，求 $XFVA$。

$$XFVA = 40\,000 \times (F/A,\ 12\%,\ 8) \times (1 + 12\%)$$
$$= 40\,000 \times 12.3 \times 1.12 = 551\,040（元）$$

② 先付年金现值。先付年金现值是一定时期内每期期初收付的等额款项的复利现值之和。图 2-4 所示是一个 n 笔期初等额收付的款项在第 1 期期初的价值计算图。

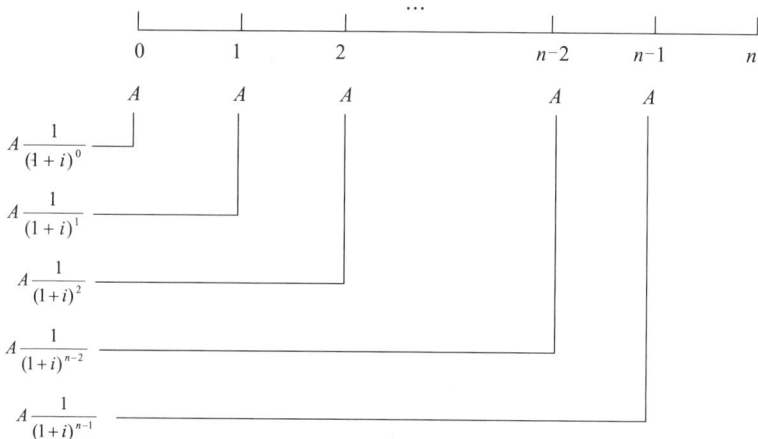

图 2-4　先付年金现值计算图

将图 2-4 与图 2-2 进行比较可以看出，先付年金与普通年金的付款次数相同，只是付款时点不同。先付年金现值比普通年金现值少折现一期，即在普通年金现值的基础上减少一个折现系数 $\frac{1}{1+i}$，也就是在普通年金现值的基础上乘以（$1+i$），即：

$$XPVA = A \times \frac{1-(1+i)^{-n}}{i} \times (1+i) \qquad (2-8)$$

式中，$XPVA$ 为先付年金现值，与普通年金现值 PVA 的区别只在于其多乘了一个（$1+i$）。

【**例 2-8**】博文公司准备按 5 年分期购物，每年年初支付 80 000 元，若年利率为 12%，则该分期付款相当于现在一次性支付多少？

该问题可表述为：已知 A=80 000 元，i=12%，n=5，求 $XPVA$。

解：$XPVA = 80\,000 \times (P/A, 12\%, 5) \times (1 + 12\%) = 80\,000 \times 3.605 \times 1.12$

$\qquad\qquad = 323\,008$（元）

（3）递延年金终值与现值。

递延年金又称延期年金，是指第一次收付款发生时间不在第一期，而是第二期或第二期以后才开始发生的系列等额收付款项，如图 2-5 所示。

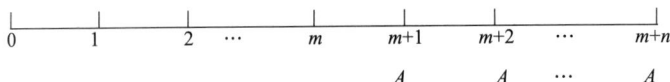

图 2-5　递延年金示意图

递延年金是普通年金的特殊形式，凡不是从第一期开始的普通年金都是递延年金。一般用 m 表示递延期数，n 表示年金实际发生的期数。递延年金现值的计算方法有两种。

一是假设前 m 期均有同等金额的年金收付，先计算出（$m+n$）期的普通年金现值，然后减去前 m 期的普通年金现值，计算公式如下：

$$PVA = A \times \frac{1-(1+i)^{-(m+n)}}{i} - A \times \frac{1-(1+i)^{-m}}{i} \qquad\qquad （2\text{-}9）$$

或

$$PVA = A \times [(P/A, i, m+n) - (P/A, i, m)]$$

二是先把实际发生的 n 期的年金计算出至第 m 期末的现值，该年金现值相对于现在而言可视为复利终值，已知复利终值，求现值，只需要乘以 m 期的复利现值系数，计算公式如下：

$$PVA = A \times \frac{1-(1+i)^{-n}}{i} \times (1+i)^{-m} \qquad\qquad （2\text{-}10）$$

或

$$PVA = A \times (P/A, i, n) \times (P/F, i, m)$$

【例 2-9】小明计划在年初将一笔资金存入银行，以便从第 6 年起每年年末取出 2\,000 元，至第 10 年末取完。如果银行存款利率为 10\%，小明现在应一次存入银行多少钱？

$\quad PVA = 2\,000 \times (P/A, 10\%, 10) - 2\,000 \times (P/A, 10\%, 5)$

$\qquad\quad = 2\,000 \times 6.145 - 2\,000 \times 3.791$

$\qquad\quad = 4\,708$（元）

或 $PVA = 2\,000 \times (P/A, 10\%, 5) \times (P/F, 10\%, 5)$

$\qquad\qquad = 2\,000 \times 3.791 \times 0.621$

$\qquad\qquad = 4\,708$（元）

递延年金的终值与其递延期 m 无关，因此递延年金终值的计算与普通年金终值相同。

（4）永续年金现值。

永续年金是无限期等额收付的特种年金，可视为普通年金的特殊形式，即期限趋于无穷的普通年金，如图 2-6 所示。

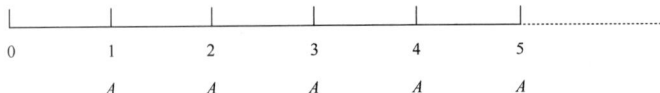

图 2-6　永续年金示意图

由于永续年金持续期无限，没有终止时间，因此没有终值，只有现值。根据普通年金现值的计算公式 $PVA = A \times \dfrac{1-(1+i)^{-n}}{i}$，当 $n \to \infty$ 时，可推导出永续年金现值的计算公式，即：

$$PVA = \frac{A}{i} \tag{2-11}$$

【例 2-10】博文公司计划采用存本取息的方式存入银行一笔钱，希望今后无限期地每年年末能从银行取出 40 000 元奖励优秀员工，若年利率为 8%，则公司现在应存入多少钱？

$$PVA = 40\,000 \div 8\% = 500\,000 \text{（元）}$$

小知识

　　按揭："按揭"一词是英文"Mortgage"的粤语音译，指以房地产等实物资产或有价证券、契约等作抵押，获得银行贷款并依合同分期付清本息，贷款还清后银行归还抵押物。在房产按揭中，按揭人将房产产权转让给按揭受益人作为还款保证，按揭人在还清贷款后，受益人立即将所涉及的房屋产权转让给按揭人，在此过程中，按揭人享有房产的使用权。我们向银行申请的按揭贷款实际是一种等额偿还本金或者等额偿还本息的年金，按揭款项的计算在现代住房购买中无处不在。

📱微课堂

房贷还款额的计算

2.1.3　货币时间价值计算的特殊问题

　　以上提到的单利和复利都是指一笔款项的收付情况，而年金则涉及等额的数笔款项。这些都属于资金收付的常见形式。然而，在现实生活中，有些款项的收付是无规律的，且金额不等。那么，对于这些款项，如何计算其终值和现值呢？通常，单利、复利和年金的计算都是以年为一个计息期。如果计息期短于一年，资金时间价值的计算又该注意哪些问题？贴现率和计息期又该如何计算？下面将对这些问题一一进行解答。

1. 不规则现金流量现值的计算

　　在实际生活中，并非所有款项都是等额收付的，有些现金流量的发生没有规律，称为不规则现金流量。计算不规则现金流量的现值只能逐笔计算其复利现值，其计算公式如下：

$$PV_n = A_0 \frac{1}{(1+i)^0} + A_1 \frac{1}{(1+i)^1} + A_2 \frac{1}{(1+i)^2} + \cdots + A_n \frac{1}{(1+i)^n} \tag{2-12}$$

【例 2-11】博文公司进行新产品研发，研发期为 3 年，其间每年年初需要投入研发费用，分别为 300 万元、500 万元、400 万元。在年利率为 8% 的情况下，该项目投资的现值之和是多少？

$$PV_3 = 300 \times \frac{1}{(1+8\%)^0} + 500 \times \frac{1}{(1+8\%)^1} + 400 \times \frac{1}{(1+8\%)^2}$$

$$= 1\,105.8 \text{（万元）}$$

2. 年金和不规则现金流量混合情况下的现值

　　在经济活动中，年金和不规则现金流量还会混合发生，其计算方法是将年金与不规则现金流量的现值的计算结合起来。

【例 2-12】接【例 2-11】，假如新产品研发成功后，以后的 5 年中，每年年初投入 500 万元进行生产。在年利率为 8% 的情况下，研发、生产期间投入的现金流量现值之和是多少？

$$PV_8 = 300 \times \frac{1}{(1+8\%)^0} + 500 \times \frac{1}{(1+8\%)^1} + 400 \times \frac{1}{(1+8\%)^2} +$$

$$500 \times (P/A, 8\%, 5) \times (P/F, 8\%, 2)$$

$$= 1\,105.8 + 1\,711$$

$$= 2\,816.8 \text{（万元）}$$

3. 贴现率、期数的计算

当实际财务活动中能预知或者预计现值和终值，需要求贴现率或者投资回报期数时，均可视为求终值或现值的逆运算，具体分为3步：①求系数；②查表；③用插值法求贴现率或者期数。

【例2-13】博文公司向银行借款20 000元，每年年末还本付息额均为4 000元，连续9年还清，问借款利率是多少？

$$(P/A, i, 9) = \frac{PVA}{A} = 20\,000 \div 4\,000 = 5$$

查 $n=9$ 的年金现值系数表得：

$$\left.\begin{array}{c} 13\% \\ i \\ 14\% \end{array}\right\}13\%-i \left.\begin{array}{c} \\ \end{array}\right\}-1\% \quad \left.\begin{array}{c} 5.132 \\ 5 \\ 4.946 \end{array}\right\}0.132 \left.\begin{array}{c} \\ \end{array}\right\}0.186$$

根据贴现率和年金现值系数之间的关系可列方程式

$$\frac{13\%-i}{-1\%} = \frac{0.132}{0.186}$$

求解得：$i = 13.71\%$

【例2-14】博文公司有两种生产线可以选择，甲生产线的购买价格比乙生产线贵8 000元，但每年可节约维修费2 000元，若年利率为7%，求甲生产线至少使用多少年才划算？

$$(P/A, 7\%, n) = \frac{PVA}{A} = 8\,000 \div 2\,000 = 4$$

查 $i=7\%$ 的年金现值系数表得：

$$\left.\begin{array}{c} 4 \\ n \\ 5 \end{array}\right\}4-n \left.\begin{array}{c} \\ \end{array}\right\}-1 \quad \left.\begin{array}{c} 3.387 \\ 4 \\ 4.1 \end{array}\right\}-0.613 \left.\begin{array}{c} \\ \end{array}\right\}-0.713$$

根据期数和年金现值系数之间的关系可列方程式：

$$\frac{4-n}{-1} = \frac{-0.613}{-0.713}$$

求解得：$n = 4.86$（年）

4. 计息期短于一年的资金时间价值的计算

在本节的例题中，我们通常以年作为计息期，因此折现率也相应地采用年利率。然而，在现实生活中，计息期并不总是按年计算。当计息期为季度或月份时，需要对折现率进行相应调整。例如，若计息期为季度，则应使用季利率；若计息期为月，则应使用月利率。

【例2-15】小明计划在第5年年末获得1 000元收入，年利率为10%。试计算：①每年计息一次，现在应存入多少钱？②每半年计息一次，现在应存入多少钱？

如果每年计息一次，则 $PV = FV \times (P/F, 10\%, 5) = 1\,000 \times 0.621 = 621$（元）

如果每半年计息一次，则 $PV = FV \times (P/F, 5\%, 10) = 1\,000 \times 0.614 = 614$（元）

小知识

折现：又称贴现，是指将未来某一时点的资金价值按照一定的利率转换为当前价值的过程。折现率是折现过程中所使用的利率，它反映了资金随时间而发生的价值变化。折现率通常取决于市场利率、投资风险及资金的机会成本等因素。折现率越高，未来现金流的现值越低；反之亦然。它是评估未来收益在当前价值的关键参数，广泛应用于投资决策、项目评估中。

2.2　风险分析

企业的财务活动往往在风险和收益不确定的条件下进行，因此，若忽视了风险，就难以准确评估财务活动的实际收益水平。任何投资决策都伴随着风险和报酬的双重考量，企业必须全面考虑风险因素，深入分析并权衡风险与报酬之间的关系，才能在复杂的经济环境中实现价值最大化。

2.2.1　风险与风险报酬的概念

在经济学词典中，"风险"的定义是"发生财务损失的可能性"，发生财务损失的可能性越大，投资风险就越大。这种定义是狭义的风险。然而，风险不仅可能带来超出预期的损失，也可能带来超出预期的收益。因此，从广义上讲，风险不是仅仅指发生损失的可能性，而应该是指预期结果的不确定性。

根据预期结果的不确定性，我们可以把财务决策分为 3 类，即确定型决策、风险型决策和不确定型决策。其中，确定型决策是指未来情况已知的财务决策；风险型决策是可以预知各种可能发生的情况及其概率的决策；不确定型决策是无法预知各种可能发生的情况及其概率的决策。本节讨论的是对风险型决策的分析和权衡。

一般来说，投资者通常具有风险厌恶倾向，并主动规避风险。但为何还有投资者进行风险投资呢？这是因为风险投资会给投资者带来高额回报，即风险报酬。所谓风险报酬就是指投资者因承担风险进行投资而获得的超过资金时间价值的那部分额外价值。风险报酬的表示方法有两种：一种是投资风险报酬额，是一个绝对数；另一种是投资风险报酬率，或者叫作风险报酬率，是一个相对数。

2.2.2　风险的衡量

企业在进行风险衡量时，一方面应衡量单项资产的风险与报酬，另一方面应衡量资产组合的风险与报酬。单项资产与资产组合是有区别的，资产组合可以分散风险且只能分散部分风险。因此，我们有必要分别阐述单项资产的风险和报酬及资产组合的风险和报酬。

1. 单项资产的风险和报酬

风险报酬具有不易计量的特性。为了计算一定风险条件下的投资报酬，企业必须利用概率论的方法，按未来年度预期报酬的平均偏离程度来进行估量。概率论的相关方法包括分析概率分布、计算期望值、标准差，以及标准离差率等。

（1）分析概率分布。

某一事件在相同的条件下可能发生也可能不发生，这类事件称为随机事件。概率就是用来表示随机事件发生可能性大小的数值。通常，必然发生事件的概率为 1，完全不可能发生事件的概率为 0，大多数随机事件发生的概率介于 0～1 之间。例如，企业投资于某项目获得 25% 投资报酬率的可能性是 40%，这意味着企业获得 25% 报酬率的概率为 0.4。如果将某一事件的所有可能的结果全部列示出来，对每一结果赋予一定的概率，便可构成概率分布。

若概率以 p_i 表示，则任何概率都要符合以下两条规则：

① $0 \leqslant p_i \leqslant 1$；② $\sum_{i=1}^{n} p_i = 1$。

式中，n 为可能出现的所有结果的个数。这就是说，随机变量取各个可能值的概率最小为 0，最大为 1，不可能小于 0，也不可能大于 1；全部概率之和必须等于 1，即 100%。

概率分布有两种类型：一种是不连续的概率分布，即随机变量可能取的值分布在几个特定的点上，概率分布图形呈现为几条个别的线段（见图 2-7）；另一种是连续的概率分布，即随机变量可能取的值分布在一定区间的连续各点上，概率分布图形呈现为一条曲线与横轴所围成的平面区域（见图 2-8）。

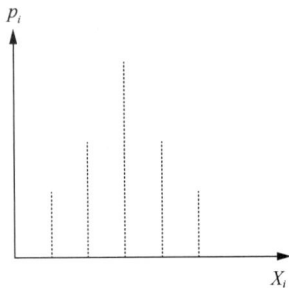

图 2-7　不连续的概率分布图　　　　　图 2-8　连续的概率分布图

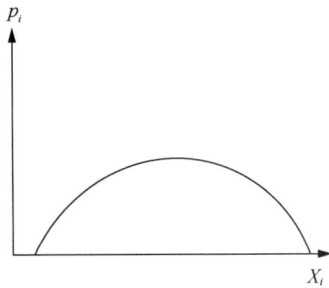

【例 2-16】博文公司目前有两个投资项目 A 和 B，投资额均为 200 万元，假设未来可能会面临繁荣、一般、衰退这三种不同的经济形势，这两个项目的投资报酬率及其概率分布如表 2-1 所示。

表 2-1　　　　　　　　　　　博文公司两个项目的投资报酬率分布表

经济形势	发生概率	各方案报酬率（R_i）	
		A 项目	B 项目
繁荣	0.3	40%	60%
一般	0.4	20%	20%
衰退	0.3	0	−20%

表 2-1 列示了博文公司分别投资 A 和 B 项目可能发生的投资报酬率的分布情况。

（2）计算期望值。

期望值又称为平均值，是根据某一事件的概率分布情况，以概率作为权数加权计算出来的平均值。期望值是衡量报酬的一个重要指标，又称预期报酬率，其计算公式如下：

$$\bar{E} = \sum_{i=1}^{n} R_i \times p_i \tag{2-13}$$

式中，$\bar{E}$ 为期望值（期望报酬）；R_i 为第 i 种可能结果报酬率；p_i 为第 i 种可能结果的概率；n 为可能结果的个数。

【例 2-17】以博文公司的投资项目为例，根据表 2-1 计算 A 项目和 B 项目的期望值分别如下：

A 项目的期望值 $\bar{E} = 40\% \times 0.3 + 20\% \times 0.4 + 0 \times 0.3 = 20\%$

B 项目的期望值 $\bar{E} = 60\% \times 0.3 + 20\% \times 0.4 - 20\% \times 0.3 = 20\%$

可见，两个项目的期望值，也就是期望报酬率是相同的。

在期望值相同的情况下，投资的风险程度与报酬率的概率分布有密切的联系。概率分布越集中，实际可能的结果就会越接近期望值，投资的风险程度也就越小；反之，概率分布越分散，投资的风险程度也就越大。所以，对有风险的投资项目，不仅要考察其预期投资报酬率的高低，而且要考察其风险的大小。

投资风险是衡量投资报酬的一个重要方面，而投资风险可以通过对投资报酬率的集中程度的分析来揭示。由图 2-9 和图 2-10 可以看出，上述 A 项目的概率分布较为集中，说明 A 项目的风险较低。除了画图这种略为复杂的比较方法外，我们还可以通过相关的概率分布指标来比较，如标准差。

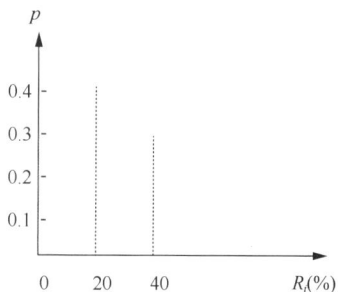

图 2-9　项目 A 的报酬率概率分布　　　　图 2-10　项目 B 的报酬率概率分布

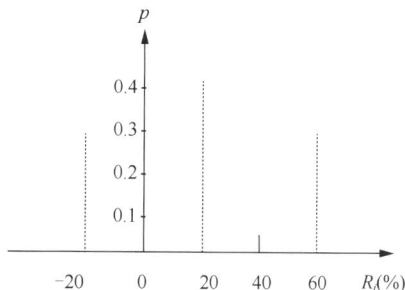

（3）计算标准差。

标准差是反映概率分布中各种可能结果对期望值的偏离程度，即表示离散程度的一个数值，通常以符号 σ 表示，其计算公式为：

$$\sigma = \sqrt{\sum_{i=1}^{n}(R_i - \overline{E})^2 \times p_i} \tag{2-14}$$

式中，$(R_i - \overline{E})$ 称为离差，反映各种可能的值与期望值之间的差。标准差以绝对数衡量决策方案的风险。在期望值相同的情况下，标准差越大，风险越大；反之，标准差越小，则风险越小。

【例 2-18】以博文公司的投资项目为例，计算 A 项目和 B 项目的标准差分别如下：

A 项目的 $\sigma = \sqrt{\sum_{i=1}^{n}(R_i - \overline{E})^2 \times p_i}$

$= \sqrt{(40\% - 20\%)^2 \times 0.3 + (20\% - 20\%)^2 \times 0.4 + (0\% - 20\%)^2 \times 0.3}$

$= 0.155$

B 项目的 $\sigma = \sqrt{\sum_{i=1}^{n}(R_i - \overline{E})^2 \times p_i}$

$= \sqrt{(60\% - 20\%)^2 \times 0.3 + (20\% - 20\%)^2 \times 0.4 + (-20\% - 20\%)^2 \times 0.3}$

$= 0.31$

可见，在两种方案的期望值相同的情况下，B 项目的标准差大，因此 B 项目的风险也更大。

（4）计算标准离差率。

标准差作为绝对数，只适用于对期望值相同的决策方案的风险程度的比较。对于期望值不同的决策方案，评价和比较风险程度只能借助于标准离差率这一相对数值指标。

标准离差率又称为变异系数（Coefficient of Variation），是标准差与期望值之比，通常用符号 CV 来表示，计算公式为：

$$CV = \sigma / \overline{E} \tag{2-15}$$

标准离差率是一个相对数指标，反映的是单位收益下的风险。它以相对数反映决策方案的风险程度。在期望值不同的情况下，标准离差率越大，风险越大；反之，标准离差率越小，风险越小。

（5）风险厌恶特性与必要报酬率。

假如你努力工作了半生，节约并存下了 1 000 万元，现在你打算用这笔钱进行投资，以便退休以后以该收益为生。你可以购买利率为 5% 的国债，在第一年末你可以获得 1 050 万元（初始投资加上利息）。当然你也可以购买创业板市场中正在进行项目研发的中小企业的股票。如果该企业的项目研发成功，那么你的股票价值可能增值为 2 100 万元，这种可能性为 50%；如果项目研发失败，那么你的股票价值将降为零，这种可能性为 50%。那么，你投资该创业板股票的期望价值为 1 050［（2 100 + 0）÷ 2］万元，你的期望报酬率同样为 5%。

如果请你在这两个期望报酬率相同的投资项目中选择一个，你会选哪一个呢？一般来说，多数人会选择风险较小的国债进行投资。这就叫作投资的风险厌恶特性。这既是一个既定的事实，也是一个贯穿本书的理论假设。

对证券价格和报酬率来说，风险厌恶特性有何意义呢？如果其他条件保持不变，证券的风险越高，投资者越厌恶，市场需求状况越差，其价格就越低，投资者要求的必要报酬率就越高。反之，证券的风险越低，其价格就越高，投资者要求的必要报酬率就越低。

在这里，请注意区别期望报酬率和必要报酬率，其中，期望报酬率是投资者综合考虑各种情形后对某项投资的预期报酬率，而必要报酬率是投资者对某项目或者某种证券进行投资时所要求的最低报酬率。

2. 投资组合的风险和报酬

单独持有一种资产无异于"将鸡蛋放在同一个篮子中"，存在着风险。投资者普遍具有风险厌恶倾向，基于这一特性，我们可以通过多元化的投资组合来降低风险。这也是投资机构或者投资者一般都持有多种证券，或者企业往往投资于多个项目的原因。

（1）投资组合报酬。

所谓投资组合，就是投资者同时投资于多种证券或者项目的方法。投资组合的报酬率是各种投资证券或者项目的加权平均报酬率，其计算公式为：

$$R_P = \sum_{i=1}^{n} W_i \times R_i \tag{2-16}$$

式中，R_P 为投资组合的报酬率；W_i 为投资组合中第 i 种证券所占的比重；R_i 为第 i 种证券的报酬率；n 为投资组合中证券的数量。

企业可以根据投资组合中的各种证券或者项目的投资报酬率，以各种证券或项目在投资组合中所占的比重作为权重，进行加权平均计算投资组合报酬率。而投资组合的风险则不能通过对各项证券或者项目的标准差进行加权平均计算来衡量，而要考虑投资组合中各种证券的相关性。

（2）投资组合风险。

① 相关性。投资组合可以有效降低风险的原因可以通过相关性这个概念进行解释。

首先，考虑表 2-2 和图 2-11 描述的情境。表 2-2 提供了两只股票 W 和 M 各自的报酬率数据以及各投资 50% 形成的投资组合 WM 的报酬率。图 2-11 更直观地描述了这 3 种投资的报酬率情况。

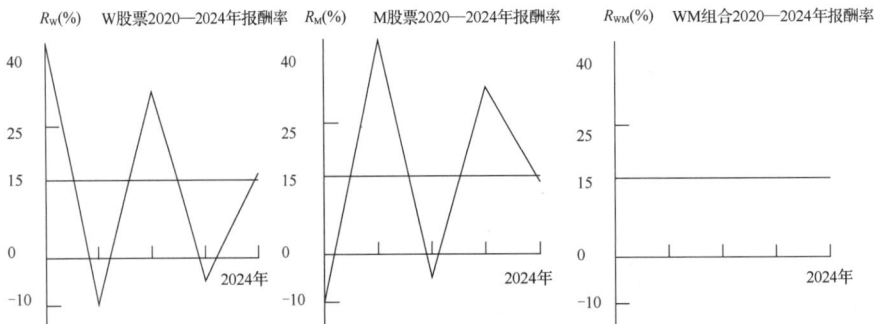

图 2-11 完全负相关的两只证券及其投资组合的报酬率示意图

表 2-2　　　　　　　　　　　股票 W、股票 M 及投资组合 WM 的报酬率

年份	股票 W 报酬率	股票 M 报酬率	投资组合 WM 报酬率
2020	40%	−10%	15%
2021	−10%	40%	15%
2022	35%	−5%	15%
2023	−5%	35%	15%
2024	15%	15%	15%
平均报酬率	15%	15%	15%
标准差	22.6%	22.6%	0%

由表 2-2 和图 2-11 可以看出：W 股票和 M 股票各自在各个时期的收益情况完全相反，其组合的报酬率始终恒定，组合的标准差为 0。这说明收益情况完全相反的两只股票组合在一起分散掉了所有的风险，形成一个无风险的投资组合 WM。股票 W 的报酬率和股票 M 的报酬率这两个变量同时变化的趋势，被称为相关性，用相关系数 ρ 来表示相关程度。相关系数 ρ 介于[−1，1]之间。当 $\rho = -1$ 时，相关变量完全负相关，正如股票 W 和 M 的报酬率的变动趋势完全相反，称为 W 和 M 股票完全负相关；当 $\rho = 1$ 时，相关变量完全正相关。完全负相关可以消除所有的风险，完全正相关无法消除任何风险。实际上这是两种极端。通常，相关系数介于两种极端之间，既无法消除所有风险，也不会对风险毫无影响。

根据相关性的观点，投资组合可以降低风险，投资组合中投资产品的数量越多，风险越分散。那么，通过这种投资组合，企业是不是购买无穷多个证券进行投资就可以消除所有风险呢？答案是否定的。并不是所有的风险都可以通过投资组合分散掉，根据风险是否可以被投资组合消除，风险可以分为公司特别风险和市场风险。

② 公司特别风险。公司特别风险又称为可分散风险，或非系统性风险，是指某些因素对单个证券造成经济损失的可能性。这种风险是可以通过有效投资组合分散掉的。如公司在市场竞争中的失败，管理不善导致的失窃、火灾，经营不当导致的重大经营损失等，这些风险只会对企业自身造成严重影响，不会对整个资本市场上的所有证券都构成影响。

③ 市场风险。市场风险又称为不可分散风险，或系统性风险，指的是某些不良因素给市场上所有的证券都带来经济损失的可能性。这种风险是每个企业都必须面对的，是不可分散的，是整个市场系统性的风险。例如，宏观经济状况变差，国家税法、货币等政策的调整，世界性的经济危机，世界能源状况的改变等都会对资本市场上的所有股票的收益状况产生影响。这些风险影响到所有证券，因此，不能通过投资组合分散掉。对投资者来说，这种风险是无法消除的，故称不可分散风险。这种风险对不同企业的影响程度不同。市场风险通常用 β 系数来计量，以反映个别企业的风险与市场风险之间的关系。

④ β 系数。每只股票都有一个 β 系数。它反映当整个资本市场的收益发生变动时，该股票的收益变动程度，也就是该股票随着市场变动的风险程度。令作为整体的证券市场的 β 系数为 1。如果某股票的风险情况与整个证券市场的风险情况一致，则该股票的 β 系数等于 1；如果某股票的 β 系数大于 1，则说明其风险大于整个市场的风险；如果某股票的 β 系数小于 1，则说明其风险小于整个市场的风险。例如，β 系数 = 0.5，说明该股票的风险只有整个股票市场风险的一半，当整个股票市场报酬率下跌 20%时，该股票的报酬率只下跌 10%；β 系数 = 1.0，说明该股票的风险等于整个股票市场的风险，当整个股票市场报酬率下跌 20%时，该股票的报酬率也下跌 20%；β 系数 = 2.0，说明该股票的风险是整个股票市场风险的两倍，当整个股票市场报酬率下跌 20%时，该股票的报酬率将下跌 40%。

β 系数有多种计算方法，实际计算过程十分复杂，但单个证券的 β 系数一般无须投资者自行计算，而由一些投资服务机构定期计算并公布。投资组合的 β 系数是单个证券 β 系数的加权平均数，权数为各种证券在投资组合中所占的比重，其计算公式是：

$$\beta_P = \sum_{i=1}^{n} W_i \times \beta_i \tag{2-17}$$

式中，β_P 为投资组合的 β 系数；W_i 为投资组合中第 i 种证券所占的比重；β_i 为投资组合中第 i 种证券的 β 系数；n 为投资组合中证券的数量。

（3）投资组合的风险报酬。

投资者进行组合投资与进行单项投资都要求对承担的风险进行补偿。证券投资的风险越大，要求的报酬就越高。但是，与单项投资不同，组合投资要求补偿的风险只是不可分散的市场风险，而不要求对可分散的公司特别风险进行补偿。

因此，投资组合的风险报酬是投资者因承担不可分散的市场风险而要求的超过时间价值的那部分额外报酬，可用式（2-18）计算。

$$R_r = \beta_P (K_m - R_f) \tag{2-18}$$

式中，R_r 为投资组合的风险报酬率；β_P 为投资组合的 β 系数；K_m 为所有证券的平均报酬率，即由市场上所有证券组成的投资组合的报酬率，简称市场报酬率；R_f 为无风险报酬率，一般用政府公债的利息率来衡量。

【例2-19】博文公司持有由甲、乙、丙3种股票构成的投资组合，它们的 β 系数分别是2.0、1.0和0.5，它们在投资组合中所占的比重分别为50%、30%、20%。假设股票的市场报酬率为14%，无风险报酬率为10%。试确定这种投资组合的风险报酬率。

解：① 确定投资组合的 β 系数。

$$\beta_P = \sum_{i=1}^{n} W_i \times \beta_i = 50\% \times 2.0 + 30\% \times 1.0 + 20\% \times 0.5 = 1.4$$

② 计算该投资组合的风险报酬率。

$$R_r = \beta_P (K_m - R_f) = 1.4 \times (14\% - 10\%) = 5.6\%$$

计算出风险报酬率后，便可根据投资额和风险报酬率计算出风险报酬的数额。从以上计算结果可以看出，在其他因素不变的情况下，风险报酬率取决于投资组合的 β 系数，β 系数越大，风险报酬率就越大；反之亦然。

【例2-20】在例2-19中，博文公司为降低风险，售出部分甲股票，买进部分丙股票，使甲、乙、丙3种股票在证券组合中所占的比重变为20%、30%和50%，试计算此时的风险报酬率。

解：此时，投资组合的 β 值为：

$$\beta_P = \sum_{i=1}^{n} W_i \times \beta_i = 20\% \times 2.0 + 30\% \times 1.0 + 50\% \times 0.5 = 0.95$$

那么，此时投资组合的风险报酬率应为：

$$R_r = \beta_P (K_m - R_f) = 0.95 \times (14\% - 10\%) = 3.8\%$$

从以上计算可以看出，调整各种证券在投资组合中的比重可改变投资组合的风险、风险报酬率和风险报酬额。

（4）投资风险和报酬之间的关系。

任何一项投资或者投资组合都不可避免地具有风险，投资者承担风险进行的投资必然会要求得到补偿，因此，投资者要求的必要价值回报应该由两部分构成：无风险报酬和风险报酬。

如前所述，投资风险与报酬的基本关系可以表述为：必要报酬率 = 无风险报酬率 + 风险报酬率。资产组合理论认为：非系统风险即公司特别风险可以通过资产组合分散，理性的投资者面临的主要是市场风险，也即系统风险。因此，市场风险越大，β 系数越大，投资者要求的必要报酬率就越大；反之，市场风险越小，β 系数越小，投资者要求的必要报酬率就越小。在这种理论下，如果资本市场是有效且均衡的，则意味着投资者所要求的必要报酬率等于预期报酬率。

① 资本资产定价模型。

在西方金融学和财务管理学中，有许多模型论述风险和报酬率的关系，其中一个重要的模型为资本资产定价模型（Capital Asset Pricing Model，CAPM）。该模型是由 1990 年获得诺贝尔经济学奖的美国经济学家威廉·夏普（William Sharpe）在 1964 年首先提出的。它的贡献之一是用 β 系数衡量系统风险。该模型也可以说是基于组合理论的风险与报酬关系模型。

资本资产定价模型认为：投资者对资产组合投资所要求的报酬率应等于市场对无风险投资所要求的报酬率加上该资产组合的风险溢价。其计算公式为：

$$K_i = R_f + R_r = R_f + \beta_P \left(K_m - R_f \right) \tag{2-19}$$

式中，K_i 为第 i 种投资组合的必要报酬率；R_f 为无风险报酬率，一般用政府公债的利息率来衡量；R_r 为投资组合的风险报酬率；β_P 为投资组合的 β 系数；K_m 为所有证券的平均报酬率。

资本资产定价模型是建立在如下假设基础之上的。

a. 假定所有投资者关注同一投资期，并以各备选组合的期望报酬率和标准差为基础进行组合选择。

b. 假定所有投资者均可以无风险利率无限制地借或贷资金，即存在无风险资产。

c. 假定所有投资者对预期报酬率、风险概率的衡量是一致的，不存在差异。

d. 假定所有资产都无限可分，并具有完美的流动性。

e. 假定没有交易税金和交易费用。

f. 假定不存在操控行为，所有的投资者均是价格的接受者。

g. 假定所有资产的数量都是给定的，相对固定不变。

在上述假定之下，资本资产定价模型描述了风险与报酬之间的关系，也为单项投资和证券投资组合的风险报酬计算提供了依据。

【例 2-21】博文公司股票的 β 系数为 2.0，无风险利率为 4%，市场上所有股票的平均报酬率为 12%，那么，博文公司股票的报酬率应为

$$K_i = R_f + \beta_P \left(K_m - R_f \right) = 4\% + 2 \times \left(12\% - 4\% \right) = 20\%$$

也就是说，博文公司股票的报酬率达到或超过 20% 时，投资者才肯进行投资；如果低于 20%，投资者倾向于不购买博文公司的股票。

② 证券市场线。

资本资产定价模型，可以用图形加以描述。该图形称为证券市场线（Security Market Line，SML），如图 2-12 所示。它说明了必要报酬率 K 与不可分散的市场风险 β 系数之间的关系。

证券市场线的主要含义如下。

a. 纵轴为投资者要求的必要报酬率，横轴则以 β 系数作为衡量风险的标准。这里应该注意，衡量的是市场风险。

b. 无风险证券的 β 系数 $= 0$，因此无风险报酬率 R_f 成为证券市场线在纵轴的截距。

c. 证券市场线的斜率（$K_m - R_f$）表示经济系统中风险厌恶的程度。一般来说，投资者对风险的厌恶倾向越强，证券市场线的斜率就越大，对风险资产所要求的风险补偿就越大，对风险资产所要求的报酬率就越高。

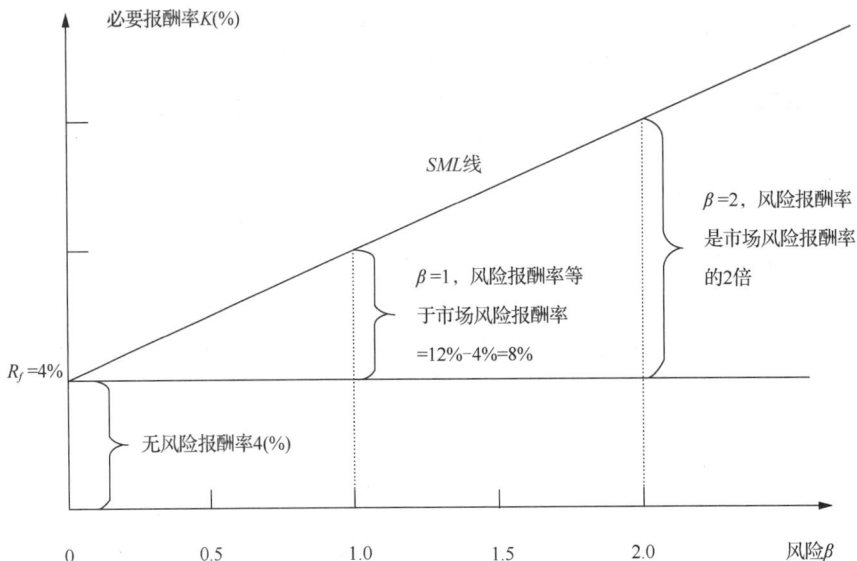

图 2-12　证券市场线

d. 因为 β 系数反映某项投资的风险相对于整个市场风险的变动程度，所以 β 系数越大，变动风险越大，要求的报酬率就越高。

从证券市场线可以看出，投资者要求的报酬率不仅取决于市场风险，而且取决于无风险利率和市场风险补偿程度等，而这些因素都在不断变动，因此证券市场线不是一成不变的。

在证券投资组合中，有三种组合策略常被投资者采用，以达到不同的投资目标和风险管理目的。

（1）保守型策略。保守型策略注重本金的安全性和稳定的收益。这种投资策略通常选择低风险的投资产品，如政府债券、优质企业债券、大型蓝筹股等。这种策略强调保护本金，并通过稳定的利息收入或股息获得收益，风险相对较低，适合风险承受能力低且对资本保值要求较高的投资者。

（2）冒险型策略。冒险型策略追求高风险、高回报。这种投资策略会将更多的资金配置到高风险资产中，如新兴市场股票、小盘股、科技股等。虽然冒险型策略可能带来较高的收益，但同时伴随较大的潜在亏损风险，适合那些愿意承担较大波动风险，并期望在短期内获得较高回报的投资者。

（3）适中型策略。适中型策略在风险与回报之间寻求平衡。这种投资策略会将资金分配到多种资产类别中，既包括一些低风险、稳定收益的资产，也包括一些较高风险、较高回报的资产，如股票、债券和房地产等。适中型策略通过资产的多样化来分散风险，既避免了过于保守带来的低回报，也控制了过度冒险带来的高波动性。这种策略适合那些希望在承担一定风险的前提下，追求中等收益的投资者。

本章小结

同样数量的货币资金在不同的时间点上，其价值是不同的。资金时间价值是现代企业财务管理的基本核心概念之一，体现了随着时间的推移，货币资金在数量上的变化。资金时间价值的计算主要采用复利终值和复利现值公式，以及年金终值和年金现值公式。资金时间价值的计算在实际生活中有广泛的运用，包括单笔资金、等额收付的多笔资金（即年金），或者非等额的无规律的现金流量的时间价值的计算。如果已知现金流量的终值和现值，则可以倒算其贴现率和计息期。在计算资金时间价值、贴现率和计息期时，我们可以根据复利终值、复利现值、年金终值、年金现值的计算方法进行直接计算或者推导计算。

风险是指预期结果的不确定性。企业管理人员和投资者都是风险厌恶者，即在报酬率等其他条件相同的前提下，他们会更愿意选择那些风险低的投资项目。要想规避风险，就要识别风险。本章分别运用概率分布，计算期望值、标准差和标准离差率衡量单项资产的风险。企业可以通过多元化战略来防范和降低项目投资风险，证券投资者可以通过持有多种证券降低投资风险。这就是投资组合。投资组合可以消除公司特别风险，但是无法消除资本市场的系统风险。我们用 β 系数衡量市场风险，用资本资产定价模型分析证券投资的必要报酬率与风险之间的关系。资本资产定价模型用图形表示就是证券市场线。证券市场线更加直观地描述了风险与报酬之间的关系。

关键术语

资金的时间价值	复利	复利终值	复利现值	年金终值
年金现值	普通年金	先付年金	延期年金	永续年金
风险报酬	市场风险	公司特别风险	期望报酬率	标准差
标准离差率	β 系数	必要报酬率	资本资产定价模型	

练 习 题

一、思考题

1. 资金时间价值的本质是什么？

2. 什么是终值？什么是现值？终值与现值之间的关系如何？

3. 什么是年金？有哪几种类型？含义是什么？

4. 什么是风险报酬？风险与风险报酬的关系如何？

5. 作为一个投资者，你愿意选择月利率、季利率或年利率中的哪一个作为复利计算的利率？为什么？

6. 资本资产定价模型的含义是什么？

二、单项选择题

1. 若每年年底存款 2 000 元，则求第 6 年末的价值总额时，应该用（　　　）来计算。

　　A. 复利终值系数　B. 复利现值系数　　C. 年金终值系数　D. 年金现值系数

2. 下列哪种情况为递延年金（　　　）。

　　A. 博文公司租用一台设备，需要在每年年初支付租金 60 万元

　　B. 博文公司投资一个项目，在每年年底获得收益 80 万元

　　C. 博文公司向银行借款，银行规定从第 6 年开始每年偿还本息 100 万元

　　D. 博文公司出租一个厂房 5 年，这 5 年内每年年底可获得租金 30 万元

3. 小明打算分期付款购买一部手机，每月月初付款 1 500 元，3 个月付清，假设年利率为 12%，如购买时一次性付清，则付款金额最接近（　　　）元。

　　A. 4 410　　　　　　B. 5 055　　　　　　C. 4 032　　　　　　D. 4 454

4. 小敏计划向银行贷款 100 万元买房，期限为 15 年，利率为 8%，每年年末等额偿还本息，则每年偿还额的计算式为（　　　）。

　　A. $100 \div (F/A, 8\%, 15)$

　　B. $100 \times (1 + 8\%) \div (F/A, 8\%, 15)$

　　C. $100 \times (1 + 8\%) \div (P/A, 8\%, 15)$

　　D. $100 \div (P/A, 8\%, 15)$

5. 两种股票完全正相关时，把这两种股票合理地组合在一起（　　　）。

　　A. 能适当分散风险　　　　　　　　　　B. 不能分散风险

　　C. 能分散掉一部分风险　　　　　　　　D. 能分散掉全部风险

6. 某投资者的投资组合中包含两种证券 A 和 B，其中 40% 的资金投入 A，期望收益率为 12%；60% 的资金投入 B，期望收益率为 8%，则该投资组合的期望收益率为（　　　）。

　　A. 10%　　　　　　B. 9.6%　　　　　　C. 10.8%　　　　　　D. 9.8%

7. 将两个方案的风险进行比较，下列说法错误的是（　　　）。

　　A. 期望值相同的情况下，标准离差越大，风险程度越大

　　B. 期望值不同的情况下，标准离差越大，风险程度越大

　　C. 期望值不同的情况下，标准离差率越大，风险程度越大

　　D. 期望值相同的情况下，可以用标准离差衡量风险大小

8. 当两种证券完全负相关时，它们的相关系数是（　　　）。

　　A. 0　　　　　　B. 1　　　　　　C. −1　　　　　　D. 不确定

三、判断题

1. 复利计息频数越大，复利次数则越多，终值的增长速度就越快，则相同时期内终值就越大。　　（　　　）

2. 永续年金是无限期支付的年金，只有现值没有终值。　　（　　　）

3. 当两个投资项目的期望报酬相同时，标准差小的公司风险大。　　（　　　）

4. 在其他因素不变的情况下，风险收益取决于证券组合的 β 系数，β 系数越大风险收益就越小。　　（　　　）

5. 经济危机、通货膨胀及经济衰退通常被认为是可分散的市场风险。　　（　　　）

6. 由于政府发行的债券有国家财力做后盾，所以本金安全性非常高，通常可视为无风险证券。　　（　　　）

四、计算题

1. 博文公司计划 5 年后从银行取出 100 万元升级生产线，假设年利率为 2%，按复利计算的情况下，公司当前应存入多少钱？

2. 博文公司投资了一个项目，前 3 年无收益，后 5 年每年年初收益 500 万元，假设年利率为 10%，该投资项目总收益的现值是多少？

3. 某人打算购置房地产，开发商提供两种方案可供选择：第一，现在一次性支付 80 万元；第二，5 年后支付 100 万元。在年利率为 7%，且不考虑其他因素的情况下，应选择哪一方案？

4. 某人每年均会获得一笔金额相等的年终奖，计划从现在开始存入第一笔款项，随后每年存款一次，共存 10 次。若在复利计算，年利率为 6% 的情况下，预计可以在 10 年后一次性取得 100 万元，请问此人每年的年终奖为多少？

5. 有一投资项目在经济繁荣的情况下的收益率为 10%，经济环境一般情况下的收益率为 5%，经济繁荣的概率为 0.4，经济环境一般的概率为 0.6。该项目的 β 系数为 2.4，无风险收益率为 4%，市场平均风险收益率为 3%。

要求：①计算该项目的期望收益率。②计算该项目收益率的标准差和标准离差率。③计算该项目的必要收益率。

6. 博文公司计划投资 A、B、C 项目的其中一个，每个项目的报酬及概率如表 2-3 所示，应考虑哪一个项目？

表 2-3　　　　　　　　　　　　3 个项目的报酬及概率

状态	项目 A		项目 B		项目 C	
	报酬（万元）	概率	报酬（万元）	概率	报酬（万元）	概率
较差	50	0.2	80	0.3	60	0.3
一般	100	0.3	150	0.4	200	0.5
良好	200	0.5	190	0.3	350	0.2

7. 博文公司持有甲、乙两种证券的投资组合。甲证券的必要收益率为 21%，β 系数为 1.6；乙证券的必要收益率为 30%，β 系数为 2.5。为了降低投资风险，公司计划加入丙证券，甲、乙、丙这 3 种证券的投资比例为 2.5∶1∶1.5，最终组合的 β 系数为 1.75。要求：①采用资本资产定价模型分别计算无风险收益率和市场组合风险收益率。②计算丙证券的 β 系数和必要收益率。

8. 某投资者准备从证券市场购买 A、B、C 3 种股票组成投资组合。已知 A、B、C 3 种股票的 β 系数分别为 1.5、1、0.5。现行国债的收益率为 8%，市场平均股票的必要收益率为 14%。

要求：①采用资本资产定价模型分别计算这 3 种股票的预期收益率。②若投资者按 5∶3∶2 的比例分别购买了 A、B、C 这 3 种股票，则该投资组合的 β 系数和预期收益率分别是多少？

五、案例题

案例一　田纳西镇的巨额账单

在瑞士的田纳西镇，居民们突然收到了一张巨额账单，金额高达 1 260 亿美元，这一事件引起了全镇的震惊。纽约市布鲁克林法院裁定，田纳西镇必须向美国投资者支付这笔巨额债务。起初，田纳西镇的居民认为这不过是一起普通的法律纠纷，然而，当他们真正看到这笔账单时，所有人都震惊不已。律师警告说，如果高级法院支持这一判决，田纳西镇的居民将不得不在余生中过着节俭的生活，甚至可能只能靠廉价快餐度日。

这个问题的根源可以追溯到 1966 年。当时，斯兰黑不动产公司在田纳西镇的一家名为"内部交换银行"的银行存入了 6 亿美元。存款协议规定，银行需按每周 1% 的复利支付利息。这一高利率使得银行在次年便宣布破产。1994 年，纽约市布鲁克林法院裁定，从存款之日起到银行清算的 7 年间，这笔存款应按每周 1% 的复利计算利息；而在银行清算后的 21 年中，利息则应按每年 8.54% 的复利计算。

要求：根据上述情况，分析和讨论下列问题。

（1）计算并分析 1966 年存入银行的 6 亿美元在经过复利计算后的增长情况。

（2）该案例带给您的启示是什么？

案例二　博文公司该如何抉择

博文公司是一家传统的制造业公司，在制定新的战略规划之时，考虑到公司发展前景较好，便打算购买一处厂房用于 5 年后扩大产能，目前正在研究是立即购买还是 5 年后购买。有关资料如下。

方案一：厂房当前的价格为 5 000 万元，预计房价每年上涨 5%。

方案二：如果决定 5 年后购买，公司会建立一项投资基金用于购房，预计年投资收益率为 6%。

要求：根据上述情况，分析和讨论下列问题。

（1）计算该厂房 5 年后的价格。

（2）如果公司决定 5 年后用投资基金收回的款项购买厂房，并打算现在一次性投资一笔钱，需要投资多少？

（3）您认为博文公司应立即购买厂房还是 5 年后购买厂房？

案例三　智远公司投资方案选择

李明创立的智远公司自 2024 年成立以来，业务蓬勃发展，现积累了一笔资金，计划用于投资增值。经过对证券市场的深入调研，李明现在有 A、B、C 3 个投资备选方案。展望未来一年，经济环境可能呈现衰退、一般及繁荣三种不同态势，李明依据经济专家的预测，评估这三种情况的发生概率分别为 20%、60% 和 20%。表 2-4 所示是根据不同经济情景，三个投资方案预估的报酬率。

表 2-4　　　　　　　　　　　三个备选项目预估的报酬率情况

经济形势	发生概率	各方案报酬率（R_i）		
		A	B	C
繁荣	0.2	31%	-4%	25%
一般	0.6	11%	14%	15%
衰退	0.2	6%	22%	5%

要求：根据上述情况，分析和讨论下列问题。

（1）计算各方案的期望报酬率、标准差、标准离差率。

（2）由于资金有限，李明需要淘汰其中一个方案，请您通过比较各方案的标准差或期望报酬率帮李明做出抉择。

第3章
财务报表分析

【学习目标】

现代财务报表分析一般包括战略分析、会计分析、财务分析和前景分析4个部分，其目的是将财务报表中的数据转换成有用的信息，以帮助报表使用人改善决策。本章主要讨论财务报表分析的相关内容。与其他分析相比，财务报表分析更强调分析的系统性和有效性，并强调透过财务数据发现企业问题。

通过本章的学习，读者应达到以下目标：

- 了解财务报表分析的目的、方法和局限性；
- 掌握与财务比率分析相关的指标的计算方法与评价标准；
- 掌握杜邦分析法的原理及其应用方法；
- 了解沃尔评分法的原理及其应用方法。

【引导案例】

摘牌蓝山

北京蓝山科技股份有限公司（以下简称"蓝山科技"）于2005年成立。2014年6月20日，蓝山科技成功在新三板挂牌，主要从事光通信设备的研发、生产、销售及技术服务，产品广泛应用于多个行业。2016年，蓝山科技入选新三板创新层，2016—2019年连续四年保持在新三板创新层，由于其在新三板创新层表现出色，成为市场上的佼佼者。然而，当公司在2020年4月尝试进入精选层并向全国中小企业股份转让系统提交申请后，情况发生了变化。同年9月28日，蓝山科技撤回了申请，紧随其后的11月27日，公司因信息披露违规被证监会立案调查，成为新三板准备挂牌精选层的第一家因此原因被调查的企业。

蓝山科技公开发行股票并在精选层挂牌的申报材料显示：报告期内，蓝山科技始终保持较高水平的研发投入，2017—2019年，公司研发投入分别为7 718.49万元、23 989.36万元和12 529.18万元，占各年度营业收入的比例分别为11.41%、37.35%和18.60%。公司存货周转率偏低，2017—2019年分别为1.38、1.23和1.53，而可比公司在2017年度、2018年度的存货周转率平均分别为2.40和2.66。蓝山科技2017—2019年的毛利率分别为33.41%、27.49%、27.67%，不仅高于行业中值，也高于烽火通信和光迅科技等一类的龙头企业。经证监会调查发现，蓝山科技2017年度至2019年度通过虚构循环购销业务、虚构研发业务和研发支出、虚列运费支出等手段，虚增销售收入共计81 092.26万元，虚增利润总额共计8 848.32万元。2021年11月12日，证监会对蓝山科技的财务舞弊行为做出了行政处罚。最终，2022年3月23日，蓝山科技在全国中小企业股份转让系统的挂牌被终止，公司因而被称为"摘牌蓝山"。

财务报表分析是财务管理领域中一个重要的工具，它能够系统性且有效地分析财务数据，揭示企业潜在的问题与风险。对于投资者与监管机构而言，重视财务报表分析显得尤为关键，特别是对那些异常及不合理的数据应保持高度警觉，从而有效规避风险。同时，企业自身也必须确保财务数据的真实性与准确性，这是保障企业稳健运营与实现可持续发展的基石。

3.1　财务报表分析概述

3.1.1　财务报表分析的目的

财务报表分析的目的是将财务报表数据转换成有用的信息，以帮助报表使用人改善经营决策。

现代财务报表分析一般包括战略分析、会计分析、财务分析和前景分析4个部分。战略分析的目的是确定主要的利润动因及经营风险，并定性评估企业的盈利能力，包括宏观分析、行业分析和企业竞争策略分析等内容；会计分析的目的是评价企业会计反映基本经济现实的程度，包括评估企业会计的灵活性和恰当性，并修正会计数据等内容；财务分析的目的是运用财务数据评价企业当前及过去的业绩并评估其可持续性，包括比率分析和综合分析等内容；前景分析的目的是预测企业的未来，包括财务报表预测和企业估值等内容。

3.1.2　财务报表分析的主体

财务报表分析的主体一般包括以下几类。

（1）股权投资人：为决定是否投资，需要分析企业的盈利能力；为决定是否转让股份，需要分析盈利状况、股价变动和发展前景；为考察经营者业绩，需要分析资产盈利水平、破产风险和竞争能力；为决定股份分配政策，需要分析筹资状况。

（2）债权人：为决定是否给企业贷款，需要分析贷款的报酬和风险；为了解债务人的短期偿债能力，需要分析其流动状况；为了解债务人的长期偿债能力，需要分析其盈利状况和资本结构。

（3）经营管理者：为改善经营决策，需要进行内容广泛的财务分析。这种分析几乎涉及外部使用人关心的所有问题。

（4）供应商：为决定是否建立长期合作关系，需要分析企业的长期盈利能力和偿债能力；为决定采用何种信用政策，需要分析公司的短期偿债能力和运营能力。

（5）客户：为决定是否建立长期合作关系，需要分析企业的经营风险和破产风险。

（6）政府：为履行政府职能，需要了解企业纳税情况、遵守法律法规和市场秩序情况，以及职工收入、就业等状况。

（7）注册会计师：为减少审计风险，需要评估企业的经营风险和财务风险；为确定审计重点，需要分析财务数据的异常波动。

3.1.3　财务报表分析的方法

财务报表分析的方法非常多样。不同的分析主体，出于不同的目的，使用的财务报表分析方法不尽相同。一般来说，有比较分析法、比率分析法和因素分析法3种。

1. 比较分析法

比较分析法是通过对两个或几个有关的可比数据进行对比，从而揭示差异和矛盾的分析方法。比较是最基本的分析方法，没有比较，分析就难以进行。

（1）比较分析按比较对象（和谁比）分。

① 与本企业历史比，即不同时期（2~10年）指标相比，也称"趋势分析"。

② 与同类企业比，即与同行业平均数或竞争对手比较，也称"横向比较"。

③ 与计划预算比，即实际执行结果与计划指标比较，也称"预算差异分析"。

（2）比较分析按比较内容（比什么）分。

① 比较会计要素的总量。总量是指报表项目的总金额，如总资产、净资产和净利润等。总量比较主要用于时间序列分析，如研究利润的逐年变化趋势，观察其增长潜力。有时也用于同业对比，观察企业的相对规模和竞争地位的变化。

② 比较结构百分比。把资产负债表、利润表和现金流量表转换成结构百分比报表。例如，以收入为 100%，比较收入各项目的比重。结构百分比报表用于发现有显著问题的项目，揭示进一步分析的方向。

微课堂

资产负债表结构
百分比

③ 比较财务比率。财务比率是各会计要素之间的数量关系，反映它们的内在联系。财务比率是相对数，排除了规模的影响，具有较好的可比性，是最重要的比较分析内容。财务比率的计算相对简单，而对它加以说明和解释却比较复杂和困难。

> **小知识**
>
> 应用比较分析法时，比较的结果通常以差异额（变动额、增长额）和差异率（变动率、增长率）的形式表现，其中，差异额=比较指标数量−被比较指标数量；差异率=差异额÷被比较指标数量×100%。一般来说，差异额能反映变动的规模，但不能反映变动的程度，而差异率能够进一步反映变动程度。在实际工作中，差异额和差异率一般同时使用。

2. 比率分析法

比率分析法是将影响财务状况的两个相关因素联系起来，通过计算比率，反映它们之间的关系，借以评价企业财务状况和经营成果的一种财务分析方法。采用比率分析法进行分析时，需要根据分析的内容和要求，计算出各种有关的比率指标。不同比率指标的分析目的以及所起的作用各不相同。比率指标的类型主要有结构比率、效率比率和相关比率。

（1）结构比率。结构比率是指某项财务分析指标的各构成部分数值占总体数值的百分比，反映部分与总体的关系，如负债比率、所有者权益比率等。利用结构比率可以考察总体中某个部分的形成和安排是否合理，以便协调各项财务活动。

（2）效率比率。效率比率是某项财务活动中所费与所得的比率，反映投入与产出的关系。利用效率比率指标可以进行得失比较，考察经营成果，评价经济效益。如将利润与销售成本、销售收入、资本等项目对比，可计算出成本利润率、销售利润率与资本收益率等指标，进而从不同角度反映企业的盈利能力及其增减变化情况。

（3）相关比率。相关比率是以某个项目和与其有关但又不同的项目加以对比所得的比率，反映有关经济活动的相互关系。运用相关比率进行分析就是将两个相互联系的财务指标的数额相除，据以对公司财务状况进行分析评价，如流动比率、总资产周转率、资产利润率等相关比率。

微课堂

因素分析法

3. 因素分析法

因素分析法是依据分析指标与其影响因素之间的关系，按照一定的程序和方法，确定各因素对分析指标差异影响程度的一种技术方法。财务活动的复杂性，决定了任何一项综合性财务指标，都是受许多因素影响的。这些因素不同的变动方向、不同的变动程度对综合指标的变动具有不同的影响。采用这种方法的出发点在于，当有若干因素对分析指标产生影响时，假定其他各个因素都无变化，顺序确定每一个因素单独变化所产生的影响。因素分析法具体有两种：连环替代法和差额分析法。

（1）连环替代法。连环替代法是将分析指标分解为各个可以计量的因素，并根据各个因素之间的依存关系，顺序用各因素的报告期数值（通常即实际值）替代基期数值（通常即标准值或计划值），据以测定各因素对分析指标的影响。计算分析步骤如下。

① 确定分析指标与其影响因素之间的依存关系。

运用指标分解法，即将经济指标在计算公式的基础上进行分解或扩展，从而得出各影响因素与分析指标之间的关系式。如：

净资产收益率＝净利润÷平均净资产

　　　　　　＝（净利润÷平均总资产）×（平均总资产÷平均净资产）

　　　　　　＝总资产净利率×权益乘数

该关系式既能说明哪些因素影响分析指标，又能说明这些因素与分析指标之间的关系及影响顺序。

② 根据分析指标的报告期数值与基期数值列出两个关系式，确定分析对象。如：

基期净资产收益率＝基期总资产净利率×基期权益乘数

报告期净资产收益率＝报告期总资产净利率×报告期权益乘数

分析对象＝报告期净资产收益率–基期净资产收益率

③ 连环顺序替代，计算替代结果。

所谓连环顺序替代，就是以基期指标体系为计算基础，用报告期指标体系中每一个因素的报告期数顺序地替代其相应的基期数，每次替代一个因素，替代后的因素被保留下来。所谓计算替代结果，就是在每次替代后，按关系式计算出各替代因素的替代结果。

④ 比较各因素的替代结果，确定各因素对分析指标的影响程度。

比较替代结果是以连环形式进行的，即将每次替代所计算的结果与这一因素被替代前的结果进行对比，两者的差额就是替代因素对分析指标的影响程度。

⑤ 检验分析结果，据以分析评价。

即将各因素对分析指标的影响额相加，其代数和应等于分析对象。最后根据计算结果，针对各因素变动对分析指标造成的影响进行分析评价。

【例3-1】普华公司生产经营A产品，2024年4月净利润是2 000万元，而3月是1 800万元，4月比3月增加了200万元。由于净利润是由产品销售量、销售价格和销售净利率3个因素的乘积构成的，因此，可以把净利润分解为3个因素，分别分析它们对净利润的影响程度。该公司有关资料如表3-1所示。

表3-1　　　　　　　　　　　普华公司的净利润因素分析资料

项目	单位	3月	4月
产品销售量	万件	90	100
销售价格	元/件	125	100
销售净利率	%	16	20
净利润	万元	1 800	2 000

运用连环替代法对净利润的变动分析如下。

① 建立净利润与各影响因素之间的依存关系式。

净利润＝产品销售量×销售价格×销售净利率

② 确定分析对象。

净利润的变动额＝2 000–1 800＝+200（万元）

③ 替代计算。

3 月指标数：$90 \times 125 \times 16\% = 1\,800$（万元）

替代销售量：$100 \times 125 \times 16\% = 2\,000$（万元）

替代销售价格：$100 \times 100 \times 16\% = 1\,600$（万元）

替代销售净利率：$100 \times 100 \times 20\% = 2\,000$（万元）

④ 确定各因素对净利润的影响程度。

销售量的影响：$2\,000 - 1\,800 = +200$（万元）

销售价格的影响：$1\,600 - 2\,000 = -400$（万元）

销售净利率的影响：$2\,000 - 1\,600 = +400$（万元）

⑤ 验算、分析及评价。

$+200 + (-400) + 400 = +200$

据计算可知，普华公司 2024 年 4 月比 3 月增加了 200 万元的净利润，主要是由于产品销售量增加使其增加 200 万元，销售价格下降使其减少 400 万元，销售净利率上升使其增加 400 万元。

（2）差额分析法。差额分析法是连环替代法的一种简化形式，是利用各个因素的比较值与基准值之间的差额来计算各因素对分析指标的影响。运用的基本点是确定各因素报告期数与基期数之间的差额，在此基础上乘以关系式中排列在该因素前面各因素的报告期数和排列在该因素后面各因素的基期数，所得出的结果就是该因素变动对分析指标的影响数。

【例 3-2】仍以表 3-1 的资料为例，运用差额分析法确定各因素变动对净利润的影响。

销售量的影响：$(100-90) \times 125 \times 16\% = +200$（万元）

销售价格的影响：$100 \times (100-125) \times 16\% = -400$（万元）

销售净利率的影响：$100 \times 100 \times (20\%-16\%) = +400$（万元）

其他计算分析步骤与上例相同。

因素分析法在财务报表分析中应用广泛，既可以用来全面分析各个影响因素对分析指标的影响，又可以用来单独分析某个影响因素对分析指标的影响。但具体应用时，必须注意以下问题。

第一，因素分解的关联性，即确定作为分析指标的影响因素，必须客观上存在着因果关系，并能够反映形成该分析指标差异的内在构成原因，否则就失去了分析的实际意义。

第二，因素替代的顺序性，即替代因素时，必须按照各因素的依存关系，排列成一定的顺序并依次替代，不可随意颠倒顺序，否则就会得出不同的计算结果。一般来说，确定正确排列、替代顺序的原则是，按分析对象的性质，从诸因素的相互依存关系出发，并使分析结果有助于分清责任。

第三，顺序替代的连环性，即在计算每个因素变动的影响时，都是在前一次计算的基础上进行，并采用连环比较的方法确定各因素变动的影响结果。因为只有保持计算程序上的连环性，才能使各个因素的影响之和等于分析指标的变动差异，以全面说明分析指标变动的原因。

第四，计算结果的假定性。由于计算所得的各因素变动影响数，会因为替代计算顺序的不同而有所差别，因而计算结果难免带有假定性，即不可能使每个因素的计算结果都达到绝对的精确。它只是在某种假定前提下的影响结果，离开了这种假定前提，就有可能不会是这种影响结果。为此，分析时应力求使假定合乎逻辑，即假定必须具有现实经济意义，以确保计算结果的假定性不会妨碍分析的有效性。

3.1.4　财务报表分析的局限性

财务报表分析是以财务报表为主要分析对象，而报表本身存在一定的局限性。

1. 财务报表本身的局限性

财务报表是企业会计系统的产物。每个企业的会计系统都会受到会计环境和企业会计战略的影响。

会计环境包括会计规范和会计管理、税务与会计的关系、外部审计、会计争端处理的法律系统、资本市场结构、公司治理结构等。这些因素是决定企业会计系统质量的外部因素。会计环境缺陷会导致会计系统缺陷，使之不能完全反映企业的实际状况。会计环境的变化会导致会计系统的变化，影响财务数据的可比性。例如，会计规范要求遵循谨慎性原则，使会计预计损失而不预计收益，有可能少计收益和资产。

企业会计战略是企业根据环境和经营目标做出的主观选择，不同企业有不同的会计战略。企业会计战略包括选择会计政策、会计估计、补充披露及报告具体格式。不同的会计战略会导致不同企业的财务报告存在差异，并影响其可比性。例如，对某些会计事项的账务处理，《企业会计准则》允许企业使用几种不同的规则和程序，包括存货计价方法、固定资产折旧方法、投资收益确认方法等。

由于上述两方面的原因，财务报表存在以下局限：①财务报表没有披露企业的全部信息，管理层拥有更多的信息，披露的只是其中的一部分；②已经披露的财务信息存在会计估计误差，不一定是真实情况的准确计量；③管理层的各项会计政策选择，可能会使财务报表偏离企业的实际情况。

2. 财务报表的可靠性问题

只有根据符合规范的、可靠的财务报表，才能得出正确的分析结论。所谓"符合规范"，是指除了以上3点局限性以外，没有更进一步的虚假陈述。外部分析人员很难认定是否存在虚假陈述，财务报表的可靠性问题主要依靠注册会计师鉴证把关。但是，注册会计师不能保证财务报表没有任何错报和漏报，而且并非所有的注册会计师都是尽职尽责的。因此，分析人员必须自己关注财务报表的可靠性，对于可能存在的问题保持足够的警惕。

3. 比较基础问题

在比较分析时，企业需要选择比较的参照标准，包括同业数据、本企业历史数据和计划预计数据。

横向比较时需使用同业标准。同业平均数只有一般性的指导作用，不一定有代表性，不是合理的标志。选同行业中一组有代表性的企业求平均数，作为同业标准，可能比整个行业的平均数更有意义。近年来，分析人员更倾向于将竞争对手的数据作为分析基础。但是，不少公司进行多元化经营，没有明确的行业归属，同业比较更困难。

趋势分析一般以企业历史数据作为比较基础。但要注意的是，历史数据代表过去，并不代表合理性。经营环境变化后，今年比上年利润提高了，不一定说明已经达到应该达到的水平，甚至不一定说明管理有了改进。会计规范的改变会使财务数据失去直接可比性，而要恢复其可比性的成本很高，甚至缺乏必要的信息。

实际与计划的差异分析应以预算为比较基础。实际和预算出现差异，可能是执行过程有问题，也可能是预算不合理，区分两者并非易事。

总之，对比较基础本身要准确理解，并且要在限定意义上使用分析的结论，避免简单化和绝对化。

3.2 财务比率分析

财务报表中有大量数据，可以组成涉及企业活动各个方面的许多财务比率。为便于说明财务比率的计算和分析方法，本节将以振华公司的财务报表数据为例进行相关说明。该公司资产负债表、利润表的简表如表 3-2、表 3-3 所示。为简化计算，这些数据都是假设的。

表 3-2　　　　　　　　　　振华公司资产负债表（2024 年 12 月 31 日）　　　　　　　　单位：万元

资产	年初数	年末数	负债和所有者权益	年初数	年末数
流动资产：			流动负债：		
货币资金	400	450	短期借款	1 100	1 300
交易性金融资产	550	300	应付账款	500	560
应收账款	620	680	预收账款	160	200
预付款项	25	40	其他应付款	120	180
存货	1 800	2 700	流动负债合计	1 880	2 240
其他流动资产	25	35	非流动负债：		
流动资产合计	3 420	4 205	长期借款	800	1 000
非流动资产：			非流动负债合计	800	1 000
长期股权投资	250	250	负债合计	2 680	3 240
固定资产	5 800	6 255	所有者权益：		
无形资产	330	360	实收资本	6 000	6 000
非流动资产合计	6 380	6 865	盈余公积	600	600
			未分配利润	520	1 230
			所有者权益合计	7 120	7 830
资产总计	9 800	11 070	负债和所有者权益合计	9 800	11 070

表 3-3　　　　　　　　　　　　振华公司利润表（2024 年度）　　　　　　　　　　单位：万元

项目	上年数	本年数
一、营业收入	9 400	10 600
减：营业成本	5 450	6 200
税金及附加	540	600
销售费用	810	950
管理费用	400	500
财务费用	100	150
加：投资收益	150	150
二、营业利润	2 250	2 350
加：营业外收入	50	75
减：营业外支出	300	325
三、利润总额	2 000	2 100
减：所得税费用（税率 25%）	500	525
四、净利润	1 500	1 575

3.2.1 偿债能力分析

偿债能力是指企业偿还到期债务本息的能力。偿债能力分析是通过设计偿债能力分析评价指标、计算指标数值进行分析评价，据以揭示企业的偿债能力及财务风险。偿债能力分析包括短期偿债能力分析和长期偿债能力分析。

微课堂

流动比率

1. 短期偿债能力分析

短期偿债能力是指企业流动资产对流动负债及时足额偿还的保证程度，是衡量企业当前财务能力，特别是流动资产变现能力的重要标志。企业短期偿债能力的分析评价指标主要有营运资本、流动比率、速动比率和现金流量比率。

（1）营运资本。营运资本是流动资产超过流动负债的部分，其计算公式为：

$$营运资本 = 流动资产 - 流动负债 \tag{3-1}$$

营运资本越多，企业流动资产对流动负债的偿还保障程度越高，说明企业不能偿还的风险越小，企业短期偿债能力越强。但对于企业来说，营运资本不能太多，否则会影响企业资金的使用效率。

【例3-3】根据表3-2的资料，该公司2024年的营运资本为：

年初营运资本 = 3 420 - 1 880 = 1 540（万元）

年末营运资本 = 4 205 - 2 240 = 1 965（万元）

该公司2024年年末、年初的营运资本较多，说明该公司具有较强的短期偿债能力，而且年末比年初的短期偿债能力有所提高。

营运资本作为一个绝对数指标，在企业经营规模差异较大的情况下，其用于横向比较时有较大的局限性。

（2）流动比率。流动比率是流动资产与流动负债的比率，它表明企业每一元流动负债有多少流动资产作为偿还的保障，反映企业用短期内转变为现金的流动资产偿还到期流动负债的能力，其计算公式为：

$$流动比率 = \frac{流动资产}{流动负债} \tag{3-2}$$

一般情况下，流动比率越高，说明企业的短期偿债能力越强。从企业长期实践的经验来看，流动比率的下限为1，而流动比率等于2时较为适当，它表示企业的财务状况稳定，短期到期债务的偿还有保障。流动比率过低，表明企业可能难以按期偿还债务；流动比率过高，表明企业流动资产占用较多，会影响资金的使用效率和企业的筹资成本，进而影响获利能力。企业的流动比率水平应视企业所处的不同行业、不同的发展阶段及对待风险与收益的不同态度等具体情况而定。

运用流动比率时，要注意以下几个问题。

① 从债权人的角度看，流动比率越高越好，因为企业以流动资产偿还流动负债的保障程度越高；从企业经营的角度看，过高的流动比率通常意味着企业的闲置资金的持有量过多，必然造成企业机会成本的增加和盈利能力的下降。因此，企业应尽可能将流动比率维持在不使流动资金闲置的水平上。

② 流动比率越高，企业偿还短期债务的流动资产保障程度越强，但这并不意味着企业已有足够的现金或存款用来偿债。流动比率高也可能是存货积压、应收账款增多且收账期延长，以及其他流动资产增加所致，而真正可用来偿债的现金和存款却严重短缺。因此，企业应在分析流动比率的基础上，对现金流量做进一步的分析。

③ 对于不同的企业，甚至是同一企业不同的发展时期，流动比率的评价标准是不同的，因此，

各企业的流动比率是否合理无法用统一的标准来评价。

④ 在分析流动比率时，应当剔除一些人为的虚假因素的影响。

【例 3-4】根据表 3-2 的资料，该公司 2024 年的流动比率为：

年初流动比率 = 3 420 ÷ 1 880 = 1.82

年末流动比率 = 4 205 ÷ 2 240 = 1.88

该公司 2024 年年末、年初的流动比率接近公认标准，说明该公司具有较强的短期偿债能力，而且年末的流动比率比年初的稍大些，表明企业年末的短期偿债能力有所提高。

（3）速动比率。速动比率是企业速动资产与流动负债的比率，其中速动资产是指流动资产减去变现能力较差，且不稳定的存货、预付账款、待摊费用等后的余额。其计算公式为：

$$速动比率 = \frac{速动资产}{流动负债} \tag{3-3}$$

式中，速动资产 = 货币资金 + 交易性金融资产 + 应收票据 + 应收账款。

由于剔除了存货等变现能力较弱且不稳定的资产，因此速动比率较之流动比率能够更加准确、可靠地评价企业资产的流动性及其偿还短期负债的能力。

一般情况下，速动比率越高，说明企业偿还流动负债的能力越强。从债权人角度看，速动比率越高越好；从企业经营的角度看，速动比率不宜过大，否则会影响企业资产的盈利能力。根据企业长期实践经验，速动比率等于 1 时较为适当。速动比率小于 1，表明企业面临很大的偿债风险；速动比率大于 1，表明企业会因现金及应收账款占用过多而增加企业的机会成本。但具体分析时，应结合企业所属行业及企业自身经营特点进行评价。

【例 3-5】根据表 3-2 的资料，该公司 2024 年的速动比率为：

年初速动比率 = （3 420−1 800−25−25）÷ 1 880 = 0.84

年末速动比率 = （4 205−2 700−40−35）÷ 2 240 = 0.64

该公司 2024 年年末的速动比率比年初有所降低，而且未达到一般公认标准，主要是流动资产中存货所占比重过大，导致该公司的短期偿债能力不理想，需采取措施加以扭转。

在分析企业的偿债能力时需注意，尽管速动比率较流动比率更能反映流动负债偿还的安全性和稳定性，但这并不意味着速动比率较低的企业对流动负债的偿还能力差。实际上，如果企业存货流转顺畅，变现能力较强，即使速动比率较低，只要流动比率高，企业仍有能力偿还到期债务。再者，虽然速动比率越高，企业偿还短期债务的速动资产保障程度越强，但这并不意味着企业已有足够的现金或存款偿债。此时影响速动比率可信性的重要因素是应收账款的变现能力。因此，分析企业的偿债能力时可将存货周转率、应收账款周转率作为辅助指标，分析它们的变现能力。

（4）现金流量比率。现金流量比率亦称现金流动负债比率，是企业一定时期的经营现金净流量同流动负债的比率。它可以从现金流量的角度来反映企业当期偿付短期负债的能力，其计算公式为：

$$现金流量比率 = \frac{年经营现金净流量}{年末流动负债} \tag{3-4}$$

式中，年经营现金净流量是指一个年度内，企业经营活动产生的现金及其等价物的流入量与流出量的差额。

现金流量比率是从现金流入和现金流出的动态角度对企业实际的债务偿还能力进行考察。由于有利润的年份不一定有足够的现金来偿还到期债务，因此以收付实现制为基础而计算得出的现金流量比率，更能充分反映企业经营活动所产生的现金净流量对偿还当期流动负债的保障能力。现金流量比率越大，表明企业经营活动产生的现金净流量越多，越能保障企业按期偿还到期债务。但是该指标也不是越大越好，指标过大，表明企业流动资金利用不充分，获利能力不强。

【例 3-6】根据表 3-2 的资料，假设该公司 2023 年度和 2024 年度的经营现金净流量分别为 1 800 万元和 3 000 万元，则该公司的现金流量比率为：

2023 年年度的现金流量比率 = 1 800 ÷ 1 880 = 0.96

2024 年年度的现金流量比率 = 3 000 ÷ 2 240 = 1.34

该公司 2024 年的现金流量比率比 2023 年的明显提高，表明该公司短期偿债能力增强。

2. 长期偿债能力分析

长期偿债能力是指企业偿还长期负债的能力，通常需要考虑企业的资本结构和盈利水平两个方面。资本结构反映企业债务的风险程度，而盈利水平则是企业偿还债务的根本保障。当企业现有的资本结构比较合理，而且具有较高的未来收益水平时，表明企业在未来相当长的时间内具有较强的偿付债务的能力。企业长期偿债能力的分析评价指标主要有资产负债率、产权比率、或有负债比率、带息负债比率和已获利息倍数等指标。

（1）资产负债率。资产负债率又称负债比率，是指企业负债总额对资产总额的比率，表明企业资产总额中，债权人提供的资金所占的比重，反映企业资产对债权人权益的保障程度。其计算公式为：

$$资产负债率 = \frac{负债总额}{资产总额} \times 100\% \qquad (3\text{-}5)$$

一般情况下，资产负债率越小，说明企业的长期偿债能力越强。但是，对不同的分析主体，资产负债率的评价标准是不同的。从债权人的角度来说，该指标越小代表企业偿债能力越有保障。从企业所有者的角度来说，如果该指标较大，说明利用较少的自有资本投资形成了较多的生产经营资产，不仅扩大了生产经营规模，而且在经营状况良好的情况下，还可以利用财务杠杆的原理，得到较多的投资利润，不过前提条件是资产投资报酬率大于债务利率；如果该指标较小，表明企业对财务杠杆利用不够。但资产负债率过大，表明企业的债务负担过重，企业资金实力不强，不仅对债权人不利，而且企业有濒临倒闭的危险。企业经营决策者应当将偿债能力指标与获利能力指标结合起来进行分析，以权衡风险与收益，寻求最合理的资产负债率水平。保守的观点认为，资产负债率不应高于 50%，而国际上通常认为资产负债率等于 60% 时较为适当。

【例 3-7】根据表 3-2 的资料，该公司 2024 年的资产负债率为：

年初资产负债率 = 2 680 ÷ 9 800 × 100% = 27.35%

年末资产负债率 = 3 240 ÷ 11 070 × 100% = 29.27%

该公司 2024 年年初、年末的资产负债率均不高，说明该公司长期偿债能力较强，这有助于增强债权人对企业出借资金的信心。

（2）产权比率。产权比率也称资本负债率，是指企业负债总额与所有者权益总额的比率，反映企业所有者权益对债权人权益的保障程度。其计算公式为：

$$产权比率 = \frac{负债总额}{所有者权益总额} \times 100\% \qquad (3\text{-}6)$$

一般情况下，产权比率越低，说明企业长期偿债能力越强。产权比率与资产负债率对评价偿债能力的作用基本相同。两者的主要区别是：资产负债率侧重于分析债务偿付安全性的物质保障程度，产权比率则侧重于揭示财务结构的稳健程度以及自有资金对偿债风险的承受能力。

【例 3-8】根据表 3-2 的资料，该公司 2024 年的产权比率为：

年初产权比率 = 2 680 ÷ 7 120 × 100% = 37.64%

年末产权比率 = 3 240 ÷ 7 830 × 100% = 41.38%

该公司 2024 年年末的产权比率比年初的有所提高,说明该公司所有者权益对债权人权益的保障程度有所下降,企业长期偿债能力降低。

类似的拓展性指标有长期负债对资本化比率、有形净资产负债率。计算公式分别为:

长期负债对资本化比率 = 长期负债 ÷(所有者权益 + 长期负债)× 100%

有形净资产负债率 = 负债总额 ÷(所有者权益-无形资产)× 100%

(3)或有负债比率。或有负债比率是指企业或有负债总额对所有者权益总额的比率,反映企业所有者权益应对可能发生的或有负债的保障程度。其计算公式为:

$$或有负债比率=\frac{或有负债总额}{所有者权益总额}\times100\% \tag{3-7}$$

式中,或有负债总额 = 已贴现商业承兑汇票金额 + 对外担保金额 + 未决诉讼、未决仲裁金额(除贴现与担保引起的诉讼或仲裁)+ 其他或有负债金额。

一般情况下,或有负债比率越低,表明企业的长期偿债能力越强,所有者权益应对或有负债的保障程度越高;或有负债比率越高,表明企业承担的相关风险越大。

【例 3-9】根据表 3-2 的资料,同时假设该公司 2024 年年初和年末的或有事项只有对外提供债务担保,担保金额分别是 100 万元和 70 万元,则该公司 2024 年的或有负债比率为:

年初或有负债比率 = 100 ÷ 7 120 × 100% = 1.40%

年末或有负债比率 = 70 ÷ 7 830 × 100% = 0.89%

该公司 2024 年年末的或有负债比率比年初的有所降低,表明该公司应对或有负债可能引起的连带偿还等风险的能力增强。

(4)带息负债比率。带息负债比率是指企业某一时点的带息负债总额与负债总额的比率,反映企业负债中带息负债的比重,在一定程度上体现了企业未来的偿债(尤其是偿还利息)压力。其计算公式为:

$$带息负债比率=\frac{带息负债总额}{负债总额}\times100\% \tag{3-8}$$

式中,带息负债总额 = 短期借款 + 一年内到期的长期负债 + 长期借款 + 应付债券 + 应付利息。

一般情况下,带息负债比率越低,表明企业的偿债压力越低,尤其是偿还债务利息的压力越低;带息负债比率越高,则表明企业承担的偿还债务及其利息的风险越大。

【例 3-10】根据表 3-2 的资料,同时假设该公司 2024 年年初和年末的短期借款、长期借款均为带息负债,则该公司 2024 年的带息负债比率为:

年初带息负债比率 =(1 100 + 800)÷ 2 680 × 100% = 70.90%

年末带息负债比率 =(1 300 + 1 000)÷ 3 240 × 100% = 70.99%

该公司 2024 年年末的带息负债比率与年初的几乎相等,且带息负债占负债总额的比重较大,表明该公司承担了较大的偿还债务及其利息的压力。

(5)已获利息倍数。已获利息倍数又称利息保障倍数、利息赚取倍数,是指企业一定时期内息税前利润与利息支出的比率,反映了获利能力对债务偿付的保障程度。其中,息税前利润总额指利润总额与利息支出的合计数,利息支出指实际支出的借款利息、债券利息等。其计算公式为:

$$已获利息倍数=\frac{息税前利润总额}{利息支出} \tag{3-9}$$

式中,息税前利润总额 = 利润总额 + 利息支出。

已获利息倍数不仅反映了企业盈利能力的大小，而且反映了盈利能力对偿还到期债务的保证程度。它既是企业举债经营的前提依据，也是衡量企业长期偿债能力大小的重要指标。一般情况下，已获利息倍数越高，说明企业的长期偿债能力越强。国际上通常认为，该指标为3时较为适当，从长期来看至少应大于1。如果已获利息倍数过小，企业将面临亏损，以及偿债的安全性与稳定性下降的风险。企业适宜的已获利息倍数需结合行业特点和历史数据综合评估确定。

【例3-11】根据表3-3的资料，同时假设表中财务费用全部为利息支出，则该公司2023年和2024年的已获利息倍数分别为：

2023年已获利息倍数 =（2 000 + 100）÷ 100 = 21

2024年已获利息倍数 =（2 100 + 150）÷ 150 = 15

该公司2023年与2024年的已获利息倍数都比较高，表明该公司有较强的偿还债务利息的能力。但2024年的已获利息倍数有所降低，说明该公司偿还债务利息的能力有所下降。

3.2.2 营运能力分析

营运能力是指企业资产的利用效率，即资产周转速度的快慢及有效性。企业营运能力对企业盈利能力和偿债能力起着决定性的作用。一般来说，周转速度越快，资产的利用效率越高，营运能力越强；反之，则营运能力越差。资产的周转速度通常用周转率和周转期来表示。周转率是企业在一定时期内资产的周转额与平均余额的比率，反映企业资产在一定时期的周转次数。周转次数越多，表明周转速度越快，资产运营能力越强。周转期是周转次数的倒数与计算期天数的乘积，反映资产周转一次所需要的天数。周转期越短，表明周转速度越快，资产运营能力越强。相关计算公式为：

$$周转率（周转次数）= \frac{周转额}{资产平均余额} \tag{3-10}$$

$$周转期（周转天数）= \frac{计算期天数}{周转次数} = \frac{资产平均余额 \times 计算期天数}{周转额} \tag{3-11}$$

资产周转率（周转次数）越多，周转期（周转天数）越短，说明资产的营运效率越高，营运能力越强。营运能力分析评价指标主要有应收账款周转率、存货周转率、流动资产周转率、固定资产周转率和总资产周转率等。

> **小知识** 计算周转率时的资产平均余额一般用算术平均数。因为周转额来自利润表，是期间数据，而资产余额来自资产负债表，是时点数据，为了保证分子、分母在时间上的一致性，通常用资产余额的算术平均数表示资产在一段时间内的平均额。

1. 应收账款周转率

应收账款周转率是企业一定时期营业收入（或销售收入）与平均应收账款余额的比率，反映企业应收账款变现速度的快慢和管理效率的高低。其计算公式为：

$$应收账款周转率（周转次数）= \frac{营业收入}{应收账款平均余额} \tag{3-12}$$

$$应收账款周转期（周转天数）= \frac{计算期天数}{应收账款周转次数} = \frac{应收账款平均余额 \times 计算期天数}{营业收入} \tag{3-13}$$

式中，应收账款平均余额 =（应收账款年初数 + 应收账款年末数）÷2。

利用上述公式计算应收账款周转率时，需要注意以下几个问题。

（1）销售收入的赊销比率问题。从理论上来讲，应收账款由赊销业务产生，其对应的现金流量是赊销额，而非全部销售收入。但是，外部分析人员无法获取赊销数据，因此只能以销售收入替代计算。这时，现销收入可视为收现周期为零的特殊应收账款。

（2）应收账款年末余额的准确性问题。应收账款是特定时点的存量指标，容易受季节性、偶然性和人为因素影响。在用应收账款周转率进行业绩评价时，建议采用年初和年末的平均数，或者使用多个时点的平均数，以减少这些因素的影响。

（3）应收账款的减值准备问题。财务报表上列示的应收账款是已经计提坏账准备后的净额，而销售收入并未相应减少。其结果是，计提的坏账准备越多，应收账款的周转次数越多，天数越少。这种周转次数增加、天数减少并不是业绩改善的结果，反而说明公司对应收账款的管理欠佳。如果坏账准备的金额较大，则可使用未计提坏账准备的应收账款进行计算。报表附注中披露的应收账款坏账准备信息，可作为调整的依据。

（4）应收票据是否应计入应收账款周转率。大部分应收票据是销售业务产生的信用资产，是应收账款的另一种形式，应将其纳入应收账款周转率的计算，称为"应收账款及应收票据周转率"。

（5）应收账款分析应与销售额分析、现金分析相联系。应收账款的起点是销售，终点是现金。在正常情况下，销售额增加会引起应收账款增加，现金存量和经营活动现金流量也会随之增加。如果一个企业的应收账款日益增加，而销售额和现金日益减少，则可能预示销售出现了比较严重的问题。例如，信用政策过度宽松或货款回收存在重大风险。

总之，企业应当深入分析应收账款数据，并且注意应收账款与其他问题的联系，才能客观评估应收账款周转率。

【例 3-12】根据表 3-2、表 3-3 的资料，假定该公司 2023 年年初应收账款余额为 580 万元，该公司 2023 年和 2024 年的应收账款周转速度指标为：

2023 年的应收账款周转率 = 9 400 ÷ [（580 + 620）÷ 2] = 15.67（次）

2024 年的应收账款周转率 = 10 600 ÷ [（620 + 680）÷ 2] = 16.31（次）

2023 年的应收账款周转期 = [（580 + 620）÷ 2]× 360 ÷ 9 400 = 22.98（天）

2024 年的应收账款周转期 = [（620 + 680）÷ 2]× 360 ÷ 10 600 = 22.08（天）

计算结果表明，该公司 2024 年的应收账款周转速度指标比 2023 年的略有改善，周转次数由 15.67 次提高到 16.31 次，周转天数由 22.98 天缩短为 22.08 天，反映该公司的营运能力有所提高。这对流动资产的变现能力和周转速度具有促进作用。

2. 存货周转率

存货周转率是企业一定时期内营业成本（或销售成本）与存货平均余额的比率，反映企业生产经营各环节中存货的管理状况及运营效率。其计算公式为：

$$存货周转率（周转次数）= \frac{营业成本}{存货平均余额} \tag{3-14}$$

$$存货周转期（周转天数）= \frac{计算期天数}{存货周转次数} = \frac{存货平均余额 × 计算期天数}{营业成本} \tag{3-15}$$

式中，存货平均余额 =（存货年初数 + 存货年末数）÷ 2。

在计算和使用存货周转率时，需要注意以下几个问题。

（1）计算存货周转率时，使用"销售收入"还是"销售成本"作为周转额，取决于分析的目的。在短期偿债能力分析中，为了评估资产的变现能力需要计量存货转换为现金的金额和时间，应采用"销售收入"计算存货周转率。在分解总资产周转率时，为系统地分析各项资产的周转情况并识别主要的影响因素，应统一使用"销售收入"计算存货周转率。如果为了评估存货管理的业绩，应使用"销售成本"计算存货周转率，使其分子和分母保持口径一致。实际上，两种计算方式的差额是毛利引起的，均能达到分析目的。

（2）存货周转天数不是越少越好。存货过多会浪费资金，存货过少不能满足流转需要，在特定的生产经营条件下存在一个最佳的存货水平，所以存货不是越少越好。

（3）应注意应付账款、存货和应收账款（或销售收入）之间的关联。一般来说，企业销售增加会拉动应收账款、存货和应付账款的增加，不会引起周转率的明显变化。但当企业接受一个大订单时，通常要先增加存货，然后推动应付账款增加，最后才引起应收账款（销售收入）增加。因此，在该订单尚未实现销售收入以前，会首先体现为存货周转天数增加。这种周转天数的阶段性增长属于正常经营现象。与此相反，当预期销售下滑时，企业通常会主动削减存货，进而引起存货周转天数下降。这种被动式的周转效率提升并不代表资产管理水平改善。由此可见，有效的财务分析必须穿透数据表象，深入理解业务本质，避免对指标变化做出简单判断。

（4）应关注构成存货的原材料、在产品、半成品、产成品和低值易耗品之间的比例关系。根据会计准则要求，各类存货的明细资料以及存货重大变动的解释，应在报表附注中披露。在健康经营状态下，各类存货应维持合理比例。如果产成品激增伴随其他项目减少，往往预示销售不畅，导致生产节奏放缓。此时，存货总额可能并没有显著波动，甚至尚未引起存货周转率的显著变化。因此，在进行财务分析时，需兼顾总量变化结构异动，才能及时发现潜在经营风险。

【例3-13】根据表3-2、表3-3的资料，假定该公司2023年年初存货余额为1 200万元，则该公司2023年和2024年的存货周转速度指标为：

$$2023年的存货周转率 = 5\,450 \div [(1\,200 + 1\,800) \div 2] = 3.63（次）$$
$$2024年的存货周转率 = 6\,200 \div [(1\,800 + 2\,700) \div 2] = 2.76（次）$$
$$2023年的存货周转期 = [(1\,200 + 1\,800) \div 2] \times 360 \div 5\,450 = 99.08（天）$$
$$2024年的存货周转期 = [(1\,800 + 2\,700) \div 2] \times 360 \div 6\,200 = 130.65（天）$$

计算结果表明，该公司2024年的存货周转速度指标比2023年的有所下降，周转次数由3.63次下降到2.76次，周转天数由99.08天增加到130.65天，反映该公司2024年的存货管理效率不及2023年的存货管理效率，公司的营运能力有所降低。具体原因可能与2024年存货增长幅度过大有关。

3. 流动资产周转率

流动资产周转率是企业一定时期内营业收入与流动资产平均余额的比率，反映流动资产营运效率。相关计算公式为：

$$流动资产周转率（周转次数）= \frac{营业收入}{流动资产平均余额} \tag{3-16}$$

$$流动资产周转期（周转天数）= \frac{计算期天数}{流动资产周转次数} = \frac{流动资产平均余额 \times 计算期天数}{营业收入} \tag{3-17}$$

式中，流动资产平均余额 =（流动资产年初数 + 流动资产年末数）÷2。

一般情况下，流动资产周转率越高越好。流动资产周转率越高，流动资产周转期越短，表明以相同的流动资产完成的周转额越多，流动资产在生产、销售各环节占用的时间越短，流动资产利用效果越好，从而形成流动资产的相对节约和营业收入的增加，增强企业的盈利能力；反之，则会增加周转中流动资产的投入，造成资金的浪费，降低企业的盈利能力。

【例3-14】根据表3-2、表3-3的资料，假定该公司2023年年初的流动资产总额为2 780万元，则该公司2023年和2024年的流动资产周转速度指标为：

2023 年的流动资产周转率 = 9 400 ÷ [（2 780 + 3 420）÷ 2] = 3.03（次）

2024 年的流动资产周转率 = 10 600 ÷ [（3 420 + 4 205）÷ 2] = 2.78（次）

2023 年的流动资产周转期 = [（2 780 + 3 420）÷ 2] × 360 ÷ 9 400 = 118.72（天）

2024 年的流动资产周转期 = [（3 420 + 4 205）÷ 2] × 360 ÷ 10 600 = 129.48（天）

计算结果表明，该公司 2024 年的流动资产周转速度指标较 2023 年有所降低，周转次数由 3.03 次下降到 2.78 次，周转天数由 118.72 天增加到 129.48 天，反映该公司 2024 年的流动资产管理效率不及 2023 年的流动资产管理效率，公司的营运能力有所降低。其主要原因是 2024 年存货周转率下降。

4. 固定资产周转率

固定资产周转率是指企业一定时期内营业收入与固定资产平均净值的比率。它是反映企业固定资产周转情况，衡量固定资产利用效率的一项指标。相关计算公式为：

$$固定资产周转率（周转次数）= \frac{营业收入}{固定资产平均余额} \times 100\% \quad (3-18)$$

式中，固定资产平均净值 =（固定资产净值年初数 + 固定资产净值年末数）÷ 2。

一般情况下，固定资产周转率越高越好。固定资产周转率高，表明企业的固定资产投资得当，利用充分，固定资产结构合理，能够充分发挥其效率；反之，如果固定资产周转率低，则表明固定资产闲置或配置不当，生产成果转化率低，企业的营运能力不强。

运用固定资产周转率时，需要考虑固定资产因计提折旧使其净值不断减少，以及因更新重置使其净值突然增加的影响。同时，由于折旧方法不同，可能影响其可比性，因此分析时应剔除这些因素的影响。

【例 3-15】根据表 3-2、表 3-3 的资料，假定该公司 2023 年年初的固定资产净值为 5 750 万元，则该公司 2023 年和 2024 年的固定资产周转率分别为：

2023 年的固定资产周转率 = 9 400 ÷ [（5 750 + 5 800）÷ 2] = 1.63（次）

2024 年的固定资产周转率 = 10 600 ÷ [（5 800 + 6 255）÷ 2] = 1.76（次）

计算结果表明，该公司 2024 年的固定资产周转率比 2023 年的有所加快，反映该公司 2024 年的固定资产管理效率好于 2023 年的固定资产管理效率，公司的营运能力有所提高。主要原因是固定资产净值的增长幅度低于营业收入的增长幅度。

5. 总资产周转率

总资产周转率是企业一定时期内营业收入与总资产平均余额的比率。它是反映企业全部资产周转情况，衡量企业全部资产利用效率的一项指标，其计算公式为：

$$总资产周转率（周转次数）= \frac{营业收入}{总资产平均余额} \quad (3-19)$$

式中，总资产平均余额 =（资产总额年初数 + 资产总额年末数）÷ 2。

一般情况下，总资产周转率越高越好。总资产周转率越高，表明企业对全部资产的使用效率越高；反之，如果总资产周转率较低，则说明企业利用全部资产进行经营的效率较低，最终会影响到企业的盈利能力。因此，企业应采取各种措施加强资产管理，提高企业资产的利用效率，增加盈利。

【例 3-16】根据表 3-2、表 3-3 的资料，假定该公司 2023 年年初的全部资产总额为 7 900 万元，则该公司 2023 年和 2024 年的总资产周转率为：

2023 年的总资产周转率 = 9 400 ÷ [（7 900 + 9 800）÷ 2] = 1.06（次）

2024 年的总资产周转率 = 10 600 ÷ [（9 800 + 11 070）÷ 2] = 1.02（次）

计算结果表明，该公司 2024 年的总资产周转率与 2023 年相比略有降低，反映该公司 2024

年的资产管理效率稍差于 2023 年的资产管理效率，公司的营运能力略有下降。原因是该公司的流动资产周转率下降。

3.2.3 盈利能力分析

盈利能力是企业创造价值能力的核心体现，各利益相关方（不论是投资人、债权人还是企业经营者）均高度关注企业的盈利能力。盈利能力分析，一方面可以反映和衡量企业经营业绩，另一方面可以发现经营管理中存在的问题，为经营管理者提供改善经营状况的有效途径。

盈利能力反映企业资金增值的能力，通常表现为企业收益数额的多少与水平的高低。盈利能力指标主要包括营业利润率、成本费用利润率、总资产净利率、净资产收益率、资本收益率、资本保值增值率和盈余现金保障倍数。会计实务中，上市公司经常采用每股收益、每股股利、市盈率、每股净资产等指标评价其盈利能力。

1. 盈利能力的一般分析

（1）营业利润率。营业利润率是企业一定时期内营业利润与营业收入的比率。它反映企业营业活动的获利能力，是评价企业经济效益的主要指标。其计算公式为：

$$营业利润率 = \frac{营业利润}{营业收入} \times 100\% \tag{3-20}$$

营业利润率越高，表明企业的市场竞争力越强，发展潜力越大，盈利能力越强。

从利润表来看，企业的利润包括营业利润、利润总额和净利润 3 种形式。而营业收入的来源有商品销售收入、提供劳务收入和资产使用权让渡收入等。因此，会计实务中经常使用销售毛利率、销售净利率等指标来分析企业经营业务的盈利水平。其计算公式为：

$$销售毛利率 = \frac{销售收入 - 销售成本}{销售收入} \times 100\% \tag{3-21}$$

$$销售净利率 = \frac{净利润}{销售收入} \times 100\% \tag{3-22}$$

【例 3-17】根据表 3-3 的资料，该公司 2024 年和 2023 年的营业利润率为：

2023 年的营业利润率 = 2 250 ÷ 9 400 × 100% = 23.94%

2024 年的营业利润率 = 2 350 ÷ 10 600 × 100% = 22.17%

计算结果表明，该公司 2024 年的营业利润率与 2023 年相比略有下降，反映该公司 2024 年营业活动的获利能力稍差于 2023 年，公司的盈利能力略有下降。原因是该公司 2024 年的成本费用增加幅度超过营业收入的增长幅度。

（2）成本费用利润率。成本费用利润率是企业一定时期内利润总额与成本费用总额的比率，反映企业生产经营过程中发生的耗费与获得的收益之间的关系。其计算公式为：

$$成本费用利润率 = \frac{利润总额}{成本费用总额} \times 100\% \tag{3-23}$$

式中，成本费用总额 = 营业成本 + 营业税金及附加 + 销售费用 + 管理费用 + 财务费用。

成本费用利润率越高，表明企业为取得利润而付出的代价越小，成本费用控制得越好，盈利能力越强。它是一个能直接反映增收节支、增产节约效益的指标。企业生产销售的增加和费用开支的节约都能使这个指标提高。

【例 3-18】根据表 3-3 的资料，该公司 2023 年和 2024 年的成本费用利润率为：

2023 年的成本费用利润率 = 2 000 ÷（5 450 + 540 + 810 + 400 + 100）× 100% = 27.40%

2024 年的成本费用利润率 = 2 100 ÷（6 200 + 600 + 950 + 500 + 150）× 100% = 25%

计算结果表明，该公司 2024 年的成本费用利润率比 2023 年的略有下降，反映该公司 2024 年的成本费用控制效果变差。该公司应当深入分析导致成本费用增加的原因，以便改进管理、提高效益。

（3）总资产净利率。总资产净利率是企业一定时期内获得的净利润与平均总资产的比率。它是反映企业资产的综合利用效果的指标，也是衡量企业利用债权人和所有者权益资金所取得的利润水平的重要指标。其计算公式为：

$$总资产净利率 = \frac{净利润}{平均总资产} \times 100\% \tag{3-24}$$

一般情况下，总资产净利率越高，表明企业的资产利用效率越高，经营管理水平越高，企业盈利能力越强；反之，则说明企业资产利用效率低，企业盈利能力有待提升，经营管理存在问题，应该调整经营方针，改善经营管理水平。企业还可以将该指标与市场资本利率比较，如果前者大于后者，则说明企业可以充分利用财务杠杆，适当举债经营，以提高盈利水平。

【例 3-19】根据表 3-2、表 3-3 的资料，假定该公司 2023 年年初的全部资产总额为 7 900 万元，则该公司 2023 年和 2024 年的总资产净利率为：

2023 年的总资产净利率 = 1 500 ÷ [（7 900+9 800）÷ 2] × 100%=16.95%

2024 年的总资产净利率 = 1 575 ÷ [（9 800+11 070）÷ 2] × 100%=15.09%

计算结果表明，该公司 2024 年的总资产净利率与 2023 年相比有所下降，反映该公司 2024 年的资产综合利用效率下降。该公司应当深入分析资产的使用情况、增产节约的工作情况，以便改进管理、提高效益。

（4）净资产收益率。净资产收益率是企业一定时期的净利润与平均净资产的比率，反映了企业自有资金的投资收益水平，是评价企业盈利能力的核心指标。其计算公式为：

$$净资产收益率 = \frac{净利润}{平均净资产} \times 100\% \tag{3-25}$$

式中，平均净资产 =（所有者权益年初数 + 所有者权益年末数）÷2。

净资产收益率是评价企业自有资本及其积累获取报酬水平的核心指标，反映企业资本运营的综合效益。该指标通用性强，适用范围广，不受行业限制，尤其在我国上市公司业绩综合评价体系中居于首位。通过对该指标的综合对比分析，可以评估企业获利能力在同行业中所处的地位，以及与同类企业的差距。一般认为，净资产收益率越高，企业自有资本获取收益的能力越强，运营效益越好，对企业投资人、债权人利益的保障程度越高。

【例 3-20】根据表 3-2、表 3-3 的资料，假定该公司 2023 年年初的净资产总额为 6 480 万元，则该公司 2023 年和 2024 年的净资产收益率为：

2023 年的净资产收益率 = 1 500 ÷ [（6 480 + 7 120）÷ 2] × 100% = 22.06%

2024 年的净资产收益率 = 1 575 ÷ [（7 120 + 7 830）÷ 2] × 100% = 21.07%

计算结果表明，该公司 2024 年的净资产收益率与 2023 年相比降低了 0.99 个百分点，反映该公司 2024 年的自有资本获取利润的能力稍差于 2023 年的自有资本获取利润的能力。这是由于该公司所有者权益的增长幅度快于净利润的增长幅度。

（5）资本收益率。资本收益率是企业一定时期内净利润与平均资本即资本性投入及其资本溢价的比率，反映企业实际获得投资额的回报水平。其计算公式为：

$$资本收益率 = \frac{净利润}{平均资本} \times 100\% \tag{3-26}$$

式中，平均资本 = [（实收资本年初数 + 资本公积年初数）+（实收资本年末数 + 资本公积年末数）]÷2。

企业所有者权益的来源包括所有者投入的资本、直接计入所有者权益的利得和损益、留存收益等。其中，所有者投入的资本，反映在实收资本（股本）和资本公积（资本溢价或股本溢价）中；直接计入所有者权益的利得和损益，反映在资本公积（其他资本公积）中；留存收益则反映在未分配利润和盈余公积中。因此，资本公积中属于所有者投入的资本只有其中的资本溢价或股本溢价。

【例 3-21】根据表 3-2、表 3-3 的资料，假定该公司 2023 年初的实收资本为 6 000 万元，则该公司 2023 年和 2024 年的资本收益率为：

2023 年的资本收益率 = 1 500 ÷ [（6 000 + 6 000）÷ 2] × 100% = 25%

2024 年的资本收益率 = 1 575 ÷ [（6 000 + 6 000）÷ 2] × 100% = 26.25%

计算结果表明，该公司 2024 年的资本收益率与 2023 年相比上升了 1.25 个百分点，反映该公司 2024 年所有者投入资本获取利润的能力变强。这是由于该公司所有者投入资本没有变化，而净利润有所增长。

（6）资本保值增值率。资本保值增值率是指企业本年末所有者权益扣除客观增减因素后与年初所有者权益的比率。它表示在企业自身努力下当年资本的实际增减变动情况，是评价企业财务效益状况的辅助指标。其计算公式为：

$$资本保值增值率 = \frac{扣除客观因素后的年末所有者权益}{年初所有者权益} \qquad (3\text{-}27)$$

资本保值增值率是根据"资本保全"原则设计的指标，能够更加谨慎、稳健地反映了企业资本保全和增值状况。该指标充分体现了对所有者权益的保护，可以及时、有效地发现可能侵蚀所有者权益的现象，同时反映了投资者投入资本的保全性和增长性。该指标越高，表明企业的资本保全状况越好，所有者的权益增长越快，债权人的债务越有保障，企业的发展潜力越强。若该指标为负值，表明企业资本受到侵蚀，未能实现资本保全，损害了所有者的权益，也妨碍了企业进一步发展壮大。

【例 3-22】根据表 3-2 的资料，该公司 2024 年的资本保值增值率为：

7 830 ÷ 7 120 = 1.1

（7）盈余现金保障倍数。盈余现金保障倍数是企业一定时期内经营现金净流量与净利润的比值，反映了企业当期净利润中现金收益的保障程度，真实反映了企业盈利的质量。其计算公式为：

$$盈余现金保障倍数 = \frac{经营现金净流量}{净利润} \qquad (3\text{-}28)$$

一般来说，当企业的当期净利润大于 0 时，盈余现金保障倍数应当大于 1。该指标越高，表明企业经营活动产生的净利润对现金的贡献越大，企业盈利的质量越高。

【例 3-23】根据表 3-3 的资料，假设该公司 2023 年和 2024 年的经营现金净流量分别为 1 800 万元和 3 000 万元，则该公司的盈余现金保障倍数为：

2023 年度的盈余现金保障倍数 = 1 800 ÷ 1 500 = 1.2

2024 年度的盈余现金保障倍数 = 3 000 ÷ 1 575 = 1.9

该公司 2024 年的盈余现金保障倍数与 2023 年相比明显提高，而且大于 1，表明该公司盈利质量较高。

2. 上市公司盈利能力分析

（1）每股收益。每股收益也称每股利润或每股盈余，是反映企业的普通股股东持有每一股股份所能享有的企业利润或承担企业亏损的财务分析指标，是衡量上市公司盈利能力时最常用的财务指标。每股收益的计算包括基本每股收益和稀释每股收益。

基本每股收益的计算公式为：

$$基本每股收益=\frac{归属于普通股股东的当期净利润}{当前发行在外普通股的加权平均数} \tag{3-29}$$

式中，当期发行在外普通股的加权平均数 = 期初发行在外普通股股数 + 当期新发行普通股股数 × 已发行时间 ÷ 报告期时间 – 当期回购普通股股数 × 已回购时间 ÷ 报告期时间（已发行时间、报告期时间和已回购时间一般按天数计算，在不影响计算结果的前提下，也可以按月份简化计算）。

每股收益越高，表明公司的盈利能力越强。

【例 3-24】根据表 3-3 的资料，该公司 2023 年和 2024 年发行在外的普通股股数为 6 000 万股，不存在优先股，则该公司 2023 年和 2024 年的每股收益分别为：

2023 年的每股收益 = 1 500 ÷ 6 000 = 0.25（元）

2024 年的每股收益 = 1 575 ÷ 6 000 = 0.262 5（元）

该公司 2024 年的每股收益与 2023 年相比略有提高，表明该公司的盈利能力有所增强。

稀释每股收益是以基本每股收益为基础，假设企业所有发行在外的稀释性潜在普通股均已转换为普通股，从而分别调整归属于普通股股东的当期净利润和发行在外的普通股的加权平均数计算而得的每股收益。

潜在普通股是指赋予其持有者在报告期或以后期间享有取得普通股权利的一种金融工具或其他合同。目前，我国企业发行在外的潜在普通股主要有可转换公司债券、认股权证、股份期权等。

稀释性潜在普通股，是指假设当期转换为普通股会减少每股收益的潜在普通股。

（2）每股股利。每股股利是上市公司本年发放的普通股股利总额与年末普通股总数的比值，反映上市公司当期利润的积累和分配情况。其计算公式为：

$$每股股利=\frac{普通股股利总额}{年末普通股总数} \tag{3-30}$$

【例 3-25】根据表 3-3 的资料，假设该公司 2023 年和 2024 年的普通股股利分别为 720 万元、900 万元，则该公司 2023 年和 2024 年的每股股利分别为：

2023 年的每股股利 = 720 ÷ 6 000 = 0.12（元）

2024 年的每股股利 = 900 ÷ 6 000 = 0.15（元）

该公司 2024 年的每股股利与 2023 年相比提高了 0.03 元/股。这是由该公司普通股总数没有发生变化，而发放的普通股股利增加导致的。

（3）市盈率。市盈率是上市公司普通股每股市价相当于每股收益的倍数，反映投资者对上市公司每股净利润愿意支付的价格，可以用来估计股票的投资报酬和风险。其计算公式为：

$$市盈率=\frac{普通股每股市价}{普通股每股收益} \tag{3-31}$$

一般来说，市盈率高，说明投资者对该公司的发展前景看好，愿意出较高的价格购买该公司股票；但是某股票的市盈率过高，也意味着该股票具有较高的投资风险。通常认为，正常的市盈率为 5～20 倍。

【例 3-26】续前例，该公司 2023 年和 2024 年的普通股的每股收益分别是 0.25 元和 0.262 5 元，每股市价分别为 3.8 元和 5 元，则该公司 2023 年和 2024 年的市盈率分别为：

2023 年的市盈率 = 3.8 ÷ 0.25 = 15.20

2024 年的市盈率 = 5 ÷ 0.262 5 = 19.05

该公司 2024 年的市盈率与 2023 年相比大幅提高，反映投资者对该公司的发展前景进一步看好。

（4）每股净资产。每股净资产是年末净资产（即股东权益）与年末发行在外的普通股股数的比率。其计算公式为：

$$每股净资产=\frac{年末股东权益}{年末普通股总数} \tag{3-32}$$

式中，年末股东权益是指扣除优先股权益后的余额。

【例 3-27】续前例，该公司每股净资产为：

2023 年的每股净资产 = 7 120 ÷ 6 000 = 1.19（元）

2024 年的每股净资产 = 7 830 ÷ 6 000 = 1.31（元）

该公司 2024 年的每股净资产与 2023 年相比有所增加，反映该公司的每股账面价值有所提高。

（5）股票获利率。股票获利率即股利回报率，是普通股每股现金股利与每股价格的比率，反映公司现金股利和公司股价之间的关系。其计算公式为：

$$股票获利率=\frac{普通股每股现金股利}{普通股每股价格} \tag{3-33}$$

【例 3-28】续前例，该公司的股票获利率为：

2023 年的股票获利率 = 0.12 ÷ 3.8 = 3.16%

2024 年的股票获利率 = 0.15 ÷ 5 = 3%

该公司 2024 年的股票获利率与 2023 年相比略有降低，反映公司的股票投资收益水平有所下降。

（6）股利支付率。股利支付率是指净收益中股利所占的比重，反映公司的股利分配政策和支付股利的能力。其计算公式为：

$$股利支付率=\frac{普通股每股现金股利}{普通股每股收益} \tag{3-34}$$

（7）股利保障倍数。股利保障倍数实际上就是股利支付率的倒数，倍数越大，说明支付股利的能力越强。其计算公式为：

$$股利保障倍数=\frac{普通股每股收益}{普通股每股现金股利} \tag{3-35}$$

（8）留存盈余比率。留存盈余是指净利润减去全部股利（包括优先股股利和普通股股利）后的余额。留存盈余比率是留存盈余与净利润的比率。其计算公式为：

$$留存盈余比率=\frac{净利润-全部股利}{净利润} \tag{3-36}$$

留存盈余比率的高低，反映公司的理财方针。如果企业认为有必要从内部积累资金，以扩大经营规模，经股东大会同意可以采用较高的留存盈余比率；如果企业不需要资金或可以通过其他方式筹集资金，为满足股东取得现金股利的要求可降低留存盈余比率，提高股利支付率。

3.2.4 发展能力分析

发展能力是企业在生存的基础上，扩大规模、壮大实力的潜在能力。从结果来看，发展能力表现为企业价值的增长；从形成过程来看，发展能力表现为销售收入、资金投入和利润创造的不断增长。分析发展能力主要考察以下指标：营业收入增长率、营业收入 3 年平均增长率、营业利润增长率、营业利润 3 年平均增长率、总资产增长率、总资产 3 年平均增长率、资本积累率和资本 3 年平均增长率。

1. 营业收入增长率

（1）营业（销售）收入增长率。营业收入增长率是企业本年营业收入增长额与上年营业收入总额的比率，反映企业营业收入的增减变动情况，是评价企业成长状况和发展能力的重要指标。其计算公式为：

$$营业收入增长率 = \frac{本年营业收入增长额}{上年营业收入总额} \times 100\% \tag{3-37}$$

式中，本年营业收入增长额 = 本年营业收入总额 − 上年营业收入总额。

营业收入增长率是衡量企业经营状况和市场占有能力、预测企业经营发展能力的重要财务指标。营业收入增长率大于 0，表明企业本年营业收入有所增长。该指标值越高，表明企业营业收入的增长速度越快，企业的市场前景越好；若营业收入增长率小于 0，则说明产品或服务滞销积压、质次价高，或售后服务差，市场份额缩小。实际分析时还要结合企业前 3 年的营业收入平均增长率做出趋势性分析判断。

【例 3-29】根据表 3-3 的资料，该公司 2024 年的营业收入增长率为：

（10 600 − 9 400）÷ 9 400 × 100% = 12.77%

（2）营业（销售）收入 3 年平均增长率。营业（销售）收入 3 年平均增长率表明企业营业收入连续 3 年的增长情况，反映企业的持续发展态势和市场扩张能力。其计算公式为：

$$营业（销售）收入3年平均增长率 = \left(\sqrt[3]{\frac{本年营业（销售）收入总额}{三年前营业（销售）收入总额}} - 1 \right) \times 100\% \tag{3-38}$$

营业（销售）收入 3 年平均增长率指标能够反映企业的经营业务增长趋势和稳定程度，体现企业连续发展状况和发展能力，避免了因少数年份经营业务的波动造成对企业发展潜力的错误判断。一般认为，营业收入 3 年平均增长率越高，表明企业营业持续增长势头越好，市场扩张能力越强。

2. 营业利润增长率

（1）营业利润增长率。营业利润增长率是企业本年营业利润增长额与上年营业利润总额的比率，反映企业营业利润的增减变动情况。其计算公式为：

$$营业利润增长率 = \frac{本年营业利润增长额}{上年营业利润总额} \times 100\% \tag{3-39}$$

式中，本年营业利润增长额 = 本年营业利润总额 − 上年营业利润总额。

【例 3-30】根据表 3-3 的资料，该公司 2024 年的营业利润增长率为：

（2 350 − 2 250）÷ 2 250 × 100% = 4.44%

（2）营业利润 3 年平均增长率。营业利润 3 年平均增长率表明企业营业利润连续 3 年的增长情况，反映企业的持续增长态势和市场扩张能力，体现企业的发展潜力。其计算公式为：

$$营业利润3年平均增长率 = \left(\sqrt[3]{\frac{本年营业利润总额}{三年前营业利润总额}} - 1 \right) \times 100\% \tag{3-40}$$

一般认为，营业利润 3 年平均增长率越高，表明企业积累越多，企业的持续增长势头越好，市场扩张能力越强。营业利润 3 年平均增长率指标能够反映企业的利润率增长趋势和效益稳定程度，并充分体现企业连续发展状况和发展能力，可避免因少数年份利润不正常增长而造成对企业发展潜力的错误判断。

3. 总资产增长率

（1）总资产增长率。总资产增长率是企业本年总资产增长额同年初资产总额的比率，能够反映企业本期资产规模的增长情况，评价企业经营规模总量的扩张程度。其计算公式为：

$$总资产增长率=\frac{本年总资产增长额}{年初资产总额}\times100\% \tag{3-41}$$

式中，本年总资产增长额 = 年末资产总额–年初资产总额。

总资产增长率是从企业资产总量扩张方面衡量企业的发展潜力，表明企业规模增长水平对企业发展潜力的影响。总资产增长率越高，表明企业一定时期内资产经营规模扩张的速度越快，但在分析时需要关注资产规模扩张的质和量的关系及企业的后续发展能力，避免盲目扩张。

【例3-31】根据表3-2的资料，该公司2024年的总资产增长率为：

（11 070–9 800）÷9 800 × 100% = 12.96%

（2）总资产3年平均增长率。总资产3年平均增长率表明企业总资产连续3年的增长情况，能够反映企业规模的持续增长态势，体现企业规模持续增长对发展能力的影响。其计算公式为：

$$总资产3年平均增长率 =\left(\sqrt[3]{\frac{年末资产总额}{三年前年末资产总额}}-1\right)\times100\% \tag{3-42}$$

4. 资本积累率

（1）资本积累率。资本积累率，即股东权益增长率，是企业本年所有者权益增长额与年初所有者权益的比率，能够反映企业当年资本的积累能力，是评价企业发展潜力的重要指标。其计算公式为：

$$资本积累率=\frac{本年所有者权益增长额}{年初所有者权益}\times100\% \tag{3-43}$$

资本积累率是企业当年所有者权益的整体增长率，反映了企业所有者权益在当年的变动水平，体现了企业资本的积累情况。资本的不断积累是企业发展强盛的标志，也是企业扩大生产的源泉，展示了企业的发展活力。资本积累率反映了投资者投入企业资本的保全性和增长性。该指标越高，表明企业的资本积累越多，企业资本保全性越强，应对风险、持续发展的能力越强。该指标如为负值，则表明企业资本受到侵蚀，所有者利益受到损害，应予以充分重视。

【例3-32】根据表3-2的资料，该公司2024年的资本积累率为：

（7 830–7 120）÷7 120 × 100% = 9.97%

（2）资本3年平均增长率。资本3年平均增长率表示企业资本连续3年的积累情况，在一定程度上反映了企业的持续发展水平和发展趋势。其计算公式为：

$$资本3年平均增长率 =\left(\sqrt[3]{\frac{年末所有者权益总额}{3年前年末所有者权益总额}}-1\right)\times100\% \tag{3-44}$$

一般认为，资本3年平均增长率越高，表明企业所有者权益得到保障的程度越高，企业可以长期使用的资金越充足，应对风险和保持持续发展的能力越强。

3.3　财务报表综合分析

3.3.1　财务报表综合分析的含义

财务报表综合分析就是将企业营运能力、偿债能力、获利能力和发展能力等诸多方面的指标纳入一个有机的整体之中，全面地对企业经营状况、财务状况进行解剖与分析。

财务报表综合分析的特点体现在其对财务指标体系的要求上。综合财务指标体系的建立应当具备：①指标要素齐全；②适当主辅指标功能匹配；③满足多方信息需要。

3.3.2　财务报表综合分析方法

财务报表综合分析方法主要有杜邦分析法和沃尔评分法。

1. 杜邦分析法

（1）杜邦分析法的原理。杜邦分析法是由美国杜邦（DuPont）公司在 1919 年前后率先采用的一种方法，故得此名。杜邦分析法是在考虑各财务比率内在联系的条件下，通过制订多种比率的综合财务分析体系来考察企业财务状况的一种分析方法。杜邦分析体系的基本框架如图 3-1 所示。

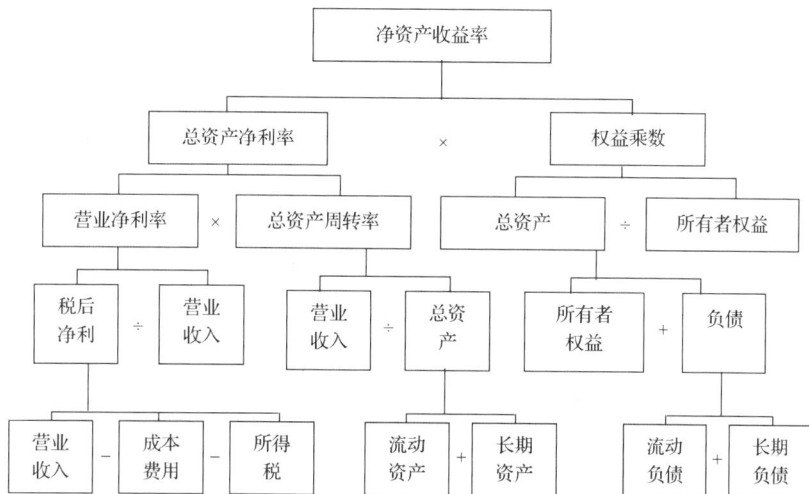

图 3-1　杜邦分析体系的基本框架

由图 3-1 可以看出，杜邦分析法是把有关财务比率和财务指标以系统分析的形式融合在一起，通过对这一指标体系图的深入分析可以看出：第一，净资产收益率是指标体系分析的核心，该指标具有很强的综合性，由企业的营业净利率、总资产周转率和权益乘数决定，说明它是与企业财务管理目标相关性最大的一个指标；第二，企业的税后净利，是由营业收入扣除成本费用总额再扣除所得税得到的，而成本费用又由一些具体项目构成，通过对这些项目的分析，能够了解净资产收益率变动的原因；第三，企业的总资产是由流动资产和非流动资产构成的，它们各自又有明细项目，通过对总资产构成和周转情况的分析，能发现企业资产管理中存在的问题与不足；第四，企业的总资产来源于所有者权益和负债两个方面，通过对总资产来源的分析能够了解企业的筹资结构是否合理和财务风险的大小，从而及时发现企业筹资中存在的问题，以便采取有效措施加以改进。

杜邦分析系统的核心在于对公式的分解，其基本原理如下。

① 与净资产收益率有关的公式分解。

$$净资产收益率 = \frac{净利润}{平均净资产}$$

$$= \frac{净利润}{平均总资产} \times \frac{平均总资产}{平均净资产}$$

$$净资产收益率 = 总资产净利率 \times 权益乘数$$

② 与总资产净利率有关的公式分解。

$$总资产净利率 = \frac{净利润}{平均总资产} = \frac{净利润}{营业收入} \times \frac{营业收入}{平均总资产}$$

总资产净利率=营业净利率×总资产周转率

③ 将前面分解的公式综合起来可以得到净资产收益率的分解。

净资产收益率 = 营业净利率 × 总资产周转率 × 权益乘数

（2）杜邦分析法的运用。在具体运用杜邦分析法时，企业可以采用因素分析法。首先，确定营业净利率、总资产周转率和权益乘数的基准值，然后顺次代入这 3 个指标的实际值，分别计算分析这 3 个指标的变动对净资产收益率的影响方向和程度；在此基础上，可以进一步分解这 3 个指标，并分析其变动的深层次原因，找出解决方案。

【例 3-33】根据表 3-2、表 3-3 的资料及前例中的假设，可计算该公司杜邦体系中的各项财务指标，列示于表 3-4 中。

表 3-4 振华公司杜邦分析体系的财务指标

项目	2023 年	2024 年
净资产收益率	22.06%	21.07%
营业净利率	15.96%	14.86%
总资产周转率	1.062 1	1.015 8
权益乘数	1.301 5	1.396 0

运用连环替代法对该公司 2024 年的净资产收益率的变动情况进行分析。

① 建立净资产收益率与各影响因素之间的依存关系式。

净资产收益率=营业净利率×总资产周转率×权益乘数

② 确定分析对象。

净资产收益率的变动：21.07% − 22.06% = −0.99%

③ 替代计算。

2023 年的指标：15.96% × 1.062 1 × 1.301 5 = 22.06%

替代营业净利率：14.86% × 1.062 1 × 1.301 5 = 20.54%

替代总资产周转率：14.86% × 1.015 8 × 1.301 5 = 19.65%

替代权益乘数：14.86% × 1.015 8 × 1.396 0 = 21.07%

④ 确定各因素对净资产收益率的影响程度。

营业净利率的影响：20.54% − 22.06% = −1.52%

总资产周转率的影响：19.65% − 20.54% = −0.89%

权益乘数的影响：21.07% − 19.65% = +1.42%

⑤ 验算，分析评价。

− 1.52% + （−0.89%）+ 1.42% = −0.99%

据计算所得可知，振华公司 2024 年的净资产收益率与 2023 年相比下降了 0.99 个百分点，主要是由于营业净利率降低使其下降了 1.52 个百分点，总资产周转率下降使其降低了 0.89 个百分点，而权益乘数提高使其增加 1.42 个百分点，其中营业净利率的下降是净资产收益率降低的主要原因，但权益乘数对其产生了较大的正面影响。

2. 沃尔评分法

（1）沃尔评分法的原理。财务状况综合评价的先驱者之一是亚历山大·沃尔。他在 20 世纪初出版的《信用晴雨表研究》和《财务报表比率分析》中提出了信用能力指数的概念，把若干个财务比率用线性关系结合起来，以评价企业的信用水平。他首先选择了 7 种财务比率，分别给定了其在总评价中占的权重，总和为 100 分；然后确定标准比率，并与实际比率相比较，评出每项指标的得分；最后求出总评分，得出对企业财务状况的综合评价。例如，用沃尔评分法对 A 公司的财务状况进行综合评价，其评分过程及结果如表 3-5 所示。综合得分 109.15 分，表明 A 公司的综合财务状况较好。

表 3-5　　　　　　　　　　　　　沃尔评分法对 A 公司财务状况的综合评分

财务比率	权重 ①	标准比率 ②	实际比率 ③	相对比率 ④ = ③ ÷ ②	评分 ⑤ = ① × ④
流动比率	25	2	2.42	1.21	30.25
净资产/负债	25	1.5	0.84	0.56	14
资产/固定资产	15	2.5	3.35	1.34	20.1
销售成本/存货	10	8	14	1.75	17.5
销售额/应收账款	10	6	10.8	1.8	18
销售额/固定资产	10	4	2.6	0.65	6.5
销售额/净资产	5	3	1.68	0.56	2.8
合计	100	—	—	—	109.15

沃尔评分法的优点是简便实用，但其缺点也非常突出：从理论上讲，它未能证明选择这 7 个指标的必要性，而不是更多或更少，或者选择其他财务比率，也未能证明每个指标所占权重的合理性；从技术上讲，某一指标严重异常时，会对总评分产生不合逻辑的重大影响，如财务比率提高 1 倍，其评分增加 100%，而缩小 1 倍，其评分只减少 50%，这是由相对比率与权重相乘计算评分的方法所引起的。

尽管沃尔评分法在理论和技术上存在诸多缺点，但其分析评价的原理在实践中仍被广泛应用。

（2）沃尔评分法的运用。现代社会与沃尔所在的时代相比，已发生了很大的变化。财务比率的选择、权重的确定、标准比率的确定、实际比率的计算等方面的研究也有了很大的发展。当前运用沃尔评分法对企业财务状况进行综合分析评价通常可按以下程序展开。

① 选择评价企业财务状况的比率指标。一般认为企业财务评价的内容主要有盈利能力、偿债能力、营运能力和发展能力。盈利能力的主要指标是资产净利率、销售净利率和净资产报酬率。偿债能力的主要指标是资产负债率、流动比率和速动比率。营运能力的主要指标是应收账款周转率、存货周转率和总资产周转率。发展能力的主要指标是销售增长率、净利增长率和资产增长率。因此，分析评价时可以选择以上指标对企业财务状况进行综合分析评价，也可以根据企业的实际情况增加或减少若干指标进行评价。

② 根据各项比率指标的重要程度，确定其评分值即其权重，各项比率指标的评分值之和应等于 100。各项财务比率评分值的确定是一个重要问题，它直接影响对企业财务状况的评分。对于各项比率指标的重要程度，不同的分析者会有不同的态度，但一般应根据企业的生产经营规模、市场形象，以及分析者的分析目的等因素来确定。

③ 确定各项比率指标的标准值。财务比率指标的标准值是指各项比率指标在企业现时条件下最理想的数值，即最优值。分析评价时可选择的标准有企业历史标准、计划标准、经验标准、国家标准、国际标准。

④ 计算企业在一定时期各项比率指标的实际值。各项比率指标的实际值应根据企业的实际财务资料计算。

⑤ 计算各项比率指标实际值与标准值的比率，即可得到相对比率。根据各项比率指标的不同

性质，相对比率的计算要区分三种不同的情况，采用不同的方法。

a. 若比率指标值越大，反映企业的财务状况或财务效果越好，属于正指标，则该比率指标的实际值大于标准值即为理想的状况。其计算公式为：

$$相对比率=\frac{实际值}{标准值} \tag{3-45}$$

如销售净利率、净资产报酬率等属于此类指标。

b. 若比率指标值越大，反映企业的财务状况或财务效果反而越差，属于逆指标，则该比率指标的实际值大于标准值即为不理想的状况。其计算公式为：

$$相对比率=\frac{标准值-（实际值-标准值）}{标准值} \tag{3-46}$$

如存货周转天数、销售成本率等属于此类指标。

c. 若比率指标值刚好等于标准值时，企业的财务状况或财务效果最好，则该比率指标的实际值大于或小于标准值均为不理想的状况。其计算公式为：

$$相对比率=\frac{标准值-|实际值-标准值|}{标准值} \tag{3-47}$$

如流动比率、资产负债率、自有资本比率等属于此类指标。

⑥ 计算各项比率指标的综合得分及其合计数。各项比率指标的综合得分是各比率指标的相对比率和评分值的乘积，其合计数即可作为评价企业综合财务状况的依据。一般而言，综合得分合计数如果为100或接近100，表明企业的财务状况基本上符合标准要求；如果与100有较大差距，则表明企业的财务状况偏离标准要求。

【例 3-34】根据长远股份有限公司的财务资料，利用沃尔评分法，通过计算分析得出该公司财务状况的综合评价。具体过程及结果如表3-6所示。

表3-6　　　　　　　　　　　　长远股份有限公司的沃尔综合评分表

比率指标	评分值 ①	标准值 ②	实际值 ③	相对比率 ④	综合得分 ⑤=①×④
盈利能力：					
资产净利率	20	15%	18%	1.2	24
销售净利率	20	15%	12%	0.8	16
净资产报酬率	10	15%	14%	0.93	9.3
偿债能力：					
资产负债率	8	40%	60%	0.5	4
流动比率	8	2	1.4	0.7	5.6
营运能力：					
应收账款周转率	8	6	4.8	0.8	6.4
存货周转期（天）	8	45	49.5	0.9	7.2
发展能力：					
销售增长率	6	30%	21%	0.7	4.2
净利增长率	6	20%	12%	0.6	3.6
资产增长率	6	20%	14%	0.7	4.2
合计	100	—	—	—	84.5

对长远股份有限公司的财务状况主要从盈利能力、偿债能力、营运能力和发展能力 4 个方面进行分析评价。根据对相关财务资料的计算分析可得，反映该公司盈利能力的主要指标资产净利率、销售净利率和净资产报酬率的取值分别为 18%、12%、14%，而相应的行业标准值分别为 15%、15%、15%；反映偿债能力的主要指标资产负债率、流动比率的取值分别为 60%、1.4，而相应的行业标准值分别为 40%、2；反映营运能力的主要指标应收账款周转率和存货周转期的取值分别为 4.8 次、49.5 天，而相应的行业标准值分别为 6 次、45 天；反映发展能力的主要指标销售增长率、净利增长率和资产增长率的取值分别为 21%、12%、14%，而相应的行业标准值分别为 30%、20%、20%。据此编制长远股份有限公司的沃尔综合评分表，结果综合得分为 84.5 分，表明该公司综合财务状况尚未达到行业标准水平。

本章小结

本章介绍了财务报表分析相关的知识，其要点包括以下几个。

（1）财务报表分析的目的、财务报表分析的主体及财务报表分析的方法。财务报表分析的目的是将财务报表数据转换成有用的信息，以帮助报表使用人改善决策。不同的财务报表分析主体出于不同的利益考虑，会对财务报表分析提出不同的要求。财务报表分析的主体主要包括股权投资人、债权人、经营管理者、供应商及政府等。财务报表分析的基本方法包括比较分析法、比率分析法和因素分析法。

（2）财务报表分析的基本内容。财务报表分析的基本内容包括偿债能力分析、营运能力分析、盈利能力分析、发展能力分析和财务综合分析等方面。企业偿债能力分析包括短期偿债能力分析和长期偿债能力分析。短期偿债能力分析的评价指标主要有营运资本、流动比率、速动比率和现金流量比率；长期偿债能力分析的评价指标主要有资产负债率、产权比率、或有负债比率、带息负债比率和已获利息倍数。企业营运能力分析评价指标主要有应收账款周转率、存货周转率、流动资产周转率、固定资产周转率和总资产周转率等。企业盈利能力分析评价指标主要包括营业利润率、成本费用利润率、总资产净利率、净资产收益率和资本收益率等。会计实务中，上市公司经常采用每股收益、每股股利、市盈率、每股净资产等指标评价其盈利能力。企业发展能力分析评价指标主要包括营业收入增长率、营业收入 3 年平均增长率、营业利润增长率、营业利润 3 年平均增长率、总资产增长率、总资产 3 年平均增长率、资本积累率和资本 3 年平均增长率等。

（3）财务综合分析是将营运能力、偿债能力、盈利能力和发展能力等诸多方面的指标纳入一个有机的整体之中，全面地对企业经营状况、财务状况进行解剖与分析，从而对企业经济效益的优劣做出准确的评价与判断。应用比较广泛的财务综合分析方法有杜邦分析法和沃尔评分法。

关键术语

流动比率	速动比率	资产负债率	存货周转率	应收账款周转率
流动资产周转率	总资产周转率	总资产净利率	净资产收益率	杜邦分析法
沃尔评分法				

练习题

一、思考题

1. 试述企业财务报表分析的目的。
2. 财务报表分析包括哪些内容？
3. 简述财务报表分析的一般方法。

二、单项选择题

1. 下列指标属于企业长期偿债能力衡量指标的是（　　）。
   A. 固定资产周转率　　　　　　　　B. 速动比率
   C. 已获利息倍数　　　　　　　　　D. 总资产周转率

2. 在杜邦财务分析体系中，综合性最强的核心指标是（　　）。
   A. 总资产净利率　　　　　　　　　B. 净资产收益率
   C. 总资产周转率　　　　　　　　　D. 营业净利率

3. 与产权比率相比较，资产负债率评价企业偿债能力的侧重点是（　　）。
   A. 揭示财务结构的稳健程度
   B. 揭示债务偿付安全性的物质保障程度
   C. 揭示自有资本对偿债风险的承受能力
   D. 揭示负债与长期资金的对应关系

4. 下列各项中，可能导致企业资产负债率变化的经济业务是（　　）。
   A. 收回应收账款
   B. 用现金购买债券
   C. 接受所有者投资转入的固定资产
   D. 以固定资产对外投资（按账面价值作价）

5. 下列各项中，不会影响流动比率的业务是（　　）。
   A. 用现金购买短期债券　　　　　　B. 用现金购买固定资产
   C. 用存货进行对外长期投资　　　　D. 从银行取得长期借款

6. 企业大量增加速动资产可能导致的结果是（　　）。
   A. 减少资金的机会成本　　　　　　B. 增加资金的机会成本
   C. 增加财务风险　　　　　　　　　D. 提高流动资产的收益率

三、判断题

1. 财务分析是以企业的财务报告为基础，因此日常核算资料不能作为财务分析的一种补充资料。（　　）
2. 企业应收账款周转率越大，则企业发生坏账损失的可能性越大。（　　）
3. 企业销售一批存货，无论货款是否收回，都可以使速动比率增大。（　　）
4. 企业以经营租赁方式租入资产，虽然其租金不包括在负债中，但也会影响到企业的偿债能力。（　　）
5. 企业流动比率越高说明企业短期偿债能力越好，因此企业流动比率越高越好。（　　）

四、计算题

1. 甲企业上年的主营业务收入净额为 9 000 万元，全部资产平均余额为 3 500 万元，流动资产平均余额为 1 200 万元；本年的主营业务收入净额为 9 600 万元，全部资产平均余额为 3 600 万元，流动资产平均余额为 1 300 万元。要求：

（1）计算上年与本年的全部资产周转率、流动资产周转率和资产结构（流动资产占全部资产的百分比）。

（2）运用差额分析法计算流动资产周转率与资产结构变动对全部资产周转率的影响。

2. 某商业企业 2024 年的赊销收入净额为 2 000 万元，销售成本为 1 600 万元；年初、年末的应收账款余额分别为 200 万元和 400 万元；年初、年末的存货余额分别为 200 万元和 600 万元；年末的速动比率为 1.2，年末的现金比率为 0.7。假定该企业流动资产由速动资产和存货组成，速动资产由应收账款和现金类资产组成，一年按 360 天计算。要求：

（1）计算 2024 年应收账款周转天数。

（2）计算 2024 年存货周转天数。

（3）计算 2024 年年末流动负债余额和速动资产余额。

（4）计算 2024 年年末流动比率。

3. 某股份公司 2024 年的有关资料如表 3-7 所示。

表 3-7　　　　　　　　　　　　　　某股份公司 2024 年的有关资料

项目	年初数	年末数	本年数或平均数
存货（万元）	7 200	9 600	
流动负债（万元）	6 000	8 000	
总资产（万元）	15 000	17 000	
流动比率		1.5	
速动比率	0.8		
权益乘数			1.5
流动资产周转次数			4
净利润（万元）			2 880

要求：

（1）计算流动资产的年初余额、年末余额和平均余额（假定流动资产由速动资产与存货组成）。

（2）计算本年的主营业务收入净额和总资产周转率。

（3）计算主营业务净利率和净资产收益率。

五、案例题

案例一　华丰公司财务分析

华丰公司是一家经营多种电子产品的公司，其 2022—2024 年的主要财务数据和财务比率如表 3-8 所示。

表 3-8　　　　　　　　华丰公司 2022—2024 年的主要财务数据和财务比率

项目	2022 年	2023 年	2024 年
销售额（万元）	4 000	4 300	3 800
总资产（万元）	1 430	1 560	1 695
普通股（万元）	100	100	100
保留盈余（万元）	500	550	550
所有者权益合计	600	650	650
流动比率	1.9	1.25	1.2

续表

项目	2022 年	2023 年	2024 年
应收账款周转天数	18	22	27
存货周转率	8.0	7.5	5.5
产权比率	1.38	1.40	1.61
长期债务/所有者权益	0.5	0.46	0.46
销售毛利率	20.0%	16.3%	13.2%
销售净利率	7.5%	4.7%	2.6%
总资产周转率	2.8	2.76	2.24
总资产净利率	21%	13%	6%

要求：根据上述情况，分析和讨论下列问题。

（1）分析说明该公司运用资产获利能力的变化及其原因。

（2）分析说明该公司资产、负债和所有者权益的变化及其原因。

（3）假如你是该公司财务经理，请分析说明 2025 年应该从哪些方面改善公司的财务状况和经营业绩。

案例二　F 公司杜邦分析

F 公司为一家生产工艺品的小型企业。该公司 2023—2024 年的主要财务数据如表 3-9 所示。

表 3-9　　　　　　　　　　　F 公司 2023—2024 年的主要财务数据　　　　　　　　　单位：元

项目	2023 年	2024 年
销售收入（每件 50 元）	2 000 000	3 000 000
其中：赊销净额	504 000	600 000
全部成本：	1 880 598	2 776 119
制造成本	1 158 598	1 771 119
管理费用	540 000	750 000
销售费用	170 000	240 000
财务费用	12 000	15 000
利润总额	119 402	223 881
所得税	39 402	73 881
税后净利	80 000	150 000
固定资产	360 000	600 000
现金及有价证券	110 000	300 000
应收账款（年末平均余额）	70 000	150 000
存货（年末平均余额）	260 000	450 000

要求：根据上述资料，分析讨论下列问题。

（1）假定该公司的资产由现金及有价证券、应收账款、存货和固定资产组成，利用杜邦分析体系计算该公司 2023 年和 2024 年的总资产净利率。

（2）利用杜邦分析体系比较该公司 2023 年和 2024 年的总资产净利率。

（3）F 公司应采取何种措施来提高公司的资产获利能力？

第4章
短期筹资方式

【学习目标】

筹资是企业资本运作的前提，也是财务管理的重要环节之一，任何企业都需要组织好筹资活动。

通过本章的学习，读者应达到以下目标。

- 了解企业筹资的目的与原则；
- 熟悉企业筹资的渠道与方式；
- 掌握资金需要量的预测方法；
- 掌握短期筹资的特点与筹资策略的类型；
- 掌握短期借款、商业信用、短期融资券和应付费用的相关概念及其管理要点。

【引导案例】

博文公司的筹资方案

博文公司，作为一家季节性特征显著且信用评级为 A 级的中型企业，每年步入经营旺季时，常遭遇产品供不应求与资金短缺的双重挑战，这对管理层构成了严峻考验。进入 2024 年旺季，公司再次面临困境：关键原材料甲材料库存告急，亟需 2 000 万元资金注入以维持生产，而公司自有资金捉襟见肘。此状况若得不到妥善处理，将直接影响公司的生产运营及年度业绩。鉴于此，公司高层紧急指示财务经理张雪迅速行动，寻找解决方案。

张雪经理凭借其专业素养，迅速制定并执行了多元化筹资策略。首先，她凭借公司优异的信用记录和稳健的运营表现，成功与合作银行达成一项为期三个月、年利率 5%、总额 1 000 万元的短期借款协议，有效减轻了公司的资金压力。其次，她充分利用与供应商长期建立的信任关系，争取到 500 万元的付款延期优惠，进一步缓解了资金流动性问题。同时，张雪还加强了对公司应收账款的管理，成功催收回笼约 300 万元资金。针对剩余的 200 万元资金需求，张雪决定将公司持有的部分未到期的应收票据进行贴现，以确保资金的及时到位。通过本章的学习，读者将能够深入理解各种短期筹资方式的优势及局限性，从而为企业实际运营中的融资决策提供有力支持。

4.1　筹资概述

企业筹资就是企业根据其生产经营、对外投资以及调整资本结构的需要，通过一定的筹资渠道，采取适当的筹资方式，经济有效地筹措资金的过程。资金筹集是企业生产经营活动的前提条件，也是企业再生产顺利进行的保证。同时，筹资也为投资提供了基础和前提，没有资金的筹集，就无法进行资金的投放。从一定意义上讲，筹资的数量与结构会直接影响企业的经营效益，进而影响企业利润的分配。因此，可以说筹资管理在财务管理中处于极其重要的地位。

企业筹资一般分为短期筹资和长期筹资，短期筹资和长期筹资在筹资渠道、筹资方式等方面大不相同，故本书分别予以介绍。短期筹资方式在本章介绍，长期筹资方式将在第 5 章介绍。

4.1.1　筹资目的与原则

1. 筹资目的

（1）满足生产经营的需要。资金是企业设立并开展生产经营活动的先决条件，故筹资的首要目的是满足企业的生产经营活动的需要。企业所处的时期不同，筹资的具体目的也有所不同。企业设立时，所筹资金用于购建生产经营设施和生产经营设备、采购材料及支付各种费用，以满足生产经营业务的需要；当扩大生产经营规模时，为扩充生产经营设施和设备，增加材料采购量和其他存货的数量，需通过筹资来补充企业原有资金的不足；当企业未能及时回笼销售货款，或发生经营性亏损，影响了正常生产经营运转时，也需通过筹资来弥补资金的暂时短缺，以保证企业生产经营的正常进行。

（2）满足对外投资的需要。企业为获取更大效益，在开拓有发展前途的对外投资领域时，需要做好筹资工作，以满足对外投资的需要；企业在对外投资项目发展良好、需要扩大对外投资规模时，也需要通过筹资来补充对外投资资金的不足。

（3）满足调整资本结构的需要。当企业的资本结构不合理时，可以通过不同的筹资方式筹集资金来调整资本结构，使之趋于合理。例如，当企业的债务资金比例较高时，可以通过筹集一定量的自有资金来降低债务资金比例，使企业资本结构趋于合理。

2. 筹资原则

筹资应遵循以下原则。

（1）规模适当原则。企业筹资过少，无法满足企业正常经营所需资金；筹资过多，则可能使资金闲置、浪费，增加资金成本，损害企业经济利益。所以，筹资前应采用一定的方法预测资金的需要数量，合理确定筹资规模，以防止因筹资不足而影响正常的生产经营活动或筹资过剩而降低筹资效果。

（2）筹措及时原则。资金在不同时点上具有不同的价值，企业要根据资金需求的具体情况合理安排，使筹资与用资的时序衔接，避免筹资过早造成投放前的闲置或筹资滞后错过资金投放的最佳时机。

（3）来源合理原则。企业不论从何种渠道、以何种方式筹资，都必须付出一定的代价，即资金成本。不同资金来源的资金成本各不相同，取得资金的难易程度也有所区别。因此，企业要认真研究各种筹资来源渠道，合理选择资金来源。

（4）资本结构适当原则。企业的资本一般由借入资本和自有资本构成。合理负债能提高自有资金利润率，又可缓解资金紧张的矛盾；但负债过多，则会产生较大的财务风险，甚至由于丧失偿债能力而面临破产。因此，企业应适度举债，合理确定资本结构，以降低财务风险。

4.1.2　筹资渠道与筹资方式

企业需要通过一定的渠道，并采用一定的方式来开展筹资活动。

1. 筹资渠道

筹资渠道是指企业取得资金的来源渠道。目前，我国企业的筹资渠道主要有以下几种。

（1）国家财政资金。国家对企业的直接投资是国有企业最主要的资金来源，特别是国有独资公司，其资本全部由国家投资形成，产权归国家所有。

（2）银行信贷资金。银行对企业的各种贷款是我国目前各类企业重要的资金来源。我国银行分为商业性银行和政策性银行两种。商业性银行主要为各类企业提供各种商业性贷款；而政策性银行主要为特定企业提供政策性贷款。

（3）其他金融机构资金。其他金融机构主要是指信托投资公司、保险公司、证券公司及租赁公司等。他们所提供的各种金融服务，既包括信贷资金投放，也包括物资的融通，还包括为企业提供证券承销等金融服务。

（4）其他企业资金。企业在生产经营过程中，往往有部分暂时闲置的资金可以在企业之间相互调剂余缺。这种资金可以是临时的资金融通，也可以是相互投资而形成的长期稳定的经济联合。

（5）居民个人资金。企业职工和居民个人的结余资金，可以对企业进行投资，形成民间资金来源渠道，为企业所利用。

（6）企业自留资金。它是指企业内部积累形成的资金，主要包括提取的盈余公积金和未分配利润等。这些资金的重要特征之一是无须企业通过特定的方式去筹集，而直接由企业内部生成或转移。

2. 筹资方式

筹资方式是指企业筹集资金所采用的具体形式。筹资渠道是客观存在的，而筹资方式的选择则属于企业的主观能动行为。企业筹资管理的重要内容是如何针对客观存在的资金渠道，选择合理的筹资方式进行筹资。认识筹资方式的种类及各种筹资方式的特点，有利于企业选择适宜的筹资方式并有效地进行筹资组合，降低资金成本，提高资金使用效益。目前，我国企业筹资方式主要有以下几种。

（1）吸收直接投资。吸收直接投资是企业以协议等形式吸收国家、其他法人单位、个人等直接投入资金，形成企业资本金的一种筹资方式。吸收直接投资是非股份制企业筹集权益资本的一种基本方式。

（2）发行股票。股票是股份有限公司为筹集权益资本而发行的有价证券，是持股人在公司投资股份数额的凭证，它代表持股人在公司拥有的所有权。发行股票是股份制企业筹集权益资本的一种主要方式。

（3）借款。借款是指企业根据借款合同向银行或非银行金融机构借入的、按规定期限还本付息的款项，是企业负债经营时所采取的主要筹资方式。

（4）发行债券。债券是表明债权债务关系的一种凭证，是债务人向债权人出具的到期还本付息的有价证券，其自身优点决定了发行债券是企业负债筹资的一种重要方式。

（5）商业信用。商业信用是指企业之间在商品交易中由于延期付款或预收货款而形成的借贷关系。商业信用是企业之间融通短期资金的一种主要筹资方式。

（6）租赁。租赁是指根据事先约定的条款，资产所有者（出租人）授予承租人在契约或合同规定的期限内使用其资产的权利。租赁是企业筹资的一种特殊方式。

（7）利用留存收益。留存收益是指企业从税后利润中提取的盈余公积金和未分配利润等。该筹资方式既有利于满足企业扩大生产经营规模的资金需要，又能够降低企业的财务风险，是企业长期采用的筹资方式。

4.1.3　资金需要量预测

企业在筹资之前，应当采用一定的方式预测资金需要量，使筹来的资金既能满足企业生产经营需要，又不会有太多的闲置。预测资金需要量的方法通常有定性预测法、因素分析法、销售百分比法和线性回归分析法等。

1. 定性预测法

定性预测法是指利用直观的资料，依靠个人的经验和主观分析、判断能力，预测未来资金需要量的方法。这种方法通常在企业缺乏完备、准确的历史资料的情况下采用。其预测过程为：首

先由熟悉财务过程和生产经营情况的专家，根据过去所积累的经验，进行分析判断，提出预测的初步意见；然后通过召开座谈会或发出调查表等形式，对上述预测的初步意见进行修正补充，如此通过一次或数次修正，得出预测的最终结果。

定性预测法具有较高的实用性，但其局限性在于无法揭示资金需要量与相关因素之间的数量关系。例如，预测资金需要量应与企业的生产规模相联系：生产规模扩大，销售数量增加，会引起资金需求增加；反之，则会使资金需要量减少。

2. 因素分析法

因素分析法是以有关项目基期年度的平均资金需要量为基础，根据预测年度的生产经营任务和资金周转加速的要求，进行分析调整，以预测资金需要量的一种方法。这种方法操作简便，容易掌握，但预测结果的精确度相对有限。因素分析法的计算公式如下：

$$资金需要量 = （基期资金平均占用额 - 不合理资金占用额）$$
$$× （1±预测期销售增减率） × （1±预测期资金周转速度变动率） \quad （4\text{-}1）$$

【例4-1】中星公司2023年的资金平均占用额为400万元，其中不合理的部分是20万元，预计2024年的销售额增长率为3%，资金周转速度加快1%。试运用因素分析法预测2024年的资金需要量。

2024年的资金需要量 = （400 - 20） × （1 + 3%） × （1 - 1%） = 387.49（万元）

3. 销售百分比法

销售百分比法是将反映生产经营规模的销售因素与资金占用的资产因素连接起来，根据销售增长与资产增长之间的关系，预测未来资金需要量的方法。销售百分比法首先假设某些资产与销售额存在稳定的百分比关系，然后根据销售与资产的比例关系预计资产额，根据资产额预计相应的负债和所有者权益，进而确定筹资需要量。现将销售百分比法进行资金预测的基本步骤举例说明如下。

【例4-2】中星公司2023年的销售收入为100万元，目前尚有剩余生产能力，即增加收入不需要进行固定资产方面的投资。该公司的简要资产负债表及各报表项目与销售收入比率如表4-1所示。假定销售净利率为10%，利润留存率为40%。如果2024年的销售收入提高到120万元，试预测2024年需向外界筹集多少资金。

表4-1　　　　　　　　中星公司的简要资产负债表（2023年12月31日）

项目	金额（万元）	与销售收入比率（%）	项目	金额（万元）	与销售收入比率（%）
资产			负债及所有者权益		
现金	5	5	应付账款	15	15
应收账款	15	15	短期借款	25	N
存货	30	30	长期借款	10	N
固定资产	35	N	实收资本	25	N
			留存收益	10	N
资产合计	85	50	负债与所有者权益合计	85	15

（1）将资产负债表中预计随销售变动而变动的项目分离出来。资产是资金使用的结果，随着销售额的变动，经营性资产项目（库存现金、应收账款、存货等项目）将占用更多的资金。而随着经营性资产的增加，相应的经营性短期债务也会增加，如存货增加会导致应付账款的增加，此类债务称为"自发性债务"，能为企业提供暂时性资金。经营性资产与经营性负债的差额通常与销售额保

持稳定的比例关系。经营性负债项目不包括短期借款、短期融资券、长期借款等筹资性负债。

以中星公司为例，将中星公司随销售变动而变动的项目及其与销售额的比率列示在表 4-1 中。在表 4-1 中，N 是指该项目不随销售的变化而变化。

（2）确定需要增加的资金。从表 4-1 中可以看出，中星公司的销售收入每增加 100 元，将增加 50 元的资金占用，但同时又自动增加 15 元的资金来源(应付账款会因存货的增加而自动增加)，两者差额还有 35% 的资金需求。因此，销售每增加 100 元而需追加的资金净额为 35 元。在本例中，销售增长 20（120−100）万元需追加的资金净额为 7（20×35%）万元。

（3）确定需要增加的筹资数量。2024 年的净利润为 12（120×10%）万元，利润留存率为 40%，则将有 4.8 万元的利润被留存下来，另外还需要从外部筹资 2.2 万元。

以上介绍了如何运用销售百分比法预测外部筹资额的过程。为简便起见，也可用预测公式预测外部融资需要量。预测公式如下：

$$外部融资需要量 = \frac{A}{S_1}\Delta S - \frac{B}{S_1}\Delta S - P \times E \times S_2 \qquad (4-2)$$

式中，A 为随销售变化而变化的敏感性资产；B 为随销售变化而变化的敏感性负债；S_1 为基期销售额；S_2 为预测期销售额；ΔS 为销售的增加额；P 为销售净利率；E 为利润留存率；$\frac{A}{S_1}$ 为敏感性资产与销售额的比率；$\frac{B}{S_1}$ 为敏感性负债与销售额的比率。

根据中星公司的资料，利用预测公式求得外部融资需要量为：

50% × 20 − 15% × 20 − 10% × 40% × 120 = 2.2（万元）

> 在资产负债表中，有些项目与销售收入之间基本存在固定不变的比例关系，但有些项目与销售收入之间不存在直接关系。其中，前者被称为敏感项目，后者被称为非敏感项目。在不同的企业中，敏感项目和非敏感项目不一定相同，具体要根据企业的实际情况进行分析。敏感项目又可分为敏感资产和敏感负债。常见的敏感资产有现金、应收账款、存货等。典型的敏感负债有应付账款、应付费用等。非敏感项目主要包括对外投资、短期借款、长期借款、实收资本等。

4. 线性回归分析法

线性回归分析法是指根据资金需要量与营业业务量之间的依存关系建立数学模型，然后根据历史有关资料，用回归直线方程预测资金需要量的方法。采用这一方法，根据资金与业务量之间的依存关系，资金可以分为不变资金和变动资金。不变资金是指在一定的经营规模内，不随业务量增减而相应变动的资金。它主要包括为维持营业而需要的最低数额的现金、原材料的保险储备、必要的产成品或商品储备，以及厂房、机器设备等固定资产占用的资金。变动资金是指随业务量增减而同比例变动的资金。它主要包括最低储备以外的现金、存货和应收账款等占用的资金。采用线性回归分析法预测资金需要量的线性回归模型如下：

$$y = a + bx \qquad (4-3)$$

式中，y 为资金需用量；a 为不变资金；b 为单位业务量需要的变动资金；x 为业务量。

根据线性回归模型及连续的 n 期数据，即可建立如下方程组：

$$\begin{cases} \Sigma y = na + b\Sigma x \\ \Sigma xy = a\Sigma x + b\Sigma x^2 \end{cases}$$

通过联立方程组求解不变资金 a 和单位业务量需要的变动资金 b，然后根据预测业务量，建立线性回归模型预测资金需要量。

【例 4-3】青林公司 2020—2023 年的产销量与资金需要量情况如表 4-2 所示，2024 年的预计产销量为 200 万件，试预测 2024 年的资金需要量。

表 4-2　　　　　　　　　　青林公司 2020—2023 年的产销量与资金需要量

项目	2020 年	2021 年	2022 年	2023 年
产销量（x）（万件）	120	160	140	180
资金需要量（y）（万元）	725	915	840	990

根据表 4-2 中的资料编制产销量与资金需要量回归分析表，如表 4-3 所示。

表 4-3　　　　　　　　　　　产销量与资金需要量回归分析表

年度	产销量 x（万件）	资金需要量 y（万元）	xy	x^2
2020	120	725	87 000	14 400
2021	160	915	146 400	25 600
2022	140	840	117 600	19 600
2023	180	990	178 200	32 400
$n = 4$	$\sum x = 600$	$\sum y = 3\ 470$	$\sum xy = 529\ 200$	$\sum x^2 = 92\ 000$

将表 4-3 中的数据代入联立方程组，得：

$$\begin{cases} 3\ 470 = 4a + 600b \\ 529\ 200 = 600a + 92\ 000b \end{cases}$$

解方程组，得

$$\begin{cases} a = 215 \\ b = 4.35 \end{cases}$$

将 $a = 215$，$b = 4.35$ 代入 $y = a + bx$，解得 $y = 215 + 4.35x$。

将 2024 年的预计产销量 200 万件，代入线性回归模型，预测出 2024 年的资金需要量如下：

$$y = 215 + 4.35 \times 200$$
$$= 1\ 085（万元）$$

运用线性回归分析法时须注意以下几个问题：①资金需要量与营业业务量之间的线性关系的假定应符合实际情况；②确定 a、b 数值，应利用连续若干年的历史资料，一般要有 3 年以上资料；③应考虑价格等因素的变动情况，如原材料价格上涨、应付工资增加等。

4.1.4　短期筹资的特点与筹资策略的类型

1. 短期筹资的特点

短期筹资是指所筹集资金的可使用时间较短，一般不超过 1 年。由于短期资本一般通过流动负债方式取得，因此，短期筹资也可称为流动负债筹资或短期负债筹资。与长期负债筹资相比，短期筹资主要有如下特点。

（1）筹资速度快，资金容易取得。长期负债的债权人为了保护自身利益，往往对债务人进行全面的财务调查，因而筹资所需的时间一般较长，且资金不易取得。而短期资金的债务人一般会在较短的时间内归还资金，故债权人顾虑较少，更容易发放资金。因此，相对于长期筹资，短期筹资模式下的资金更容易取得。

（2）富有弹性。举借长期负债，债权人或有关方面经常会向债务人提出很多限定性条件或管理规定；而短期负债的限制则相对宽松，融资企业的资金使用较为灵活，富有弹性。

（3）筹资成本低。一般来说，当资金使用期限较短时，债权人所承担的利率风险也相对较低，因此，短期筹资的资金使用成本也相对较低。

（4）融资风险高。短期筹资需在短期内偿还，因而要求融资企业在短期内拿出足够的资金偿还债务，若企业届时资金安排不当，就会陷入财务危机。此外，短期筹资利率的波动比较大，很难在较长时期内将筹资成本锁定在某个较低利率水平，甚至有可能高于长期负债的利率水平。

2. 短期筹资策略的类型

企业的流动资产具有波动性，形成波动的原因主要有季节性循环和经济周期两个方面。在经营旺季，企业会扩大经营规模，对流动资金的需求上升；在经营淡季，对资金的需求会下降。此外，当经济周期进入高涨期时，企业会提高流动资金占用量；当经济进入萧条期时，企业对流动资金的需求也随之缩小。

微课堂

短期筹资策略的类型

但是，企业流动资产的占用水平在波动过程中依然有一个稳定不变的量，这是保证企业经营存在的最低需要量。因此，我们可以将全部流动资产分为两个部分，即临时性流动资产和永久性流动资产。临时性流动资产指那些受季节性、周期性影响的流动资产，如食品加工厂为赶制季节性食品大量购入的原料。永久性流动资产指那些即使企业处于经营低谷时仍然需要保留的，用于满足企业长期稳定需要的流动资产。公司的短期筹资策略是指在确定永久性流动资产和临时性流动资产的筹资方式时所遵循的基本原则，即短期筹资的目标是满足全部流动资金需要，还是只满足其中的一部分。通常，短期筹资策略可分为以下三种：配合型筹资策略、激进型筹资策略和保守型筹资策略。

（1）配合型筹资策略。配合型筹资策略是指企业对临时性流动资产所需资金采用临时性短期负债方式筹资，对永久性流动资产及固定资产（统称为永久性资产）采用自发性短期负债和长期负债、权益资本筹资（见图 4-1）。例如，某企业在生产经营淡季，需占用 200 万元的流动资产和 500 万元的固定资产；在生产经营旺季时，会额外增加 150 万元的季节性存货需求。在配合型筹资策略下，700 万元的永久性资产（即 200 万元的永久性流动资产和 500 万元的固定资产之和）全部由自发性短期负债、长期负债和权益资本解决其资金需要，而 150 万元的季节性存货（为临时性流动资产）的资金来源是临时性短期负债。

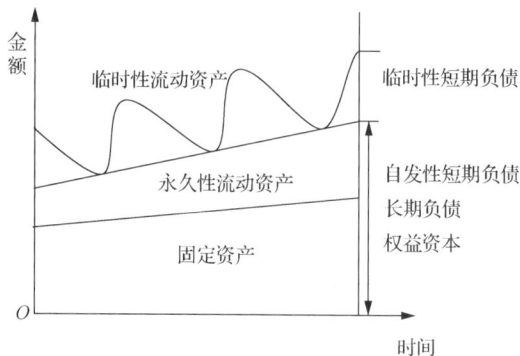

图 4-1　配合型

配合型筹资策略的基本思想是将企业资产与负债的期间相配合，从而减少资金闲置、浪费，提高资金使用效率。但是，现实生活中往往很难达到资产与负债的完全配合。如企业生产经营旺季的销售一旦不理想，未能按计划取得销售现金收入，便会发生偿还临时性短期负债的困难。因此，该模式是一种理想的、能够满足较高资金管理要求的融资模式。

（2）激进型筹资策略。激进型筹资策略是指企业临时性短期负债不但要满足临时性流动资产的资金需要，还要满足一部分永久性流动资产的需要（见图4-2）。续上例，企业在经营低谷时仍有200万元永久性流动资产和500万元固定资产，在经营旺季额外增加150万元的季节性存货需求，但假如企业持有的自发性短期负债和长期负债、权益资本只有600万元，那么，就有100万元的永久性流动资产和150万元的临时性流动资产（经营旺季时的存货需求）的资金是靠临时性短期负债筹集的。这时，企业采取的是激进型筹资策略。

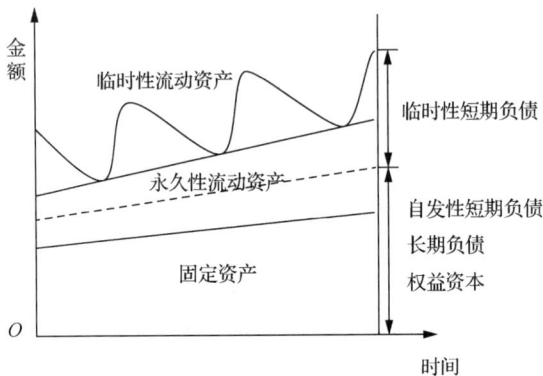

图4-2　激进型

在激进型筹资策略下，临时性短期负债在企业全部资金来源中所占的比重较大。由于一般情况下，短期融资成本低于长期融资成本，因此该模式下企业的资金成本较低，总资产的投资回报率较高。但是，由于企业一部分永久性流动资产是用临时性短期负债资金来满足的，那么企业必须在临时性短期负债到期后重新举债才能满足永久性流动资产的长期需要。这样企业便会经常地借债和还债，从而增加了企业财务风险。这种风险除了旧债到期可能借不到新债以外，还有短期利率变动的风险。因此，该模式是一种风险性与获利性都较高的融资模式。

（3）保守型筹资策略。保守型筹资策略是指企业临时性短期负债只满足一部分临时性流动资产的资金需要，另一部分临时性流动资产和永久性资产，则由自发性短期负债、长期负债和权益资本作为资金来源，如图4-3所示。

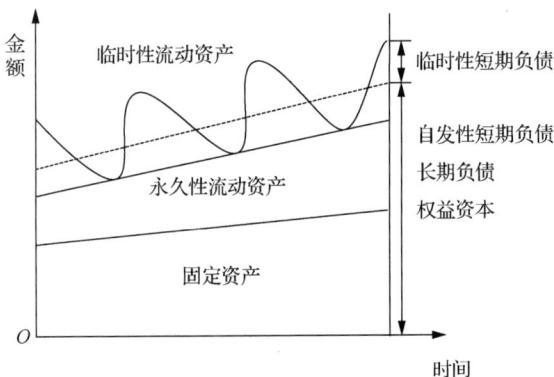

图4-3　保守型

保守型筹资策略可以降低财务风险，因为大部分资金都是通过长期负债和权益资本来筹集的，有利于稳定企业的财务结构。但是，由于长期融资成本比短期融资成本高，以及经营淡季时仍需负担长期负债利息而降低企业的收益，因此，该模式是一种风险性和获利性均较低的融资模式。

　　总之，如果利率保持固定不变，短期融资成本要低于长期融资成本，故保守型筹资策略下筹资成本高，其总资产的投资回报率一般较低，而采用激进型筹资策略，可以比较有效地降低筹资成本，其总资产的投资回报率较高。但是，一旦利率水平发生变化，这个结论就可能不再成立。在预期未来利率水平将下降的情况下，缩短融资期限将有助于降低融资成本；相反，若预期未来利率水平将上升，延长融资期限则是明智之举。因此，在利率波动的环境下，公司的融资策略不应当是一成不变的，而应根据利率变化趋势调整融资结构，以降低融资成本。

3. 短期筹资的方式

　　企业取得短期资金的方式很多，主要有以下几种。

　　（1）商业信用。商业信用是一种自然筹资方式，它是在商品交易过程中由于企业之间延期付款或预收货款而形成的借贷关系。一般来说，商品经济越发达，商业信用的应用程度就越广。当前商业信用已成为广大企业重要的短期资金来源。

　　（2）短期借款。短期借款是指企业为解决短期资金周转的困难而向银行或其他金融机构借入的期限在一年以内的各种借款。

　　（3）短期融资券。短期融资券是由实力雄厚的大型企业发行的无担保短期本票。该票据的特点是面值高、期限较短、利率通常比银行同期贷款利率低且要求发行企业有较高的信誉。

　　（4）应付费用。应付费用与商业信用相似，也是一种自然筹资方式。它是企业在生产经营和利润分配过程中发生的应付而未付的费用，主要包括应付职工薪酬、应付利息、应缴税费等。

　　以上短期筹资方式的内容及特征将在本章以后各节中阐述。

4.2　商业信用

　　商业信用是指在商品交易过程中由于延期付款或预收货款所形成的企业间的借贷关系。它是企业之间的直接信用行为，是企业广泛采用的一种筹资方式。在短期筹资方式中，它所占的比重相当大。一般企业，特别是一些小型企业由于银行借款受到的限制较多，难以通过短期借款获得足够的短期资金，因此对商业信用的依赖程度较高。商业信用的具体形式主要有应付账款、应付票据、预收账款等。

4.2.1　应付账款

　　应付账款是指买卖双方发生商品交易后，卖方允许买方在购货后延迟一定时期支付货款的一种商业信用形式。采用这种形式，卖方主要是为促销，对买方来说延期付款则相当于向卖方借用资金购进商品，可以满足或缓解买方的短期资金需求。

1. 应付账款的信用条件

　　应付账款的信用条件是指销货人对付款时间和现金折扣所做的具体规定。例如，"2/10，N/35"表示 10 天内付款可享受 2%的现金折扣，否则 35 天内全价付款。从总体看，信用条件主要有以下两种形式。

　　（1）延期付款，卖方不提供现金折扣。在这种信用条件下，卖方允许买方在交易发生后一定时期内按发票金额付款。例如，"net 50"是指在 50 天内按发票金额全价付款。在这种信用条件下，买卖双方存在商业信用，买方因延期付款而取得资金来源。

　　（2）延期付款，卖方提供现金折扣。这是指买方如提前付款，可以享受一定的现金折扣，如买方不享受现金折扣，则必须在一定时期内付清货款。例如，"2/10，N/30"便属于此类信用条件。买方可根据资金周转及资金成本等因素决定是否享受现金折扣。

2. 应付账款的成本

应付账款的成本是指企业因放弃现金折扣而产生的商业信用筹资的机会成本。倘若买方企业购买货物后在卖方规定的折扣期内付款，享受了现金折扣，那么在这种情况下企业没有因享受信用而付出成本。只有当卖方给出了现金折扣，但企业未能在规定的折扣期内付款，放弃了现金折扣时，应付账款才有成本。

微课堂

应付账款的成本

【例 4-4】某企业购进一批价值为 50 000 元的材料，对方开出的信用条件是"3/10，N/60"。试分别计算企业在购货后的第 10 天、第 60 天付款时的商业信用的成本率。

（1）如果企业在购货后的第 10 天或更早付款，便享受了 10 天的免费信用期，并获得折扣 1 500（50 000×3%）元，只需支付 48 500（50 000−1 500）元。此时，商业信用没有成本。

（2）如果企业不享受这一现金折扣，在购货后第 60 天付款，则需支付 50 000 元。这就比享受现金折扣多付 1 500 元，可以理解为该企业占用对方货款 48 500 元，期限为 50 天支付 1 500 元的利息，折算成年利率为：

$$\frac{1\,500}{48\,500}\times\frac{360}{50}\times100\%=22.27\%$$

这就是因企业放弃现金折扣而发生的商业信用成本率。放弃现金折扣的成本还可以用另一种方式计算：

$$放弃现金折扣的成本率=\frac{折扣率}{1-折扣率}\times\frac{360}{信用期-折扣期}\times100\% \tag{4-4}$$

因此，该企业的商业信用成本率为：

$$\frac{3\%}{1-3\%}\times\frac{360}{60-10}\times100\%=22.27\%$$

一般来说，如果能以低于放弃现金折扣的成本率的利率（其实质是一种机会成本）借入资金，企业便应在现金折扣期内用借入的资金支付货款，利用现金折扣。例如，假定与上例同期的银行短期借款年利率为 8%，则买方企业应利用比放弃现金折扣成本低的银行借款在折扣期内支付应付账款。如果企业不能取得低于放弃现金折扣成本的借款，则应放弃折扣。

如果在折扣期内将应付账款用于短期投资，所得的投资收益率高于放弃现金折扣的成本率，则应放弃现金折扣。当然，假如企业放弃现金折扣优惠，也应将付款日推迟至信用期内的最后一天（如【例 4-4】中的第 60 天），以降低放弃折扣的成本。

如果面对两家以上提供不同信用条件的卖方，则应通过衡量放弃现金折扣成本的大小，选择信用成本最小的一家。假如例 4-4 中另有一家供应商提出"2/20，N/70"的信用条件，则放弃折扣的成本为：

$$\frac{2\%}{1-2\%}\times\frac{360}{70-20}=14.69\%$$

与例 4-4 中的"3/10，N/60"信用条件相比，"2/20，N/70"的成本较低，如果买方企业预计会拖延付款，则应该选择第二家供应商。

4.2.2 应付票据

应付票据是购销双方按购销合同进行商品交易，延期付款而签发的、反映债权、债务关系的票据。应付票据按承兑人不同，分为商业承兑汇票和银行承兑汇票。商业承兑汇票是由收款人签发，经付款人承兑，或由付款人签发并承兑的票据。银行承兑汇票是由收款人或承兑申请人签发，并由承兑申请人向银行申请，经由银行审查同意承兑的票据，其付款期限由交易双方商定。我国商业汇票的付款期限最长不超过 6 个月。商业汇票可以带息，也可以不带息。带息商业汇票的利息率一般不高于同期银行借款利息率。商业汇票到期须承付票款，否则，付款人将要按规定受到经济处罚。例如，现行结算制度规定，付款人使用银行承兑汇票到期无款支付，银行在垫付后再从付款人的存款户扣收，直到扣清垫款，并对尚未扣回的承兑金额按每天万分之五计收罚息。

在商品交易活动中，买方对卖方延期付款既可以采取应付账款方式，也可以采取商业汇票结算方式，但在下列情况下通常采取商业汇票结算方式：①卖方对买方的信用不了解；②买方信用不佳，不被卖方所信任；③赊销货款的金额较大。

4.2.3　预收账款

预收账款是卖方企业在交付货物之前，向买方预先收取部分或全部货款的信用形式。预收账款相当于卖方向买方借款，需在以后一定时期内用商品归还，是卖方的一种短期资金来源。企业通常在销售紧俏商品或销售生产周期长、价值高的商品时采用预收货款的方式，以缓和资金需求的矛盾。

4.2.4　商业信用筹资评价

企业利用商业信用筹资的优点主要有：①它是一种"自然性筹资"，伴随商品交易而自然产生，筹资手续较为简单；②与银行借款筹资相比，限制条件较少，选择余地较大；③如果没有现金折扣，或者企业不放弃现金折扣，以及使用不带息商业汇票，则商业信用筹资不负担成本。该方式的不足之处在于商业信用期限一般较短，如果企业取得现金折扣，则时间会更短；如果放弃现金折扣，则要付出较高的成本；如果展延付款期，则会影响企业信誉，对今后购货和付款都不利。

4.3　短期借款

短期借款是指企业向银行和其他非银行金融机构借入的期限在 1 年以内的借款。从金融机构取得短期借款是企业经常采用的一种短期筹资方式，我国目前为企业提供短期借款的金融机构主要有商业银行、信托投资公司及其他经营贷款业务的金融机构。

4.3.1　短期借款的种类

我国目前的短期借款按借款的目的和用途可分为生产周转借款、临时借款、结算借款等。生产周转借款是指企业因流动资金不能满足正常生产经营需要，而向银行或其他金融机构取得的借款。临时借款是借款人在生产经营过程中因季节性或临时性的物资采购资金需求，以对应的产品（商品）销售收入和其他合法收入等作为还款来源而取得的短期贷款。结算借款是企业采用托收承付结算的方式向异地发出商品，在委托银行收款期间为解决在途结算资金占用的问题，以托收承付结算凭证为保证向银行取得的借款。按照国际通行做法，短期借款按偿还方式的不同可分为一次性偿还借款和分期偿还借款；按利息支付方法的不同可分为收款法借款、贴现法借款和加息法借款；按有无担保分为抵押借款和信用借款等。

4.3.2　短期借款的程序

企业向金融机构申请借款的主要程序如下。

1. 企业提出借款申请

企业申请借款必须符合贷款原则和规定，只有符合贷款条件的企业才能向银行提出申请。企业申请借款时，应当在"借款申请书"上填写申请借款金额、借款用途、偿还能力及还款方式等内容。另外，企业还须提供与借款相应的有关资料。一般情况下，贷款人要求借款企业提供以下几个方面的重要资料：①借款人及保证人的基本情况；②近3年经审计的财务报表及最近一期的月度资产负债表和损益表；③对外担保情况说明；④抵押物、质物清单，有处分权人同意抵押、质押的证明及保证人拟同意保证的有关证明文件；⑤用款计划和还款来源说明；⑥贷款人认为需要提供的其他资料。

> **小知识**
>
> 银行对企业发放贷款的原则是：按计划发放、择优扶持、有物资保证、按期归还。申请贷款首先必须符合以下基本条件：贷款企业实行独立核算，自负盈亏，具有法人资格，有健全的组织机构和管理人员；经营方向和业务范围符合国家产业政策，借款用途属于银行贷款办法规定的范围并提供有关借款项目的可行性分析报告；借款企业有一定的物资和财产保证，为之提供担保的单位具有相应的经济能力；具有偿还贷款的能力；企业财务管理和经济核算制度健全，资金使用效益及企业经济效益良好；在借款银行开立账户，办理结算。

2. 对借款人的信用等级进行评估

根据借款企业的管理者素质、财务状况、资金结构、经济效益、履约情况和发展前景等因素，评定借款人的信用等级。信用等级的评估可由金融机构（贷款人）独立进行，内部掌握，也可委托独立的评估机构进行评估。

3. 贷款调查

贷款人受理借款人申请后，需要对借款人的信用等级以及借款的合法性、安全性、盈利性进行调查，核实抵押物质、保证人情况，根据调查的结果测定贷款的风险度。

4. 贷款审批

金融机构一般都建立了审贷分离、分级审批的贷款管理制度，即贷款的调查人员负责调查评估，贷款的审查人员负责贷款风险的审查，贷款的发放人员负责贷款的检查和清收。审查人员要对调查人员提供的资料进行核实、评定，复测贷款的风险度，提出意见，按规定权限审批，决定是否提供贷款。

5. 签订贷款合同

为了维护借贷双方的合法权益，企业向银行借款时，双方应签订贷款合同。贷款合同的内容主要包括借款种类、借款金额、用途、利率、借款期限、还款方式、借贷双方的权利与义务、违约责任和双方认为需要约定的其他事项。保证贷款还应当由保证人与借款人签订保证合同，或保证人在借款合同上载明与贷款人协商一致的保证条款，加盖保证人的法人公章，并由保证人的法人代表或其授权代理人签署姓名。抵押贷款、质押贷款应当由抵押人、出质人与贷款人签订抵押合同，需要办理登记的，应当依法办理登记。

6. 贷款发放及贷后检查

借款合同签订后，贷款人要按借款合同规定按期发放贷款。贷款人不按合同约定按期发放贷款的，应偿付违约金。借款人不按合同约定用款的，也应偿付违约金。

贷款发放后，贷款人将对借款人执行借款合同情况及借款人的经营情况进行跟踪调查和检查。企业应积极配合贷款人做好这项工作。因为贷后检查既是对本次贷款情况的评估，同时也是为下一次的贷款做调查准备。

7. 企业归还借款

企业应按合同规定按时足额归还借款本息。一般而言，贷款人会在借款到期一个星期之前，向借款企业发送还本付息通知单。企业在接到还本付息通知单后，要及时筹备资金，按时归还本息。如因故不能如期还款，企业可向贷款人申请贷款展期，但是否展期，由贷款人根据具体情况决定。

4.3.3　短期借款的信用条件

1. 信贷限额

信贷限额是银行对借款人规定的无担保贷款的最高额，其有效期限通常为 1 年，但根据具体情况也可延期一年。在批准的信贷限额内，企业可随时使用银行借款，但银行并不承担必须提供全部信贷限额的义务。如果企业信誉恶化，即使银行此前已同意按信贷限额提供贷款，也可能无法获得借款，且银行无需承担法律责任。

2. 周转信贷协定

周转信贷协定是银行具有法律约束力的承诺，保证在协定有效期内向企业提供不超过某一最高限额的贷款协定，只要企业的借款总额未超过最高限额，银行必须满足企业任何时候提出的借款要求，但企业通常需要对未使用的贷款额度支付承诺费。例如，某借款企业周转信贷额为 2 000 万元，承诺费率为 0.5%，企业年度内使用了 1 400 万元，余额 600 万元，借款企业该年度就需要向银行支付承诺费 3（600 × 0.5%）万元。

3. 补偿性余额

补偿性余额是银行要求借款企业必须在其账户内按其贷款限额或实际借用额保留一定百分比（通常为 10%~20%）的最低存款余额。这一要求减少了借款企业实际可使用的贷款金额，提高了实际贷款利率。从银行角度看，借款企业账户内的最低存款余额有助于降低贷款风险。例如，某企业按年利率 8%向银行借款 10 万元，银行要求保留贷款额的 20%作为补偿余额，则该笔贷款的实际利率为：

$$K_实 = \frac{100\ 000 \times 8\%}{100\ 000 - 100\ 000 \times 20\%} \times 100\% = 10\%$$

4. 借款抵押

银行在向财务风险较高的企业或对其信用状况了解不充分的企业发放贷款时，可能要求企业提供抵押品（借款企业的房屋、股票、债券）担保，以降低自身蒙受损失的风险。银行接受抵押品后，将根据抵押品的面值确定贷款金额，通常为抵押品面值的 30%~90%。具体比例取决于抵押品的变现能力和银行的风险偏好。企业向贷款人提供抵押品，其资产使用和未来借款能力可能受到限制。

5. 偿还条件

贷款的偿还方式主要有两种：到期一次性偿还和在贷款期内定期（每月、季）等额偿还。企业通常倾向于避免采用后者，因为这会提高借款实际利率；而银行则倾向于避免采用前者，因为这可能加重企业的财务负担，增加企业违约风险，同时会降低实际贷款利率。

6. 其他承诺

银行有时会要求企业在获得贷款时履行其他承诺，例如，定期提供财务报表，保持一定的流动比率等。如企业违背承诺，银行可要求企业立即偿还全部贷款。

4.3.4　短期借款利息支付方法

一般来说，借款企业通常用以下 3 种方法支付银行贷款利息。

1. 收款法

收款法是企业在借款到期时向银行支付利息的方法。银行向工商企业发放的贷款大都采用这种方法收取利息。

2. 贴现法

贴现法是银行向企业发放贷款时，先从本金中扣除利息部分，而到期时借款企业则要偿还全部本金的一种计息方法。采用这种方法，企业可利用的贷款额只有本金减去利息部分后的差额，因此，贷款的实际利率要高于名义利率。其计算公式如下：

$$K_{实} = \frac{I}{M-I} \times 100\% \tag{4-5}$$

式中，$K_{实}$ 为实际利率；I 为利息费用；M 为贷款面值。

【例4-5】某企业从银行取得贷款 10 000 元，期限 1 年，年利率为 12%（名义利率），利息为 1 200（10 000×12%）元；按照贴现法支付利息，企业实际可利用的贷款为 8 800 元，该项贷款的实际利率为：

$$\frac{1\,200}{10\,000-1\,200} \times 100\% = 13.64\%$$

3. 加息法

加息法是银行发放分期等额偿还贷款时采用的利息收取方法。在分期等额偿还贷款的情况下，银行将根据报价利率计算的利息加到贷款本金上，计算出贷款的本息和，要求企业在贷款期内分期偿还本息总额。

【例4-6】某企业借入年利率 12% 的贷款 30 000 元，期限为 1 年，分 12 个月等额偿还本息，试计算该项贷款的实际利率。

由于企业贷款时取得 30 000 元，全部偿还的本息为 33 600（30 000＋3 600）元，所以每月的偿还额为 2 800 元。由于银行在 12 个月里每月等额收到 2 800 元，也就意味着企业 12 个月等额付出 2 800 元，因此实际上这是一个年金问题。30 000 元贷款面值就是该 12 期年金（企业每月付款数 2 800 元为年金）的现值。下面以年金现值的方法来计算其实际利率。计算过程如下。

$$30\,000 = 2\,800 \times (P/A, i, 12)$$
$$(P/A, i, 12) = 30\,000 \div 2\,800 = 10.714$$

查"附录四 年金现值系数表"，寻找 $n = 12$ 时系数 10.714 所指的利率。查表结果，与 10.714 接近的年金现值系数 10.575 和 11.255 分别指向 1% 和 2%。用内插法确定月利率 i 为：

$$1\% \begin{cases} 1\% \\ i \\ 2\% \end{cases} x \qquad 0.68 \begin{cases} 11.255 \\ 10.714 \\ 10.575 \end{cases} 0.541$$

由 $\dfrac{1\%}{0.68} = \dfrac{x}{0.541}$，可求得 $x = 0.796\%$，则 $i = 1\% + 0.796\% = 1.796\%$。

计算出月利率后，可据以计算该项贷款的年实际利率为：

$$K_{实} = (1+i)^{12} - 1 = (1+1.796\%)^{12} - 1 = 23.81\%$$

从计算结果可以看出，其借款成本是相当高的。一般来说，分期等额付款的实际利率高于报价利率大约 1 倍。利用现值法计算分期等额付款的实际利率，虽然比较精确，但较复杂。现介绍一种简单的估计方法，其计算公式如下：

$$K_{实} = \frac{I}{M/2} \times 100\% \tag{4-6}$$

式中，I 为利息费用；M 为贷款面额。

由于借款是分期等额偿还的，因此一年内的平均贷款额为 15 000（30 000÷2）元，而借款人所付的利息 3 600 元就等于使用这 15 000 元贷款的利息，据此可以计算实际利率：

$$\frac{3\ 600}{15\ 000}\times100\% = 24\%$$

通过以上分析可以看出，上述两种方法计算的结果非常接近。在要求不太精确的前提下，一般都选用后者计算。

通过以上对短期借款利率的计算可以看出，在不同的利息支付方式和对借款企业的诸多限制条件下，企业借款的实际利率可能会大大超过报价利率。因此，企业在向银行借款时，应根据银行要求的利息支付方式及限制条件确定借款实际利率，以便做出筹资选择。

4.3.5　借款企业对银行的选择

借款企业在进行短期借款筹资时，除了要考虑借款种类、借款成本等因素外，还需对贷款银行的相关政策进行分析，通常要考虑下列有关因素。

1. 银行对贷款风险的政策

各银行通常有与贷款风险相对应的政策性规定。部分银行倾向于采取保守政策，只愿承担较低的贷款风险，有些银行则富有开拓性，敢于承担较高的风险。企业应优先选择在贷款风险政策上具有进取精神的银行，因为这类银行通常不会因企业的短期困难而调整贷款政策，从而为企业提供更稳定的资金来源。

2. 银行对借款企业的咨询与服务

部分银行会主动帮助借款企业识别潜在的财务问题，提供专业建议和解决方案，有着良好的服务，乐于为具有发展潜力的企业发放大量贷款，在企业面临困境时给予帮助，相比之下，部分银行缺乏咨询服务，在企业遇到困难时往往只关注贷款回收。

3. 银行对贷款专业化的区分

一般而言，大型银行通常设有专业部门，分别处理不同行业、不同类型的贷款。企业与这些拥有丰富专业化贷款经验的银行合作，能够获得更多专业支持和便利。

4. 银行资金的稳定性

资金量稳定的银行通常能使企业的借款资金更有保障，因此，企业应选择资本雄厚、存款水平波动程度低、存款结构优良的银行。

4.3.6　短期借款筹资评价

短期借款与其他短期筹资方式及长期借款相比，具有一定的优点，主要有：①筹资效率较高，企业获得短期借款所需的时间要比长期借款短得多，因为银行在发放长期借款前，通常要对借款企业进行比较全面的调查分析，花费时间较长；②筹资的灵活性大，借款企业可以按需随时借款，在资金充裕时可提前还款，便于企业灵活安排。该方式的突出缺点是还款期限短导致的筹资风险高，实际利率较高（在采用补偿性余额和附加利率的情况下尤其如此）。

4.4　短期筹资的其他方式

4.4.1　短期融资券

短期融资券是由企业依法发行的短期无担保本票。我国企业发行短期融资券始于 20 世纪 80 年代。1989 年，中国人民银行下发了《关于发行企业短期融资券有关问题的通知》，正式肯定了发行短期融资券的做法，并在全国范围内开始允许企业发行短期融资券。2005 年 5 月，中国人民银行发布了《短期融资券管理办法》以及《短期融资券承销规程》《短期融资券信息披露规程》，对短期融资券的发行、交易、登记、托管、结算、兑付、信息披露等进行了明确规定。为进一步促进非金融企业直接融资发展，《银行间债券市场非金融企业债务融资工具管理办法》于2008年颁布实施，同时废止了《短期融资券管理办法》及相关规定。2023年，我国共发行短期融资券5 217只，募集资金48 390.16亿元。可见短期融资券已逐步成为我国企业重要的融资工具，它在有效解决企业流动资金短缺问题、推动企业实现持续健康发展方面，发挥着重要作用。

1. 短期融资券的种类

短期融资券作为企业短期融资的重要工具，种类多样，主要可以从以下几个维度进行分类。

（1）按发行方式不同，可将短期融资券分为经纪人代销的融资券和直接销售的融资券。

经纪人代销的融资券：这类融资券是发行人将融资券委托给经纪人，由经纪人负责向投资者销售融资券。经纪人主要有证券公司、银行。这种方式有助于扩大融资范围，提高融资效率。

直接销售的融资券：相比代销方式，直接销售融资券是由发行人直接向投资者销售，无须通过中介机构。这种方式通常适用于信用等级较高、市场认可度强的企业，可以节省中介费用。

（2）按发行人不同，可将短期融资券分为金融企业的融资券和非金融企业的融资券。

金融企业的融资券：这类融资券是指具有法人资格的金融企业发行的短期融资券。

非金融企业的融资券：这类融资券是指具有法人资格的非金融类企业发行的短期融资券。

（3）按融资券的发行和流通范围不同，可将短期融资券分为国内融资券和国际融资券。

国内融资券：这类融资券是指在国内市场上发行和流通的短期融资券。这类融资券主要面向国内投资者，受国内法律法规的监管。

国际融资券：这类融资券是指在国际市场上发行和流通的短期融资券。这类融资券可以吸引国际投资者，拓宽融资渠道，但同时也需要遵守国际市场的相关法律法规和监管要求。

2. 短期融资券的发行要求

根据《银行间债券市场非金融企业债务融资工具管理办法》和《银行间债券市场非金融企业短期融资券业务指引》，非金融企业发行短期融资券的要求如下。

（1）应在中国银行间市场交易商协会注册（以下简称"交易商协会"），在中央国债登记结算有限责任公司（以下简称"中央结算公司"）登记、托管、结算。

（2）全国银行间同业拆借中心（以下简称"同业拆借中心"）为银行间债券市场的交易提供服务。

（3）应在银行间债券市场披露信息。信息披露应遵循诚实信用原则，不得有虚假记载、误导性陈述或重大遗漏。

（4）发行短期融资券所募集的资金应用于符合国家相关法律法规及政策要求的企业生产经营活动，并在发行文件中明确披露具体资金用途。企业在短期融资券存续期内变更募集资金用途应提前披露。

（5）发行短期融资券应由金融机构承销。企业可自主选择主承销商。需要组织承销团的，由主承销商组织承销团。

（6）发行短期融资券应由在中国境内注册且具备债券评级资质的评级机构进行信用评级。

（7）中国人民银行依法对交易商协会、同业拆借中心和中央结算公司进行监督管理。交易商协会、同业拆借中心和中央结算公司应按照中国人民银行的要求，及时向中国人民银行报送与债务融资工具发行和交易等有关的信息。

3. 短期融资券的发行程序

在我国，非金融企业发行短期融资券，一般按以下程序进行。

（1）做出发行短期融资券的决策。企业的财务管理团队在分析与比较多种筹资途径后，若评估采用短期融资券作为筹集所需资金的方式恰当，可向管理层（即总经理或董事会）提交申请，以供其进一步审议并作出决策。根据相关规定，企业必须符合以下条件才具有申请发行融资券的资格，主要包括：具有稳定的偿债资金来源，最近一个会计年度盈利；流动性良好，具有较强的到期偿债能力；发行融资券募集的资金用于该企业生产经营；近三年没有违法和重大违规行为；近三年发行的融资券没有延迟支付本息的情形；具有健全的内部管理体系和募集资金的使用偿付管理制度；相关部门规定的其他条件。

（2）办理短期融资券的信用评级。信用评级是由专门的评估机构对发行企业的企业素质、财务质量和偿债能力等方面进行评分，以此评定信用等级。信用等级对于发行企业和投资者都有重要影响。在美国，企业发行债务工具主要由穆迪投资服务公司和标准普尔公司等机构评级。一般来说，这些机构采用类似的评级标准。根据规定，我国企业发行短期融资券时，应当由在中华人民共和国境内注册且具备债券评级资质的评级机构进行信用评级。

（3）向有关机构提出注册申请。中国银行间市场交易商协会是我国企业短期融资券的法定注册机关。企业发行融资券，必须向中国银行间市场交易商协会提出注册申请，经过注册后才能发行。

（4）注册机关对企业提出的申请进行审核和注册。中国银行间市场交易商协会接受企业注册申请后，出具"接受注册通知书"，有效期 2 年。

（5）正式发行短期融资券，取得资金。企业融资券经注册后便可正式发行，取得企业所需的短期资金。

4．短期融资券的成本

短期融资券的成本主要包括以下几个方面。

（1）利息支出，这一支出直接通过发行利率来体现。发行利率受多重因素影响，包括中央银行票据利率、市场供需状况、承销商的议价实力、企业信用评级、企业规模与行业特性、所有制性质、以及是否上市等。它随市场变化而适时调整。

（2）中介机构费用，主要包括承销费、律师费、会计师费用及信用评级费。承销费是支付给承销商的手续费，律师费和会计师费用为律师及会计师出具法律意见书和财务报告承诺书的服务费用。信用评级费则是支付给评级机构的服务费用。

（3）发行登记费与兑付费。对发行额 30 亿元以上部分按 0.06‰计算发行登记费，以下部分则按 0.07‰计算；兑付费按发行额的 0.05‰收取。

从表 4-4 我国 2023 年短期融资券发行情况看，大多数企业主体评级为 AAA 级，AAA 级短期融资券的平均发行利率为 2.83%，AA+级短期融资券的平均发行利率为 3.36%，比银行同期贷款利率低。

表 4-4　　　　　　　　　　　　　2023 年短期融资券发行情况

主体评级	样本数（只）	发行利率区间（%）	平均发行利率（%）
AAA	3 052	1.78～7.87	2.83
AA+	1 597	2.00～9.00	3.36
AA	557	2.25～7.95	3.84
AA−	2	2.95～3.14	3.05

数据来源：同花顺 iFinD

5．短期融资券筹资评价

利用短期融资券筹资主要有以下优点：①短期融资券的融资成本较低，短期融资券的利率通常低于银行同期贷款利率。②短期融资券筹资数额比较大。短期融资券筹资不像银行借款筹资在筹资数量上受限制，因而，对于需要大量短期资金的公司来说，短期融资券这一筹资方式更为适用；③发行短期融资券可以提高企业信誉和知名度。由于人们普遍认为只有信用等级很高的企业才能发行短期融资券，因此，发行短期融资券的企业可以此提高企业的形象和知名度。

短期融资券筹资的缺点主要有：①不能展期，而且由于持有人较分散，一旦出现偿付困难，进行谈判的成本会比较高。②只有当企业的资金需求达到一定数量时才适合使用短期融资券，如果资金需要量小，考虑到发行成本，则变得相当不经济。③条件比较严格。短期融资券并非任何企业都能采用，它有一些严格限制条件。最大的限制条件为必须是信誉好、实力强的企业才能使用，而新成立的或规模较小的企业则无法利用短期融资券筹集短期资金。因此，大部分希望得到短期资金的企业，由于不符合其条件而被排斥在外，只能寻求其他来源的资金。

4.4.2 应付费用

1. 应付费用的概念

应付费用是企业应付未付的费用，这些应付费用是形成在前，支付在后，因此，在支付之前可以为企业临时占用。企业每月发生的应付职工薪酬，每月或每季度发生的应付利息，应缴增值税、营业税、所得税及年中或年末发生的应付股利等，都是在生产中预先提取但尚未支付的费用，或已经形成但尚未支付的款项。此类负债通常都规定有一个必须支付的日期。一般来说，企业的生产和销售规模越大，通过应付项目形成的自然融资也就越多，应付项目从发生到支付的间隔时间越长，企业可占用资金的时间也就越长。应付费用融资额可按下列公式计算：

$$\text{应付费用融资额} = \Sigma\ (\text{应付项目日平均发生额} \times \text{占用天数}) \tag{4-7}$$

式中，应付项目日平均发生额可根据各项目预计发生数除以预计期天数计算。占用天数常有两种计算方法：一种是按照经常占用天数计算；另一种是按照平均占用天数计算，即按两次支付间隔天数的一半来计算。

【例4-7】某企业预计每月职工工资总额为240 000元，工资每月支付一次，则应付职工薪酬形成的融资额为：

$$\text{应付职工薪酬融资额} = \frac{240\,000}{30} \times \frac{30}{2} = 120\,000\ (\text{元})$$

2. 应付费用筹资评价

应付费用是在企业生产经营过程中自然形成的资金。它可供企业在某一规定期限内无条件占用，因此是一项免费的短期资金来源。但使用应付费用时，企业必须注意对支付期的控制，以免拖欠应付费用给企业带来损失。

本章小结

本章主要介绍了企业筹资概述及短期筹资方式。

（1）企业筹资是企业根据其生产经营、对外投资以及调整资本结构的需要，通过一定的筹资渠道，采取适当的筹资方式，经济有效地筹措资金的过程。企业在筹资之前，应当采用一定的方式预测资金需要量，预测资金需要量的方法通常有定性预测法、因素分析法、销售百分比法和线性回归分析法等。企业筹资一般分为短期筹资和长期筹资。短期筹资是指筹集资金的可使用时间较短，一般不超过1年，通常指短期负债筹资。短期筹资策略的类型也分为配合型筹资策略、激进型筹资策略、保守型筹资策略3种。企业取得短期资金的方式主要有：商业信用、短期借款、短期融资券和应付费用4种。

（2）商业信用是指商品交易中由于延期付款或预收货款所形成的企业间的借贷关系。它是企业广泛采用的一种筹资方式。商业信用的具体形式主要有应付账款、应付票据、预收账款等。

（3）短期借款是指企业向银行和其他非银行金融机构借入的期限在 1 年以内的借款。本章主要对短期借款的种类、借款程序、信用条件、利息支付方法等内容进行了论述。值得注意的是企业向银行借款时，应根据银行要求的利息支付方式及限制条件确定借款的实际利率。

（4）本章最后介绍了短期筹资的其他方式，主要有短期融资券、应付费用融资两种。

关键术语

商业信用　　现金折扣　　短期借款　　信贷限额　　周转信贷协定
补偿性余额　短期融资券　应付费用

练习题

一、思考题

1. 利用哪些方法可以预测企业的资金需要量？

2. 简述短期筹资的特点及短期筹资策略的类型。

3. 什么是商业信用？简述商业信用的形式及其筹资特点。

4. 试评价短期借款筹资的优缺点。

5. 短期借款利息的计算有几种方法？对筹资成本有何影响？

6. 短期融资券应该遵循什么样的发行程序？

二、单项选择题

1. 以下各种筹资方式中，（　　）属于商业信用。

　　A. 票据贴现　　　B. 短期融资券　　　C. 应付账款　　　D. 短期借款

2. 下列等式中，符合保守型筹资策略的是（　　）。

　　A. 临时性流动资产=临时性短期负债

　　B. 临时性流动资产+部分永久性流动资产=临时性短期负债

　　C. 部分临时性流动资产=临时性短期负债

　　D. 临时性流动资产+固定资产=临时性短期负债

3. 某企业向银行借款 20 万元，年利率为 10%。如果银行要求维持贷款数额 15%的补偿性余额，那么，企业实际承担的利率为（　　）。

　　A. 10 %　　　　　B. 12.76%　　　　　C. 11.76%　　　　　D. 9%

4. 下列筹资方式中，常用来筹措短期资金的是（　　）。

　　A. 商业信用　　　B. 发行股票　　　C. 发行债券　　　D. 融资租赁

5. 某企业拟以"2/20，N/40"的信用条件购进原料一批，则企业放弃现金折扣的成本率为（　　）。

　　A. 2%　　　　　B. 36.73%　　　　　C. 18%　　　　　D. 36%

6. 下列关于应付费用的说法中，错误的是（　　）。

　　A. 应付费用是指企业生产经营过程中发生的应付而未付的费用

　　B. 应付费用的筹资额通常取决于企业经营规模、涉足行业等

C. 应付费用的资金成本通常为零

D. 应付费用可以被企业自由利用

三、判断题

1. 商业信用是指商品交易中的延期付款或预收货款所形成的借贷关系，是企业之间的一种直接信用关系。 （　　）

2. 赊购商品和预付货款是商业信用筹资的两种典型形式。 （　　）

3. 商业信用筹资的优点是使用方便、限制少，缺点是使用期限短。 （　　）

4. 应付费用所筹集的资金不用支付任何代价，是一项免费的短期资金来源，因此可以无限制地加以利用。 （　　）

5. 银行短期借款的优点是具有较好的弹性，缺点是归还期限短，筹资风险高。 （　　）

6. 由于放弃现金折扣的机会成本很高，因此购买单位应该尽量争取获得此项折扣。 （　　）

7. 利用商业信用筹资的限制较多，而利用银行信用筹资的限制较少。 （　　）

四、计算题

1. 某企业2018—2023年的产销量和资金需要量情况如表4-5所示，若其2024年的产销量为150万件，试用线性回归分析法测算2024年的资金需要量。

表4-5　　　　　　　　某企业2018—2023年的产销量和资金需要量

年份	产销量（万件）	资金需要量（万元）
2018	120	100
2019	110	95
2020	100	90
2021	115	97
2022	130	105
2023	140	112

2. 某企业向银行借入80 000元为期1年的短期借款。经过协商，银行提出以下3种支付银行贷款利息的方式。

（1）年利率7.5%，年末一次支付本金和利息。

（2）年利率5.5%，采用贴现法付息。

（3）年利率4.5%，采用加息法付息。

要求：假如你是该企业财务主管，你会选择哪种支付利息的方式？

3. 某企业购进一批价值为10 000元的材料，对方开出的商业信用条件是"2/10，N/30"，市场利率为12%，问：该企业是否应该争取享受这个现金折扣？说明原因。

4. 某企业打算采购一批零件，供应商报价如下。

（1）立即付款，价格为9 630元；

（2）30天内付款，价格为9 750元；

（3）31～60天付款，价格为10 000元。

假设银行短期贷款利率为7.5%，每年按360天计算。

要求：计算放弃现金折扣的成本率，并确定对该企业最有利的付款日期和价格。

五、案例题

案例一　中星公司应付账款管理

中星公司经常向四有公司购买原材料，四有公司开出的付款条件为"2/10，N/35"。某天，中星公司的财务经理蒋琳查阅公司关于此项业务的会计账目，惊讶地发现，会计人员对此项交易的处理方式是，一般在收到货物后 15 天支付款项。

当蒋琳询问记账的会计人员为什么不取得现金折扣时，负责该项交易的会计不假思索地回答道："这一交易的资金成本仅为 2%，而银行贷款成本却为 10%。因此，根本没有接受现金折扣的必要。"

要求：根据上述情况，分析和讨论下列问题。

（1）会计人员在财务概念上混淆了什么？

（2）丧失现金折扣的实际成本有多大？

（3）如果中星公司无法获得银行贷款，而被迫使用商业信用资金（即利用推迟付款信用筹资方式），你会向财务经理蒋琳提出何种建议？

案例二　洲际油气的债务危机

洲际油气成立于 1984 年，早期主营房地产与贸易，2014 年通过资产重组转型为油气勘探开发企业。公司以"轻资产、国际化"为战略，快速布局海外油气资源：2015 年斥资 3.4 亿美元收购哈萨克斯坦马腾油田，2016 年通过联合收购班克斯公司 100% 股权，实现了对班克斯油田的投资、生产和管理。通过这一系列资本运作，洲际油气成为国内最大的民营油气上市公司之一。然而，这种激进扩张高度依赖债务融资。2016—2019 年，公司通过发行高息债券、短期融资券及质押股权等方式筹集资金，这种"短债长投"模式为后续危机埋下伏笔。

2020 年国际油价史无前例下跌，受国际油价波动、地缘政治及自身财务状况等因素的叠加影响，洲际油气逐步陷入财务危机。2019 年和 2020 年，该公司归属于上市公司股东的扣除非经常性损益的净利润分别为负 4 100 万余元和负 2.9 亿元。2021 年该公司归属于上市公司股东的净利润亏损 9.43 亿元。截至 2022 年底，公司总负债达 74.26 亿元，其中短期债务占比 78.19%（其中短期借款 21.8 亿元，应付利息 13.5 亿元），而账面货币资金仅剩 0.01 亿元。2023 年 4 月，上海中曼以洲际油气不能清偿到期债务，且明显缺乏清偿能力为由，向海口中院申请对洲际油气进行重整。截至 2023 年 10 月，共 26 家债权人申报债权，申报债权金额共计 76.87 亿元，洲际油气最终于 2023 年 12 月进入破产重整程序。

要求：根据上述情况，分析和讨论下列问题。

（1）洲际油气的短期借款管理可能存在什么隐患？

（2）结合洲际油气的案例分析企业利用短期借款进行融资有哪些利弊。

第 5 章
长期筹资方式

【学习目标】

长期筹资是指企业筹集使用期限在 1 年以上的资金，这些资金主要用于构建固定资产、形成无形资产、开展长期对外投资，以及支持产品和技术研发等。企业在筹集长期资金时，需要决定从哪里筹资、向谁筹资，以及以何种方式筹集长期资金。

通过本章的学习，读者应达到以下目标。

● 了解长期筹资的方式；

● 掌握吸收直接投资、普通股、优先股、公司债券、长期借款和融资租赁的概念、种类和优缺点；

● 了解股票、债券发行的条件及各自上市交易的相关规定；

● 掌握债券发行价格和融资租赁租金的计算方法。

【引导案例】

蒙牛乳业在不同发展阶段的不同筹资策略

蒙牛乳业（集团）股份有限公司（以下简称"蒙牛乳业"）成立于 1999 年 8 月，总部设在内蒙古自治区呼和浩特市和林格尔县盛乐经济园区。蒙牛乳业到目前为止经历了初创期、成长期和发展期几个阶段。

1999 年 1 月，牛根生以 100 万元的注册资金成立蒙牛乳业有限公司，同年 8 月以 1 398 万元的注册资金成立内蒙古蒙牛乳业股份有限公司，当时的发起人为 10 个自然人。在公司初创期，由于经营规模小，银行贷款难，相关运营资金多来自创始团队自有资金或亲戚朋友、合作商等私人借款，同时也通过租赁设备的方式来缓解资金压力。

经过了艰难的初创阶段，到 2001 年，蒙牛乳业的销售业绩已经在全国排名第 5 位，成为内蒙古地区仅次于伊利的第二大乳品企业，进入了企业发展的成长期。在这个阶段，资金需求量持续增加，仅依靠自有资金和私人借贷已经不能满足公司资金需求。于是，蒙牛乳业开始通过资本运作的方式引入战略投资，并获得摩根士丹利、鼎晖和英联投资这 3 家国际私募基金注资，于 2002 年末及 2003 年先后获得累计 6 120 万美元的投资。有了充足的资金后，蒙牛乳业迅速扩张市场，在 2003 年销售业绩上升至全国乳品行业第 3 位。为了更多地募集资金以加速企业发展，蒙牛乳业进入资本市场，于 2004 年 6 月在香港联交所主板成功上市，通过 IPO（Initial Public Offerings，首次上市公开发行股票）融资，公开发售 3.5 亿股，共募集资金 13.74 亿港元。IPO 的成功，标志着蒙牛乳业正式进入国际资本市场。

2008 年，蒙牛乳业出现销售业绩下滑、经营亏损、资金不足等问题。2009 年 7 月，中粮集团与厚朴投资按照 7∶3 的比例成立公司向蒙牛乳业购买增发的新股，并向蒙牛乳业老股东购买现有股份，最终取得约 20.03% 的蒙牛乳业的股份，成为蒙牛乳业第一大股东。蒙牛乳业也通过此次增发新股,获得了 61 亿港元的资金支持,化解了财务危机。中粮集团的加入,对于蒙牛乳业重塑品牌形象和扩大市场份额都起到了很大的作用。现在的蒙牛乳业已经成为世界性的乳制品上市企业,进入了平稳发展期。

2012 年,蒙牛乳业与丹麦 Arla Foods 达成战略合作,Arla Foods 以 22 亿港元入股蒙牛乳业成为蒙牛乳业战略大股东。2013 年 5 月,蒙牛乳业引入法国达能作为其战略大股东,双方酸奶业务合并。当月蒙牛乳业获得现代牧业 27.9%的股份,在争夺上游奶源方面有所突破。同年 6 月,蒙牛乳业利用银团贷款并购雅士利,获得了雅士利和施恩两个奶粉品牌,拓展了企业奶粉业务。当年,蒙牛乳业实现营业收入 433.6 亿元,同比增长 20.4%,净利润达 16.31 亿元,同比增长 25.2%。这是蒙牛乳业销售额首次突破 400 亿元。

随着乳制品行业的不断发展,奶源竞争也越来越激烈。为了解决奶源问题,蒙牛乳业于 2017 年 2 月以 18.73 亿港元增持现代牧业 16.7%的股权,成为现代牧业实际控制人。蒙牛乳业 2017 年的年报显示,当年蒙牛乳业实现收入 601.56 亿元,同比增长 11.9%,利润 20.31 亿元,同比增长 349.85%。

在国内奶源日趋紧张的背景下,为保障原奶供应,特别是有机原奶供应,2018 年 12 月,蒙牛乳业与中国圣牧签订并购协议,收购中国圣牧 51%的股份。该项收购加速了公司有机乳制品业务的推进,在有机奶市场占得先机。蒙牛乳业近年来频繁利用超短期融资券筹集短期流动资金,每期发行金额从数亿元到数十亿元不等。2024 年度曾发行多期超短期融资券,每期发行金额多为 29 亿元人民币,这也是蒙牛乳业在短期融资券市场上常见的发行规模。

综上所述,蒙牛乳业在初创期、成长期、发展期中,各阶段的筹资策略存在明显的不同,而筹资对企业发展的重要性不言而喻。在不同的发展阶段,蒙牛乳业通过灵活调整筹资策略,成功筹集到所需资金,支持了企业的持续发展。

5.1 吸收直接投资

吸收直接投资指企业吸收国家、法人、个人及外商以货币、实物、无形资产等形式出资,形成企业资金的一种筹资方式。吸收直接投资方式下,企业寻找资金提供者,不以股票为媒介,由资金提供者直接注入资金到企业,出资者成为企业的直接投资者,各方共同投资、共同经营、共担风险、共享利润。

吸收直接投资是非股份制企业筹措资本的基本方式。吸收直接投资的实际出资额,注册资本部分形成实收资本,超过注册资本的部分属于资本溢价,形成资本公积。

5.1.1 吸收直接投资的种类

根据直接投资者的身份不同,吸收直接投资一般可分为以下 4 类。

1. 吸收国家投资

国家投资是指有权代表国家投资的政府部门或者机构以国有资产投入企业,由此形成国家资本金。吸收国家投资是国有企业筹集自有资金的主要方式。目前,除了国家以拨款形式投入企业所形成的各种资本外,用税后利润归还贷款后所形成的国家资本、财政和主管部门拨给企业的专用拨款及减免税后形成的资本,也视为国家投资。吸收国家投资一般具有以下特点。

(1)产权归属于国家。根据"谁投资,谁所有"的原则,由国家投资形成的资产,其权属归国家所有。

(2)资本数额较大。由国家直接进行的投资,资金数额一般都比较大。

（3）在国有企业中采用比较广泛。

（4）资金的运用和处置受国家约束较大。吸收国家直接投资受国家宏观经济政策影响较大，通过此渠道筹集到的资金，在资金运用和处置方面都受到国家的约束。

2．吸收法人投资

法人投资是指法人单位以其依法可以支配的资产投入企业，由此形成法人资本金，目前主要指法人单位在进行横向经济联合时所产生的联营、合资等投资。吸收法人投资一般具有以下特点。

（1）发生在法人单位之间。这种投资发生在法人单位之间，法人单位指具备以下条件的单位：①依法成立，有自己的名称、组织机构和场所，能够独立承担民事责任；②独立拥有和使用（或授权使用）资产，承担负债，有权与其他单位签订合同；③会计上独立核算，能够编制资产负债表。法人单位包括企业法人、事业单位法人、机关法人、社会团体法人和其他法人。对于事业单位法人和机关法人能否投资企业，要根据中央和地方各级政府的规定而定。

（2）以参与企业利润分配为目的。虽然法人可用于投资的金额可能会比较大，能够形成对被投资企业的控制，但是，法人投资多以参与被投资企业的利润分配为主要目的。

（3）投资方式灵活多样。法人投资可以以企业急需的各种资产作为出资形式。

3．吸收个人投资

个人投资是指社会个人或本企业内部职工以个人合法财产投入企业，由此形成个人资本金。吸收个人投资一般具有以下特点。

（1）参加投资的人员较多。个人投资一般为社会个人或本企业内部职工，投资者人数众多。

（2）每人投资的数额相对较小。在我国，社会个人或本企业内部职工的投资金额一般较小。

（3）以参与企业利润分配为目的。由于个人投资金额一般较小，无法形成对被投资企业的控制，通常以参与企业利润分配为目的。

4．吸收外商投资

外商投资是指外国投资者投入的资金，由此形成外商资本金。随着我国改革开放的不断深入，吸收外商投资已成为企业筹集资金的重要方式。吸收外商投资一般具有以下特点。

（1）一般只有中外合资、合作或外商独资经营企业才能采用。

（2）可以筹集外汇资金。

（3）出资方式比较灵活。

5.1.2　吸收直接投资的出资方式

企业在采用吸收直接投资这一方式筹集资金时，投资者可以用货币资产、实物资产、无形资产等多种方式向企业投资。具体而言，主要有以下几种出资方式。

1．货币资产出资

货币资产出资是吸收直接投资中最重要的一种投资方式。企业获得货币资产后，可以灵活地用于购置生产经营所需的各种物质资料和支付各项费用，既能够满足企业创建初期的资金需求，又能保障日常运营的资金周转。因此，企业应尽可能鼓励投资者采用现金方式出资。

2．实物资产出资

实物出资是指投资者以房屋、建筑物、设备等固定资产和材料、燃料、商品等流动资产所进行的投资。应该注意的是，并非所有实物都可以作为股东的出资。一般来说，企业吸收的实物投资应符合如下条件：①适合企业生产、经营、研发等活动的需要；②技术性能较好；③作价公平合理。

实物出资所面临的主要问题是作价困难。投资实物的具体作价，可由双方按公平合理的原则协商确定，也可以聘请各方同意的专业资产评估机构评定。国有及国有控股企业接受其他企业的非货币性资产出资，必须委托有资质的资产评估机构进行评估。

3．无形资产出资

无形资产出资是指以专有技术、商标权、专利权、土地使用权、特定债权等无形资产所进行的投资。

（1）专有技术出资。专有技术又称技术秘密，是指生产所必需的、不享有专利保护的技术、知识和经验，主要包括工业专有技术、商业专有技术、管理专有技术等。一般来说，企业吸收的专有技术投资应符合以下条件：能帮助企业研究和开发出高新技术产品；能帮助企业生产出适销对路的高科技产品；能帮助企业改进产品质量，提高生产效率；能帮助企业大幅度降低各种消耗；能帮助企业开拓市场；能帮助企业提高管理效率；作价公平合理。

（2）商标权出资。商标权是指企业、事业单位或个体工商户等对依照法定程序，经商标局核准的注册商标所享有的商标专用权。商标权人可以依法有偿转让商标权，也可以将自己所有或持有的商标权折价作为向公司的出资。

（3）专利权出资。专利权是指由国家专利管理机关授予发明人、设计人或其所属单位，在一定期限内对某项发明创造享有的专有权。专利权人有权将自己所有或持有的专利作为向公司的投资，并以此为对价取得股权。

（4）土地使用权出资。土地使用权是指非土地所有人依法对土地加以利用和取得收益的权利。在我国，土地归国家和集体所有，非土地所有人可以通过出让或转让方式取得土地使用权。投资者也可以用土地使用权来进行投资。企业吸收土地使用权投资应符合以下条件：适合企业生产、经营、研发等活动的需要；交通、地理条件比较适宜；作价公平合理。

（5）特定债权出资。特定债权是指企业依法发行的可转换债券及按照国家有关规定可以转作股权的债权。不是所有的债权都可以转为股权。在实践中，可转为股权的特定债权有：上市公司依法发行的可转换债券；金融资产管理公司持有的国有及国有控股企业债权；企业实行公司制改建时，经银行以外的其他债权人协商同意，可以按照有关协议和企业章程的规定，将其债权转为股权。

5.1.3　吸收直接投资的程序

企业吸收直接投资，一般按照以下程序进行。

1．确定筹资数量

吸收直接投资通常是在企业开办时所采用的一种筹资方式。在吸收投资以前，必须根据企业的经营范围、生产性质、投资规模、最低注册资金要求、信贷筹资的可能性等情况，确定合理的筹资数量。

2．寻找投资者

企业在吸收直接投资以前，必须做一些宣传推广工作，使投资者充分了解企业的发展方向和前景、经营性质和规模、获利能力和分配等，以找到合适的合作伙伴。

3．协商投资事项

投资者与企业应就有关的出资方式、出资比例、出资数量以及参与管理的形式等进行协商。在出资方式上，除了企业特定需要外，一般情况下尽量使投资者以现金投入。

4．签署投资协议

企业与出资者确定好投资意向和具体条件后，应按公平、合理的原则协商确定实物投资、工业产权投资、土地使用权投资的作价或聘请双方认可并具有资质的资产评估机构进行评定。在投资者的出资资产作价确定后，应签署投资协议或合同，从法律上明确双方的义务、权利和责任。

5. 按期获取资金

企业根据投资协议中规定的出资期限、出资方式、出资比例、出资数额等，按规定获取资金。如果投资者未按规定缴纳所认缴的出资额，应当对已足额出资者承担违约责任。

5.1.4 吸收直接投资的优缺点

1. 吸收直接投资的优点

对需要资金的企业而言，吸收直接投资的筹资方式有以下优点。

（1）吸收直接投资能提高企业的资信和借款能力。吸收直接投资所筹取的资本属于企业的股权资本，与债务资本相比，能提高企业的资信和借款能力。

（2）企业吸收直接投资能够尽快形成生产能力，将产品迅速推向市场。

（3）吸收直接投资有助于企业之间强强联合，优势互补。

（4）与负债筹资相比，企业吸收直接投资时无需还本付息的压力，财务风险小。

2. 吸收直接投资的缺点

企业吸收直接投资，也有以下缺点。

（1）资金成本较高。吸收直接投资向投资者支付的报酬一般根据其出资数额和企业实现利润的多少来计算，通常情况下，资本成本较高。

（2）吸收直接投资容易分散企业控制权。采用吸收直接投资方式筹资的条件，往往是投资者获得与投资数额相应的经营管理权。如果外部投资者的投资较多，则外部投资者会拥有相当大的管理权，甚至对企业实行完全控制。

（3）吸收直接投资筹资范围小，无法面向大众筹资。

（4）不以股票为媒介，产权关系有时不够明晰，不便于转让。

5.2 发行股票

股票是股份有限公司为筹措股权资本而发行的有价证券，是公司签发的证明股东持有公司股份的凭证。股份有限公司可以通过向投资者发行股票筹集所需资金。股票发行人必须是具有股票发行资格的股份有限公司。股份有限公司发行股票，必须符合一定的条件。

5.2.1 发行普通股

微课堂

股票的分类

1. 普通股的定义及种类

（1）普通股的定义。普通股是指在公司的经营管理和盈利及财产的分配上享有普通权利的股份，代表满足所有债权偿付要求及优先股股东的收益权与求偿权要求后对企业盈利和剩余财产的索取权。它是构成公司资本的基础，是股票的一种基本形式，也是发行量最大、最为重要的股票。

（2）普通股的种类。股份有限公司根据有关法规的规定及筹资和投资者的需要，可以发行不同种类的普通股。

① 按股票有无记名，可分为记名股票和不记名股票。记名股票是在股票票面上记载股东姓名或名称的股票。这种股票除了股票上所记载的股东外，其他人不得行使其股权，且股份的转让有严格的法律程序与手续，需办理过户。我国《公司法》规定，公司发行的股票，应当为记名股票。不记名股票是票面上不记载股东姓名或名称的股票。这类股票的持有人即股份的所有人，具有股东资格，股票的转让也比较自由、方便，无须办理过户手续。

② 按股票是否标明金额，可分为有面值股票和无面值股票。有面值股票是在票面上标有一定金额的股票。持有这种股票的股东，对公司享有的权利和承担的义务大小，依其所持有的股票票面金额占公司发行在外股票总面值的比例而定。无面值股票是不在票面上标出金额，只载明所占公司股本总额的比例或股份数的股票。无面值股票的价值随公司财产的增减而变动，而股东对公司享有的权利和承担义务的大小，直接依股票标明的比例而定。

③ 按投资主体的不同，可分为国家股、法人股、个人股等。国家股是有权代表国家投资的部门或机构以国有资产向公司投资而形成的股份。法人股是企业法人依法以其可支配的财产向公司投资而形成的股份，或具有法人资格的事业单位和社会团体以国家允许用于经营的资产向公司投资而形成的股份。个人股是社会个人或公司内部职工以个人合法财产投入公司而形成的股份。

④ 按发行对象和上市地区的不同，又可将股票分为 A 股、B 股、H 股、N 股和 S 股等。A 股是人民币普通股票，由我国境内公司发行，境内上市交易，以人民币标明票面金额并以人民币认购和交易的股票。B 股即人民币特种股票，由我国境内公司发行，境内上市交易，以人民币标明票面金额但以外币认购和交易的股票。H 股是注册地在内地，上市地在我国香港地区的股票。N 股是在纽约上市的股票。S 股是在新加坡上市的股票。

2．普通股的发行

（1）股票发行的规定与条件。

按照我国《公司法》的有关规定，股份有限公司发行股票应符合以下规定与条件。

① 公司的资本划分为股份。公司的全部股份，根据公司章程的规定采用面额股或者无面额股。采用面额股的，每一股的金额相等。公司可以根据公司章程的规定将已发行的面额股全部转换为无面额股，或者将无面额股全部转换为面额股。采用无面额股的，应当将发行股份所得股款的二分之一以上计入注册资本。

② 股份发行必须遵循公平、公正的原则，同类别股份的持有人应当享有同等权利。同次发行的同类别股份，每股的发行条件和价格应当相同；认购人所认购的股份，每股应当支付相同价额。

③ 公司的股份采取股票的形式。股票是公司签发的证明股东所持股份的凭证。公司发行的股票，应当为记名股票。

④ 面额股股票的发行价格可以按票面金额，也可以超过票面金额，但不得低于票面金额。

中国证监会 2023 年发布的《上市公司证券发行注册管理办法》中，上市公司发行股票还应当符合下列规定：

① 具备健全且运行良好的组织机构。

② 现任董事、监事和高级管理人员符合法律、行政法规规定的任职要求。

③ 具有完整的业务体系和直接面向市场独立经营的能力，不存在对持续经营有重大不利影响的情形。

④ 会计基础工作规范，内部控制制度健全且有效执行，财务报表的编制和披露符合企业会计准则和相关信息披露规则的规定，在所有重大方面公允反映了上市公司的财务状况、经营成果和现金流量，最近三年财务会计报告被出具无保留意见审计报告。

⑤ 除金融类企业外，最近一期末不存在金额较大的财务性投资。

⑥ 交易所主板上市公司配股、增发的，应当最近三个会计年度盈利；增发还应当满足最近三个会计年度加权平均净资产收益率平均不低于百分之六；净利润以扣除非经常性损益前后孰低者为计算依据。

（2）发行股票的程序。根据中国证监会 2023 年发布的《上市公司证券发行注册管理办法》规定，上市公司应按照以下程序申请发行股票。

① 董事会应当依法就本次证券发行的方案、本次发行方案的论证分析报告、本次募集资金使用的可行性报告，以及其他必须明确的事项作出决议，并提请股东大会批准。

② 董事会在编制本次发行方案的论证分析报告时，应当结合上市公司所处行业和发展阶段、融资规划、财务状况、资金需求等情况进行论证分析，独立董事应当发表专项意见。论证分析报告应当包括下列内容：本次发行证券及其品种选择的必要性；本次发行对象的选择范围；数量和标准的适当性；本次发行定价的原则、依据、方法和程序的合理性；本次发行方式的可行性；本次发行方案的公平性、合理性；本次发行对原股东权益或者即期回报摊薄的影响，以及填补的具体措施。

③ 股东大会就发行证券作出的决定，应当包括下列事项：本次发行证券的种类和数量；发行方式、发行对象及向原股东配售的安排；定价方式或者价格区间；募集资金用途；决议的有效期；对董事会办理本次发行具体事宜的授权；其他必须明确的事项。股东大会就发行证券事项作出决议，必须经出席会议的股东所持表决权的三分之二以上通过，中小投资者表决情况应当单独计票。

④ 上市公司申请发行证券，应当按照中国证监会有关规定制作注册申请文件，依法由保荐人保荐并向交易所申报。申请文件受理后，未经中国证监会或者交易所同意，不得改动。发生重大事项的，上市公司、保荐人、证券服务机构应当及时向交易所报告，并按要求更新申请文件和信息披露资料。

⑤ 交易所审核部门负责审核上市公司证券发行上市申请，主要通过向上市公司提出审核问询、上市公司回答问题方式开展审核工作，判断上市公司发行申请是否符合发行条件和信息披露要求，并按照规定的条件和程序，形成上市公司是否符合发行条件和信息披露要求的审核意见。认为上市公司符合发行条件和信息披露要求的，将审核意见、上市公司注册申请文件及相关审核资料报中国证监会注册；认为上市公司不符合发行条件或者信息披露要求的，作出终止发行上市审核决定。交易所应当自受理注册申请文件之日起两个月内形成审核意见。

⑥ 中国证监会收到交易所审核意见及相关资料后，基于交易所审核意见，依法履行发行注册程序。在十五个工作日内对上市公司的注册申请作出予以注册或者不予注册的决定。予以注册的决定，自作出之日起一年内有效，上市公司应当在注册决定有效期内发行证券，发行时点由上市公司自主选择。交易所认为上市公司不符合发行条件或者信息披露要求，作出终止发行上市审核决定，或者中国证监会作出不予注册决定的，自决定作出之日起六个月后，上市公司可以再次提出证券发行申请。

（3）股票的发行方式。股票的发行方式指的是公司发行股票的途径。总的来讲，股票的发行方式可分为以下两类。

① 公开间接发行。公开间接发行是指通过中介机构，公开向社会公众发行股票。我国股份有限公司采用募集设立方式向社会公开发行新股时，须由证券经营机构承销的做法，就属于股票的公开间接发行。这种发行方式的发行范围广、发行对象多，易于足额募集资本；股票的变现性强、流通性好；股票的公开发行还有助于提高发行公司的知名度和影响力。但这种发行方式也有缺点，主要是手续繁杂，发行成本高。

② 不公开直接发行。不公开直接发行指不公开对外发行股票，只向少数特定的对象直接发行，因而不需经中介机构承销。我国股份有限公司采用发起设立方式和以不向社会公开募集的方式发行新股的做法，即属于股票的不公开直接发行。这种发行方式弹性较大，发行成本低，但发行范围小，股票变现性差。

（4）股票的销售方式。股票的销售方式指的是股份有限公司向社会公开发行股票时所采取的股票销售方法。股票销售方式有两类：自行销售和委托中介机构销售。

① 自行销售方式。股票发行的自销方式指发行公司直接将股票销售给认购者。这种销售方式可由发行公司直接控制发行过程，排除银行、证券公司等金融、资本市场专业机构的中介，可以节省发行费用，但往往筹资时间长，发行公司要承担全部发行风险，并需要发行公司有较高的知名度、信誉和实力。

② 委托销售方式。股票发行的委托销售方式指发行公司将股票销售业务委托给证券经营机构代理。这种销售方式是发行股票所普遍采用的。我国《公司法》规定，公司向社会公开募集股份，应当由依法设立的证券公司承销，签订承销协议。委托销售又分为包销和代销两种具体办法。所谓包销是指证券公司将发行人的证券按照协议全部购入或者在承销期结束时将售后剩余证券全部自行购入的承销方式。对于发行公司来说，包销的办法可及时筹足资本，免于承担发行风险（股款未募足的风险由承销商承担），但股票以较低的价格销售给承销商会损失部分溢价。所谓代销，是指证券公司代发行人发售证券，在承销期结束时，将未售出的证券全部退还给发行人的承销方式，这种方式下证券经营机构仅代表发行公司销售股票，并由此获取一定的佣金，但不承担股款未募足的风险。

（5）股票发行价格。股票的发行价格是股票发行时所使用的价格，也就是投资者认购股票时所支付的价格。股票发行价格通常由发行公司根据股票面额、股市行情和其他相关因素确定。股票的发行价格可以和股票的面额一致，但多数情况下不一致。股票的发行价格一般有以下 3 种。

① 等价。等价就是以股票的票面金额为发行价格，也称为平价发行。这种发行价格，一般在股票的初次发行或在股东内部分摊增资的情况下采用。等价发行股票容易推销，但无从取得股票溢价收入。

② 时价。时价就是以本公司股票在流通市场上买卖的实际价格为基准确定的股票发行价格。其原因是股票在第二次发行时已经增值，收益率已经变化。选用时价发行股票，考虑了股票的现行市场价值，对投资者也有较大的吸引力。

③ 中间价。中间价就是以时价和等价的中间值确定的股票发行价格。

按时价或中间价发行股票，股票发行价格会高于或低于其面额。前者称为溢价发行，后者称为折价发行。如属溢价发行，发行公司所获的溢价款列入资本公积。

我国《公司法》规定，同次发行的同类别股份，每股的发行条件和价格应当相同；认购人所认购的股份，每股应当支付相同价额。面额股股票的发行价格可以按票面金额，也可以超过票面金额，但不得低于票面金额。

3. 股票上市

股票上市指的是股份有限公司公开发行的股票经批准在证券交易所进行挂牌交易。经批准在交易所上市交易的股票称为上市股票。我国《公司法》规定，股东转让其股份，应当在依法设立的证券交易场所进行或者按照国务院规定的其他方式进行。

（1）股票上市的目的。股份公司申请股票上市，一般出于以下目的。

① 资本大众化，分散风险。企业通过股票上市吸引更多的投资者认购股份，将部分股份转让给这些投资者，再将得到的资金用于其他方面，以分散公司的经营风险。

② 提高股票的流动性。股票上市后便于投资者买卖，自然提高了股票的变现能力。

③ 便于筹措新资金。股票上市必须经过有关机构的审查批准并接受相应的管理，执行各种信息披露和股票上市的规定。这大大增强了社会公众对公司的信任度，有利于后续股票发行。同时，上市公司形象有助于采用其他方式（如债券）筹措资金。

④ 提高知名度。上市公司具有社会公信力，良好的市场声誉有助于吸引更多的顾客，扩大市场份额。

⑤ 明确公司价值。股票上市后，公司股价有市价可循，为公司价值评估提供客观依据，有利

于促进公司财富最大化。

但股票上市也有对公司不利的一面，主要包括：公司将负担较高的信息披露成本；各种信息公开的要求可能会泄露公司的商业秘密；可能会分散公司的控制权，甚至面临恶意收购风险，增加管理难度。

（2）股票上市的条件。公司公开发行的股票进入证券交易所挂牌买卖（即股票上市），须受严格的条件限制。

根据 2024 年修订的《上海证券交易所股票上市规则》和《深圳证券交易所股票上市规则》规定，境内企业申请股票上市，应当符合下列条件。

① 符合《证券法》、中国证监会规定的发行条件。

② 发行后股本总额不低于 5 000 万元。

③ 公开发行的股份达到公司股份总数的 25%以上；公司股本总额超过 4 亿元的，公开发行股份的比例为 10%以上。

④ 市值以及财务指标应当至少符合下列标准中的一项：

a. 最近三年净利润均为正，且最近三年净利润累计不低于 2 亿元，最近一年净利润不低于 1 亿元，最近三年经营活动产生的现金流量净额累计不低于 2 亿元或者营业收入累计不低于 15 亿元。

b. 预计市值不低于 50 亿元，且最近一年净利润为正，最近一年营业收入不低于 6 亿元，最近三年经营活动产生的现金流量净额累计不低于 2.5 亿元。

c. 预计市值不低于 100 亿元，且最近一年净利润为正，最近一年营业收入不低于 10 亿元。

另外，2024 年修订的《深圳证券交易所创业板股票上市规则》《上海证券交易所科创板股票上市规则》和 2024 年 4 月发布的《北京证券交易所股票上市规则（试行）》，分别对创业板、科创板及在北交所上市的股票都有明确的股票上市条件规定。

4. 发行普通股筹资的优缺点

（1）发行普通股筹资的优点。与其他筹资方式相比，通过发行普通股筹措资本的方式具有如下优点。

① 发行普通股筹措资本具有永久性、无到期日、无需归还的优点。这对保证公司对资本的最低需求、维持公司长期稳定发展极为有益。

② 发行普通股筹资没有固定的股利负担，是否支付股利和支付金额，视公司有无盈利和经营需要而定，经营波动给公司带来的财务负担相对较小。由于普通股筹资没有固定的到期还本付息的压力，因此筹资风险较低。

③ 发行普通股筹集的资本是公司最基本的资金来源，它反映了公司的实力，可作为其他方式筹资的基础，尤其可为债权人提供保障，增强公司的举债能力。

④ 由于普通股的预期收益较高并可在一定程度上抵消通货膨胀的影响（通常在通货膨胀时期，普通股价值会随不动产升值而上涨），因此，普通股筹资容易吸收资金。

（2）发行普通股融资的缺点。运用普通股筹措资本有以下缺点。

① 普通股的资本成本较高。首先，从投资者的角度讲，投资普通股的风险较高，相应地要求有较高的投资回报。其次，对于筹资公司来讲，普通股股利从税后利润中支付，无法像债券利息那样作为费用从税前支付，因而不具有抵税作用。此外，普通股的发行费用通常高于其他证券。

② 以普通股筹资会导致新股东增加，这可能会分散公司的控制权。此外，新股东分享公司未发行新股前积累的盈余，会降低普通股的每股净收益，从而可能引发股价的下跌。

③ 上市公司需要严格执行信息披露制度，这会增加信息披露成本，还可能提升保护公司商业秘密的难度。

5.2.2　发行优先股

1. 优先股的定义

优先股是公司为筹集资金而发行的、赋予投资者特定优先权的股票。这种优先权主要表现在两个方面：优先股有固定的股息，不随公司业绩好坏而波动，并且可以先于普通股股东领取股息；当公司破产进行财产清算时，优先股股东对公司剩余财产有先于普通股股东的要求权。

但优先股一般不参加公司的红利分配，持股人亦无表决权，因此无法借助表决权参加公司的经营管理。与普通股相比，优先股虽然风险较低，但收益和决策参与权有限。

2. 优先股的分类

根据不同的分类标准，可以将优先股分成以下几大类别。

（1）累积与非累积优先股。根据公司因当年可分配利润不足而未向优先股股东足额派发股息，差额部分是否累积到下一会计年度，可分为累积优先股和非累积优先股。累积优先股是指在某个营业年度内，如果公司所获的盈利不足以分派规定的股利，日后优先股的股东对往年未付给的股息，有权要求如数补给。对于非累积的优先股，虽然对于公司当年所获得的利润有优先于普通股获得分派股息的权利，但当该年公司所获得的盈利不足以按规定的股利分配时，非累积优先股的股东无权要求公司在以后年度中予以补发。一般对投资者来说，累积优先股比非累积优先股具有更大的优越性。

（2）参与优先股与非参与优先股。根据优先股股东按照确定的股息率分配股息后，是否有权与普通股股东一同参与剩余税后利润分配，可分为参与优先股和非参与优先股。当企业利润增大，除享受既定比率的股息外，还可以与普通股共同参与利润分配的优先股，称为"参与优先股"。除了既定股息外，不再参与利润分配的优先股，称为"非参与优先股"。一般来说，参与优先股较非参与优先股对投资者更为有利。

（3）可转换优先股与不可转换优先股。根据是否可以转换成普通股，优先股可分为可转换优先股和不可转换优先股。可转换优先股是指允许优先股持有人在特定条件下将优先股转换成一定数额的普通股，否则，就是不可转换优先股。可转换优先股是近年来日益流行的一种优先股，即优先股可按规定转换成普通股。虽然可转换的优先股本身构成优先股的一个种类，但在国外投资界，也常把它看作一种实际上的收回优先股方式，只是这种收回的主动权在投资者手中。对投资者来说，在普通股的市价上升时这样做是十分有利的。

（4）可回购优先股与不可回购优先股。根据发行人或优先股股东是否享有要求公司回购优先股的权利，可分为可回购优先股和不可回购优先股。可回购优先股是指允许发行该类股票的公司，按原来的价格再加上若干补偿金购回的优先股。当该公司认为能够以较低股利的股票来代替已发行的优先股时，往往会行使这种权利。不附有回购条款的优先股称为不可回购优先股。

公司会从所获得的资金中提出一部分款项创立"偿债基金"，专用于定期赎回已发出的一部分优先股。

3. 优先股的发行

我国 2012 年 9 月发布的《金融业发展和改革"十二五"规划》对证券市场的发展做了安排，首次提及"探索建立优先股制度"。2014 年 3 月 21 日中国证券监督管理委员会公布《优先股试点管理办法》，2023 年 2 月 17 日中国证券监督管理委员会修订了《优先股试点管理办法》，规定上市公司可以发行优先股，非上市公众公司可以向特定对象发行优先股。

（1）上市公司发行优先股的一般规定。

① 上市公司发行优先股，最近三个会计年度实现的年均可分配利润应当不少于优先股一年的股息。

② 上市公司最近三年现金分红情况应当符合公司章程及中国证监会的有关监管规定。

③ 上市公司报告期不存在重大会计违规事项。

④ 上市公司发行优先股募集资金应有明确用途，与公司业务范围、经营规模相匹配，募集资金用途符合国家产业政策和有关环境保护、土地管理等法律和行政法规的规定。

⑤ 上市公司已发行的优先股不得超过公司普通股股份总数的百分之五十，且筹资金额不得超过发行前净资产的百分之五十，已回购、转换的优先股不纳入计算。

⑥ 上市公司同一次发行的优先股，条款应当相同。每次优先股发行完毕前，不得再次发行优先股。

（2）上市公司向不特定对象发行优先股的特别规定。

① 上市公司向不特定对象发行优先股，应当符合以下情形之一：a. 其普通股为上证50指数成分股；b. 以向不特定对象发行优先股作为支付手段收购或吸收合并其他上市公司；c. 以减少注册资本为目的的回购普通股的，可以向不特定对象发行优先股作为支付手段，或者在回购方案实施完毕后，可向不特定对象发行不超过回购减资总额的优先股。

② 上市公司最近三个会计年度应当连续盈利。扣除非经常性损益后的净利润与扣除前的净利润相比，以孰低者作为计算依据。

③ 上市公司向不特定对象发行优先股应当在公司章程中规定以下事项：a.采取固定股息率；b.在有可分配税后利润的情况下必须向优先股股东分配股息；c.未向优先股股东足额派发股息的差额部分应当累积到下一会计年度；d.优先股股东按照约定的股息率分配股息后，不再同普通股股东一起参加剩余利润分配。

④ 上市公司向不特定对象发行优先股的，可以向原股东优先配售。

（3）上市公司发行优先股的其他规定。

① 优先股每股票面金额为100元。

② 上市公司不得发行可转换为普通股的优先股。

③ 上市公司向特定对象发行优先股，每次发行对象不得超过二百人，且相同条款优先股的发行对象累计不得超过二百人。

4. 优先股的收回方式

（1）溢价回收。公司在赎回优先股时，虽是按事先规定的价格进行，但由于这往往给投资者带来不便，因此发行公司常在优先股面值上再加一笔"溢价"实现回收。

（2）建立偿债基金。公司在发行优先股时，从所获得的资金中提出一部分款项创立"偿债基金"，专用于定期赎回已发出的一部分优先股。

（3）发行可转换优先股。转换方式即优先股可按规定转换成普通股。

5. 发行优先股筹资的优缺点

（1）发行优先股筹资的优点。①与债券相比，优先股股利不是公司必须偿付的一项法定债务，当公司财务状况恶化，经营成果不佳时可以不支付股利，从而相对避免了企业因财务负担而带来的破产风险；同时，优先股没有到期期限，企业不存在偿还本金的压力。②与普通股相比，优先股股东无表决权，不影响普通股股东对企业的控制权，也基本上不会稀释原有普通股股东的权益。

（2）发行优先股筹资的缺点。①与债务筹资相比，优先股筹资的资本成本较高，优先股股利不可在税前扣除，不能抵减企业所得税，而债务利息可以抵减企业所得税；②与普通股比，优先股的股利支付具有固定性，而这也可能成为企业的一项财务负担。

优先股既像公司债券，又像公司股票，是一种混合筹资工具。除优先股外，混合筹资工具还有认股权证和可转换债券等。

5.3　发行债券

5.3.1　债券的概念与特征

1. 债券的概念

债券是发行人按照法定程序发行的、约定在一定期限内还本付息的有价证券。

债券是债券持有人拥有公司债权的书面证书，具有法律效力。它代表债券持有人与发行者之间的债权债务关系，债券发行人即债务人，投资者（或债券持有人）即债权人。

2. 债券的特征

作为一种重要的融资手段和金融工具，债券具有以下特征。

（1）偿还性。债券一般规定有偿还期限，发行人必须按约定条件偿还本金并支付利息。

（2）流通性。债券一般可以在流通市场上自由转换。

（3）安全性。与股票相比，债券通常规定有固定的利率，与企业绩效没有直接联系，收益比较稳定，风险较小。此外，在企业面临破产清算时，债券持有者享有优先于股票持有者对企业剩余财产的索取权。

（4）收益性。债券的收益性主要表现在两个方面：一是投资债券可以给投资者带来利息收益；二是投资者可以利用债券价格的变动，买卖债券赚取差额。

3. 债券的基本要素

一般而言，债券包含以下基本要素。

（1）票面价值。债券的票面价值是指债券的面值，是发行人对债券持有人在债券到期后应偿还的本金数额，也是企业向债券持有人按期支付利息的计算依据。债券的面值与债券实际的发行价格并不一定一致，发行价格大于面值称为溢价发行，小于面值称为折价发行。

（2）偿还期。债券偿还期是指企业债券上载明的按面值偿还债券的期限，即债券发行日至到期日之间的时间间隔。公司要结合自身资金周转状况及外部资本市场的各种影响因素来确定公司债券的偿还期。

（3）付息期。债券的付息期是指企业发行债券后的利息支付的时间。它可以是到期一次性支付，或 1 年、6 个月、3 个月支付一次。在考虑货币时间价值和通货膨胀因素的情况下，付息期对债券投资者的实际收益有很大影响。到期一次付息的债券，其实际收益通常是按单利计算的；年内分期付息的债券，其实际收益是按复利计算的。

（4）票面利率。债券的票面利率是指债券利息与债券面值的比率，是发行人承诺以后一定时期支付给债券持有人报酬的计算标准。债券票面利率的确定主要受银行利率、发行者的资信状况、偿还期限和利息计算方法，以及当时资金市场上资金供求情况等因素的影响。

（5）发行人名称。发行人名称指明债券的债务主体，为债权人到期追回本金和利息提供依据。

上述要素是债券票面的基本要素，但在发行时并不一定全部在票面上体现出来，如在很多情况下，债券发行者以公告或条例形式向社会公布债券的期限和利率。

5.3.2　债券的分类

按照不同的方法，可以对债券进行以下分类。

1. 按发行主体分类

根据发行主体的不同，债券可分为政府债券、金融债券和公司债券 3 大类。

（1）政府债券。由政府发行的债券称为政府债券，它的利息享受免税待遇。其中由中央政府发行的债券也称公债或国债，其发行债券的目的是弥补财政赤字或投资于大型建设项目；而由地方政府如省、自治区、直辖市政府等发行的债券称为地方政府债券，其发行目的主要是为地方建设筹集资金，因此都是一些期限较长的债券。

（2）金融债券。金融债券是指由银行或其他金融机构发行的债券。金融债券发行的目的一般是筹集长期资金，其利率一般也高于同期银行存款利率，而且持券者需要资金时可以随时转让。

（3）公司债券。公司债券是指由非金融性质的企业发行的债券，其发行目的是筹集长期建设资金，一般都有特定用途。按照有关规定，企业发行债券前必须先参加信用评级，级别达到一定标准才可发行。由于企业的资信水平比不上金融机构和政府，因此公司债券的风险相对较大，其利率一般也较高。

2. 按发行的区域分类

按发行的区域划分，债券可分为国内债券和国际债券。

（1）国内债券是指由本国的发行主体以本国货币为单位在国内金融市场上发行的债券。

（2）国际债券是指本国的发行主体到别国或国际金融组织等以外国货币为单位在国际金融市场上发行的债券。如最近几年我国的一些公司在日本或新加坡发行的债券都可称为国际债券。由于国际债券属于国家的对外负债，因此本国的企业如果到国外发债，需事先征得政府主管部门的同意。

3. 按利息的支付方式分类

根据利息的不同支付方式，债券一般分为附息债券、贴现债券和普通债券。

（1）附息债券。附息债券是指其券面上附有各期息票的中长期债券，息票的持有者可按其标明的时间期限到指定的地点按标明的利息额领取利息。息票通常以6个月为一期，由于它在到期时可获取利息收入，息票也是一种有价证券，因此也可以流通、转让。

（2）贴现债券。贴现债券是指在发行时按规定的折扣率将债券以低于面值的价格出售，在到期时持有者仍按面额领回本息，其票面价格与发行价之差即为利息。

（3）普通债券。除上述两种债券之外的就是普通债券，它按不低于面值的价格发行，持券者可按规定分期分批领取利息或到期后一次性领回本息。

4. 按发行方式分类

按照是否公开发行，债券可分为公募债券和私募债券。

（1）公募债券。公募债券是指按法定手续，经证券主管机构批准在市场上公开发行的债券，其发行对象是不限定的。由于这种债券的发行对象是广大的投资者，因此要求发行主体必须遵守信息公开制度，向投资者提供多种财务报表和资料，以保护投资者利益，防止欺诈行为的发生。

（2）私募债券。私募债券是发行者以与其有特定关系的少数投资者为募集对象而发行的债券。该债券的发行范围很小，其投资者大多数为银行或保险公司等金融机构。它不采用公开呈报制度，其转让也受到一定程度的限制，流动性较差，但其利率水平一般较公募债券要高。

5. 按有无抵押担保分类

债券根据其有无抵押担保，可以分为信用债券和担保债券。

（1）信用债券。信用债券也称无担保债券，是仅凭债券发行者的信用而发行的、没有抵押品作担保的债券。一般政府债券及金融债券都为信用债券。少数信用良好的公司也可发行信用债券，但在发行时须签订信托契约，对发行者的有关行为进行约束限制，由受托的信托投资公司监督执行，以保障投资者的利益。

（2）担保债券。担保债券指以抵押财产为担保而发行的债券。具体包括以土地、房屋、机器、设备等不动产为抵押担保品而发行的抵押公司债券、以公司的有价证券（股票和其他证券）为担保品而发行的抵押信托债券和由第三者担保偿付本息的承保债券。当债券的发行人在债券到期而不能履行还本付息义务时，债券持有者有权变卖抵押品来清偿抵付或要求担保人承担还本付息的义务。

6. 按是否记名分类

根据在券面上是否记名，可以将债券分为记名债券和无记名债券。

（1）记名债券。记名债券是指在券面上注明债权人姓名，同时在发行公司的账簿上作同样登记的债券。转让记名债券时，除要交付票券外，还要在债券上背书和在公司账簿上更换债权人姓名。

（2）无记名债券。无记名债券是指券面未注明债权人姓名，也不在公司账簿上登记其姓名的债券。现在市面上流通的一般都是无记名债券。

7. 按是否可转换分类

按是否可转换成其他金融工具，债券又可分为可转换债券与不可转换债券。

（1）可转换债券。可转换债券是能按一定条件转换为其他金融工具的债券，这种债券的持有者可按一定的条件根据自己的意愿将持有的债券转换成其他金融工具，一般是股票。

（2）不可转换债券。不可转换债券就是不能转化为其他金融工具的债券。

5.3.3　债券的发行

在我国，发行债券要符合《公司法》《证券法》和《公司债券发行与交易管理办法》等的规定。

1. 债券发行的条件

根据中国证券监督管理委员会 2023 年 10 月 20 日发布的《公司债券发行与交易管理办法》的规定。公司债券可以公开发行，也可以非公开发行。发行人及其他信息披露义务人应当及时、公平地履行披露义务，所披露或者报送的信息必须真实、准确、完整，简明清晰，通俗易懂，不得有虚假记载、误导性陈述或者重大遗漏。发行人及其控股股东、实际控制人、董事、监事、高级管理人员应当诚实守信、勤勉尽责，维护债券持有人享有的法定权利和债券募集说明书约定的权利。发行人及其控股股东、实际控制人、董事、监事、高级管理人员不得怠于履行偿债义务或者通过财产转移、关联交易等方式逃废债务，故意损害债券持有人权益。

公开发行公司债券，应当符合下列条件：

（1）具备健全且运行良好的组织机构；

（2）最近三年平均可分配利润足以支付公司债券一年的利息；

（3）具有合理的资产负债结构和正常的现金流量；

（4）国务院规定的其他条件。

资信状况符合以下标准的公开发行公司债券，专业投资者和普通投资者可以参与认购：

（1）发行人最近三年无债务违约或者延迟支付本息的事实；

（2）发行人最近三年平均可分配利润不少于债券一年利息的 1.5 倍；

（3）发行人最近一期末净资产规模不少于 250 亿元；

（4）发行人最近 36 个月内累计公开发行债券不少于 3 期，发行规模不少于 100 亿元；

（5）中国证监会根据投资者保护的需要规定的其他条件。

未达到前款规定标准的公开发行公司债券，仅限于专业投资者参与认购。

公开发行公司债券筹集的资金，不得用于弥补亏损和非生产性支出。鼓励公开发行公司债券的募集资金投向符合国家宏观调控政策和产业政策的项目建设。公开发行公司债券筹集的资金，必须按照公司债券募集说明书所列资金用途使用；改变资金用途，必须经债券持有人会议作出决议。非公开发行公司债券，募集资金应当用于约定的用途；改变资金用途，应当履行募集说明书约定的程序。

非公开发行的公司债券应当向专业投资者发行，不得采用广告、公开劝诱和变相公开方式，每次发行对象不得超过二百人。

此外，存在下列情形之一的，不得再次公开发行公司债券：

（1）对已公开发行的公司债券或者其他债务有违约或者延迟支付本息的事实，仍处于继续状态；

（2）违反《证券法》规定，改变公开发行公司债券所募资金用途。

2. 债券发行的程序

公司发行公司债券应按下列程序进行。

（1）做出发债决议或决定。发行公司债券，发行人应当依照《公司法》或者公司章程相关规定对以下事项作出决议：①发行债券的金额；②发行方式；③债券期限；④募集资金的用途；⑤其他按照法律法规及公司章程规定需要明确的事项。发行公司债券，如果对增信机制、偿债保障措施作出安排的，也应当在决议事项中载明。

（2）提出发债申请。公司应当向国务院授权的部门或者国务院证券监督管理机构报送下列文件：①公司营业执照；②公司章程；③公司债券募集办法；④国务院授权的部门或者国务院证券监督管理机构规定的其他文件。

（3）经主管部门批准。国务院证券监督管理机构或者国务院授权的部门应当自受理证券发行申请文件之日起三个月内，依照法定条件和法定程序作出予以注册或者不予注册的决定，发行人根据要求补充、修改发行申请文件的时间不计算在内。不予注册的，应当说明理由。

（4）与证券商签订承销协议。《证券法》规定，发行人向不特定对象发行的证券，法律、行政法规规定应当由证券公司承销的，发行人应当同证券公司签订承销协议。证券承销业务采取代销或者包销方式。证券公司承销证券，应当对公开发行募集文件的真实性、准确性、完整性进行核查。发现有虚假记载、误导性陈述或者重大遗漏的，不得进行销售活动；已经销售的，必须立即停止销售活动，并采取纠正措施。

（5）公告公司债券募集方法。《公司法》规定，公开发行公司债券，应当经国务院证券监督管理机构注册，公告公司债券募集办法。公司债券募集办法应当载明下列主要事项：公司名称；债券募集资金的用途；债券总额和债券的票面金额；债券利率的确定方式；还本付息的期限和方式；债券担保情况；债券的发行价格、发行的起止日期；公司净资产额；已发行的尚未到期的公司债券总额；公司债券的承销机构。

（6）认购公司债券。社会公众认购公司债券的行为称为应募，应募的方式可以是先填写应募书，而后履行按期缴清价款的义务，也可以是当场以现金支付购买。当认购人缴足价款时，发行人负有在价款收讫时交付公司债券的义务。

3. 债券发行价格

债券发行价格是债券发行时使用的价格，即投资者购买债券时所支付的价格。债券的发行价格受市场利率（又称社会平均利率）的影响。为了吸引投资者购买，债券的发行价格不能高于债券的内在价值。债券的发行价格通常有 3 种：折价、溢价和平价。当债券票面利率低于发行时市场利率时，债券需要折价发行才能吸引投资者购买；反之，则溢价发行也能吸引投资者。若债券票面利率等于发行时市场利率，那么，债券可以平价发行。

债券的内在价值一般根据债券面值和将支付的利息，按照发行当时的市场利率折算成现值来确定。

假设某债券发行后，于每期期末支付利息，到期按面值兑现，则其内在价值可按下列公式计算：

微课堂

债券发行价格

$$债券发行价格=\sum_{t=1}^{n}\frac{面值\times票面利率}{(1+市场利率)^{t}}+\frac{面值}{(1+市场利率)^{n}} \tag{5-1}$$

式中，t 为债券付息期数；n 为债券期限。

【例 5-1】某企业发行 10 年期债券，票面面值为 1 000 元，票面利率为 10%，于发行后每年年末支付利息。由于市场利率的变化，公司发行债券时可能出现市场利率等于、高于或低于债券票面利率的情况，那么发行时需要对债券的发行价格予以调整。现按照以下 3 种情况分别讨论：

（1）市场利率与该企业债券票面利率相同，则可采用平价发行。

　　债券的发行价格=1 000×（P/F, 10%, 10）+1 000×10%×（P/A, 10%, 10）
　　　　　　　　　=1 000×0.385 5+100×6.144 6
　　　　　　　　　=1 000（元）

（2）市场利率达到 12%，高于债券票面利率时，则采用折价发行。

　　债券的发行价格=1 000×（P/F, 12%, 10）+1 000×10%×（P/A, 12%, 10）
　　　　　　　　　=1 000×0.322 0+100×5.650 2
　　　　　　　　　=887.02（元）

此时债券只有按照折价后的价格 887.02 元销售，投资者才会购买。

（3）市场利率下跌到 8%，低于债券票面利率时，则采用溢价发行。

　　债券的发行价格=1 000×（P/F, 8%, 10）+1 000×10%×（P/A, 8%, 10）
　　　　　　　　　=1 000×0.463 2+100×6.710 1
　　　　　　　　　=1 134.21（元）

此时，债券按照 1 134.21 元进行溢价销售，投资者仍然会选择购买。

4. 债券持有人权益保护

根据《公司债券发行与交易管理办法》的规定，公开发行公司债券的，发行人应当为债券持有人聘请债券受托管理人，并订立债券受托管理协议；非公开发行公司债券的，发行人应当在募集说明书中约定债券受托管理事项。在债券存续期限内，由债券受托管理人按照规定或协议的约定维护债券持有人的利益。

债券受托管理人由本次发行的承销机构或其他经中国证监会认可的机构担任。债券受托管理人应当勤勉尽责，公正履行受托管理职责，不得损害债券持有人利益。

公开发行公司债券的受托管理人应当按规定或约定履行下列职责：

（1）持续关注发行人和保证人的资信状况、担保物状况、增信措施及偿债保障措施的实施情况，出现可能影响债券持有人重大权益的事项时，召集债券持有人会议；

（2）在债券存续期内监督发行人募集资金的使用情况；

（3）对发行人的偿债能力和增信措施的有效性进行全面调查和持续关注，并至少每年向市场公告一次受托管理事务报告；

（4）在债券存续期内持续督导发行人履行信息披露义务；

（5）预计发行人不能偿还债务时，要求发行人追加担保，并可以依法申请法定机关采取财产保全措施；

（6）在债券存续期内勤勉处理债券持有人与发行人之间的谈判或者诉讼事务；

（7）发行人为债券设定担保的，债券受托管理人应在债券发行前或债券募集说明书约定的时间内取得担保的权利证明或其他有关文件，并在增信措施有效期内妥善保管；

（8）发行人不能按期兑付债券本息或出现募集说明书约定的其他违约事件的，可以接受全部或部分债券持有人的委托，以自身名义代表债券持有人提起、参加民事诉讼或者破产等法律程序，或者代表债券持有人申请处置抵质押物。

非公开发行公司债券的，债券受托管理人应当按照债券受托管理协议的约定履行职责。

5.3.4 债券的评级

公司发行债券，应当委托具有资格的信用评级机构进行信用评级和跟踪评级。

1. 债券信用评级的意义

公司公开发行债券通常需要由债券评信机构评定等级。债券的信用等级对于发行公司和购买人都有重要影响，其原因有以下几个方面。

（1）债券评级是度量违约风险的一个重要指标，债券的等级对债务融资的利率及公司债务成本有直接的影响。一般来说，资信等级高的债券，能够以较低的利率发行；资信等级低的债券，风险较大，只能以较高的利率发行。另外，许多机构投资者将投资范围限制在特定等级的债券之内。

（2）债券评级方便投资者进行债券投资决策。对广大投资者尤其是中小投资者来说，由于受时间、知识和信息的限制，无法对众多债券进行分析和选择，因此需要专业机构对债券的还本付息的可靠程度进行客观、公正和权威的评定，为投资者决策提供参考。

2. 债券的信用等级

根据《公司债券发行与交易管理办法》的有关规定，公开发行公司债券，应当委托具有从事证券服务业务资格的资信评级机构进行信用评级。评级机构将对发行债券企业的企业素质、财务质量、项目状况、项目前景和偿债能力进行评分，以此来评定发债企业的信用级别。

目前，国际上公认的权威性的信用评级机构主要有3个：美国的标准普尔（Standard & Poor's）公司、穆迪投资服务公司（Moody's Investors Service）和惠誉国际信用评级有限公司（Fitch Ratings）。国际上流行的债券等级是3等9级，AAA级为最高级，AA级为高级，A级为上中级，BBB级为中级，BB级为中下级，B级为投机级，CCC级为完全投机级，CC级为最大投机级，C级为最低级。

5.3.5 债券筹资评价

1. 债券筹资的优点

（1）债券筹资的规模较大。债券筹资的对象十分广泛，它既可以向各类银行或非银行金融机构筹资，也可以向其他法人单位、个人筹资，市场容量相对较大，能够满足企业大规模融资需求。

（2）具有长期性和稳定性。发行债券所筹集的资金通常属于长期资金，且债券的投资者一般不能在债券到期日之前向企业索要本金，因此，债券筹资方式具有长期性和稳定性的特点。

（3）有利于提高企业的社会声誉。公司债券的发行主体需满足严格的资质要求，通过发行公司债券能够向市场展示企业实力，有助于扩大公司的社会影响力，提升品牌形象和市场认可度。

2. 债券筹资的缺点

（1）资本成本负担较高。发行公司债券的程序复杂，发行成本较高，利息负担较重。同时，债券上市后需要持续履行信息披露义务，提高了企业的信息披露成本，对保守企业经营、财务等信息及其他商业机密不利。

（2）限制性条款多。发行债券通常需要履行比优先股及短期债务更严格的限制性条款，这些条款会制约企业的经营灵活性，并对后续融资能力产生影响。

小知识

可转换债券，即可转换公司债券，简称可转债，是指由公司发行并允许债券持有人在规定期限内按约定条件将其转换为公司普通股的债券。

可转换债券兼具债务和股权筹资的双重属性，因此被视为一种混合性筹资。持有可转债的投资者在特定期限内享有将债券转换为股票的权利。如果持有人未在规定的转换期限内行使这一权利，发行公司则需按票面利率在到期时偿还债券本金及支付利息，此时可转债表现出类似普通债券的债务筹资属性。当债券持有人在规定期限内将可转债转换为股票时，债券的负债性质便转化为公司的股东权益，这使可转债具备了股权筹资的特点。

可转换债券的转换涉及三个关键因素：转换期限、转换价格和转换比率。转换期限指的是可转债持有人可以将债券转换为股票的时间段；转换价格是指将债券转换为普通股时的每股价格；转换比率则指一定面额的可转债可以转换为普通股股票的数量，这一比率等于债券面值除以转换价格。在我国，可转换债券自发行结束之日起六个月后方可转换为公司股票。

5.4　长期借款

5.4.1　长期借款的种类

长期借款是指企业向银行或其他金融机构借入的使用期限超过 1 年的借款。长期借款一般用于购建固定资产和满足长期流动资金占用的需要。根据不同的方式，长期借款有以下分类。

1. 按付息方式与本金的偿还方式分类

长期借款按付息方式与本金的偿还方式可分为分期付息到期还本长期借款、到期一次还本付息长期借款及分期偿还本息长期借款。

2. 按所借币种分类

长期借款按所借币种可分为人民币长期借款和外币长期借款。

3. 按用途分类

长期借款按照用途可分为固定资产投资借款、更新改造借款、科技开发和新产品试制借款等。

4. 按提供贷款的机构分类

长期借款按提供贷款的机构可分为政策性银行贷款、商业银行贷款等。此外，企业还可从信托投资公司取得实物或货币形式的信托投资贷款，从财务公司取得各种中长期贷款等。

5. 按有无担保分类

长期借款按有无担保可分为信用贷款和抵押贷款。信用贷款指不需企业提供抵押品，仅凭其信用或担保人信誉而发放的贷款。抵押贷款是指要求企业以抵押品作为担保的贷款。长期贷款的抵押品常常是房屋、建筑物、机器设备、股票、债券等。

5.4.2　长期借款的保护性条款

长期借款的金额高、期限长、风险大，除了借款合同的基本条款外，债权人通常还在借款合同中附加各种保护性条款，以确保企业按要求使用借款和按时足额偿还借款。保护性条款一般有以下 3 类。

1. 例行性保护条款

长期借款例行性保护条款作为例行常规，在大多数借款合同中都会出现，主要包括：

（1）借款企业定期向银行提交财务报表，确保债权人及时了解公司的财务状况和经营成果。

（2）保持存货储备量，禁止在正常经营情况下大量出售资产，以保持企业正常的生产经营能力。

（3）及时清偿债务，包括到期清偿应缴纳的税金及其他债务，避免因违约罚款而造成不必要的现金流失。

（4）禁止以资产为其他债务提供担保或抵押，防止企业过度负债。

（5）禁止贴现应收票据或出售应收账款，规避或有负债风险。

（6）限制固定资产租赁规模，防范企业负担巨额租金以致削弱其偿债能力，同时避免企业以租赁固定资产的办法摆脱对其资本支出和负债的约束。

2. 一般性保护条款

一般性保护条款是对企业资产的流动性及偿债能力等方面的要求条款。这类条款应用于大多数借款合同，主要包括以下几个方面。

（1）对借款企业流动资金保持量的规定，其目的在于保持借款企业资金的流动性和偿债能力。

（2）对支付现金股利和再购入股票的限制，其目的在于限制现金外流。

（3）对资本支出规模的限制，其目的在于控制企业资产结构中的长期性资产的比例，以降低企业日后变卖固定资产以偿还债务的风险。

（4）限制其他长期债务，防止其他债权人获得对企业资产的优先索偿权。

3. 特殊性保护条款

特殊性保护条款是针对某些特殊情况而出现在部分借款合同中的条款，只有在特殊情况下才能生效，主要包括：

（1）贷款专款专用，避免贷款被用到其他风险高的项目中，保证企业的偿债能力。

（2）禁止企业投资于短期内无法收回资金的项目，保证企业资金的流动性。

（3）限制企业高级职员的薪金和奖金总额，保证企业的偿债能力。

（4）要求企业主要领导人在合同有效期内担任领导职务，避免企业主要领导人更换导致企业经营不善。

（5）要求企业主要领导人购买人身保险等，避免企业主要领导人因意外身故导致企业经营陷入困境，无法偿还债务。

5.4.3　长期借款筹资评价

1. 长期借款筹资的优点

（1）融资速度快。与发行股票、债券比较，长期贷款手续相对简单，融资速度更快。

（2）借款弹性好。企业与金融机构可以通过直接商谈来确定借款具体事宜，如数额、期限、利率、还款方式等；在借款期间，若企业情况发生变化，也可根据实际情况进行再次协商调整；还款期间，如有正当理由，仍可根据实际情况就还款时限等与银行进行再次协商。因此，长期借款对企业来说具有较大的灵活性。

（3）可以发挥财务杠杆作用。借款利息有税盾作用，可以产生财务杠杆效应，增加普通股股东的收益。

（4）有助于保守企业财务秘密。长期贷款不必对公众（潜在的投资者）负责，无须对外公开公司的财务状况，不必披露公司的重大事项，银行也负有为企业保密的义务，有助于保守企业的财务秘密。

2. 长期借款筹资的缺点

（1）限制条件多。银行为了维护自身的利益，在与企业签订的长期借款合同中常常会附加许多限制性条款，这些条款会限制企业对借入资金的灵活运用，并在一定程度上削弱企业的再融资能力。

（2）融资数量有限。长期借款只是向某家或几家金融机构融资，无法像发行股票或债券那样获得大量资金。

（3）财务风险高。长期借款有固定利息和还款期限限制，当企业经营不利、陷入财务困难时，固定的利息支出将成为企业的负担，甚至可能因无法偿还到期债务而破产。

5.5　融资租赁

5.5.1　租赁的含义及基本特征

1. 租赁的含义

租赁是指在约定的期间内，出租人将资产使用权转让给承租人以获取租金的行为。在这项交易中，承租方通过得到所需要资产的使用权，完成了筹集资金行为。

2. 租赁的基本特征

（1）所有权与使用权相分离。租赁资产的所有权与使用权分离是租赁的主要特点之一。银行信用虽然也是所有权与使用权相分离，但载体是货币资金，租赁则是资金与实物相结合基础上的分离。

（2）融资与融物相结合。租赁是以商品形态与货币形态相结合提供的信用活动，出租人在向企业出租资产的同时，解决了企业的资金需求，具有信用和贸易双重性质。它不同于一般的借钱还钱、借物还物的信用形式，而是借物还钱，并以分期支付租金的方式来体现。租赁将银行信贷和财产信贷融合在一起，成为企业融资的一种新形式。

（3）租金的分期支付。在支付方式上，租金与银行信用到期还本付息完全不同，采取了分期支付的方式。出租方的资金一次投入，分期收回。对于承租方而言，通过租赁可以提前获得资产的使用价值，分期支付租金便于分期规划未来的现金流出量。

5.5.2　租赁的分类

根据承租人的目的，租赁分为融资租赁和经营租赁。

1. 融资租赁

融资租赁是由租赁公司按照承租人要求出资购买设备，在较长的合同期内提供给承租人使用的融资信用业务。该种租赁方式是以融通资金为主要目的，其特点如下。

（1）出租的设备按承租人的要求购买，或者直接由承租人从供应商处选购。

（2）融资租赁是不可解约的租赁，即在租期内，双方均无权撤销合同。

（3）在租期内，设备只租给一个用户使用，承租人支付租金的累计总额为设备价款、利息及租赁公司的手续费之和。

（4）租期较长。租期接近于资产的有效使用期。

（5）承租人负责设备的选择、保险、保养和维修等。

（6）租赁期满，按照事先约定的方法处理设备，可能采取退还租赁公司、继续租赁或企业留购等方式，通常采用企业留购的方式，即以很少的"名义价格"（相当于设备残值）买下设备。

在融资租赁中，出租人实际上已将租赁所有权所引起的成本和风险全部转让给了承租人。

2. 经营租赁

经营租赁又称为服务性租赁，是由租赁公司向承租人在短期内提供设备，并提供维修、保养、人员培训等的一种服务性业务。该租赁方式以获得租赁物的使用权为目的，其主要特点如下。

（1）出租设备由租赁公司选定，之后再寻找承租企业。

（2）经营租赁具有可撤销性，在合理的条件下，承租人预先通知出租人即可解除租赁合同，或要求更换租赁物。

（3）在设备有效使用期内，可租给多个使用者使用，承租人所支付的租金仅为设备使用费。

（4）经营租赁的期限一般比较短，低于资产的有效使用期。

（5）租赁公司负责租赁设备的维修、保养。

（6）租赁期满或合同终止后，出租资产由租赁公司收回。

经营租赁更适用于技术过时较快的设备。

5.5.3 融资租赁的方式及基本程序

1. 融资租赁的方式

（1）直接租赁。直接租赁是指由承租人选择需要的租赁物件，出租人按照承租人的要求选购设备，然后再出租给承租人。在租赁期内，承租人仅享有使用权，并负责维修和保养租赁物件。直接租赁是融资租赁的主要形式。

（2）杠杆租赁。杠杆租赁一般要涉及贷款人、出租人和承租人三方。在该种形式下，出租人在购买租赁物时只投入部分资金（通常为资产价值的 20%~40%），剩余款项则通过抵押购入的资产或出租权，向贷款人借入。租赁物出租后，出租人收取租金偿还贷款，租赁物的所有权属于出租人。出租人利用少量自有资金即可推动大额的租赁业务，故称为杠杆租赁。出租人既是债权人也是债务人，既收取租金又要偿还债务。杠杆租赁一般用于飞机、轮船、通信设备和大型成套设备的融资租赁。

（3）售后回租。售后回租又称为售后租回融资租赁，是指承租人先将自有资产出售给出租人，再将从出租人手中租回资产使用权的融资方式。在该租赁形式下，承租人既可以通过出售资产获得资金，又可以通过租赁获得资产的使用权，且租赁费用可以分期支付。

（4）委托租赁。常见的委托融资租赁有两种方式。

第一种方式是拥有资金或设备的人委托非银行金融机构从事融资租赁，接受委托的非银行金融机构（租赁合同中的出租人）接受委托人（即拥有资金或设备的人）的资金或租赁标的物，根据委托人的书面委托，向委托人指定的承租人办理融资租赁业务。在租赁期内，租赁标的物的所有权归属委托人，出租人只收取手续费，不承担风险。这种委托租赁使没有租赁经营权的企业可以"借权"经营。电子商务租赁即依靠委托租赁作为商务租赁平台。

第二种方式是出租人委托承租人或第三方购买租赁物，并根据合同以租金的形式分期支付货款，又称委托购买融资租赁。

（5）转租赁。转租赁又称转融资租赁，是指承租人经出租人同意，将租赁物转租给第三方的交易模式。上一租赁合同的承租人同时也是下一租赁合同的出租人，称为转租人。转租赁至少涉及四方当事人：设备供应商、第一出租人、第二出租人（第一承租人）和第二承租人，租赁物的所有权归属第一出租人。

（6）项目融资租赁。在该种租赁方式中，承租人以项目自身的财产和效益为保证，与出租人签订项目融资租赁合同，从出租人处租用设备，出租人对租金的收取只能以项目的现金流量和效益来确定，出租人对承租人项目以外的财产和收益无追索权。该融资租赁方式适用于通信设备、大型医疗设备、运输设备甚至高速公路经营权等有稳定现金流，且与国计民生关系密切的大项目。

2. 融资租赁的基本程序

（1）选择租赁公司，提出租赁申请。在确定采用融资租赁方式取得设备使用权的前提下，企业应认真选择租赁公司，了解租赁公司的以往业绩、融资条件、租赁费用等，并加以比较，选择适合的租赁公司。为了达到有效融资的目的，选择最佳供货人和最适合的设备是关键的一步。承租人有能力自行选择的，可自行选择；如果承租人没有能力或能力不足以胜任，可以委托租赁机构代理选择，承租人应主要说明需要租入资产的名称、性能、数量、规格、生产厂商、交货地点等。租赁机构代理选择结果被承租人认可生效。承租人向租赁公司提出书面申请，并填写"设备租赁申请书"。租赁公司收到申请后，应向企业介绍有关手续的办理程序、租金的计算方式、租金的支付期间与支付方式等。

（2）出租人对承租人的信用状况及租赁项目进行审查。在开展融资租赁以前，有两个基本条件必须得到满足：一是出租人对承租人的信用状况（包括承租人企业的产业特点、经营状况、财务报表、现金流量、项目情况、偿还能力、担保等）经审查后认可，并同意与其开展该项目的融资租赁交易；二是承租人必须对融资租赁的特点和实际运作有基本认识和一定的了解，出租人和承租人双方能配合在一起开展工作。租赁双方达成初步意向后，能否向企业提供租赁服务，需由租赁公司对租赁项目进行审查，以确保出租方的利益。审查的内容包括：租赁项目的可行性、企业的资信与能力、租赁设备的先进性等。

（3）签订租赁合同和购货合同。经过租赁公司审查，认为切实可行后，承租企业与租赁公司进入实质性谈判阶段。若双方达成共识，则签订租赁合同。承租人与出租人签订的租赁合同是重要的法律文件，双方应对租赁合同的具体内容进行平等协商并达成统一。租赁合同应重点约定租金金额、租金支付的方式、手续费率、租期、利息率等双方的权利、义务。与供货方的供货合同、与贷款银行的贷款合同的签订程序也应立即启动或同时进行。购货合同应由承租人、出租人和供货商三者参加签订。在委托租赁的情况下，由租赁公司向供货商订购，并签订订货合同，同时由承租人副签。

（4）设备的交接及货款支付。供货商应根据合同规定的日期将设备直接移交给承租企业，承租企业负责验货、办理交接手续，租赁公司根据此情况向供货商支付设备价款。

（5）定期支付租金。承租企业按合同规定的租金数额、支付方式等，向租赁公司定期支付租金。这也是承租企业对所筹资金的分期还款。

（6）维修保养及租赁期满租赁资产的处置。承租人可与租赁设备供货商签订维修保养合同，并支付有关费用。融资租赁合同期满时，承租企业应按租赁合同的规定，实行退租、续租或留购。租赁期满的设备通常都以低价卖给承租企业或无偿赠送给承租企业。

5.5.4　融资租赁的租金

融资租赁的核心特征是以定期交付租金作为唯一的支付方式。因此，租金计算是该业务的核心要素。它直接影响承租人和出租人的利益分配，是进行租赁合同谈判和签约的基础，同时又是租赁合同履约过程中双方进行成本核算、利润核算、财务处理的重要依据。

租金的多少取决于以下几个因素：设备原价及预计残值，其中，原价包含设备的买价、运输费、安装调试费及保险费等，预计残值指的是设备租赁期满后出售可得的收入；利息指出租人为承租人购置设备垫付资金所应支付的利息；租赁手续费指出租人承办租赁设备所发生的业务费和必要的利润。

租金计算的方法很多，而我国融资租赁实务大多采用平均分摊法和等额年金法。

微课堂

融资租赁的租金计算

1. 平均分摊法

这种计算方法不考虑设备购置成本的货币时间价值，先以确定的利息率和手续费率计算出租赁期间应支付的复利利息和手续费，再加上设备成本，然后按支付次数平均计算每次应支付的租金。

若以 A 表示每次支付的租金，C 表示租赁设备的购置成本，S 表示租赁设备的预计残值，I 表示租赁期间的利息，F 表示租赁期间的手续费，N 表示支付次数，且残值归租赁公司，则每次支付的租金 A 为：

$$A = \frac{(C-S)+F+I}{N} \tag{5-2}$$

【例 5-2】B 公司于 2024 年 1 月 1 日从租赁公司租入一套设备。该套设备的购置成本为人民币 1 000 万元，租期为 10 年；预计期满时，该套设备的残值为 10 万元，该设备残值归租赁公司；租赁手续费为设备价值的 2%，双方约定于承租期内分期支付；约定利息率为 10%，利息按复利计算。如果 B 公司每年年末支付当年租金，则按照平均分摊法，B 公司租赁该套设备每年支付的租金为多少？

解：C=1 000（万元） S=10（万元） F=1 000×2%=20（万元）

I=1 000×（1+10%）^{10}-1 000=1 593.70（万元）

租赁该套设备每次支付的租金为：

$$A = \frac{(1\ 000-10)+20+1\ 593.70}{10} = 260.37\ （万元）$$

2. 等额年金法

等额年金法运用年金现值的计算原理测算每期应付租金。在等额年金法下，通常综合考虑租赁手续费率和利率，以此确定一个租费率，并作为折现率。

假设每期租金在期末支付，若以 A 表示每期支付的租金，PVA_n 表示等额租金现值（年金现值），$(P/A, i, n)$ 表示等额租金现值系数（年金现值系数），N 表示支付租金期数，i 表示折现率，则有：

$$A = \frac{PVA_n}{(P/A,\ i,\ n)} \tag{5-3}$$

【例 5-3】ABC 公司于 2024 年 1 月 1 日从租赁公司租入设备一套，价值 600 万元，租期 5 年，租赁期满时预计残值 5 万元，残值归租赁公司所有，年利率为 8%，租赁手续费率为每年 2%，租金每年年末支付一次，则 ABC 公司每年支付的租金为多少？

解：根据年租赁手续费率和年利率，可以确定折现率为 10%，则：

$$每年租金 = \frac{6\ 000\ 000-50\ 000×(P/F,10\%,5)}{(P/A,10\%,5)} = \frac{5\ 968\ 955}{3.790\ 8} = 1\ 574\ 590\ （元）$$

为了便于有计划地支付租金，承租人可编制租金摊销计划表。根据本例有关资料编制的租金摊销计划表如表 5-1 所示。

表 5-1 租金摊销计划表 单位：元

年份	期初本金 （1）	支付租金 （2）	应计租费 （3）=（1）×10%	本金偿还额 （4）=（2）-（3）	本金余额 （5）=（1）-（4）
2024	6 000 000	1 574 590	600 000	974 590	5 025 410
2025	5 025 410	1 574 590	502 541	1 072 049	3 953 361

续表

年份	期初本金 （1）	支付租金 （2）	应计租费 （3）=（1）×10%	本金偿还额 （4）=（2）-（3）	本金余额 （5）=（1）-（4）
2026	3 953 361	1 574 590	395 336	1 179 254	2 774 107
2027	2 774 107	1 574 590	277 411	1 297 179	1 476 928
2028	1 476 928	1 574 590	147 662[*]	1 426 928	50 000
合计		7 872 950	1 922 950	5 950 000	50 000

*：2028 年应计租费金额为倒挤算出。

5.5.5　融资租赁筹资评价

1. 融资租赁筹资的优点

（1）企业无需一次性投入大量资金即可获得所需要的资产或设备，有效缓解了设备购置的现金流压力。因此，融资租赁能帮助企业解决资金短缺和扩大生产的矛盾。企业通过分期支付少量资金得到自己所需的生产设备或资产后，可以用设备所生产的产品销售收入支付租金，这样可以减轻购置资产的现金流量压力。

（2）筹资的限制条件较少。企业运用股票、债券、长期借款等方式筹资时均要受到较多的筹资条件的限制。相比其他长期筹资方式，融资租赁所受限制的条件较少。

（3）财务风险小。融资租赁与购买设备的一次性支出相比，能够避免一次性支付大量资金的负担，企业无需一次性筹集大量资金，而且避免了到期归还大量资金的情况。

（4）融资速度更快。融资租赁审核手续相对简便、操作快捷，且融资租赁实现了"融资"与"融物"的统一，使得企业能更快地获得资产，投入生产。

2. 融资租赁筹资的缺点

（1）资本成本较高。一般来说，租金通常高于银行借款或债券负担的利息，租金总额通常要高于设备价值的 30%。与长期借款和债券比，融资租赁的资本成本较高。

（2）形成企业的财务负担。公司经营不景气时，租金支出将是一项沉重的财务负担且租期长，一般不可撤销，企业资金运用受到制约。

本章小结

按企业所取得资金的权益特征的不同，长期筹资方式可分为股权筹资和债务筹资两类。股权资本是股东投入的、企业依法长期拥有的、能够自主调配运用的资本。对于股权资本，企业可以通过吸收直接投资、发行普通股或优先股来筹集。债务资本是企业按照合同向债权人取得的，在规定期限内需要清偿的债务。债务资本，可以通过长期借款、发行债券、融资租赁等方式筹集。本章对以上各种长期资本筹资方式都做了比较详细的介绍。

（1）吸收直接投资指企业寻找资金提供者，不以股票为媒介，由资金提供者直接注入资金到企业。吸收直接投资的优点是：有利于增强企业信誉，有利于尽快形成生产能力，有利于降低财务风险。吸收直接投资的缺点是：资本成本较高，容易分散控制权，筹资范围小，不便于转让。

（2）股份有限公司可以通过向投资者发行股票筹集所需资金。股份有限公司发行股票，必须符合一定的条件。根据股东所拥有的权利的不同，股票可以分为普通股和优先股。普通股是指在公司的经营管理和盈利及财产的分配上享有普通权利的股份。普通股筹资的优点是：筹资风险小，有助于增强企业的借债能力，筹资数量大，筹资限制较少。普通股筹资的缺点是：资本成本较高，容易分散控制权。优先股是公司在筹集资金时，给予投资者某些优先权的股票。优先股的优先权主要表现为有固定的股息，以及当公司破产进行财产清算时，优先股股东对公司剩余财产有先于普通股股东的要求权。但优先股一般不参加公司的红利分配，持股人亦无表决权，不能借助表决权参加公司的经营管理。

（3）债券是发行人按照法定程序发行的、约定在一定期限内还本付息的有价证券。债券是债券持有人拥有公司债权的书面证明，具有法律效力。它代表债券持有人与发行者之间的债权债务关系。债券发行人即债务人，投资者（或债券持有人）即债权人。债券筹资的优点：筹资规模大，具有长期性和稳定性，有利于提高企业声誉。债券筹资的缺点：资本成本高，限制条件多。

（4）长期借款是指企业向银行或其他金融机构借入的使用期限超过1年的借款。长期借款筹资的优点有：筹资速度快，借款弹性大，有财务杠杆效应等。长期借款筹资的缺点有：财务风险高，限制条款较多，筹资数额有限。

（5）租赁是指在约定的期间内，出租人将资产使用权让与承租人以获取租金的行为。在这项交易中，承租方通过得到所需要的资产的使用权，完成了筹集资金的行为。根据租赁目的不同，租赁可以分为经营租赁和融资租赁。经营租赁又称为服务性租赁，是由租赁公司向承租人在短期内提供设备，并提供维修、保养、人员培训等的服务性业务。该种租赁方式是以获得租赁物的使用权为目的。融资租赁是由租赁公司按照承租人要求出资购买设备，在较长的合同期内提供给承租人使用的融资信用业务。该种租赁方式以融通资金为主要目的。

关键术语

普通股　优先股　债券　长期借款　经营租赁　融资租赁

练习题

一、思考题

1. 试阐述吸收直接投资的优缺点。
2. 试分析股票包销和代销对发行公司的利弊。
3. 试说明债券筹资的优缺点。
4. 试说明融资租赁筹资的优缺点。
5. 试说明长期借款筹资的优缺点。

二、单项选择题

1. 下列各选项中，不属于吸收直接投资的优点的是（　　　）。
   - A. 有利于增强企业资信
   - B. 有利于尽快形成生产能力
   - C. 资本成本低
   - D. 财务风险小
2. 不记名股票中，不记载的内容是（　　　）。
   - A. 发行日期
   - B. 编号
   - C. 股东的姓名或名称
   - D. 股票数量
3. 根据《证券法》的规定，累计债券余额不得超过公司净资产的（　　　）。
   - A. 10%
   - B. 20%
   - C. 30%
   - D. 40%

4. 下列各项中，不属于融资租赁方式的是（　　　）。

    A. 售后租回　　　　　B. 直接租赁　　　　　C. 杠杆租赁　　　　　D. 服务性租赁

5. 某公司拟发行 5 年期债券，票面金额为 100 元，票面利率为 12%，当时市场利率为 10%，则该公司债券的发行价格为（　　　）元。

    A. 100　　　　　　　B. 93.22　　　　　　　C. 107.58　　　　　　D. 105.35

6. 人们通常把期限在（　　　）以上的借款称为长期借款。

    A. 1 年　　　　　　　B. 5 年　　　　　　　C. 10 年　　　　　　D. 2 年

三、判断题

1. 吸收直接投资指企业寻找资金提供者，以股票为媒介，由资金提供者直接注入资金到企业。
    （　　　）

2. 在我国，股票发行价格既可以按票面金额确定，也可以超过票面金额或低于票面金额的价格确定。
    （　　　）

3. 债券的付息期可以是到期一次支付，或 1 年、6 个月、3 个月支付一次。　　（　　　）

4. 优先股既像公司债券，又像公司股票，是一种混合筹资工具。　　　　　　（　　　）

5. 经营租赁和融资租赁都是租赁，它们在会计处理上没有区别。　　　　　　（　　　）

6. 发行公司债券筹集的资金可以用于弥补亏损和非生产性支出。　　　　　　（　　　）

7. 信用贷款不需企业提供抵押品，仅凭其信用或担保人信誉即可发放。　　　（　　　）

四、计算题

1. H 公司是一家大型家具上市公司，现急需筹集资金 5 000 万元，用于投资新生产车间项目。H 公司拟发行 10 年期的公司债券，债券面值为 1 000 元，票面利率为 9%，每年年末付息一次，到期还本。目前等风险普通债券的市场利率为 10%。请计算 H 公司拟发行的公司债券的发行价格。

2. 某公司从租赁公司融资租入一台设备，价格为 400 万元，租期为 8 年。租赁期满时，该设备的预计净残值 20 万元归租赁公司所有，假设年利率为 8%，租赁手续费率为每年 2%，每年年末等额支付租金，则租赁该套设备每次支付的租金为多少？

五、案例题

案例一　鸿运建设股份有限公司发行公司债券

鸿运建设股份有限公司（以下简称"鸿运公司"）是信用等级为 AAA 的股份制基建企业。该公司主要从事港口、码头、航道、公路、桥梁、铁路、隧道、市政等基础设施建设和房地产开发业务，近几年运行良好，且具有健全的组织机构。该公司 2023 年末的净资产为 451.71 亿元（合并报表中归属于母公司所有者的权益）；发行人最近三年盈利水平保持稳定，最近三个会计年度实现的年均可分配利润为 45.03 亿元（合并报表中归属于母公司所有者的净利润），无债券违约或延迟支付本息等情况。

筹集资金的目的：40 亿元用于偿还银行借款，剩余部分用于满足公司中长期资金需求及补充流动资金。

企业债券发行的有关情况如下。

（1）债券名称：鸿运建设股份有限公司企业债券。

（2）发行总额：80 亿元人民币。

（3）债券期限：5 年，自 2024 年 6 月 11 日至 2029 年 6 月 10 日。

（4）债券利率：5%，单利按年计息，不计复利，每年付息一次，到期一次还本，最后一期利息随本金的兑付一起支付。

（5）发行方式：实名制记账式公司债券，采取网上公开发行和网下询价簿记相结合的方式。

（6）发行范围和对象。

① 网上发行：持有登记公司开立的首位为 A、B、D、F 证券账户的社会公众投资者。

② 网下发行：在登记公司开立合格证券账户的机构投资者。

（7）发行人：鸿运建设股份有限公司。

（8）主承销商：宏达证券股份有限公司。

（9）债券托管人：宏达证券股份有限公司。

（10）债券担保人：鸿运建设集团有限公司（以下简称"鸿运集团"）为本期债券提供全额无条件不可撤销的连带责任保证担保。

鸿运集团成立于 2001 年，是一家大型国有企业，业务范围包括：承包境外工程和境内国际招标工程；船舶建造、租赁及维修；海洋工程有关专业服务；运输业、酒店业、旅游业的投资与管理。

（11）发行人最近三年的财务状况如表 5-2 和表 5-3 所示，其中 2021 年至 2023 年度发行的债券均为 5 年期债券，且利率均为 4%，单利按年计息，不计复利，每年付息一次，到期一次还本，最后一期利息随本金的兑付一起支付。

表 5-2   鸿运建设股份有限公司合并资产负债表   单位：万元

资产	2023 年	2022 年	2021 年	负债及股东权益	2023 年	2022 年	2021 年
流动资产：				流动负债：			
货币资金	2 694 012	2 294 732	3 125 761	短期借款	3 002 595	1 885 138	1 596 808
交易性金融资产	143 126	66 796	2 347	交易性金融负债	72 517	15 822	1 887
应收票据	176 471	88 988	114 992	应付票据	605 543	474 788	258 337
应收账款	3 276 992	2 450 483	1 790 386	应付账款	4 362 649	3 211 172	2 311 074
预付款项	1 335 288	1 102 553	632 652	预收款项	4 122 935	2 310 354	1 831 360
应收利息	1 090	7	2 012	应付职工薪酬	181 001	180 148	144 369
应收股利	1 569	6 412	1 910	应交税费	258 991	343 927	228 335
其他应收款	845 679	522 824	482 474	应付利息	17 001	2	
存货	5 484 096	3 404 969	2 493 399	应付股利	12 365	12 315	54 616
一年内到期的非流动资产	713 607	299 569	158 135	其他应付款	606 001	458 499	433 772
其他流动资产	26 618	7 102	5 441	一年内到期的非流动负债	545 581	320 203	477 293
流动资产合计	14 698 548	10 244 435	8 809 509	其他流动负债	247 944	10 310	239 478
非流动资产：				流动负债合计	14 035 123	9 222 678	7 577 329
可供出售金融资产	537 863	1 582 368	668 979	非流动负债：			
持有至到期投资	200	201	201	长期借款	999 553	763 251	659 053
长期应收款	1 040 763	724 806	337 139	应付债券	1 000 000	500 000	200 000
长期股权投资	571 109	494 071	329 006	长期应付款	330 724	330 516	346 307
投资性房地产	69 943	75 980	81 183	专项应付款	12 396	12 473	7 845
固定资产	2 953 270	2 020 328	1 759 278	预计负债	48 343	61 079	7 709
在建工程	858 524	711 570	343 544	递延所得税负债	108 108	399 560	211 933
无形资产	1 241 015	1 067 190	670 274	其他非流动负债	6 012	6 305	

续表

资产	2023 年	2022 年	2021 年	负债及股东权益	2023 年	2022 年	2021 年
开发支出	733			非流动负债合计	2 505 136	2 073 184	1 432 847
商誉	465	25	33	负债合计	16 540 259	11 295 862	9 010 176
长期待摊费用	7 067	4 488	1 731	股东权益：			
递延所得税资产	115 032	147 506	172 870	股本	1 482 500	1 482 500	1 482 500
其他非流动资产	82 260	49 442	5 567	资本公积	2 006 391	2 894 768	2 132 834
非流动资产合计	7 478 244	6 877 975	4 369 805	盈余公积	32 272	15 998	
				未分配利润	993 654	542 407	59 073
				外币报表折算差额	2 326	1 723	（1 392）
				归属于母公司股东权益合计	4 517 143	4 937 396	3 673 015
				少数股东权益	1 119 390	889 152	496 123
				股东权益合计	5 636 533	5 826 548	4 169 138
资产总计	22 176 792	17 122 410	13 179 314	负债及股东权益总额	22 176 792	17 122 410	13 179 314

表 5-3　　　　　　　　　　　鸿运建设股份有限公司合并利润表　　　　　　　　　　单位：万元

项目	2023 年	2022 年	2021 年
一、营业收入	18 042 953	15 174 510	11 579 874
减：营业成本	15 793 859	13 311 740	10 089 756
税金及附加	437 545	352 539	267 893
销售费用	48 989	40 878	39 923
管理费用	732 158	575 988	561 138
财务费用	183 678	111 509	123 574
资产减值损失	48 367	15 385	69 769
加：公允价值变动收益/（损失）	38 827	19 535	（1 050）
投资收益	77 940	50 559	23 198
其中：对联营企业和合营企业的投资（损失）/收益	（7 708）	9 111	1 564
二、营业利润	915 124	836 565	449 969
加：营业外收入	54 262	42 818	23 490
减：营业外支出	13 523	16 834	22 214
其中：非流动资产处置损失	2 446	3 588	5 747
三、利润总额	955 863	862 549	451 245
减：所得税	177 969	194 948	97 580
四、净利润	777 894	667 601	353 665
归属于母公司股东的净利润	597 982	511 205	241 621
少数股东损益	179 912	156 396	112 044

要求：根据上述情况，分析和讨论下列问题。

（1）鸿运公司的筹资规模是否恰当？应从哪几个方面分析？

（2）鸿运公司的筹资期限、利率与偿还方式是否合适？

（3）如何进行债券融资决策？我国企业发行债券应符合哪些条件？应遵循哪些具体规定？

案例二　博文公司筹资分析

博文公司是一家船舶制造企业，属于行业标杆企业，但是该公司 2023 年末资产负债率达到 70.2%，且近几年负债率一直居高不下。2023 年公司总资产 1 778 亿元，总负债 1 248 亿元，其中长期借款为 165 亿元，且有 30 亿元的长期借款将于 2024 年到期，为此，公司需考虑采用合适的筹资方式来偿还贷款，并降低负债比率。

2024 年初，公司经过多次研究讨论，鉴于公司在行业具有较高的影响力，且公众对于公司认可度较高等情况，决定增发普通股来筹资，根据公司近一个月平均股价确定本次发行股票的价格为每股 30 元，增发 1 亿股，以此偿还到期债务，筹资前后主要财务数据如表 5-4 所示。

表 5-4　　　　　　　　　　　主要财务数据表　　　　　　　　　　　单位：亿元

项目	2024 年末实际	追加筹资后预计数（不考虑其他因素影响）
资产总额	1 778	1 778
长期借款	165	135
负债总额	1 248	1 218
股本	45	46
所有者权益总额	530	560

要求：根据上述情况，分析和讨论下列问题。

（1）请分析股票筹资方式的优缺点。

（2）你如何评价此次筹资？

（3）你对博文公司未来的筹资方式有什么建议？

第6章
筹资决策

【学习目标】

本章介绍筹资决策的基本原理和基本方法。

通过本章的学习，读者应达到以下目标。

- 掌握个别资本成本率、加权平均资本成本率及边际资本成本率的计算方法；
- 理解财务管理中的杠杆原理，熟练掌握杠杆系数的计算方法；
- 了解影响资本结构的因素，掌握资本结构的决策方法。

【引导案例】

佳宁机械的筹资决策

佳宁机械，作为一家专注于机械设备制造的企业，正面临着筹资决策的关键时刻。目前，公司总资本达到 4 200 万元，其中普通股资本 1 000 万元，由 1 000 万股组成，每股面值 1 元，债务资本则为 3 200 万元，年利率维持在 10%，预计年息税前利润可达 1 600 万元。为了深化国际市场布局并提升盈利能力，佳宁机械计划投资 4 000 万元设立一个海外全资子公司。预期该子公司投产后，将为公司带来每年 2 000 万元的销售收入增长及 400 万元的息税前利润增长。

在筹措这 4 000 万元投资资金的过程中，佳宁机械面临两种选择：一是发行 4 000 万元、利率为 11% 的公司债券；二是以每股 20 元的价格发行 200 万股普通股。经过公司高层深入分析及咨询专业筹资顾问的意见后，佳宁机械最终决定选择后者，即以每股 20 元的价格发行 200 万股来筹集所需资金。这一决策背后考虑了哪些因素？企业筹资时如何平衡资本成本、财务风险与企业可持续发展之间的关系？

6.1　资本成本

资本成本是衡量筹资、投资经济效益的标准。企业筹得的资本付诸使用以后，只有投资项目的收益率高于资本成本率，才能表明所筹集和使用的资本取得了较好的经济效益。正确估计项目的资本成本是制定投资决策的基础。

6.1.1　资本成本的含义和作用

1. 资本成本的含义

企业从各种渠道筹集的资本不能无偿使用，而要付出代价。资本成本是指企业为取得和使用资本而支付的各种费用。从绝对量的构成来看，资本成本包括筹资费用和用资费用两个部分。但在企业筹资实务中，常常运用资本成本的相对数，即资本成本率表示。资本成本率是企业用资费用与有效筹资额之间的比率，常用百分比表示。

（1）用资费用。用资费用是指企业因使用资本而付出的费用。例如，向债权人支付利息、向股东支付股利等。

（2）筹资费用。筹资费用是指企业在筹集资本过程中为获取资本而付出的花费。例如，发行债券、股票支付的发行费，向银行借款支付的手续费等。

2. 资本成本的作用

（1）资本成本是企业选择资金来源、确定筹资方案的重要依据。企业可以通过很多方式筹集长期资金，如长期借款、发行债券、发行股票等。不同筹资方式的资本成本不尽相同，资本成本的高低可以作为比较筹资方式的依据，有助于企业选择最优的筹资方案。

（2）资本成本是企业评价投资项目、确定投资方案的主要标准。西方教材常将资本成本定义为"一个投资项目必须实现的最低收益率，以证明其资金分配的合理性"。对于任何投资项目，若预期投资收益率高于资本成本率，则有利可图，这个项目在经济上是可行的；若预期投资收益率低于资本成本率，则企业将发生亏损，这项方案就应舍弃不用。因此，资本成本是企业用以确定投资项目是否可行的标准。

例如，有 A、B、C、D、E 5 个投资项目，其投资额和投资报酬率如表 6-1 所示。从表中可以看出 B 项目、C 项目的投资报酬率高于资本成本率，有利可图。D 项目、E 项目的投资报酬率低于资本成本率，将导致亏损。A 项目的投资报酬率和资本成本率持平，虽然没有亏损，但没有产生任何盈利。因此，应该舍弃 A、D、E 项目。

表 6-1　　　　　　　　　　5 个投资项目的投资额和投资报酬率一览表

项目	投资额（万元）	投资报酬率（%）	资本成本率（%）
A	30	5	5
B	40	10	5
C	50	7	5
D	60	4	5
E	70	3	5

（3）资本成本是评价企业经营成果的最低标准。资本成本率是企业要求的最低投资报酬率。无论一项投资以何种方式筹资，该项目的资本成本都是该项目必须实现的最低收益。因此，在实际的生产经营活动中，资本成本率就成为衡量企业投资收益率的最低标准。如果资本成本率高于投资收益率，则企业必须制定相应的改善措施。

6.1.2　个别资本成本率

个别资本成本是指各种筹资方式的成本。企业的长期资本一般有长期借款、债券、优先股、普通股、留存收益等，其中前两者可以统称为债务资本，后三者可统称为权益资本。个别资本成本率相应的有长期借款资本成本率、债券资本成本率、优先股资本成本率、普通股资本成本率、留存收益资本成本率。

1. 债务成本

债务筹资的主要特征如下。①债务筹资产生合同义务。筹资公司在取得资金的同时，必须承担规定的合同义务，这种义务包括在未来某一特定时间归还本金，以及支付本金以外的利息；②企业债权人本息的请求权优先于支付股东的股利；③企业债权人只能获得合同约定的利息，无权要求合同约定的利息以外的收益。

（1）长期借款资本成本率。根据《中华人民共和国企业所得税法》的规定，债务成本的利息可以在企业的所得税前列支，因此，企业实际负担的债务资本成本率应当考虑所得税因素。

企业长期借款资本成本率可以按照式（6-1）计算：

$$K_t = \frac{I_t(1-T)}{L(1-F_t)} = \frac{R_t(1-T)}{1-F_t} \tag{6-1}$$

式中，K_t 为长期借款资本成本率；I_t 为长期借款年利息；T 为企业所得税税率；L 为长期借款筹资额，即借款本金；F_t 为长期借款筹资费用率；R_t 为长期借款年利率。

【例 6-1】某企业从银行取得长期借款 100 万元，年利率为 10%，期限为 5 年，利息在每年年末支付，本金在第 5 年年末一次性支付。长期借款的筹资费用率为 0.2%，企业的所得税税率为25%。那么该笔长期借款的资本成本率为：

$$K_t = \frac{I_t(1-T)}{L(1-F_t)} = \frac{R_t(1-T)}{1-F_t} = \frac{100 \times 10\% \times (1-25\%)}{100 \times (1-0.2\%)} = 7.52\%$$

【例 6-2】某企业从银行取得长期借款 150 万元，年利率为 12%，利息分期支付，本金于借款到期日一次性支付，长期借款筹资费用为 1 万元，企业所得税税率为 25%，那么该笔长期借款的资本成本率为：

$$K_t = \frac{I_t(1-T)}{L(1-F_t)} = \frac{150 \times 12\% \times (1-25\%)}{150-1} = 9.06\%$$

当长期借款的筹资费用主要为手续费且金额很小时，可以忽略不计。在长期借款附加补偿性余额（补偿性余额是银行要求借款人在银行中保持按贷款限额或实际借用额一定百分比计算的最低存款余额。补偿性余额有助于银行降低贷款风险，补偿其可能遭受的风险；对借款企业来说，补偿性余额则提高了借款的实际利率，加重了企业的利息负担）的情况下，长期借款筹资额应该减去补偿性余额。这时长期借款资本成本率的计算公式为：

$$K_t = \frac{I_t(1-T)}{(L-CB)(1-F_t)} \tag{6-2}$$

式中，CB 为补偿性余额。

【例 6-3】某企业从银行借入 1 000 万元，期限为 3 年，年利率为 9%，每年付息一次，到期一次还本。银行要求的补偿性余额为 10%，筹资费用忽略不计。企业的所得税税率为 25%，那么该企业长期借款的资本成本率为：

$$K_t = \frac{I_t(1-T)}{(L-CB)(1-F_t)} = \frac{1\,000 \times 9\% \times (1-25\%)}{1\,000 \times (1-10\%) \times (1-0)} = 7.5\%$$

（2）债券资本成本率。债券成本的利息也可以在所得税前列支，但是债券的筹资费用比较高。债券的筹资费用包括申请费、注册费、印刷费和推销费等。债券的发行价格有等价、折价、溢价等情况。债券的利息按照债券的票面金额和票面利率确定，但是债券的筹资额按发行价格确定，而不是债券的票面价格。债券资本成本率的计算公式为：

$$K_b = \frac{I_b(1-T)}{B(1-F_b)} \tag{6-3}$$

式中，K_b 为债券资本成本率；I_b 为债券年利息；T 为企业所得税税率；B 为债券筹资额，按发行价格确定；F_b 为债券筹资费用率。

【例 6-4】某公司发行面值为 1 000 元的债券共计 10 000 张，票面利率为 10%，发行价格为900 元/张，每年付息一次，发行费为发行价格的 3%，企业所得税税率为 25%，则该企业债券的资本成本率计算如下：

发行价格总额 = 900 × 10 000 = 9 000 000（元）= 900（万元）

筹资费用 = 900 × 3% = 27（万元）

支付的利息 = 1 000 × 10% × 10 000 = 100（万元/年）

$$债券资本成本率 = \frac{I_b(1-T)}{B(1-F_b)} = \frac{100 \times (1-25\%)}{900 \times (1-3\%)} = 8.59\%$$

该债券的资本成本率为 8.59%，由于发行价格（900 元）低于票面价格（1 000 元），因此该债券为折价发行。

如果【例 6-4】中的债券发行价格为 1 000 元，债券资本成本率为：

发行价格总额 = 1 000 × 10 000 = 10 000 000（元）= 1 000（万元）

筹资费用 = 1 000 × 3% = 30（万元）

支付的利息 = 1 000 × 10% × 10 000 = 100（万元/年）

$$债券资本成本率 = \frac{I_b(1-T)}{B(1-F_b)} = \frac{100 \times (1-25\%)}{1\,000 \times (1-3\%)} = 7.73\%$$

该债券的资本成本率为 7.73%，由于发行价格（1 000 元）等于票面价格（1 000 元），因此该债券为平价发行。

如果【例 6-4】中的债券发行价格为 1 100 元，债券资本成本率为：

发行价格总额 = 1 100 × 10 000 = 11 000 000（元）= 1 100（万元）

筹资费用 = 1 100 × 3% = 33（万元）

支付的利息 = 1 000 × 10% × 10 000 = 100（万元/年）

$$债券资本成本率 = \frac{I_b(1-T)}{B(1-F_b)} = \frac{100 \times (1-25\%)}{1100 \times (1-3\%)} = 7.03\%$$

该债券的资本成本率为 7.03%，由于发行价格（1 100 元）高于票面价格（1 000 元），因此该债券为溢价发行。

在实际业务中，债券发行费用较高，债券的利率水平也要高于长期借款的利率，因此，债券资本成本率一般要高于长期借款资本成本率。

2. 权益成本

企业的权益成本主要是指优先股资本成本、普通股资本成本、留存收益资本成本等。权益成本包括投资者的预期报酬和筹资费用两个部分。与债务成本的利息不同，权益成本的报酬，也就是企业向股东支付的股利是以缴完所得税后的净利润支付的，因此，股利的支付并没有抵减企业应缴的所得税。

微课堂

优先股资本成本率

（1）优先股资本成本率。优先股资本成本是企业以优先股方式筹集资金所支付的各项费用。企业通过发行优先股来筹集资金时，要支付筹资费用和优先股股利。优先股每期股利通常都是固定的，但是优先股股利从税后利润中支付，没有抵税作用。优先股资本成本率的计算公式为：

$$K_p = \frac{D_p}{P_0(1-F_p)} \tag{6-4}$$

式中，K_p 为优先股资本成本率；D_p 为优先股每年股利；P_0 为优先股发行价格；F_p 为优先股筹资费用率。

【例 6-5】某公司发行优先股总面额为 1 000 万元，发行总价格为 1 500 万元，筹资费用率为 6%，规定年股利率为面值的 15%。则该优先股的资本成本率为：

$$K_p = \frac{1\,000 \times 15\%}{1\,500 \times (1 - 6\%)} \approx 10.64\%$$

（2）普通股资本成本率。普通股资本成本是面向未来的，不是过去的成本。发行股票筹集资金，需要支付发行费用。企业要赚取更多的利润，用于满足股东及发行中介要求的报酬。因此，发行新股与留存收益的成本不同。留存收益不存在发行费。

① 资本资产定价模型。在计算权益成本时，使用最为广泛的方法是资本资产定价模型。按照资本资产定价模型，权益成本等于无风险报酬率加上风险溢价。

$$K_s = R_f + \beta \times (R_m - R_f) \tag{6-5}$$

式中，K_s 为普通股资本成本率；R_f 为无风险报酬率；β 为该股票的贝塔系数；R_m 为证券市场平均报酬率；$\beta \times (R_m - R_f)$ 为该股票的风险溢价。

【例 6-6】市场无风险报酬率为 10%，证券市场平均报酬率为 14%，某公司普通股的 β 为 1.2。则该普通股的资本成本率为：

$$K_s = R_f + \beta \times (R_m - R_f) = 10\% + 1.2 \times (14\% - 10\%) = 14.8\%$$

② 股利增长模型。股利增长模型是依照股票投资的收益率不断提高的思路计算权益资本成本。一般假定收益以固定的年增长率递增，则权益成本的计算公式为：

$$K_s = \frac{D_1}{P_0(1 - F)} + g \tag{6-6}$$

式中，K_s 为普通股资本成本率；D_1 为预期年股利额；P_0 为普通股当前市价；F 为发行普通股筹资费用率；g 为股利的年增长率。

使用股利增长模型的主要问题是估计长期平均增长率 g。如果一家企业当年支付了股利，那么 D_0 就是已知的，而 $D_1 = D_0(1 + g)$。

【例 6-7】某公司普通股目前的股价为 10 元/股，筹资费率为 4%，股利固定增长率为 3%，所得税税率为 25%，预计下次支付的每股股利为 2 元，该公司的普通股资本成本率为：

$$K_s = \frac{D_1}{P_0(1 - F)} + g = \frac{2}{10 \times (1 - 4\%)} + 3\% = 23.83\%$$

【例 6-8】某公司普通股市价为 30 元/股，筹资费用率为 2%，本年每股发放现金股利 0.6 元，预期股利年增长率为 10%。该公司的普通股资本成本率为：

$$K_s = \frac{D_1}{P_0(1 - F)} + g = \frac{D_0(1 + g)}{P_0(1 - F)} + g = \frac{0.6 \times (1 + 10\%)}{30 \times (1 - 2\%)} + 10\% = 12.24\%$$

（3）留存收益资本成本率。企业的留存收益是由企业税后净利润形成的，是一种所有者权益，其实质是所有者向企业的追加投资。企业利用留存收益筹资无须发生筹资费用。如果企业将留存收益用于再投资，所获得的收益率低于股东自己进行一项风险相似的投资项目的收益率，企业就应该将其分配给股东。留存收益的资本成本率表现为股东追加投资要求的报酬率，其计算方式与普通股资本成本基本相同，也分为股利增长模型法和资本资产定价模型法，不同之处在于留存收益资本成本率不考虑筹资费用。

▶ 微课堂

加权平均资本成本计算

6.1.3　加权平均资本成本率

加权平均资本成本率是指多种融资方式下的综合资本成本率，可以反映企业资本成本整体水平。在衡量和评价企业筹资总体经济性时，需要计算企业的平均资本成本率。

企业加权平均资本成本率是以各项个别资本在企业总资本中的比重为权数，对各项个别资本成本率进行加权平均而得到的加权平均资本成本，其计算公式为：

$$K_W = \sum_{j=1}^{n} K_j W_j \tag{6-7}$$

式中，K_W 为加权平均资本成本率；K_j 为第 j 种个别资本成本率；W_j 为第 j 种个别资本在全部资本中的比重。

【例 6-9】某公司共有长期资本（账面价值）1 000 万元，其中长期借款 150 万元、债券 200 万元、优先股 100 万元、普通股 300 万元、留存收益 250 万元，对应的成本率分别为 5.64%、6.25%、10.50%、15.00%、15.00%。该公司的综合资本成本可分两步计算如下。

第一步，计算各种资本占全部资本的比重。

长期借款：$W_l = 150 \div 1\,000 = 0.15$

债券：$W_l = 200 \div 1\,000 = 0.20$

优先股：$W_p = 100 \div 1\,000 = 0.10$

普通股：$W_c = 300 \div 1\,000 = 0.30$

留存收益：$W_r = 250 \div 1\,000 = 0.25$

第二步，计算加权平均资本成本率。

$$K_W = 5.64\% \times \frac{150}{1\,000} + 6.25\% \times \frac{200}{1\,000} + 10.50\% \times \frac{100}{1\,000} + 15.00\% \times \frac{300}{1\,000} + 15.00\% \times \frac{250}{1\,000}$$

$$= 0.85\% + 1.25\% + 1.05\% + 4.5\% + 3.75\%$$

$$= 11.40\%$$

平均资本成本率的计算，存在权数价值的选择问题，即各项个别资本按什么权数来确定资本比重。通常，可供选择的价值形式有账面价值权数、市场价值权数、目标价值权数等。

1. 账面价值权数

账面价值权数指以各项个别资本的账面价值为基础来计算资本权数，确定各类资本占总资本的比重。其优点是：资料容易获得，可以直接从资产负债表中得到，而且计算结果比较稳定。其缺点是：当债券和股票的市价与账面价值差距较大时，按账面价值计算得到的资本成本，无法反映目前从资本市场上筹集资本的现时机会成本，不适合用来评价现时的资本结构。

2. 市场价值权数

市场价值权数指以各项个别资本的现行市价为基础来计算资本权数，确定各类资本占总资本的比重。其优点是能够反映现时的资本成本水平，有利于企业进行资本结构决策。然而，由于现行市价处于频繁波动中，数据较难准确获取，且现行市价反映的只是当前时点的资本结构。

3. 目标价值权数

目标价值权数指以各项个别资本预计的未来价值为基础来确定资本权数和各类资本占总资本的比重。对于筹集新资金、需要反映期望的资本结构的公司来说，目标价值是有益的，适用于未来的筹资决策，但是目标价值的确定难免具有主观性。

6.1.4 边际资本成本率

企业无法以某一固定的资本成本筹集无限的资金。当企业筹集的资金超过一定限度时，原来的资本成本就会增加。边际资本成本率就是指企业追加筹资的资本成本率。边际资本成本率是企业追加投资和筹资决策中必须考虑的问题。企业追加筹资有时可能只需采用一种筹资方式，但在筹资金额较大或目标资本结构既定的情况下，通常需要通过多种筹资方式的组合来实现。此时，边际资本成本率应按加权平均法计算。

当资本成本随筹资额的增加而发生相应变化时，边际资本成本率的计算步骤如下。

第一步，确定目标资本结构；

第二步，测算各种资本的成本率；

第三步，测算筹资总额分界点。

筹资总额分界点是指在保持某资本成本率的条件下，可以筹集到的资金总限度。在筹资总额分界点范围内筹资，原来的资本成本率不会改变，一旦筹资额超过分界点，即使维持现有资本结构，其资本成本率也会增加。测算筹资总额分界点的计算公式为：

$$筹资总额分界点 = \frac{某一特定成本下筹集该项新资本的限额}{该项资本在资本结构中的比重} \qquad (6\text{-}8)$$

第四步，测算边际资本成本率。

【例 6-10】博文公司拥有长期资金 400 万元，其中长期借款 100 万元、普通股 300 万元。该资本结构为该公司理想的目标结构。该公司拟筹集新的资金，并维持目前的资本结构。公司财务管理人员对金融市场及企业的融资能力进行分析后认为，随着筹资额的增加，各种资本成本的变化如表 6-2 所示。

表 6-2　　　　　　　　　　　博文公司追加筹资额时的资本成本变化表

资金种类	新筹资额（万元）	资本成本率（%）
长期借款	≤40	4
	>40	8
普通股	≤75	10
	>75	12

要求：计算各筹资总额分界点及相应各筹资范围的边际资本成本率。

（1）确定各种筹资方式的筹资比重。

$$长期借款在目前资本结构中所占的比重 = \frac{100}{100+300} \times 100\% = 25\%$$

$$普通股在目前资本结构中所占的比重 = \frac{300}{100+300} \times 100\% = 75\%$$

（2）计算筹资总额分界点，如表 6-3 所示。

表 6-3　　　　　　　　　　　　筹资总额分界点计算表

筹资方式	个别资本成本率（%）	追加筹资范围（万元）	筹资总额分界点（万元）	筹资总额的范围（万元）
长期借款	4	≤40	40÷25% = 160	≤160
	8	>40		>160
普通股	10	≤75	75÷75% = 100	≤100
	12	>75		>100

（3）计算各个筹资总额区间的边际资本成本率，如表 6-4 所示。

表 6-4　　　　　　　　　　　　　　边际资本成本率计算表

序号	筹资总额的范围（万元）	筹资方式	目标资本结构	个别资本成本率	边际资本成本率
1	≤100	长期借款	25%	4%	1%
		普通股	75%	10%	7.5%
		第 1 个范围的边际资本成本率 = 8.5%			
2	100～160	长期借款	25%	4%	1%
		普通股	75%	12%	9%
		第 2 个范围的边际资本成本率 = 10%			
3	>160	长期借款	25%	8%	2%
		普通股	75%	12%	9%
		第 3 个范围的边际资本成本率 = 11%			

6.2　杠杆分析

人们利用杠杆原理，能够以较小的力量撬动较重的物体。在财务管理领域，常见的杠杆效应包括经营杠杆效应、财务杠杆效应以及联合杠杆效应。这些杠杆效应具有双重性，既可能带来杠杆利益，也可能引发杠杆风险。

在进行杠杆分析之前，我们首先需要了解成本性态的基本概念。成本性态，也被称为成本习性，是指成本总额与业务量之间的相互关系。具体来说，成本性态一般可以分为固定成本、变动成本和混合成本。固定成本是指在一定时期和一定业务量范围内，不受业务量变动影响而保持固定不变的成本。变动成本是指在一定范围内，其总额随业务量的变动而成正比例变动的成本。混合成本是指其总额随业务量变动而变动，但不存在严格比例关系的成本。由于混合成本可以通过一定的方法分解为固定成本和变动成本，因此，从成本性态的角度来看，我们最终可以将企业的所有成本归纳为固定成本和变动成本两大类。

6.2.1　经营杠杆

1. 经营杠杆原理

（1）经营杠杆的含义

经营杠杆也称为营业杠杆，是指因企业经营成本中固定成本的存在，导致息税前利润变动率大于营业收入变动率的一种现象。此处提及的经营成本涵盖了营业成本、税金及附加、销售费用、管理费用等各项支出。企业通过增加业

微课堂

经营杠杆

务量、扩大营业收入规模，能够有效降低单位营业收入所承担的固定成本，进而提升营业利润，这一过程体现了经营杠杆的正面效应，即经营杠杆利益。企业利用经营杠杆，有时可以获得一定的经营杠杆利益，有时也可能使企业面临相应的经营风险，即潜在的损失。因此，经营杠杆实则是一把"双刃剑"。

（2）经营杠杆利益

经营杠杆利益是指当企业扩大营业收入总额时，由于单位营业收入的固定成本下降而导致的息税前利润增长。在一定的营业规模范围内，企业的变动成本会随着营业收入的增加而同步上升，固定成本则保持相对稳定。因此，随着营业收入的增长，单位营业收入所承担的固定成本会相对

减少，为企业创造额外的利润。

【例6-11】博文公司在营业收入 2 200 万~3 000 万元的情况下，每年的固定成本总额均为 500 万元，变动成本率为 60%。公司 2022—2024 年的营业收入分别是 2 000 万元、2 200 万元和 2 530 万元。2022—2024 年营业收入和息税前利润的变动情况如表 6-5 所示。

表 6-5　　　　　　　　　2022—2024 年营业收入和息税前利润变动情况　　　　　　　金额单位：万元

年份	营业收入	营业收入增长率（%）	变动成本	固定成本	息税前利润	息税前利润增长率（%）
2022	2 000		1 200	500	300	
2023	2 200	10	1 320	500	380	26.67
2024	2 530	15	1 518	500	512	34.74

由表 6-5 可知，博文公司的营业收入总额在 2 000 万至 2 530 万元区间内时，其固定成本总额保持为每年 500 万元不变。随着营业收入的增加，息税前利润呈现出更快的增速。具体而言，相较于 2022 年，博文公司 2023 年的营业收入增长了 10%，而同期息税前利润的增长率高达 26.67%；到了 2024 年，与 2023 年相比，营业收入增长了 15%，息税前利润的增长率则达到了 34.74%。这一现象体现了固定经营成本所产生的经营杠杆效应，即息税前利润的增长幅度大于营业收入的增长幅度。

（3）经营风险

经营风险也称为营业风险，是指与企业经营有关的风险，尤其是指企业在经营活动中利用经营杠杆而导致息税前利润下降的风险。由于经营杠杆的作用，当营业收入总额下降时，息税前利润下降更快，从而给企业带来经营风险。

影响经营风险因素很多，主要包括以下几个方面。

① 产品需求。市场对企业的需求量稳定，企业的经营风险小；市场对企业需求量波动大，企业的经营风险大。

② 产品售价。企业产品售价稳定，企业的经营风险小；产品售价波动大，企业的经营风险大。

③ 产品成本。产品收入减去产品成本为产品利润。产品成本波动大，导致产品利润不稳定，经营风险大；反之，经营风险小。

④ 调节产品价格能力。当产品成本变动时，企业具有较强的调节产品价格的能力，以保持稳定的利润，经营风险小；反之，经营风险大。

⑤ 固定成本比重。当固定成本所占比重较大时，会导致利润变动增大，企业的经营风险大；反之，企业的经营风险小。

【例6-12】博文公司 2022—2024 年的营业收入分别为 4 000 万元、3 200 万元、2 880 万元，每年的固定成本都是 600 万元，变动成本率为 60%。2022—2024 年营业收入和息税前利润的变动情况如表 6-6 所示。

表 6-6　　　　　　　　　2022—2024 年营业收入和息税前利润变动情况　　　　　　　金额单位：万元

年份	营业收入	营业收入降低率（%）	变动成本	固定成本	息税前利润	息税前利润降低率（%）
2022	4 000		2 400	600	1 000	
2023	3 200	20	1 920	600	680	32
2024	2 880	10	1 728	600	552	18.82

由表 6-6 可知，博文公司的营业收入总额在 2 880 万至 4 000 万元区间内时，其固定成本总额保持为每年 600 万元不变。随着营业收入的下降，息税前利润以更快的速度下降。具体而言，与

2022 年相比，公司 2023 年营业收入降低率为 20%，同期息税前利润的降低率为 32%；与 2023 年相比，2024 年营业收入降低率为 10%，同期息税前利润的降低率为 18.82%。这一现象体现了固定经营成本所带来的经营风险，即息税前利润的降低幅度大于营业收入的降低幅度。

2. 经营杠杆系数

经营杠杆系数也称为营业杠杆系数，是指息税前利润（EBIT）的变动率与营业收入变动率之间的比率。它反映了经营杠杆的作用程度。只要企业存在固定性经营成本，就存在经营杠杆效应。计算公式为：

$$DOL = \frac{\text{息税前利润变动率}}{\text{营业收入变动率}} = \frac{\Delta EBIT/EBIT}{\Delta S/S} \tag{6-9}$$

式中，DOL 为经营杠杆系数；$EBIT$ 为息税前利润；$\Delta EBIT$ 为息税前利润变动额；S 为营业收入；ΔS 为营业收入变动额。

由于 $S=QP$，$\Delta S=\Delta QP$，$EBIT = Q(P-V)-F$，$\Delta EBIT=\Delta Q(P-V)$，因此 DOL 也可以表示为：

$$DOL = \frac{\Delta EBIT/EBIT}{\Delta S/S} = \frac{Q(P-V)/[Q(P-V)-F]}{\Delta QP/QP}$$

$$= \frac{Q(P-V)}{Q(P-V)-F} \tag{6-10}$$

或

$$DOL = \frac{S-VC}{S-VC-F} \tag{6-11}$$

式中，Q 为销售数量；P 为销售单价；V 为变动成本；VC 为变动成本总额；F 为固定成本总额；其他符号含义同前。

从式（6-10）和式（6-11）可以看出，如果固定成本等于零，则经营杠杆系数为 1，即不存在经营杠杆效应。当固定成本不为零时，通常经营杠杆系数大于 1，即显现出经营杠杆效应。经营杠杆系数越大，经营风险就越大。

【例 6-13】某企业生产产品 Q，固定成本为 50 万元，单位变动成本为 100 元/件，售价为 200 元/件，当企业的销量分别为 10 000 件、8 000 件、5 000 件时，各自的经营杠杆系数分别是多少？

当销量为 10 000 件时，$DOL = \dfrac{10\,000\times(200-100)}{10\,000\times(200-100)-500\,000} = 2$

当销量为 8 000 件时，$DOL = \dfrac{8\,000\times(200-100)}{8\,000\times(200-100)-500\,000} = 2.67$

当销量为 5 000 件时，$DOL = \dfrac{5\,000\times(200-100)}{5\,000\times(200-100)-500\,000} = \infty$

以上计算结果表明：在固定成本不变的情况下，销售收入越高，经营杠杆系数越小，经营风险就越小；反之，销售收入越低，经营杠杆系数越大，经营风险就越大。当销量为 1 万件时，销售收入为 200 万元，经营杠杆系数为 2；当销量为 8 000 件时，销售收入为 160 万元，经营杠杆系数为 2.67；当销量为 5 000 件时，销售收入为 100 万元，恰好处于盈亏平衡点，经营杠杆系数为 ∞，此时企业销售额稍有减少便会导致较大的亏损。显然，盈利越接近盈亏平衡点，盈利的不稳定性越大，经营风险越大。

经营杠杆系数说明，企业管理层在控制经营风险时，不能简单地考虑固定成本的绝对量，而应关注固定成本与盈利水平的相对关系。企业一般可以通过增加销量、提高销售单价、降低单位变动成本、降低固定成本占总成本比重等措施降低经营风险。

6.2.2　财务杠杆

1. 财务杠杆原理

（1）财务杠杆的含义

财务杠杆也称为筹资杠杆，是指由于企业债务资本中固定费用的存在而导致普通股每股收益变动率大于息税前利润变动率的现象。企业的长期资本主要由两部分构成：权益资本和债务资本。其中，权益资本的成本是变动的，它从企业税后利润中支付；而债务资本的成本通常是固定的，并在税前扣除。无论企业的息税前利润数额为多少，都需要扣除利息，也就是债务资本的成本，剩余的收益才归属于权益资本。因此，企业运用财务杠杆时，会对权益资本的收益产生影响。这种影响可能表现为给权益资本的所有者带来额外的收益，但也可能带来一定的损失，即企业可能遭受财务风险。

（2）财务杠杆利益分析

财务杠杆利益，是指企业利用负债筹资这个财务杠杆给企业带来的额外收益。在公司资本规模和资本结构一定的条件下，公司从息税前利润中支付的债务利息是相对固定的。当息税前利润增多时，每 1 元息税前利润所负担的债务利息会相应地降低，扣除公司所得税后可分配给普通股的利润就会增加，从而给公司所有者带来额外的收益。

【例 6-14】博文公司 2022—2024 年的息税前利润分别为 300 万元、450 万元和 750 万元，每年的债务利息均为 200 万元，公司所得税税率为 25%。公司发行在外的普通股股数为 100 万股。该公司 2022—2024 年息税前利润和每股收益的变动情况如表 6-7 所示。

表 6-7　　　　　　　　　2022—2024 年息税前利润和每股收益的变动情况

年份	息税前利润（万元）	息税前利润增长率（%）	债务利息（万元）	所得税（万元）	税后利润（万元）	每股收益（元）	每股收益增长率（%）
2022	300		200	25	75	0.75	
2023	450	50	200	62.5	187.5	1.875	150
2024	750	66.67	200	137.5	412.5	4.125	120

由表 6-7 可知，在资本结构一定、债务利息保持固定不变的条件下，随着息税前利润的增长，税后利润以更快的速度增长，从而使企业所有者获得财务杠杆利益。具体而言，与 2022 年相比，博文公司 2023 年息税前利润的增长率为 50%，而同期每股收益的增长率高达 150%；与 2023 年相比，2024 年息税前利润的增长率为 66.67%，而同期每股收益增长率则为 120%。这一现象体现了债务利息带来的财务杠杆利益，即每股收益的增长幅度大于息税前利润的增长幅度。

（3）财务风险

财务风险也称筹资风险，是指由于企业运用了债务筹资方式而产生的丧失偿付能力的风险。这种风险最终通常由企业的普通股股东来承担。在企业经营过程中，为了扩大规模或应对资金短缺，企业经常会选择借入资本进行负债经营。无论经营利润如何变化，债务利息都是一项固定的支出。当企业在资本结构中增加债务这类具有固定筹资成本资本的比例时，固定的现金流出量会相应增加。特别是在利息费用的增长速度超过息税前利润增长速度的情况下，企业因需承担较多的债务成本导致净利润减少。同时，这种情况也使企业陷入偿债困境，从而使得财务风险显著上升。相反，当债务资本比率较低时，企业的财务风险相对较小。

【例 6-15】假定博文公司 2022—2024 年的息税前利润分别为 600 万元、450 万元和 300 万元，每年的债务利息都是 200 万元，企业所得税税率为 25%。公司发行在外的普通股股数为 100 万股。该公司 2022—2024 年息税前利润和每股收益的变动情况如表 6-8 所示。

表 6-8　　　　　　　　2022—2024 年息税前利润和每股收益的变动情况

年份	息税前利润（万元）	息税前利润降低率（%）	债务利息（万元）	所得税（万元）	税后利润（万元）	每股收益（元）	每股收益降低率（%）
2022	600		200	100	300	3	
2023	450	25	200	62.5	187.5	1.875	37.5
2024	300	33.33	200	25	75	0.75	60

由表 6-8 可知，博文公司 2022—2024 年每年的债务利息均为 200 万元，并且保持不变，但随着息税前利润的下降，税后利润以更快的速度下降。具体而言，与 2022 年相比，博文公司 2023 年息税前利润的降低率为 25%，而同期每股收益的降低率为 37.5%；与 2023 年相比，2024 年息税前利润的降低率为 33.33%，而同期每股收益的降低率为 60%。这一现象体现了债务利息带来的财务杠杆风险，即每股收益的降低幅度大于息税前利润的降低幅度。

2．财务杠杆系数

财务杠杆系数是企业普通股每股收益变动率与息税前利润变动率之间的比率。由于财务杠杆的作用，普通股每股收益能随经营收益的增长而增长，在一定的条件下甚至可成倍增长。财务杠杆系数是由企业资本结构决定的，即支付固定费用的债务资本越多，财务杠杆系数越大；同时财务杠杆系数又反映了财务风险，即财务杠杆系数越大，财务风险也越大。

通过表 6-9，可以了解企业息税前利润变动率对每股收益变动率的影响程度。假定 A 企业、B 企业、C 企业的息税前利润均增长 100%，企业所得税税率为 25%。

表 6-9　　　　　　　　　　　　财务杠杆作用分析表

	A 企业	B 企业	C 企业
息税前利润为 100 000 元			
普通股股数（股）	1 000	1 000	1 000
资本总额（元）	2 000 000	2 000 000	2 000 000
债务总额（元）	0	500 000	1 000 000
资产负债率	0	25%	50%
利率	0	8%	8%
利息支出（元）	0	40 000	80 000
息税前利润（元）	100 000	100 000	100 000
利息支出/息税前利润	0	40%	80%
税前利润（元）	100 000	60 000	20 000
所得税（元）	25 000	15 000	5 000
税后利润（元）	75 000	45 000	15 000
每股收益（元）	75	45	15

	A 企业	B 企业	C 企业
息税前利润增加 100%，息税前利润为 200 000 元，其他条件不变			
普通股股数（股）	1 000	1 000	1 000
资本总额（元）	2 000 000	2 000 000	2 000 000
债务总额（元）	0	500 000	1 000 000
资产负债率	0	25%	50%
利率	0	8%	8%
利息支出（元）	0	40 000	80 000
息税前利润（元）	200 000	200 000	200 000
利息支出/息税前利润	0	20%	40%
税前利润（元）	200 000	160 000	120 000
所得税（元）	50 000	40 000	30 000
税后利润（元）	150 000	120 000	90 000
每股收益（元）	150	120	90
每股收益变动率	100%	166.67%	500%

通过对表 6-9 的分析，可以得出以下结论。

（1）完全没有负债的 A 企业，当息税前利润增加 100% 时，每股收益也增加了 100%，说明息税前利润和每股收益同步变化，未显现财务杠杆效应。B 企业、C 企业每股收益分别上涨了 166.67% 和 500%，财务杠杆效应明显。

（2）B 企业每股收益变动率低于 C 企业每股收益变动率，是由于 B 企业资产负债率低于 C 企业资产负债率。结果表明：资产负债率越高的企业，其每股收益的变化程度越大，说明财务杠杆效应越明显。

（3）息税前利润增加 1 倍后，B 企业、C 企业债务利息占息税前利润的比重降低，分别从 40% 与 80% 降到 20% 与 40%，这表明企业的财务风险是下降的。

财务杠杆效应放大了企业息税前利润的变化对每股收益的影响，财务杠杆的计算公式为：

$$DFL = \frac{每股收益变动率}{息税前利润变动率} \quad \frac{\Delta EPS/EPS}{\Delta EBIT/EBIT} \tag{6-12}$$

$$\because EPS = (EBIT-I)(1-T)/N$$

$$\Delta EPS = \Delta EBIT(1-T)/N$$

$$\therefore DFL = \frac{EBIT}{EBIT-I} \tag{6-13}$$

式中，DFL 为财务杠杆系数；ΔEPS 为普通股的每股收益变动额；EPS 为变动前的普通股每股收益；$\Delta EBIT$ 为息税前利润变动额；$EBIT$ 为变动前的息税前利润；T 为企业所得税率；N 为普通股股数。

【例 6-16】某企业生产产品 A，共销售 1 000 件，单价为 100 元/件，固定成本为 10 000 元，单位变动成本为 50 元，发生借款利息 20 000 元。该企业的财务杠杆系数为：

$$EBIT = 1 000 \times (100-50) - 10 000 = 40 000（元）$$

$$DFL = \frac{EBIT}{EBIT-I} = \frac{40 000}{40 000-20 000} = 2$$

6.2.3 联合杠杆

经营杠杆系数是衡量营业收入变化对息税前利润的影响程度，而财务杠杆系数则衡量息税前利润变化对每股收益的影响程度。两者联合起来考察营业收入的变化对每股收益的影响程度，即把这两种杠杆的作用叠加，称为联合杠杆，又称总杠杆。

联合杠杆直接考察了营业收入的变化对每股收益的影响程度，是每股收益变动率与营业收入变动率的比率。联合杠杆作用的大小可以用联合杠杆系数（DTL）来衡量，其计算公式为：

$$DTL = \frac{每股收益变动率}{营业收入变动率} = \frac{\Delta EPS/EPS}{\Delta S/S} \qquad (6\text{-}14)$$

杠杆系数可以进一步表示为经营杠杆系数和财务杠杆系数的乘积，反映了企业经营风险与财务风险的组合效果。其计算公式为：

$$DTL = DOL \times DFL \qquad (6\text{-}15)$$

【例 6-17】甲企业的经营杠杆系数为 1.5，财务杠杆系数为 2，联合杠杆系数为：

$$DTL = DOL \times DFL = 1.5 \times 2 = 3$$

小知识 联合杠杆可用来衡量企业总风险，财务杠杆可用来衡量企业财务风险，经营杠杆可用来衡量企业经营风险。企业可以通过调整财务风险和经营风险的大小来控制总风险，即较高的经营风险可以被较低的财务风险抵消。合理的企业总风险水平是企业在总风险和期望收益之间进行权衡的结果。

6.3 资本结构决策

企业筹资管理的核心问题是资本结构。企业应该综合考虑有关影响因素，运用合适的方法确定最佳资本结构。

资本结构是指企业资本总额中的各种资本的构成及其比例关系。资本结构有广义和狭义之分。广义的资本结构是指企业全部资本的构成及其比例关系；狭义的资本结构是指企业各种长期资本的构成及其比例关系，尤其是长期债务资本与股权资本之间的构成及其比例关系。一般来说，资本结构是指狭义的资本结构，因为短期资本的需要量和筹集是经常变化的，且在整个资本总量中所占的比重不稳定，因此不列入资本结构管理范围，而作为营运资金管理。

不同的资本结构会给企业带来不同的经营后果。企业利用债务资本进行举债经营具有双重作用，既可能产生杠杆收益，也可能带来财务风险。因此，企业必须权衡财务风险和资本成本的关系，确定最佳的资本结构。评价企业资本结构最佳状态的标准应该是使股权收益最大或资本成本最低，最终目标是企业价值最大化。股权收益表现为净资产报酬率或普通股每股收益；资本成本表现为企业的平均资本成本率。根据资本结构理论，当企业平均资本成本最低时，企业价值最大。因此，最佳资本结构，即在一定条件下使企业平均资本成本率最低、企业价值最大的资本结构。资本结构优化的目标是降低平均资本成本率或提高普通股每股收益。

从理论上讲，最佳资本结构是存在的，但由于企业内部条件和外部环境的经常性变化，动态地保持最佳资本结构十分困难。因此，在实践中，目标资本结构通常是企业结合自身实际进行适度负债经营所确定的资本结构。

　　1958 年，美国的莫迪利亚尼和米勒（Modigliani 和 Miller）两位教授合作发表《资本成本、公司价值与投资理论》一文。该文深入探讨了公司资本结构与公司价值的关系，创立了 MM 资本结构理论，并开创了现代资本结构理论的研究。这两位作者也因此获得诺贝尔经济学奖。MM 理论是在一系列严格假设条件下提出的，由此推导出的结论并不完全符合现实情况。此后，在 MM 理论的基础上一些学者不断放宽假设，从不同的视角对资本结构进行了大量研究，推动了资本结构理论的发展。这其中具有代表性的理论有权衡理论、代理理论和优序融资理论。

6.3.1　资本结构影响因素

1．企业产销业务的稳定程度对资本结构有重要影响

如果产销业务量稳定，企业可负担较多固定的财务费用；如果产销业务量和盈余有周期性，则负担固定的财务费用将承担较大的财务风险。经营发展能力表现为未来产销业务量的增长率，如果产销业务量能够以较高的水平增长，则其业务可以采用高负债的资本结构，以提升权益资本的报酬。

2．企业财务状况

如果企业财务状况良好，信用等级高，则债权人愿意向企业提供信用，企业容易获得债务资本；相反，如果企业财务状况欠佳，信用等级不高，债权人投资风险大，则会降低企业获得信用的能力，加大债务资本筹资的资本成本。

3．企业投资人和管理当局的态度

从企业投资人的角度看，如果企业股权分散，企业为了避免财务压力，通常会选择通过发行股票的方式筹集资金，分散企业风险。如果企业股权为少数股东所控制，则股东为了避免稀释控制权，通常会选择通过优先股或债务资本来筹资，而尽量避免发行股票。从企业管理当局的角度来看，高负债的资本结构所面临的财务风险高，一旦经营失败就会出现财务危机。稳健的管理当局会偏向通过发行股票的方式来筹资。

4．行业特征和企业发展周期

市场稳定、销售稳定的成熟产业经营风险低，可以提高债务资本比重，发挥财务杠杆作用。不成熟的市场，如高新技术企业等，经营风险大，可适当地减少债务资本，降低财务杠杆风险。同一企业不同阶段的资本结构也不尽相同。初创期，经营风险高，企业应控制负债比率；稳定成熟阶段，经营风险低，企业可适度地提高负债比率；衰退阶段，经营风险高，企业应降低负债比率。

5．经济环境的税务政策和货币政策

政府可以通过财政税收政策和货币金融政策来调控经济。所得税税率较高时，债务利息抵税作用大，企业可以利用债务资本的抵税作用提高企业价值。当国家执行紧缩的货币政策时，市场利率高，企业债务资本成本增加，企业应控制债务资本总额。

微课堂

资本结构决策方法

6.3.2　资本结构决策方法

1．资本成本比较法

通过计算筹资组合方案的平均资本成本，选择资本成本率最低的方案。这种方法侧重从资本投入的角度对筹资方案和资本结构进行优化分析。

【例 6-18】A 公司需要筹集 100 万元的长期资本，其可以通过向银行贷款、发行债券、发行股票 3 种方式筹资。个别资本成本率已分别测定。A 公司应该选择哪个方案？有关资料如表 6-10所示。

表 6-10　　　　　　　　　　A 公司的资本成本与资本结构数据

筹资方式	资本结构			个别资本成本率
	A 方案	B 方案	C 方案	
贷款	20%	40%	25%	6%
债券	30%	30%	35%	8%
普通股	50%	30%	40%	9%
合计	100%	100%	100%	

A 投资方案资本成本率 $K = 20\% \times 6\% + 30\% \times 8\% + 50\% \times 9\% = 8.1\%$

B 投资方案资本成本率 $K = 40\% \times 6\% + 30\% \times 8\% + 30\% \times 9\% = 7.5\%$

C 投资方案资本成本率 $K = 25\% \times 6\% + 35\% \times 8\% + 40\% \times 9\% = 7.9\%$

B 方案的投资成本最低，为 7.5%，因此，选择 B 方案。

资本成本比较法仅以资本成本最低为选择标准，测算过程简单，是一种比较便捷的方法。但这种方法仅比较了各种融资组合方案的资本成本，没有反映不同融资方案之间的财务风险差异；而且实际计算中也较难确定各种融资方式的资本成本。

2. 每股收益分析法

企业可以利用每股收益的变化来判断资本结构是否合理。合理的资本结构能够提高普通股每股收益。企业每股收益受到经营利润、债务资本成本等因素的影响。根据每股收益与资本结构，可以找到每股收益无差别点。每股收益无差别点是指不同筹资方式下每股收益都相等时的息税前利润或业务量水平。根据每股收益无差别点，可以分析判断在不同的息税前利润水平或产销业务量水平前提下，宜采用何种筹资组合方式，进而确定企业的资本结构安排。

在每股收益无差别点上，无论采用债务还是股权筹资方案，每股收益都是相等的。当预期息税前利润或业务量水平大于每股收益无差别点时，应当选择财务杠杆效应较大的筹资方案，反之亦然。在每股收益无差别点上，不同筹资方案的每股收益是相等的，用公式表示如下：

$$\frac{(\overline{EBIT} - I_1)(1-T)}{N_1} = \frac{(\overline{EBIT} - I_2)(1-T)}{N_2} \tag{6-16}$$

$$\overline{EBIT} = \frac{I_1 \times N_2 - I_2 \times N_1}{N_2 - N_1} \tag{6-17}$$

式中，$\overline{EBIT}$ 为每股收益无差别点时的息税前利润；I_1、I_2 为两种筹资方式下的债务利息；N_1、N_2 为两种筹资方式下的普通股股数。

【例 6-19】某公司的资本结构为：总资本为 1 000 万元，其中，债务资本为 600 万元，年利率为 10%，普通股资本为 400 万元（400 万股，面值 1 元，市值 4 元）。公司目前要投资一个新的项目，项目需要资金 300 万元，现有两种筹资方案。

甲方案：发行债券 300 万元，利息率为 12%。

乙方案：发行普通股股数 100 万股，每股发行价格为 3 元。

假定该公司的所得税税率为 25%，根据以上数据，则这两种方案每股收益无差别点计算如下。

甲方案：$I_1 = 600 \times 10\% + 300 \times 12\% = 96$（万元）

$\quad\quad\quad N_1 = 400$（万股）

乙方案：$I_2 = 600 \times 10\% = 60$（万元）

$\quad\quad\quad N_1 = 100 + 400 = 500$（万股）

$$\frac{(\overline{EBIT} - I_1)(1 - T)}{N_1} = \frac{(\overline{EBIT} - I_2)(1 - T)}{N_2}$$

$$\frac{(\overline{EBIT} - 96)(1 - 25\%)}{400} = \frac{(\overline{EBIT} - 60)(1 - 25\%)}{500}$$

$$\overline{EBIT} = 240 \text{（万元）}$$

当息税前利润为 240 万元时，增发普通股和增发债券后的每股收益是相等的，即选择两种筹资方案给股东带来的利益是相等的，如表 6-11 所示。

表 6-11 每股收益计算表

项目	增发普通股	发行债券
息税前利润（万元）	240	240
减：利息（万元）	60	96
税前利润（万元）	180	144
减：所得税（万元）	45	36
普通股股份数（万股）	500	400
每股收益（元）	0.27	0.27

根据上述对每股收益无差别点的分析，可绘制图 6-1。

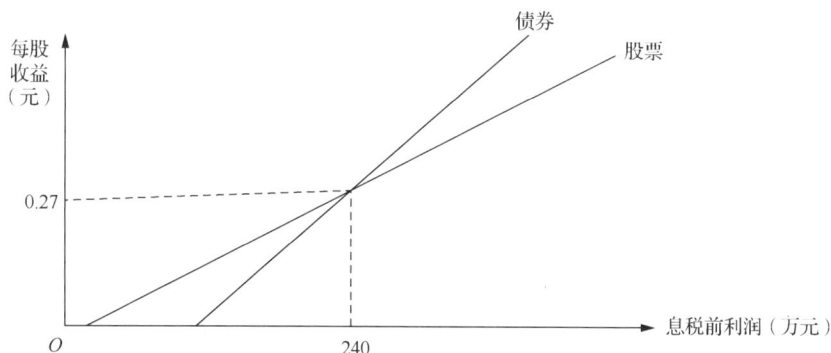

图 6-1 每股收益无差别点分析图

$\overline{EBIT}$ 为 240 万元的意义在于：当息税前利润大于 240 万元时，增发债券筹资要比增发普通股有利；当息税前利润小于 240 万元时，不应该增发债券。当然，企业发行债券筹资并不是没有限制的，当企业负债增加到一定程度时，对债权人的债权保障程度降低，企业的信用也会下降，债务的利率上升，导致企业还本付息的风险升高，再增加债券将对企业产生不利影响。

再举一例对上述结论加以说明。

【例 6-20】假设企业的息税前利润分别为 200 万元和 300 万元，其他条件与【例 6-19】相同。试计算两种情况下增发普通股和增发债券的每股收益。具体计算如表 6-12 所示。

表 6-12 每股收益计算表

项目	息税前利润 200 万元		息税前利润 300 万元	
	增发普通股	发行债券	增发普通股	发行债券
息税前利润（万元）	200	200	300	300
减：利息（万元）	60	96	60	96
税前利润（万元）	140	104	240	204
减：所得税（万元）	35	26	60	51
普通股股份数（万股）	500	400	500	400
每股收益（元）	0.21	0.195	0.36	0.382 5

由表 6-12 可以看出，当该企业息税前利润高于 240 万元，达到 300 万元时，采用发行债券方式筹资，企业的普通股的每股收益为 0.382 5 元，高于采用发行股票筹资的每股收益；当企业息税前利润低于 240 万元，如降为 200 万元时，采用发行债券方式筹资，每股收益仅为 0.195 元，低于采用发行股票筹资的每股收益。

每股收益分析法为管理者提供了在特定预期盈利水平下如何选择融资方案的方法。这种方法测算原理容易理解，测算过程也较为简单，不足之处在于仅以每股收益为决策标准，没有考虑风险因素。

3. 公司价值比较法

公司价值比较法是以综合资本成本最低和公司价值最大为标准来衡量资本结构是否合理的方法，即综合资本成本最低，同时公司价值最大的资本结构为最佳资本结构。

设：V 表示公司价值，B 表示债务市场价值，S 表示股票市场价值，则公司价值为

$$V = B + S \tag{6-18}$$

为简化分析，假设债务的市场价值等于其面值，公司无优先股，企业的经营利润永续，股东要求的回报率（权益资本成本）不变，则股票的市场价值为：

$$S = \frac{(EBIT - I)(1 - T)}{K_e} \tag{6-19}$$

式中，$EBIT$ 为息税前利润；I 为年利息额；T 为公司所得税税率；K_e 为权益资本成本。

采用资本资产定价模型计算股票的资本成本 K_e：

$$K_e = R_f + \beta(R_m - R_f) \tag{6-20}$$

式中，R_f 为无风险报酬率；β 为股票的贝塔系数；R_m 为证券市场平均报酬率。

通过式（6-18）～式（6-20）可计算出企业总价值。以企业价值最大化为标准确定最佳资本结构，此时的加权平均资本成本最小。相关计算公式为：

加权平均资本成本 = 税前债务资本成本 × 债务价值占总资本比重 ×（1-所得税税率）+ 权益资本成本 × 股票价值占总资本比重

$$K_{WACC} = K_d(1 - T) \times \frac{B}{V} + K_e \times \frac{S}{V} \tag{6-21}$$

式中，K_{WACC} 为加权平均资本成本；K_d 为税前的债务资本成本。

下面举例说明公司价值比较法的应用。

【例 6-21】某公司息税前利润为 400 万元，资本总额账面价值为 1 000 万元。假设无风险报酬率为 5%，证券市场平均报酬率为 10%，所得税税率为 25%。经过测算，不同债务水平下的权益资本成本率和债务资本成本率如表 6-13 所示。

表 6-13　　　　　　　　　不同债务水平下的债务资本成本率和权益资本成本率

债务市场价值 B（万元）①	税前债务资本成本 K_d ②	β ③	权益资本成本率 ④	股票市场价值（万元）⑤=（400 - ①×②）×（1-25%）÷ ④
0	—	1.1	10.50%	2 857.14
300	8.00%	1.15	10.75%	2 623.26
600	8.30%	1.2	11.00%	2 387.73
900	10.00%	1.4	12.00%	1 937.50
1 200	11.50%	2	15.00%	1 310.00
1 500	13.00%	2.3	16.50%	931.82
1 800	14.00%	2.6	18.00%	616.67
2 100	14.50%	2.9	19.50%	367.31

根据表 6-13，可计算出不同长期债务规模下的企业价值和加权平均资本成本，计算结果如表 6-14 所示。

表 6-14　　　　　　　　　　　公司市场价值和加权平均资本成本

公司价值 V（万元）①=②+③	债务市场价值 B（万元）②	股票市场价值 S（万元）③	税前债务资本成本 K_d	权益资本成本 K_e	加权平均资本成本 K_{WACC}
2 857.14	0	2 857.14	—	10.50%	10.50%
2 923.26	300	2 623.26	8.00%	10.75%	10.26%
2 987.73	600	2 387.73	8.30%	11.00%	10.04%
2 837.50	900	1 937.50	10.00%	12.00%	10.57%
2 510.00	1 200	1 310.00	11.50%	15.00%	11.95%
2 431.82	1 500	931.82	13.00%	16.50%	12.34%
2 416.67	1 800	616.67	14.00%	18.00%	12.41%
2 467.31	2 100	367.31	14.50%	19.50%	12.16%

根据公式"公司价值＝债务市场价值＋股票市场价值"可知，企业在没有债务的情况下，公司价值＝股票市场价值＝2 857.14 万元，权益资本成本率（10.50%）即为企业的加权平均资本成本；当企业债务为 300 万元，股票市场价值为 2 623.26 万元时，公司价值即为 2 923.26 万元，加权平均资本成本 $= 8\% \times \dfrac{300}{2\,923.26} \times (1-25\%) + 10.75\% \times \dfrac{2\,623.26}{2\,923.26} = 10.26\%$。同理可以计算不同企业价值及其对应的加权平均资本成本。从表 6-14 中可以看出，公司开始发行债券时，公司价值开始提高，加权平均资本成本开始降低。直到债务达到 600 万元时，公司价值最大，对应的公司加权平均资本成本最低，为 10.04%。如果公司继续发行债券，则公司价值开始下跌，加权平均资本成本开始提高。因此，债务为 600 万元的资本结构是公司最优的资本结构。

本章小结

本章主要介绍了如何进行企业筹资决策的问题，内容包括资本成本、杠杆利益与风险衡量及资本结构决策。

（1）资本成本是衡量筹资、投资经济效益的标准。从筹资角度看，资本成本是企业选择资金来源、确定筹资方案的重要依据；从投资角度看，资本成本是企业评价投资项目、确定投资方案的主要标准。

（2）经营杠杆是指由于企业经营成本中固定成本的存在，而使企业息税前利润变动率大于营业收入变动率的现象；财务杠杆是由于企业债务资本中固定费用的存在，而导致普通股每股收益变动率大于息税前利润变动率的现象；联合杠杆系数为经营杠杆系数和财务杠杆系数的乘积，反映了企业经营风险与财务风险的组合效果。

（3）资本结构是指企业资本总额中各种资本的构成及其比例关系。资本结构决策方法主要有资本成本比较法、每股收益分析法和公司价值比较法。

关键术语

资本成本　　资本结构　　财务风险　　经营风险　　财务杠杆　　经营杠杆
联合杠杆　　资本成本比较法　　每股收益分析法　　公司价值比较法

练 习 题

一、思考题

1. 什么是资本成本，有哪些作用？

2. 经营杠杆系数的含义、经营杠杆系数与经营风险之间存在着怎样的关系？

3. 财务杠杆系数的含义、财务杠杆系数与财务风险之间存在着怎样的关系？

4. 广义资本结构与狭义资本结构的区别是什么？

5. 如何利用每股收益无差别点选择筹资方式？

二、单项选择题

1. 在计算下列各项资金的筹资成本时，不需要考虑筹资费用的是（　　　）。

　　A. 普通股　　　　B. 债券　　　　C. 长期借款　　　　D. 留存收益

2. 某公司平价发行公司债券，面值 1 000 元，期限 5 年，票面利率 8%，每年付息一次，5年后一次还本，发行费率为 4%，所得税税率为 25%，则该债券资本成本率为（　　　）。

　　A. 8%　　　　　B. 7.55%　　　　C. 6.25%　　　　D. 7.05%

3. 永盛公司共有资金 20 000 万元，其中，债券 6 000 万元，优先股 2 000 万元，普通股 8 000万元，留存收益 4 000 万元，各种资金的资本成本率分别为 6%、12%、15.5% 和 15%，则该企业的综合资本成本率为（　　　）。

　　A. 10%　　　　　B. 12.2%　　　　C. 12%　　　　D. 13.5%

4. 已知某企业目标资本结构中，长期债务的比重为 20%，债务资金的增加额在 0～10 000 元范围内，其利率维持 5% 不变。该企业与此相关的筹资总额分界点为（　　　）元。

　　A. 5 000　　　　B. 20 000　　　　C. 50 000　　　　D. 200 000

5. 某公司当前的普通股股价为 10 元/股，预期年股利额为 2.06 元，股利固定增长率为 3%，则该企业利用留存收益的资本成本为（　　　）。

　　A. 22.39%　　　　B. 25.39%　　　　C. 20.6%　　　　D. 23.6%

6. 在其他条件不变的情况下，如果企业资产负债率增加，则财务杠杆系数将会（　　　）。

    A. 保持不变　 B. 增大

    C. 减小　 D. 变化但方向不确定

7. 如果企业的资金来源全部为自有资金，且没有优先股存在，则企业财务杠杆系数（　　　）。

    A. 等于 0　 B. 等于 1　 C. 大于 1　 D. 小于 1

8. 运用普通股每股收益无差别点确定最佳资本结构时，须计算的指标是（　　　）。

    A. 息税前利润　 B. 营业利润　 C. 净利润　 D. 利润总额

三、判断题

1. 一个投资项目，只有当其投资报酬率高于其资本成本率时，在经济上才是合理的；否则，该项目将无利可图，甚至会发生亏损。（　　　）

2. 根据企业所得税法的规定，企业债务利息允许从税前利润中扣除，从而可以抵免企业所得税。（　　　）

3. 当资本结构不变时，个别资本成本率越低，则综合资本成本率越高；反之，个别资本成本率越高，则综合资本成本率越低。（　　　）

4. 在一定的产销规模内，固定成本总额相对保持不变。（　　　）

5. 一般而言，公司对经营风险的重视程度应大于对财务风险的重视程度。（　　　）

6. 如果企业一定期间内的固定经营成本和固定财务费用均不为零，则由上述因素共同作用而导致的杠杆效应属于总杠杆效应。（　　　）

四、计算题

1. 假设对外筹集的资金可以通过两种渠道获得：一是向银行借款筹资 88 万元，借款总额为 90 万元，手续费为 2 万元，年利率为 5%，期限为 5 年，每年结息一次，到期还本；二是发行债券筹资 204 万元，债券面值为 1 100 元/张，发行价格为 1 020 元/张，发行费为每张 20 元，票面利率为 6%，每年结息一次，到期还。假设公司适用的所得税税率为 25%。请计算长期借款的资本成本率和债券的资本成本率。

2. 某公司在初创时，拟定的初始筹资总额为 2 000 万元。其筹资方案如下：向银行申请长期借款 400 万元，年利息率为 8%，平价发行公司债券 600 万元，票面利率为 10%，期限为 3 年。每年付息一次，到期偿还本金；发行普通股筹资 1 000 万元，该股票的 β 系数为 1.5。已知无风险报酬率为 4%，股票市场的平均报酬率为 10%。公司所得税税率为 25%。以上筹资均不考虑筹资费用。

要求：

（1）计算长期借款的资本成本率；

（2）计算公司债券的资本成本率；

（3）计算普通股的资本成本率；

（4）计算全部资本的加权平均资本成本率。

3. 某公司目前发行在外的普通股有 100 万股（每股 1 元），已发行 10% 利率的债券 400 万元。该公司打算为一个新的投资项目融资 500 万元。新项目投产后，公司每年息税前利润增加到 200 万元。现有两个方案可供选择：按 12% 的利率发行债券（方案 1）；按每股 20 元发行新股（方案 2）。公司适用的所得税税率为 25%。

要求：

（1）计算两个方案的每股收益；

（2）计算两个方案每股收益无差别点时的息税前利润；

（3）计算两个方案的财务杠杆系数；

（4）判断哪个方案更好。

五、案例题

案例一 海航集团的财务危机

海航集团有限公司（以下简称"海航集团"）1998年成立，历经二十几年的发展，成为中国四大航空集团之一，同时凭借高品质的服务及优质的产品成为首家五星航空公司。海航集团不断进行纵向延伸与横向拓展，最终从一个以航空运输业为主的重资产企业转型为涉足多领域的跨国企业集团。经过二十多年的发展，海航集团资产实现了飞速增长，然而伴随资产膨胀的是负债的急剧增加，其抵御风险的能力也迅速下降。

最初，海航集团业务主要以航空运输、旅游酒店、金融服务等为主，2015年其主要收入来源依然为金融服务、房地产业务和酒店餐饮业务。2016—2017年由于海航集团扩张版图，营收占比最大的板块也由航空运输转变为电子产品分销。2018年海航集团的电子产品分销业务占营业收入的54.55%，此后电子产品分销成为海航集团的主要收入来源。

从2017年上半年开始，海航集团的子公司以及合资公司都提高了债券利率，海航集团旗下一子公司新发美元计价债券收益率高达8.875%；同年12月，海航集团旗下子公司承兑的商业承兑汇票在中信银行存在兑付困难问题，海航集团旗下多家航空公司已经逾期未付飞机租赁款。之后，海航集团不断出售悉尼写字楼、香港地块、希尔顿酒店集团和德意志银行的股份，这些回笼资金的操作一定程度上缓解了海航集团的资金压力，但并未从根源上解决海航集团的资金供应问题。由于资金链紧张，加之市场变化，海航集团业务急剧减少，资金链问题越发严重。

此外，海航集团利用上市公司进行关联担保，担保数额不仅巨大，且担保类型绝大多数为"连带责任担保"，即债权人可以要求债务人偿还债务，也可要求保证人偿还债务。海航集团旗下的海航投资也于2019年发生违规担保事件，金额高达9亿元。无独有偶，海航基础曾因未及时披露违规担保而收到警示函。违规担保导致诸多投资方对海航集团提起仲裁，败诉带来债务偿还危机，使得原本资金紧张的海航集团雪上加霜，加剧了海航集团财务危机。

在市场与流动性危机的双重打击下，海航集团逐渐陷入经营困境。海航集团旗下多个上市公司创下了自成立以来最高的亏损纪录。在自救无果情形之下，2021年1月29日，海航集团发布消息称，因其不能清偿到期债务，相关债权人申请法院对其破产重整。

要求：根据上述情况，分析和讨论下列问题。

（1）海航集团财务危机的根源是什么？

（2）海航集团的哪些现象表明其已陷入财务危机？

案例二 恒大集团的财务风险

中国恒大集团（以下简称"恒大集团"），成立于2006年，2009年在香港上市。恒大集团以房地产开发为主营业务，但经营范围涉及多个领域，包括酒店服务、保险及快速消费品业务等。恒大集团为世界五百强企业之一，地产项目涉及200多个城市。2019年7月，在《财富》杂志发布的2019世界500强中，恒大位列第138位。随着我国房地产行业的发展，不断有企业进入该行业，导致国家商用土地不断减少，对土地储备的竞争进入白热化。这对恒大集团产生了冲击，使公司的利润大幅降低。2021年6月开始，恒大持续面临负面舆论，其中包括三棵树涂料公司公开披露恒大集团票据逾期情况，广发银行、利欧股份、地方国资委、政府也陆续披露与恒大集团旗下公司存在债权纠纷，并采取法律手段追讨债务。9月，恒大集团突然宣布停止支付所有金融产品的本金和利息，之后恒大集团提供了三种支付方式，包括现金分期付款、实物资产付款、购房尾款冲销支付。此后，恒大集团只能通过变卖资产获得现款，在全国折价出售房产，引发了债务螺旋。至此，公司信用严重受损，股票大幅缩水，深陷债务泥潭。表 6-15 是恒大集团 2018—2022 年的偿债能力指标与同行业企业万科以及行业均值的比较。

表 6-15   恒大集团与万科和行业均值的偿债能力的比较

年份	恒大集团			万科			行业均值		
	流动比率	速动比率	资产负债率	流动比率	速动比率	资产负债率	流动比率	速动比率	资产负债率
2018	1.36	0.42	83.58%	1.15	0.49	84.59%	1.47	0.52	78.76%
2019	1.37	0.38	83.75%	1.13	0.43	84.36%	1.41	0.47	77.87%
2020	1.26	0.33	84.77%	1.17	0.41	81.28%	1.42	0.49	77.71%
2021	0.75	0.17	122.45%	1.22	0.40	79.74%	1.36	0.48	77.70%
2022	0.71	0.18	132.59%	1.31	0.47	76.95%	1.37	0.47	77.17%

要求：根据上述情况，分析和讨论下列问题。

通过对比，恒大集团存在哪些财务问题？请提出你的改进建议。

第7章
项目投资决策

【学习目标】

项目投资具有投资金额大、周期长、变现能力弱、风险高的特点，因此，企业在投资之前必须做好科学的评估和规划。本章将讲述与项目投资决策相关的内容。

通过本章的学习，读者应达到以下目标。

- 了解项目投资的类型、项目计算期的构成、项目投资决策程序；
- 掌握项目投资现金流的特点、构成及估算方法；
- 掌握项目投资决策的评价指标——投资回收期、净现值、内含报酬率的计算方法；
- 掌握项目投资的评价指标在项目投资决策中的应用；
- 理解项目投资特有风险的分析方法——决策树分析、敏感性分析、情景分析。

【引导案例】

瑞景电影公司投资决策

瑞景电影公司，一直致力于创作触动人心的电影作品。近期，公司计划投拍一部亲情片，并面临着两种截然不同的投资方案。第一种方案是采取小预算策略，总投资预计为 1 000 万元，用于影片的基础拍摄和后期宣传工作。参考市场上类似亲情题材影片的表现，公司预计影片上映一年后能带来大约 4 000 万元的票房收入。这一方案风险较低，但可能限制了影片的制作质量和市场潜力。第二种方案是加大投资，预计总投资达到 2 500 万元。这将允许公司聘请一流的演员阵容，前往具有特色的拍摄地点，以及进行更为广泛和深入的市场推广活动。公司预测，这一方案影片上映一年后票房收入有望达到 6 500 万元。然而，这一方案伴随着更高的经济风险。

瑞景电影公司的管理层在两种方案之间权衡利弊，因为这次投资决策对于公司的未来发展具有重要影响，不仅关乎财务收益，还涉及公司品牌形象的塑造和市场策略的调整。如果投资人要求的投资报酬率为 25%，那么应该选择哪个方案投拍电影？

7.1 项目投资概述

项目投资是一种以特定项目为对象，直接与新建项目或更新改造项目有关的长期投资行为。从性质上看，它是企业直接的、生产经营性的对内投资形式，通常包括固定资产投资、无形资产投资和流动资产投资等内容。

7.1.1 项目投资的特点

1. 投资金额大

项目投资一般需要较多的资金，其投资额往往是企业和投资人多年的资金积累。因此，项目投资对企业未来的现金流量和财务状况都将产生深远的影响，投资人在进行决策时会非常谨慎。

2. 影响时间长

项目投资的资金一旦投入，回收时间长，在企业中发挥作用的时间也较长，对企业未来的生产经营活动会产生持续性的影响。

3. 变现能力差

项目投资一般无法在一年或一个营业周期内变现，而且即使在短期内出售变现，损失的价值也会较大。

4. 投资风险大

综上所述，由于项目投资具有涉及的金额大、影响时间长且投入难以变现的特点，必然造成其投资风险大于流动资产方面的投资。因此，在进行项目投资之前必须做好科学的评估和规划，包括投资项目的技术可行性、市场可行性、财务可行性分析等方面。本章讲述的是如何对投资项目进行财务评价。

7.1.2　项目投资的类型

项目投资主要可以分为以新增生产能力为目的的新建项目和以恢复或改善生产能力为目的的更新改造项目两大类。新建项目可以进一步细分为单纯固定资产投资项目和完整工业投资项目。单纯固定资产投资项目简称固定资产投资，其特点在于，投资中只包括为取得固定资产而发生的资本投入；完整工业投资项目则包括固定资产投资、无形资产投资以及流动资产投资。

7.1.3　项目计算期的构成及资本投入的构成

1. 项目计算期的构成

项目计算期是指投资项目从投资建设开始到最终清理结束整个过程的全部时间，即项目的有效持续时间。完整的项目计算期包括建设期和生产经营期，其中，建设期的第一年初称为建设起点；建设期的最后一年末称为投产日，项目计算期的最后一年末称为终结点，从投产日到终结点之间的时间称为生产经营期。

注意

项目计算期 = 建设期 + 生产经营期

---

2. 原始总投资和投资总额

从项目投资的角度看，原始总投资是企业为使项目完全达到设计生产能力、开展正常生产经营而投入的全部资金，包括建设投资和流动资产投资。

建设投资是指在建设期内按一定的生产经营规模和建设内容进行的投资，包括固定资产投资、无形资产投资。固定资产投资是项目用于购置或安装固定资产发生的投资。无形资产投资是指项目用于取得无形资产而发生的投资。流动资产投资是指项目投产前后投放于流动资产项目的投资增加额，又称垫支流动资金。

投资总额是一个反映项目投资总体规模的价值指标。它等于原始总投资与建设期资本化利息之和，其中，建设期资本化利息是指在建设期内发生的与购建固定资产、无形资产等长期资产有关的借款利息。

7.1.4　项目投资的决策程序

项目投资的决策一般要经过以下 4 个步骤。

1. 项目投资建议的提出

在生产经营过程中，企业会发现很多新的投资机会，不断产生新的投资意向，同时，企业的相关部门会提议投资新项目。这些项目一般由提议者以报告的形式上报管理层，以便管理层研究和选择。管理层从各种投资方案中进行初步筛选、排序，同时结合企业的长期目标和具体情况，制定初步的投资计划。

2. 项目投资的可行性分析

制订了初步投资计划后，企业需要组织专门人员或委托专业机构对项目进行可行性分析，主要有3个方面。

（1）在技术上，要考虑项目的技术能否取得、能否实施、是否先进，同时要考虑项目本身在设计、施工等方面的具体要求。

（2）在经济上，要考虑项目投产后的产品销量如何，能增加多少销售收入，为此发生多少成本和费用，能产生多少利润，面临哪些主要风险等。

（3）在财务上，首先要预测资金的需求量，如果自有资金不足，能否筹集到所需资金。满足资金需求是投资项目的前提。接着，财务人员要计算项目的现金流量和以现金流量为基础的各种评价指标。具体计算方法及指标运用将在本章后面几节中介绍。

除了以上3个方面的分析评价外，通常还要考虑投资项目是否符合产业政策、项目对环境的影响，以及原材料供应、基础设施、人力资源能否达到项目要求等多方面。

3. 项目投资的方案评价

企业决策者要综合技术人员、市场人员、财务人员的评价结果，集思广益，全面分析，最后做出是否采纳或采纳何种项目方案的决定。

4. 项目投资的实施

项目批准采纳后，企业要筹集资金并付诸实施。大项目一般设立专门的工程部来负责，拟订具体的计划并落实项目实施工作；各有关方面如财务、技术部门要密切配合，保障项目的实施；也可以由项目的提出部门或原设计人员组成专门小组负责项目的实施。

7.2 项目投资现金流量的内容及估算

7.2.1 项目现金流量的概念

项目现金流量是指投资项目在其项目计算期内各期现金流入和现金流出量的总称。它是进行项目投资评价时必须具备的基础性数据，具体可分为现金流入量（CI_t）、现金流出量（CO_t）、净现金流量（NCF_t）。这里的现金是广义的现金，它不仅包括各种货币资金，还包括项目需要投入的企业现有的非货币资源的变现价值。例如，一个项目需要使用已有的厂房、设备、材料等，则相关的现金流量指上述资产的变现价值，而不是账面成本。

项目净现金流量是指项目各期现金流入量与现金流出量之差（$NCF_t = CI_t - CO_t$, $t = 0, 1, 2, 3, \cdots, n$）。项目计算期各阶段的净现金流量在数值上表现出不同的特点，即建设期内的净现金流量一般小于或等于零，而在经营期内的净现金流量多为正值。理解项目净现金流应注意以下几点。

1. 考虑增量现金流量

在确定投资项目相关的现金流量时，企业应遵循的基本原则是：只有增量现金流量才是与项目相关的现金流量。只有那些由于采纳某个项目而发生的现金支出增加额，才是该项目的现金流出；只有那些由于采纳某个项目而产生的现金流入增加额，才是该项目的现金流入。

例如，与项目投资相配套的流动资金投入之所以被视为项目现金流量，是因为如果不实施该项目，企业就不会投入这笔流动资金；只要企业决定投资该项目，这笔流动资金就不可避免地要投入。

2. 现金流量而非会计利润

财务管理侧重现金流量，而财务会计则强调利润。当评价一个项目时，我们通常对项目产生的现金流量进行贴现处理。

3. 沉没成本

沉没成本是指已经发生且无法收回的成本。由于沉没成本是在过去发生的，因此它并不因未来接受或放弃某个项目的决策而改变。我们在进行投资评价时应该忽略这类成本。例如，牛奶公司欲建设一条巧克力牛奶生产线，公司已经向一家咨询公司支付了 10 万元市场调查费用。这项支出与牛奶公司面临的投资项目决策无关。因为这 10 万元成本的发生是不受未来投资决策影响的，即沉没成本。

4. 机会成本

机会成本是指在决策过程中因选择某个方案而放弃其他方案所丧失的潜在收益。资金或资产往往有多种用途，用在一个项目上，就不能同时用在其他项目上。因此，一个投资项目的收益往往是建立在放弃另一个项目收益的基础之上的。尽管放弃的收益不构成公司真正的现金流出，但是必须作为选中项目的成本来加以考虑，否则就无法正确判断一个项目的优劣。

5. 关联效应

当我们开展一个新的项目后，该项目可能对公司的其他部门造成有利或不利的影响。例如，新建车间生产的产品上市之后，原有其他产品的销量可能减少。因此，公司在进行投资分析时，不应该将新车间的收入作为增量收入来处理，而应扣除其他部门因此减少的销售收入。

7.2.2　项目现金流量的内容

根据投资项目所处的时期不同，项目现金流量可分为以下 3 种类型。

（1）初始现金流量。初始现金流量是指从项目开始实施到正式投入使用之前这段时期所产生的现金流量。这类现金流量的特点通常表现为只有现金流出量而无现金流入量。因此，这个时期的净现金流量通常为负值。

（2）营业现金流量。营业现金流量是指从项目建成并投入使用起，至项目结束转入清理止所产生的各期现金流量。在这段时间，企业固定资产投入使用，能生产产品或提供服务，为企业创造收益，因此，这类净现金流量通常为正值。

（3）终结现金流量。终结现金流量是指项目因固定资产报废或技术老化等原因终止实施，企业将其进行清理所发生的各种现金收支。

7.2.3　项目净现金流量的估算

项目净现金流量的估算，可以按时间段分为 3 部分。

1. 初始现金流量的估算

初始现金流量的构成主要包括以下 3 项内容：购置新资产的支出；流动资金的投入；出售旧资产的净收入。根据净现金流是流入量与流出量差额的原理，并考虑以上 3 项内容的金额，即可计算出建设期各年的净现金流量。

2. 经营期净现金流的估算

经营期现金流量的构成主要包括：项目投资带来的营业收入的增量；项目投资带来的营业成本的增加（不含折旧、摊销），也称为付现成本；所得税的增加。经营期各年的营业现金流入和营

微课堂

项目净现金流量
估算

业现金流出的差额，称为该年的营业现金净流量。营业现金净流量可以用以下方法进行估算。

（1）直接法。所得税是一种现金流出，应当作为每年营业现金流量的一个减项。采用直接法进行估算时，营业现金净流量计算公式为：

$$营业现金净流量 = 营业收入 - 付现成本 - 所得税 \qquad (7\text{-}1)$$

（2）间接法。企业每年现金的增加来自两个方面：一是当年增加的净利润；二是非付现成本带来的现金留存。这里的非付现成本包括各种长期资产的折旧、摊销和减值准备的计提，其中主要是折旧费。采用间接法进行估算时，营业现金净流量计算公式为：

$$营业现金净流量 = 税后净利润 + 非付现成本 \qquad (7\text{-}2)$$

> **小知识** 固定资产计提折旧、无形资产摊销、计提资产减值准备等事项，会增加企业的成本费用但不会带来实际现金流出，由此产生了非付现成本费用，可以给企业带来现金的沉淀。

3. 终结点净现金流量的估算

终结点处于经营期的最后一年，因此营业活动净现金流的估算与经营期的其他年度相同，只是要考虑将清理净收入和回收的垫支流动资金列为当期的现金流入量。终结现金流需要考虑的特殊内容包括：处置或出售资产的变现价值；回收的垫支流动资金。

【例 7-1】阳光公司准备进行一项固定资产投资，用于某种新产品的生产。预计该设备的购置、运输及安装调试等各项费用共需 105 万元，当年建设当年即可投产，投产时还需投入 10 万元的流动资金。该固定资产项目的存续期和设备预计使用年限均为 5 年，采用直线法计提折旧，5 年后设备有净残值回收收入 5 万元。设备投产后，预计每年可获得 55 万元的销售收入，且第 1 年付现成本为 20 万元，同时由于设备的逐年磨损，从第二年起需要逐年增加设备的维修费 2 万元。

对于本投资项目而言，初始投资现金流量有两项内容：一是固定资产的取得成本 105 万元；二是与该项目相配套的 10 万元的流动资金投入，两项之和共计 115 万元。

本投资项目终结现金流量也包括两项内容：一是设备清理取得的净残值收入 5 万元；二是回收的 10 万元垫支流动资金。

下面首先计算各年营业现金流量（见表 7-1），然后结合初始投资现金流量和终结现金流量编制投资项目现金流量汇总表（见表 7-2）。

表 7-1 　　　　　　　　　　　　　　各年营业现金流量 　　　　　　　　　　单位：万元

项目	年份				
	第 1 年	第 2 年	第 3 年	第 4 年	第 5 年
销售收入	55	55	55	55	55
付现成本	20	22	24	26	28
折旧	20	20	20	20	20
税前利润	15	13	11	9	7
所得税（税率 25%）	3.75	3.25	2.75	2.25	1.75
净利润	11.25	9.75	8.25	6.75	5.25
营业现金流量	31.25	29.75	28.25	26.75	25.25

表 7-2 投资项目的现金流量 单位：万元

项目	年份					
	第 0 年	第 1 年	第 2 年	第 3 年	第 4 年	第 5 年
初始投资现金流量	（115）					
营业现金流量		31.25	29.75	28.25	26.75	25.25
终结现金流量						15

7.3　项目投资评价的方法及应用

项目投资评价时使用的指标分为两大类：一类是折现指标，即考虑了时间价值因素的指标，主要包括净现值、现值指数和内含报酬率；另一类是非折现指标，即不考虑时间价值因素的指标，主要有静态投资回收期和平均会计收益率。根据评价指标的类别，投资评价方法可分为折现评价法和非折现评价法两种。由于项目投资的期限较长，不同时间点的现金流量的时间价值差异大，因此对投资项目进行评价的主要指标是折现指标，辅助指标是非折现指标。

7.3.1　非折现评价法

非折现评价法并不考虑资金的时间价值，而是将不同时点的现金流量看作等效。这类方法在选择投资方案时起辅助作用。

1. 静态投资回收期法

静态投资回收期是指项目经营带来的现金流入累积到与投资额相等所需要的时间。它代表收回投资所需要的年限，回收年限越短，方案越有利。在采用静态投资回收期法进行计算时，基本的计算原理如式（7-3）所示：

$$\sum_{t=0}^{PP} NCF_t = 0 \qquad (7\text{-}3)$$

式中，PP 为静态投资回收期。

在原始投资一次性支出，每年现金净流量相等时，回收期的计算公式为：

$$回收期 = \frac{原始总投资}{投产后每年相等的净现金流量} \qquad (7\text{-}4)$$

上述公式的应用条件比较特殊：项目投产后每年的净现金流量必须相等。普遍情况下，应该采用以下方法计算回收期。

$$回收期 = 累计净现金流量出现正数的年份 - 1 + \frac{上年年末未收回的投资}{当年的现金净流入量} \qquad (7\text{-}5)$$

【例 7-2】某项目的现金净流量如表 7-3 所示。试计算该项目的静态投资回收期。

表 7-3 某项目的现金流量表 单位：万元

项目	年份					
	第 0 年	第 1 年	第 2 年	第 3 年	第 4 年	第 5 年
NCF	−100	20	30	40	50	40

首先计算该项目的累计净现金流量，如表 7-4 所示。

表 7-4 某项目的累计净现金流量表 单位：万元

指标	年份					
	第 0 年	第 1 年	第 2 年	第 3 年	第 4 年	第 5 年
NCF	−100	20	30	40	50	40
$\sum NCF$	−100	−80	−50	−10	40	80

其次根据上述回收期计算公式，得出 $PP = 4 - 1 + 10 \div 50 = 3.2$（年）。

静态投资回收期法计算简便，容易理解。这种方法的缺点是没有考虑时间价值，而且没有考虑收回投资以后的现金流量。静态投资回收期法一般会优先考虑短期见效的项目，可能导致放弃具有长期收益的方案。

2. 平均会计收益率法

平均会计收益率是年平均净收益占投资额的百分比，用 ARR 表示。该指标在计算时直接使用会计报表中的数据，计算简便，应用范围相对较广。

【例 7-3】某公司现在考虑是否要在一个新兴商业区内投资开设一个便利店，投资成本为 50 万元。该店的预计经营期为 5 年，5 年后会转让或是重建。预计每年的营业收入和费用如表 7-5 所示。

表 7-5 便利店每年的营业收入和费用 单位：元

年次	收入	费用（不含折旧）	折旧	税前利润	所得税（税率 25%）	净收益
第 1 年	433 333	200 000	100 000	133 333	33 333	100 000
第 2 年	450 000	150 000	100 000	200 000	50 000	150 000
第 3 年	266 667	100 000	100 000	66 667	16 667	50 000
第 4 年	200 000	100 000	100 000	0	0	0
第 5 年	133 333	100 000	100 000	−66 667	−16 667	−50 000

$$平均净收益 = \frac{100\,000 + 150\,000 + 50\,000 + 0 - 50\,000}{5} = 50\,000（元）$$

$$ARR = \frac{50\,000}{500\,000} = 10\%$$

平均会计收益率法是一种衡量项目盈利能力的简单方法，并且直接使用财务报表的数据，容易获取。但是它忽视了净收益的时间分布对于项目经济价值的影响，也忽视了折旧对于现金流量的影响。

7.3.2 折现评价法

1. 净现值法

净现值（NPV）是项目计算期内，各期净现金流量的复利现值之和。它是评估项目是否可行的最重要的指标，其计算公式为：

$$NPV = \sum_{t=0}^{n} NCF_t \times (P/F,\ i,\ t) \tag{7-6}$$

决策规则：在单一方案采纳与否的决策中，净现值为正者则采纳，净现值为负者则不采纳；在多个方案的优选决策中，应选用净现值最大者。

【例 7-4】甲、乙两个投资方案各年的净现金流量如表 7-6 所示。已知

微课堂

净现值法

微课堂

净现值函数

资本成本为 10%。利用净现值法判断甲、乙两方案的可行性。

表 7-6 　　　　　　　　　　　甲、乙两个投资方案各年的净现金流量　　　　　　　　　　单位：万元

净现金流量	年份					
	第 0 年	第 1 年	第 2 年	第 3 年	第 4 年	第 5 年
甲方案净现金流量	（10 000）	3 000	3 000	3 000	3 000	3 000
乙方案净现金流量	（10 000）	1 000	2 000	3 000	4 000	5 000

尽管甲、乙两个方案在 5 年内产生的净现金流量总额相同，但是分布不同，所以净现金流量的价值意义不同，净现值存在较大差异。

甲方案净现值为：

$NPV = 3\,000 \times (P/A, 10\%, 5) - 10\,000$

　　　$= 3\,000 \times 3.790\,8 - 10\,000$

　　　$= 1\,372.4$（万元）

乙方案净现值为：

$NPV = 1\,000 \times (P/F, 10\%, 1) + 2\,000 \times (P/F, 10\%, 2) + 3\,000 \times (P/F, 10\%, 3) +$

　　　$4\,000 \times (P/F, 10\%, 4) + 5\,000 \times (P/F, 10\%, 5) - 10\,000$

　　　$= 1\,000 \times 0.909\,1 + 2\,000 \times 0.826\,4 + 3\,000 \times 0.751\,3 + 4\,000 \times 0.683\,0 + 5\,000 \times 0.620\,9$

　　　$- 10\,000 = 652.3$（万元）

由于甲、乙两个方案的净现值都大于零，因此这两个方案都可行。但甲方案的净现值大，若只能选择一个方案，则应选用甲方案。

在实际工作中，企业一般可以选择以下几种方法确定投资项目的贴现率。

（1）以投资项目的资本成本作为贴现率。

（2）以投资项目的机会成本作为贴现率。

（3）根据投资项目的不同阶段，分别采用不同的贴现率。例如，在计算项目建设期现金净流量的现值时，以贷款的实际利率作为贴现率；在计算项目经营期现金净流量的现值时，以社会平均收益率作为贴现率。

（4）以行业平均资金收益率作为项目贴现率。

净现值法的主要优点有：考虑了资金时间价值；能够利用项目计算期内的全部净现金流量信息；考虑了投资风险，项目投资风险可以通过折现率水平加以反映。净现值法的主要缺点有：净现值是一个绝对数，无法从动态的角度直接反映投资项目的实际收益率；净现值的计算需要有较准确的现金净流量的预测，并且要正确选择贴现率。

2. 现值指数法

净现值是一个绝对值，反映了一个项目按现金流量计算的净收益的现值。为了反映投资额不同项目的资金使用效率，人们提出了现值指数法。

现值指数（PI）是未来现金流入现值与现金流出现值的比率，也称获利指数，其计算公式为：

$$PI = \frac{\sum\limits_{t=s+1}^{n} NCF_t (P/F, i, t)}{\left| \sum\limits_{t=0}^{s} NCF_t (P/F, i, t) \right|} \qquad (7\text{-}7)$$

式中，s 为建设期；n 为项目期。

决策规则：在单一方案采纳与否的决策中，现值指数大于 1 则采纳，现值指数小于 1 则不采纳；在多个方案的优选决策中，应选用现值指数超过 1 最多的投资项目。

在【例 7-4】中，甲方案的净现值是 1 372.4 万元，乙方案的净现值是 652.3 万元。这两个项目方案的现值指数分别是：

$$甲方案 \ PI = \frac{3\ 000 \times (P/A, \ 10\%, \ 5)}{10\ 000} = 1.14$$

$$乙方案 \ PI = \frac{10\ 652.3}{10\ 000} = 1.07$$

现值指数是 1 元投资可望获得的现值净收益。它是相对数指标，可以从动态的角度反映投资项目的资金投入与总产出之间的关系；其缺点是无法直接反映投资项目的实际收益率。

3. 内含报酬率法

内含报酬率是指能够使未来现金流入量现值等于未来现金流出量现值的贴现率，或者说是使投资项目净现值等于零的贴现率。内含报酬率本身不受资本成本率的影响，完全取决于项目自身的现金流量，反映了项目预计可以达到的收益率水平。其计算原理如式（7-8）所示。

$$NPV = \sum_{t=0}^{n} NCF_t (P/F, \ IRR, \ t) = 0 \tag{7-8}$$

式中，IRR（贴现率）为内含报酬率。

（1）用年金法计算内含报酬率。如果每年的 NCF 相等，则可用年金法计算项目的内含报酬率，其计算步骤如下。

① 计算年金现值系数。

② 查年金现值系数表，相同的期间内，找出与上述年金现值系数相邻的较大和较小的两个贴现率。

③ 根据上述两个邻近的贴现率和已经求得的年金现值系数，采用插值法计算该投资方案的内含报酬率。

（2）用逐步测试法计算内含报酬率。如果每年的 NCF 不相等，内含报酬率的计算可采用逐步测试法，其计算步骤如下。

① 先估计一个贴现率，用它来计算项目的净现值。如果计算出的净现值为正数，则说明项目本身的报酬率超过估计的贴现率，应提高贴现率后进一步测试；如果净现值为负数，则说明项目本身的报酬率低于估计的贴现率，应降低贴现率后进一步测试。经过多次测试之后，找到净现值由正到负并且比较接近于零的两个贴现率。

② 根据上述两个邻近的贴现率再使用插值法，计算出该投资方案的内含报酬率。

下面仍以【例 7-4】的资料为例来说明内含报酬率的计算方法。

甲方案的每年 NCF 相等，可以用年金法计算。

甲方案 $NCF_0 = -10\ 000$（万元）

甲方案 $NCF_{1-5} = 3\ 000$（万元）

则：$NPV = 3\ 000 \times (P/A, \ IRR, \ 5) - 10\ 000 = 0$

得 $(P/A, \ IRR, \ 5) = 3.333\ 3$

查年金现值系数表：

$(P/A, \ 15\%, \ 5) = 3.352\ 2$，$(P/A, \ 16\%, \ 5) = 3.274\ 3$

所以，*IRR* 在 15%～16%，用插值法求得 *IRR* = 15.24%。

乙方案每年 *NCF* 不相等，因而必须逐次进行测算，测算结果如表 7-7 所示。

由表 7-7 可知，先按 10% 的贴现率进行测算，净现值为 652.3 万元，大于 0，说明所选用的贴现率偏低，因此调高贴现率；以 11% 进行第二次测算，净现值为 320 万元，大于 0，说明所选用的贴现率还是偏低，需调高贴现率；以 13% 进行第三次测算，净现值变为负数，说明乙方案的内含报酬率在 11%～13%，用插值法求得 *IRR* = 12.03%。

表 7-7　　　　　　　　　　　　　乙方案内含报酬率的测算过程　　　　　　　　　　　金额单位：万元

时间（t）	NCF_t	测试 10%		测试 11%		测试 13%	
		复利现值系数 $PVIF_{10\%,\ t}$	现值	复利现值系数 $PVIF_{11\%,\ t}$	现值	复利现值系数 $PVIF_{13\%,\ t}$	现值
0	−10 000	1.00	−10 000	1.00	−10 000	1.00	−10 000
1	1 000	0.909 1	909.1	0.900 9	900.9	0.885 0	885
2	2 000	0.826 4	1 652.8	0.811 6	1 623.2	0.783 1	1 566.2
3	3 000	0.751 3	2 253.9	0.731 2	2 193.6	0.693 1	2 079.3
4	4 000	0.683 0	2 732	0.658 7	2 634.8	0.613 3	2 453.2
5	5 000	0.620 9	3 104.5	0.593 5	2 967.5	0.542 8	2 714
NPV	—	—	652.3	—	320	—	−302.3

净现值法和内部收益率法是经常使用的方法，可将两者结合起来使用。一份对美国大型跨国公司的调查报告显示，有 80% 的公司使用净现值法和内部收益率法，而回收期法很少被作为首选的决策方法，但在辅助方法中是使用率最高的。

7.3.3　投资评价方法的应用

1. 独立投资项目的财务可行性评价

（1）完全具备财务可行性。如果某一投资项目的所有指标处于以下状态，则可以断定该项目无论从哪个方面看都完全具备财务可行性。这些指标状态是：$NPV \geqslant 0$；$PI \geqslant 1$；$IRR \geqslant$ 设定的贴现率（投资必要报酬率）；$PP \leqslant$ 标准回收期；$ARR \geqslant$ 预期投资利润率。

（2）完全不具备财务可行性。如果某一投资项目的所有指标处于以下状态，则可以断定该项目无论从哪个方面看都完全不具备财务可行性。这些指标状态是：$NPV < 0$；$PI < 1$；$IRR <$ 设定的贴现率；$PP >$ 标准回收期；$ARR <$ 预期投资利润率。

在评价财务可行性的过程中，贴现评价指标起主导作用。在对单一投资项目进行财务评价过程中，投资回收期或会计收益率的评价结论与净现值等贴现指标的评价结论发生矛盾时，应当以贴现指标的结论为准。

利用贴现指标对同一个投资项目进行评价和决策，会得出完全相同的结论。在对单一投资项目进行财务评价时，净现值、现值指数和内含报酬率指标的评价结论是一致的。

2. 互斥项目方案的优选

互斥项目方案是指接受一个项目方案就必须放弃另一个项目方案。面对互斥项目方案，如果所有项目的净现值均为正，我们需要从中选择最优方案。如果一个项目方案的所有评估指标均比其他的项目方案好，那么我们可以毫不犹豫地选择该方案。问题是如果评估指标出现矛盾，尤其是净现值和内含报酬率出现不一致时，如何选择最优方案？

评估指标出现矛盾的原因有两种情况：一是投资额不同，二是项目计算期不同。下面分别说明在这两种情况下互斥方案的优选方法。

（1）投资额不同、项目期相同的互斥方案的优选。如果只是项目方案的投资额不同，互斥项目方案应当以净现值法进行优选，即净现值高的方案为优。因为净现值高的方案可以给股东带来更多的财富，股东需要实实在在的投资报酬，而不是一个很高的投资报酬率。

下面回到本章开始的引导案例，通过这个例子说明在对投资额不同的两个互斥方案优选时，净现值法保持正确的原因。

我们首先将两个预算方案的净现金流量、净现值、内含报酬率列于表 7-8 中。

表 7-8　　　　　　　　　　　电影预算方案的评价指标　　　　　　　　　　　金额单位：万元

方案	指标			
	NCF_0	NCF_1	$NPV（i=25\%）$	IRR
小预算方案	−1 000	4 000	2 200	300%
大预算方案	−2 500	6 500	2 700	160%

从表 7-8 可以看出，在折现率为 25%的情况下，大预算方案在 NPV 指标上占优，而小预算方案明显具有更高的 IRR 指标，究竟应该选择哪个方案呢？这里，我们可以借助一个指标——差额投资内含报酬率来解决这个问题。

差额投资内含报酬率是在差额净现金流量（ΔNCF）的基础上，计算出差额投资的内含报酬率 ΔIRR。如果 ΔIRR 大于投资者要求的收益率，则表明追加投资是合理的，应该选择投资额大的方案；否则，应选择投资额小的方案。差额投资内含报酬率的计算与内含报酬率的计算方法完全一样，也需要采用逐步测试法，目的是找到使净现值等于零的贴现率。

对比大预算方案和小预算方案，我们可以得到：$\Delta NCF_0 = -1\,500$ 万元，$\Delta NCF_1 = 2\,500$ 万元。这意味着大预算方案比小预算方案多投资 1 500 万元，但是可以在影片上映后多收回 2 500 万元。如果我们将多投资的 1 500 万元看作一个新方案，就可以利用计算内含报酬率的方法，计算出其收益率是 66.67%。投资者要求的收益率是 25%，因此，多投资的部分是符合投资者的收益率要求的，我们应该选择大预算方案投拍电影，也就是说，按照 NPV 指标选择的结果是正确的。

我们再来考虑另一种情况：如果投资者认为投拍电影是一项风险很大的投资，要求的收益率水平相应上升到 100%。相关评价指标数据如表 7-9 所示。这时，我们应该选择哪个投资方案？

表 7-9　　　　　　　　　重新测算电影预算方案的评价指标　　　　　　　　　金额单位：万元

方案	指标			
	NCF_0	NCF_1	$NPV（i=100\%）$	IRR
小预算方案	−1 000	4 000	1 000	300%
大预算方案	−2 500	6 500	750	160%

根据前述的决策原则，我们很容易判断，在投资的必要收益率上升到 100%时，应该选择小预算方案，因为此时小预算方案的净现值高于大预算方案。如果以差额投资内含报酬率来解释，则是因为大预算方案多投资的 1 500 万元只能给投资者带来 66.67%的内含报酬率，达不到 100%的必要收益率水平，因此大预算方案应予以放弃。

对于投资额不同、项目期相同的互斥方案的优选，我们既可以直接采用净现值法，也可以采用差额投资内含报酬率法进行判断。

（2）投资额不同、项目期不同的互斥方案的优选。如果两个互斥项目方案不仅投资额不同，而且项目期也不同，则其净现值没有可比性。此时，进行互斥方案的优选可以采用等额年金法。等额年金法是指比较所有投资方案的年等额净回收额指标，年等额净回收额大者为优。运用等额年金法的具体步骤如下。

① 确定各项目的净现金流量（NCF）。

② 确定各项目的净现值。

③ 根据各项目净现值计算各项目的年等额净回收额，计算公式如下。

$$年等额净回收额 = \frac{项目方案净现值}{年金现值系数} \qquad (7\text{-}9)$$

④ 选择年等额净回收额大者。

【例 7-5】某企业准备建设一条生产线，有两个方案可供选择：甲方案的原始投资额为 1 250 万元，项目期为 11 年，净现值为 958.7 万元；乙方案的原始投资额为 1 100 万元，项目期 10 年，净现值为 920 万元。行业基准收益率为 10%。请分析企业应该选择哪个方案。

$$甲方案年等额净回收额 = 958.7 \times \frac{1}{(P/A, 10\%, 11)}$$
$$= 147.6（万元）$$

$$乙方案年等额净回收额 = 920 \times \frac{1}{(P/A, 10\%, 10)}$$
$$= 149.7（万元）$$

乙方案的年等额净回收额大于甲方案的年等额净回收额，所以应该选择乙方案。

7.4　项目投资风险的评价与处置

前面的决策分析都是在假设项目的现金流量经过估算是可以确知的前提下进行的，但实际上，项目的未来现金流量总会有某种程度的不确定性，即项目投资的评价是有风险的，必须谨慎。

7.4.1　项目投资风险的类型

在项目投资中有 3 种风险，分别是项目特有风险、公司风险和项目的系统风险。下面进行详细介绍。

1. 项目特有风险

特有风险是指项目本身的风险，可以用项目预期收益率的波动性来衡量。如果公司只有一个项目，且投资人只投资于这一个公司，则投资项目所具有的风险就是投资人的风险，成为投资决策时的风险度量。

当我们孤立地考察时，每个项目可能都具有较高的自身特有风险；但从投资组合的角度看，这些项目经过组合，单个项目的大部分风险可以在企业内部分散掉，企业的整体风险会低于单个项目的风险。

2. 公司风险

项目的公司风险是指项目给公司带来的风险，可以用项目给公司未来现金流量带来的不确定性的大小来衡量。投资项目所具有的风险，可以通过与公司内部其他项目和资产的组合分散掉一部分。因此，我们应着重考察新项目对公司现有项目和资产组合的整体风险可能带来的增量。

3. 项目的系统风险

项目的系统风险是指新项目给股东带来的风险。这里的股东是指投资于许多公司，其投资风险已被完全分散化的股东。

从股东角度来看，项目特有风险被公司资产多样化分散后剩余的公司风险中，有一部分能被股东的资产多样化组合而分散掉，从而只剩下任何多样化组合都不能分散的系统风险，因此，唯一影响股东预期收益的是项目的系统风险。

7.4.2　项目投资风险处置的一般方法

1. 调整现金流量法

调整现金流量法是将不确定的现金流量调整为确定的现金流量，然后用无风险的收益率作为折现率计算项目净现值。其计算公式如下。

$$净现值=\sum_{t=0}^{n} \frac{a_t \times 现金流量预期值}{(1+无风险收益率)^t} \tag{7-10}$$

式中，a_t 是第 t 年现金流量的肯定当量系数，取值区间为 $[0，1]$。它是指不确定的 1 元现金流量期望值相当于使投资者满意的肯定金额的系数。利用肯定当量系数，可以将不确定的现金流量折算为肯定的现金流量，即扣除掉现金流量中有风险的部分。由于现金流量已经消除了风险，因此折现率可以选择无风险的收益率。

【例 7-6】假设当前的无风险收益率为 4%，公司现有两个投资机会，资料如表 7-10 所示。

表 7-10　　　　　　　　　　　　　　A 项目和 B 项目净现值计算表　　　　　　　　　　　　金额单位：元

年份	现金流量	肯定当量系数	肯定现金流量	现值系数（4%）	未调整现值	调整后现值
A 项目						
第 0 年	−40 000	1.0	−40 000	1.000 0	−40 000	−40 000
第 1 年	13 000	0.9	11 700	0.961 5	12 500	11 250
第 2 年	13 000	0.8	10 400	0.924 6	12 020	9 616
第 3 年	13 000	0.7	9 100	0.889 0	11 557	8 090
第 4 年	13 000	0.6	7 800	0.854 8	11 112	6 667
第 5 年	13 000	0.5	6 500	0.821 9	10 685	5 342
净现值					17 874	965
B 项目						
第 0 年	−47 000	1	−47 000	1	−47 000	−47 000
第 1 年	14 000	0.9	12 600	0.961 5	13 461	12 115
第 2 年	14 000	0.8	11 200	0.924 6	12 944	10 356
第 3 年	14 000	0.8	11 200	0.8890	12 446	9 957
第 4 年	14 000	0.7	9 800	0.854 8	11 967	8 377
第 5 年	14 000	0.7	9 800	0.821 9	11 507	8 055
净现值					15 325	1 860

调整前，A 项目的净现值较大；调整后，B 项目的净现值较大。可见，如果不进行调整，企业可能会做出错误的判断。

2. 风险调整折现率法

这种方法的基本思路是对高风险项目采用较高的折现率计算净现值。相关计算公式为：

$$净现值=\sum_{t=0}^{n} \frac{预期现金流量}{(1+风险调整折现率)^t} \tag{7-11}$$

【例 7-7】预期现金流数据承【例 7-6】。当前的无风险报酬率为 4%，市场平均收益率为 12%，A 项目的预期现金流量风险较大，β 值为 1.5；B 项目的预期现金流量风险小，β 值为 0.75。

A 项目的风险调整折现率 = 4% + 1.5 ×（12%-4%）= 16%

B 项目的风险调整折现率 = 4% + 0.75 ×（12%-4%）= 10%

A 项目的净现值 = -40 000 + 13 000 ×（P/A，16%，5）= 2 565.9（元）

B 项目的净现值 = -47 000 + 14 000 ×（P/A，10%，5）= 6 071.2（元）

如果不进行折现率调整，则 A 项目的净现值较高；调整以后，B 项目更好。

7.4.3　项目特有风险的评价与分析

项目特有风险是指实际报酬与预期报酬的偏离程度。一个投资项目的获利能力会受到诸多因素的影响，如销售量、单价、成本费用和资本成本等。这些因素具有不确定性，都有各自的概率分布。在对投资项目进行评价时，可以根据影响项目获利能力各因素的概率分布来确定项目净现值的概率分布，以此来衡量项目的特有风险。具体分析工具有决策树分析、敏感性分析、情景分析等。

1. 决策树分析

决策树分析是指决策人员根据影响项目净现值的各因素变化情况，将一系列项目投资的可能结果按树枝分布状列出，从而产生不同的项目现金流量组合，据此进行投资分析。决策人员可以通过决策树分析，找出可能的现金流量组合及概率分布，计算净现值的预期值，进而确定项目的总体风险。

【例 7-8】某鞋业公司正在考虑一个 3 年期的新跑鞋生产销售项目。新鞋生产投放到市场需要5 000 万元。项目的成败取决于消费者的接受程度和产品的需求状况。为了更合理地评价项目，管理层通常将市场需求分为两种情况：好和差。市场调查研究表明：有 60% 的概率市场需求会很好，40%的概率市场需求会很差。如果需求状况好，则第 1 年产生的现金流量为 3 000 万元。根据经验，如果第 1 年的需求好，则将有 30% 的概率销售会增长，预测在第 2 年和第 3 年产生的现金流量分别为 4 000 万元和 5 000 万元；也有 70% 的概率是市场需求在第 2 年和第 3 年保持不变，因此每年仍然是 3 000 万元的现金流量。如果市场需求差，则每年可以获得 1 500 万元的现金流量。公司资本成本为 10%。要求分析该项目，并计算项目预期净现值。

首先，画出新鞋生产销售项目的决策树，如图 7-1 所示。

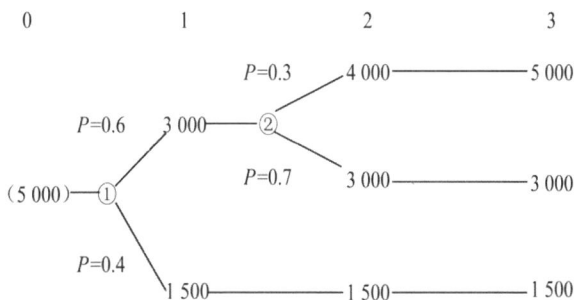

图 7-1　新鞋生产销售项目决策树

其次，计算每条路径的净现值。

最上面一条路径的净现值为：

$NPV = -5\,000 + 3\,000 \times (P/F, 10\%, 1) + 4\,000 \times (P/F, 10\%, 2) + 5\,000 \times$
$(P/F, 10\%, 3) = 4\,789$（万元）

中间一条路径的净现值为：

$NPV = -5\,000 + 3\,000 \times (P/A, 10\%, 3) = 2\,461$（万元）

最下面一条路径的净现值为：

$NPV = -5\,000 + 1\,500 \times (P/A, 10\%, 3) = -1\,270$（万元）

最后，计算项目的预期净现值。

注意沿着决策树到任一路径最后的概率就是这条路径的所有概率相乘。因此，上面一条路径的概率为 0.18（0.6×0.3），中间路径的概率为 0.42（0.6×0.7），下面路径的概率是 0.4。项目的预期 $NPV = 4\,789 \times 0.18 + 2\,641 \times 0.42 + (-1\,270) \times 0.4 = 1\,463$（万元）。

进行决策树分析比单纯估计某一种情况下项目 NPV 能够了解更多的信息。在这个例子中，额外的信息告诉我们有 18%的可能性项目完成得很好，但仍有 40%的概率项目会亏损。这些信息是非常重要的，因为有时即使项目的 NPV 期望值是正数，但由于风险的原因，公司也可能拒绝这个项目。

2. 敏感性分析

投资项目的敏感性分析是假定其他变量不变的情况下，测定某一个变量发生变化时对净现值的影响。

敏感性分析的主要步骤是：①给定计算净现值的每项参数的预期值，如原始投资金额、预计的销售收入、成本费用额、终结点回收额、资本成本率；②根据各参数的预期值计算项目的净现值，得出的净现值称为基准净现值；③选择一个变量并假定一个变化幅度，计算净现值的变动，例如，假定原始投资金额增加 5%，其他参数保持不变，重新计算项目的净现值，并与基准净现值相比来计算净现值变化的百分比；④选择另一个变量，重复③的过程。

【例 7-9】一个新的 2 年期的生产项目，初步估计投资额为 3 500 万元，资本成本为 10%。项目第一年和第二年预计现金净流量分别为 1 000 万元和 4 000 万元，则根据上述的参数可以计算出项目的基准净现值 $= -3\,500 + 1\,000 \times (P/F, 10\%, 1) + 4\,000 \times (P/F, 10\%, 2) = 715$（万元）。

假设资本成本上升为 12%，其他条件不变，则项目的净现值 $= -3\,500 + 1\,000 \times (P/F, 12\%, 1) + 4\,000 \times (P/F, 12\%, 2) = 582$（万元），则该项目在资本成本上升 20%的情况下，净现值下降 18.60%。

3. 情景分析

情景分析是一种变异的敏感性分析。与敏感性分析的区别在于，情景分析允许多个变量同时变动，而不是假设一个变量改变其他因素不变。

情景分析一般假设 3 种情景：基准情景，即最可能出现的情况；最坏情景，即所有变量处于最悲观的估计；最好情景，即所有变量处于最理想的状况。

【例 7-10】某投资项目需购买一台价值 240 000 元的设备，项目期为 6 年，设备折旧年限 6 年，无残值，采用直线法折旧。资本成本为 10%，所得税税率为 25%。其他信息如表 7-11 所示。

表 7-11　　　　　　　　　　　　　　投资项目的情景分析表

项目	基准情景	最坏情景	最好情景
销售量（件）	7 000	6 000	8 000
单价（元）	85	82	87
单位变动成本（元）	60	65	55

项目	基准情景	最坏情景	最好情景
年固定成本（不含折旧）	60 000	70 000	50 000
销售收入（元）	595 000	492 000	696 000
变动成本（元）	420 000	390 000	440 000
折旧（元）	40 000	40 000	40 000
利润（元）	75 000	−8 000	166 000
所得税（元）	18 750	−2 000	41 500
净利润（元）	56 250	−6 000	124 500
年营业现金流量（元）	96 250	34 000	164 500
初始现金流量（元）	−240 000	−240 000	−240 000
净现值（元，折现率 10%）	179 198	−91 920	476 447

根据表 7-11 的计算结果可知，在正常情况和最佳情况下，项目可以取得合理的收益；但在最坏情况下，净现值会出现负数，这要看企业是否能够承受这样的风险。

本章小结

（1）反映项目投资额的指标包括原始总投资和投资总额，包含的内容如下所示。

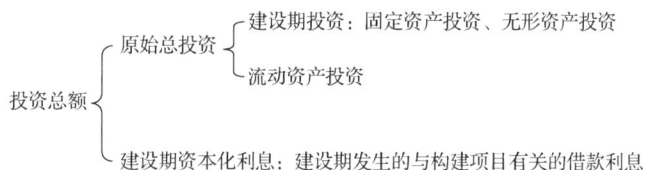

$$\text{投资总额}\begin{cases}\text{原始总投资}\begin{cases}\text{建设期投资：固定资产投资、无形资产投资}\\\text{流动资产投资}\end{cases}\\\text{建设期资本化利息：建设期发生的与构建项目有关的借款利息}\end{cases}$$

（2）项目现金流量可分为以下三种类型：初始现金流量，指从项目开始实施到正式投入使用之前这段时期所产生的现金流量；营业现金流量，指从项目建成并投入使用起，至项目结束转入清理止所产生的各期现金流量；终结现金流量，指项目因固定资产报废或技术老化等原因而终止实施，企业将其进行清理所发生的各种现金收支。

（3）项目投资评价指标按照是否考虑货币时间价值分为折现指标和非折现指标两类。其中，折现评价指标包括净现值、现值指数、内含报酬率等；非折现评价指标包括静态投资回收期和平均会计收益率。折现评价指标是投资评价的主要指标，非折现指标属于辅助指标。

（4）项目投资决策指标的应用主要包括两个方面：一是对独立项目进行投资的可行性评价，二是对互斥项目方案进行优选。在对独立项目进行投资的可行性评价时，贴现评价指标起主导作用。投资回收期或会计收益率的评价结论与净现值等贴现指标的评价结论发生矛盾时，应当以贴现指标的结论为准。对于投资额不同、项目期相同的互斥方案的优选，既可以直接采用净现值法，也可以采用差额投资内含报酬率法进行判断。对于项目期不相同的互斥方案进行优选，一般采用年等额净回收额法。

（5）项目特有风险是指因实际报酬与预期报酬的偏离而带来的风险。一个投资项目的未来现金流量会受到各种因素的影响，如销售量、单价、成本费用和资本成本等。这些因素也是不确定的。根据影响项目现金流量各因素的可能情况和它们之间的相关性，确定项目净现值的概率分布，以衡量项目的特有风险。具体分析方法有决策树分析、敏感性分析、情景分析等。

关键术语

项目计算期　　　原始总投资　　初始现金流　　营业现金流　　　　终结现金流
静态投资回收期　净现值　　　　内含报酬率　　差额投资内含报酬率
年等额净回收额　决策树分析　　敏感性分析　　情景分析

练 习 题

一、思考题

1. 简述项目投资的特点。

2. 项目投资的现金流量由哪几部分构成？与财务会计的现金流量有何差异？

3. 静态投资回收期指标有何优缺点？

4. 净现值指标有何优缺点？

5. 如何对独立项目方案进行财务可行性评价？

6. 对项目期相同的互斥项目方案进行优选的方法有哪些？

7. 如何利用风险调整折现率法与调整现金流量法处理风险条件下的项目投资评价？

8. 如何进行投资项目的敏感性分析？

二、单项选择题

1. 企业为使投资项目完全达到生产能力、开展正常生产经营活动而投入的全部资金称为
（　　　）。

　　A. 投资总额　　　　B. 现金流量　　　　C. 建设投资　　　　D. 原始总投资

2. 下列指标的计算过程中，没有利用现金净流量数据的是（　　　）。

　　A. 内含报酬率　　　B. 会计收益率　　　C. 净现值　　　　　D. 现值指数

3. 项目投资决策中，不宜作为折现率进行投资项目评价的是（　　　）。

　　A. 活期存款利率

　　B. 企业为投资项目筹资的资本成本率

　　C. 同期其他投资项目的预计收益率

　　D. 行业投资的平均收益率

4. 某企业投资方案的预计年销售收入为200万元，年经营总成本为100万元，其中，年折旧额为10万元，年无形资产摊销额为10万元，所得税税率为25%，则该项目的年营业现金净流量为（　　　）万元。

　　A. 85　　　　　　　B. 95　　　　　　　C. 105　　　　　　　D. 115

5. 下列投资项目评价指标中，不受建设期、投资方式、回收额影响的是（　　　）。

　　A. 静态投资回收期　　　　　　　　　B. 会计收益率

　　C. 净现值　　　　　　　　　　　　　D. 内含报酬率

6. 项目投资评价中的敏感性分析是衡量（　　　）。

　　A. 全部因素的变化对项目评价标准（如 NPV）的影响程度

B. 确定因素的变化对项目评价标准（如 NPV）的影响程度

C. 不确定因素的变化对项目净利润的影响程度

D. 不确定因素的变化对项目评价标准（如 NPV）的影响程度

7. 风险调整折现率法下，对风险大的项目采用（　　　）。

 A. 较高的折现率   B. 较低的折现率

 C. 资本成本率   D. 贷款利率

8. 风险调整现金流量法的基本思路是（　　　）。

 A. 计算一个投资项目的风险投资收益率

 B. 用一个系数将有风险的现金流量调整为无风险的现金流量

 C. 用一个系数将有风险的折现率调整为无风险的折现率

 D. 采用不同的折现率计算一个投资项目的净现值

9. 从项目投资的角度看，在计算投资项目营业净现金流时，不需要考虑的因素是（　　　）。

 A. 营业税金及附加   B. 利息支出

 C. 营业收入   D. 销售成本

10. 已知某投资项目按 14%折现率计算的净现值为 25 元，按 16%折现率计算的净现值为−16 元，则该项目的内含报酬率是（　　　）。

 A. 13.86%   B. 14.56%   C. 15.22%   D. 16.15%

11. 某企业计划投资 50 万元建设一条生产线，建设期 1 年，预计生产线投产后每年新增净利润 7 万元，年折旧额 3 万元，则包括建设期的投资回收期是（　　　）年。

 A. 5   B. 6   C. 7   D. 8

12. 当贴现率为 8%时，项目的净现值为 45 元，则说明该项目的内含报酬率（　　　）。

 A. 低于 8%   B. 等于 8%   C. 高于 8%   D. 无法界定

三、判断题

1. 由于现值指数是用相对指数来表示，所以现值指数法优于净现值法。（　　　）

2. 当一项长期投资的净现值大于零时，则该方案未来的报酬总现值大于初始投资的现值。

（　　　）

3. 当贴现率与内含报酬率相等时，净现值等于零。（　　　）

4. 在互斥选择决策中，净现值法有时会做出错误的决策，而内含报酬率法则始终能得出正确的决策。

（　　　）

5. 内含报酬率是能够使投资方案未来现金流入量现值等于未来现金流出量现值的贴现率。

（　　　）

四、计算题

1. 某企业拟新建一条产品生产线，有两个项目方案可供选择。

方案一：需固定资产投资 100 万元，全部在建设起点投入。该生产线当年建设当年投产，预计可使用 8 年，项目结束时有残值 20 万元。投产后每年可获净利润 15 万元。

方案二：需固定资产投资 100 万元，全部在建设起点投入，建设期一年，另投产日需投入流动资金 10 万元，在终结点收回；该生产线投产后，预计可使用 9 年，清理时无残值。投产后每年可获利润 20 万元。

该企业要求的投资收益率是 8%。固定资产从投产年度开始按直线法计提折旧。

要求：用年等额净回收额法判断应选用的项目方案。

2. 宏光公司欲投资一小型太阳能发电设备。经过财务部门的相关调研和预测，该投资项目的建设期为 2 年，在建设期初需投入设备资金 100 万元，在第二年初投入设备资金 50 万元，在建设期末投入流动资金周转 50 万元。项目投产后，经营期为 8 年，每年可增加销售收入 384 万元，经营成本 192 万元。设备采用直线折旧法，期末有 8% 的净残值。企业所得税税率为 25%，现资本成本率为 18%。要求（计算结果保留两位小数）：

（1）计算该投资项目每年的固定资产折旧额。

（2）计算分析项目计算期内每年的净现金流量。

（3）计算项目的净现值并判断该投资项目是否可行。

（4）计算项目的年等额净回收额。

（5）假如宏光公司的财务经理认为，公司资本成本相对较高，欲尽量降低企业的资本成本，那么，降低资本成本对该项目的投资决策是否会产生影响？试阐述企业资本成本与投资项目净现值的关系。

3. 某企业拟进行一项固定资产项目投资。该项目的净现金流量如表 7-12 所示。

表 7-12　　　　　　　　　　　　　　　　　项目净现金流量　　　　　　　　　　　　　　　　单位：元

指标	项目计算期							合计
	建设期		经营期					
	0	1	2	3	4	5	6	
NCF	−1 000	−1 000	100	1 000	B	1 000	1 000	2 900
累计净现金流量	−1 000	−2 000	−1 900	A	900	1 900	2 900	
净现金流量现值	−1 000	−943.4	89	839.6	1 425.8	747.3	705	

要求：（1）计算表中 A、B 的值。

（2）计算投资回收期。

（3）计算净现值，并评价项目可行性。

4. 为了提高生产效率，某企业拟对尚可使用 5 年的设备进行更新改造。新旧设备的替换将在当年完成（即更新设备的建设期为零），不涉及流动资金的投资，采用直线法计提折旧，所得税税率为 25%，公司的资本成本为 10%。新旧设备的资料如下所述。

新设备资料：购置成本 60 000 元，估计使用年限 5 年，期满残值 10 000 元，每年收入 80 000 元，每年付现成本 40 000 元。

旧设备资料：原始购置成本 40 000 元，已经使用 5 年，已提折旧 20 000 元，期满无残值。如果现在出售该设备，可得价款 20 000 元。使用该设备每年收入 50 000 元，每年付现成本 30 000 元。

要求：通过差额投资内含报酬率指标分析公司是否应更新设备。

五、案例题

案例一　保健品投资项目

项目背景

国内保健品制造商"康瑞源健康科技有限公司"（以下简称"康瑞源"），始建于 2000 年，最初以生产传统中成药为主，现已发展成为涵盖营养补充剂、功能性食品和保健饮品的领先保健品制造商。管理层致力于寻找新的增长点，以拓宽市场份额并提升品牌竞争力。2022 年，康瑞源注意到高端功能性保健品市场潜力巨大，特别是那些注重科学配方与现代科技结合的保健品。

鉴于此，康瑞源决定在 2023 年初对高端功能性保健品市场进行潜力评估。通过向北京、上海和广州三地的消费者发放问卷，调查结果显示市场对这类保健品的接受度远超预期，预计能占据 10%～15% 的市场份额。虽然市场调研成本不菲，总计达到 250 000 元，但作为一项沉没成本，不应纳入项目评价考量。

项目分析和预测

保健品项目所需的投资支出主要包括以下几个部分。

1. 生产场地。保健品生产将在一处靠近上海的自有空置厂房内进行。该地点不仅地理位置优越，便于物流运输和原材料采购，还能有效降低运输成本和时间。假设该厂房及土地净值为 150 000 元，预计 5 年后价值保持不变。

2. 生产设备。保健品生产设备购置费为 100 000 元，5 年后市场价值预计为 30 000 元，第 1 年至第 5 年折旧额分别为 20 000 元、32 000 元、19 200 元、11 520 元、11 520 元，则 5 年后折余价值为 5 760 元。由于出售价超过账面价值的差额应缴纳所得税，康瑞源公司所得税税率为 25%，则出售设备税后净收入为 30 000-(30 000-5 760)×25%=23 940（元）。

3. 营运资本。康瑞源预计在项目建成运营前需投入 10 000 元营运资本，主要用途包括：购买原材料和其他存货以备生产；保留一定现金缓冲不可预测支出；以及应对信用销售导致的应收账款。在项目运营的年度，营运资本存量将始终保持在营业收入的 10%。根据投资假设，最终所有营运资本均可回收，因存货将售罄，应收账款结清，备用现金余额亦清零。项目每年营运资本的增加视为企业的追加投资，属于现金流出；反之，多余营运资本则从项目中撤出。

4. 收入和成本。预计保健品生产在 5 年内每年的产量分别为 5 000 件、8 000 件、12 000 件、10 000 件、6 000 件。第一年售价为 20 元/件，每年提价 2%。原材料成本预计每年增长 10%，第一年单位成本为 10 元/件。详细收入和成本预测如表 7-13 所示。

表 7-13　　　　　　　　　　保健品项目的经营收入与付现成本预测

年份	产量（件）	价格（元）	销售收入（元）	单位付现成本（元）	付现成本总额（元）
1	5 000	20	100 000	10	50 000
2	8 000	20.4	163 200	11	88 000
3	12 000	20.81	249 720	12.1	145 200
4	10 000	21.22	212 200	13.31	133 100
5	6 000	21.65	129 900	14.64	87 840

5. 康瑞源公司所得税税率为 25%，假设在整个经营期内保持不变。

要求：（1）根据上述保健品项目的资料，填写表 7-14 和表 7-15。

表 7-14　　　　　　　　　　保健品项目的投资现金流量计算表

（所有的现金流量在年末发生）

单位：元

项目	第 0 年	第 1 年	第 2 年	第 3 年	第 4 年	第 5 年
（1）保健品机器设备	-100 000	0	0	0	0	**23 940**
（2）累计折旧						
（3）机器设备折余价值						
（4）机会成本（厂房投资）	-150 000	0	0	0	0	150 000
（5）净营运资本（累计投入年末余额）	10 000					0
（6）净营运资本变化	-10 000					
（7）投资的总现金流量						

表 7-15 保健品项目利润 单位：元

项目	第0年	第1年	第2年	第3年	第4年	第5年
（1）销售收入	0	100 000	163 200	249 720	212 200	129 900
（2）经营付现成本	0	50 000	88 000	145 200	133 100	87 840
（3）折旧	0	20 000	32 000	19 200	11 520	11 520
（4）税前利润						
（5）所得税（税率25%）						
（6）税后净利润						

（2）计算保健品项目的净现金流量，填写表 7-16 和表 7-17。

表 7-16 保健品项目现金流量（直接法） 单位：元

项目	第0年	第1年	第2年	第3年	第4年	第5年
（1）销售收入	0	100 000	163 200	249 720	212 200	129 900
（2）经营付现成本	0	50 000	88 000	145 200	133 100	87 840
（3）所得税						
（4）经营现金流量						
（5）投资的总现金流量						
（6）项目的总现金流量						

表 7-17 保健品项目现金流量（间接法） 单位：元

项目	第0年	第1年	第2年	第3年	第4年	第5年
（1）税后净利润						
（2）折旧	0	20 000	32 000	19 200	11 520	11 520
（3）项目经营现金流						
（4）投资的总现金流量						
（5）项目的总现金流量						

（3）进行保健品项目的财务评价，填写表 7-18，并计算保健品项目的投资回收期和内含报酬率。

表 7-18 保健品项目净现值计算表

贴现率	净现值
10%	
15%	
20%	

案例二 基础设施项目投资评价

西藏某偏远地区为改善交通状况，投资了巨额资金修建公路。从经济效益的角度看，该项目短期内面临较大的财务压力，投资回收期长，且难以实现盈利。然而，深入剖析其社会与民生效益，我们不难发现其深远的意义。

公路的建成，不仅极大地改善了当地居民的出行条件，还促进了教育、医疗等公共服务的均衡发展，为民众带来了实实在在的福祉。同时，该项目也带动了沿线地区的经济发展，为当地创造了更多的就业机会，促进了农业、旅游业等产业的繁荣。

此外，该项目的实施还体现了国家对于边疆地区发展的高度重视和坚定承诺。在地理条件复杂、经济回报不确定的情况下，国家依然选择投资建设，展现了大国力量与责任担当。这不仅是对"一带一路"倡议和西部大开发战略的深入实践，也是向世界展示中国致力于促进区域协调发展、实现共同富裕的决心和行动。

要求：根据上述情况，分析和讨论下列问题。

（1）为什么评估基础设施项目的投资价值时，不能仅仅以经济效益作为唯一标准？

（2）除了经济效益，您认为对基础设施项目投资评价还应考虑哪些因素？

第 **8** 章
证券投资管理

【学习目标】

近年来，金融改革的深化与资本市场制度的完善，推动了金融供给侧改革，为投资者提供了多元化理财环境，股票、债券、基金等有价证券成为重要的投资理财工具。但市场充满不确定性，无论财务工作还是个人理财，掌握证券投资管理的基本知识与方法至关重要。

通过本章的学习，读者应达到以下目标：

- 了解相关证券投资的含义、种类与目的；
- 理解债券投资、股票投资和基金投资的优缺点；
- 掌握债券、股票和基金的估值及收益率的计算方法。

【引导案例】

一股能换一套大"house"？

伯克希尔·哈撒韦公司由已年过 90 的"股神"巴菲特创建于 1956 年。该公司主营保险业务，同时也是一家能够对全球资本市场产生重大影响的投资控股公司。2024 年，该公司位列《财富》杂志评选的世界 500 强排行榜第 9 位，也是该榜单中唯一以金融为主业的公司。2024 年 8 月 8 日，伯克希尔·哈撒韦的收盘价为 646 479.99 美元，年中 6 月 3 日曾一度触及 741 971.4 美元（按当天离岸人民币对美元的汇率折算，当日的股价约为 538.06 万元人民币）。如果按照公司市值算，伯克希尔·哈撒韦公司目前还没有超过万亿美元大关，不到同期苹果公司市值（3.2 万亿美元）的三分之一，而苹果的市值占同期我国 A 股总市值的 30% 左右。没有比较就没有伤害，同时期排在股票价格第二位的美国肉品加工及运输公司 Seaboard Corp 的股价仅为 3 098 美元，同期我国 A 股价格最高的股票贵州茅台的股价为 1 430.69 元（199.05 美元）。相较于这些高价股，每个国家或地区的股票交易市场上还存在很多低价股，如美国的股票市场有每股"几分钱"的股票，我国的 A 股市场由于存在股价连续 20 个交易日低于 1 元的退市机制，一般退市前也仅剩几毛钱一股。

值得一提的是伯克希尔·哈撒韦公司背后的传奇故事。巴菲特 1956 年收购该公司时，它还是一家濒临破产的纺织厂。巴菲特最初以 7.6 美元一股入手，最后以每股均价 14.86 美元，总计 1 400 万美元实现了对伯克希尔·哈撒韦公司的收购。完成收购时，该公司的市场价值为 1 800 万美元。不考虑其他影响因素，按照 2024 年 8 月 8 日的收盘价来算，伯克希尔·哈撒韦公司的当前股价和市值分别是当初收购均价的 43 504.7 倍，市值的 51 791.6 倍。虽然对于上市公司来说，股票价格不是衡量其价值大小、发展好坏的唯一标准，但确实是最重要的标准，它不仅综合反映了公司过去和当前的价值，也反映了投资者和市场对其未来发展趋势的预判。

8.1　证券投资概述

现代经济既是一种知识为本的经济，又是一种金融化的经济。随着经济全球化、市场一体化和资产证券化的发展，现代金融体系正逐步发展壮大并成为现代经济运行的强大发动机。

在现实生活中，投资活动几乎无处不在。所谓投资，就是将货币转化为资本的过程。货币转化为资本的过程涉及投资媒介或投资对象。一般而言，投资对象可分为真实资产和金融资产两种。真实资产一般是指一些可看到、可触摸的资产，如房地产、名表、古董、黄金等；金融资产是指一种契约，保障持有人获得契约内所规定的权益，如股票、债券、期货、期权等。两者的主要区别在于资产套现和变现能力。相对而言，金融资产的套现和变现能力要强于真实资产。至于投资者选择哪种资产形式，往往取决于投资者的投资目的。

从企业的角度来看，投资分为狭义投资和广义投资。其中，狭义投资仅指对外投资，是指企业以现金、实物、无形资产等方式或者以购买股票、债券等有价证券的方式向其他单位的投资。广义投资是指企业内部使用的全部资金和对外投资。在第 7 章中学习的项目投资是企业将货币资金投资于实体性经营资产，形成的一般是真实的资产，属于企业的对内投资，也是广义的企业投资范畴。本章学习的证券投资主要是指企业的对外投资，属于狭义上的企业投资范畴。

8.1.1　证券投资的含义

1. 证券的含义与特征

证券是商品经济和社会化大生产的产物。通常，证券是指用于证明或设定权利所做成的书面凭证，它表明证券持有人或第三者有权取得该证券拥有的特定权益。

证券必须具有法律特征和书面特征两个基本特征，即具备这两个特征的书面凭证才可称为证券。从法律特征看，证券反映的是某种法律行为的结果，其本身必须具有合法性；证券所包含的特定内容具有法律效力。从书面特征看，证券必须采用书面形式或与书面形式具有同等效力的其他形式，并且必须按照特定的格式进行书写制作，载明有关法规规定的全部必要事项。早期发行的股票和债券都是纸质凭证，随着互联网、电子信息技术的发展和法律法规的健全，现在发行的股票、债券等主要是虚拟的电子凭证，或者说是契约。

2. 证券的种类

广义上的证券主要包括资本证券、货币证券和商品证券等。狭义上的证券主要指的是证券市场中的证券产品，包括产权市场产品（如股票）、债权市场产品（如债券）、衍生市场产品（如股票期货、期权、利率期货）等，具体划分如下。

（1）按其性质分类，分为凭证证券和有价证券两类。凭证证券是指本身不能使持有人或第三者取得一定收入的证券，如借据、收据等；有价证券是指有票面金额，证明持券人有权按期取得一定收入并可自由转让的所有权或债权凭证，如股票、债券等。

（2）按其发行主体分类，分为政府证券、金融证券和公司证券三类。政府证券是指中央政府或地方政府为筹集资金而发行的证券；金融证券是指银行或其他金融机构为筹集资金而发行的证券；公司证券又称企业证券，是指工商企业为筹集资金而发行的证券。

（3）按权益关系分类，分为所有权证券和债权证券两类。所有权证券是指证券的持有人是证券发行单位的所有者的证券。这种证券的持有人一般对发行单位有一定的管理权和控制权。债权证券是指证券的持有人是发行单位的债权人的证券。这种证券的持有人一般无权对发行单位进行管理和控制。还有一种具有所有权和债权双重性质的混合证券，如优先股和可转换债券等。

（4）按收益的决定因素分类，分为原生证券和衍生证券两类。原生证券是指证券收益的大小取决于发行者的财务状况的证券，如股票、债券等。衍生证券从原生证券演化而来，其收益取决于原生证券的价格，主要包括各种形式的金融期权、期货和利率互换合约。

（5）按收益稳定状况分类，分为固定收益证券和变动收益证券两类。

（6）按到期期限分为短期证券和长期证券两类。

（7）按是否在证券交易所挂牌交易，分为上市证券和非上市证券两类。

（8）按募集方式，分为公募证券和私募证券。

3. 证券投资的含义与特点

证券投资一般是指有价证券投资，是企业或个人买卖股票、债券、基金等有价证券或有价证券的衍生产品，借以获得收益的行为和过程。证券投资是一种间接投资活动，比直接投资具有更大的风险性；证券投资是一种存在双重获利机会的投资，因为它除了取得利息或红利外，还有可能获得资本利得。随着我国资本市场的不断发展和完善，证券投资也越来越受到人们的重视。

相对于实体投资而言，证券投资具有以下特点。

（1）价值虚拟性。真实的资产或实体资产本身具有一定价值，如房产、机器设备、黄金等。证券本身是没有价值的，主要存在形式是纸质的印刷品或账户上的虚拟数字，证券的价值要依托于实体资产，且不能脱离实体资产而完全独立存在。但证券的价值也不是完全由实体资产的现实生产经营活动状况决定的，而是取决于其背后契约性权利所能带来的未来现金流量，是一种未来现金流量折现的资本化价值，而影响未来现金流量大小的因素多种多样。因此，从这个角度来看，证券资产是一种虚拟资产。这也是其价值不稳定的根本原因，从而也带来了证券投资的高风险性。

（2）价值不稳定。投资者所持证券的价值大小由其持有证券的数量和价格决定，在数量一定的情况下，取决于价格的高低。影响证券价格变动的因素多种多样，除了证券发行人自身的营业状况、财务状况外，还有政治的、经济的、心理的、社会的因素，甚至还有自然的因素。这些因素影响着证券交易主体之间的交易数量和价格，推动了证券价格的变动，导致证券价值不稳定。

（3）流动性强。证券存在十分活跃的二级市场，其转让过程快捷、简便。证券投资流动性强体现于证券满足资产流动性的三个条件。第一，明显的、大规模的交易不会引起市场价格的剧烈波动；第二，营业时间内存在连续的买价和卖价；第三，存在"微小"的买卖差价。

实践中，在一些特殊情况下也会出现反常现象。比如在一些重大利好或利空情况下，股票价格会连续多日涨停或跌停，买卖价差达到百分之几十，甚至数倍。有些停牌的股票可能几日、几十日，甚至数年不能交易。如果某个国家的股市整体出现了极端的上涨或下跌，也会启动"熔断"或"临停"机制。如果投资者在证券价格高位买入后，证券价格持续下跌，而投资者又不愿承受亏损，不在短期内抛售，就只能长期持有，反而是降低了其持有证券的流动性。

（4）交易成本低。证券交易集中于少数几个证券市场，便于投资者寻找投资对象，比如国内的上海、深圳和北京证券交易所，美国的纽约和纳斯达克证券交易所，德国的法兰克福证券交易所，日本的东京证券交易所，英国的伦敦证券交易所，法国的巴黎证券交易所等。证券交易过程中，交易手续简便快捷、手续费相对较低。另外，证券交易一般通过交易系统自动完成，避免实际资产交易的谈判、合同签署等一系列环节，既节约金钱，又节约时间。

（5）持有目的多元性。相较于实物资产的投资，证券投资的目的具有多元性，包括获得高风险收益、长短期资金的调节、取得其他企业的控制权，以及资本的保值和增值等。

8.1.2　证券投资的种类与目的

1．证券投资的种类

证券投资按其投资的对象划分，可以分为以下几种。

（1）债券投资。债券投资是指投资者购买债券以取得资金收益的一种投资活动。这些债券包括政府债券、金融债券和公司债券。通常情况下，政府债券的收益率水平低于金融债券，金融债券的收益率水平低于公司债券，而 3 种债券的风险水平依次提高。与权益类证券（如股票）投资相比，债券投资的收益更稳定，投资风险较低，虽然其风险溢价水平较低，但收益率通常高于同期的银行存款利率。

（2）股票投资。股票投资是指投资者通过买卖上市公开交易的公司股票获取收益的投资行为。投资者可以购买其他企业发行的普通股或优先股，其目的包括获取投资收益、取得发行公司的控制权或对发行公司的经营决策施加影响。投资股票，尤其是投资普通股，要承担较大的不确定性风险，但在市场整体向好的行情下，特别是上市企业盈利能力强，发展前景良好的情况下，会取得较高收益。

（3）基金投资。基金投资是指投资者通过购买投资基金份额或受益凭证来获取收益的投资方式。这种方式可使投资者享受专家服务和投资分散化的好处，有利于降低投资风险，获得较大的投资收益。

（4）期货投资。期货投资是指投资者通过买卖期货合约规避价格风险或赚取利润的一种投资方式。所谓期货合约，是指由期货交易场所统一制定的，约定在将来一定时期以指定价格买卖一定数量和质量商品的标准化合约。它是确定期货交易关系的一种契约，是期货市场的交易对象。期货投资可以分为商品期货投资和金融期货投资。

（5）期权投资。期权投资是指为了实现盈利目的或避免风险而进行期权买卖的一种投资方式。期权是一种赋予持有人在某一特定日期或该日期之前的任何时间以固定价格购进或售出一种资产权利的标准化合约。按照合约授予期权持有人的权利的类别划分，期权可分为看涨期权、看跌期权和双向期权；根据期权合同买卖的对象划分，期权又可分为商品期权、股票期权、债权期权、期货期权等。

（6）证券组合投资。证券组合投资是指投资者将资金同时投资于多种证券。有效的证券组合可以有效地分散证券投资风险，而且证券组合包含的标的数量越多，越能分散非系统风险。如果标的数量足够多，理论上可以消除非系统性风险。组合投资是投资者进行证券投资的常用投资方式，俗称"不把鸡蛋放在一个篮子里"。

2．证券投资的目的

（1）分散资金投向，降低投资风险。不论是个人还是企业投资者，投资分散化、多元化是基本理财原则之一。企业对内进行的生产经营领域的实体资产投资，容易受国家经济政策、产业政策、同业竞争、消费者偏好等诸多因素的影响，存在发展和收益的不确定性。通过证券投资，企业实现了对内、对外投资的多元化，分散了风险。与对内投资相比，对外证券投资不受地域、经营范围、资金量，甚至时间上的限制。另外，证券投资种类的可选择面非常广，投资资金的退出和收回也比较容易，是多元化投资的主要方式。

（2）利用闲置资金，增加收益。企业在连续的、长期的生产经营过程中，可能会出现资金闲置、现金结余较多的情况，如销售旺季产生的大量现金销售收入、短期闲置资金等。个人投资者在长期、稳定的现金收入下，也会积累大量的现金。持有现金一般没有收益或收益很低，面临较高的机会成本，而将这些闲置资金投资于有价证券，如债券、股票等，可以获得股利收入、债息收入、资本利得等投资收益。证券投资过程中产生的税费合计要低于生产经营过程中所缴纳的税费，对企业来说也是降低了成本。此外，由于证券的流通和变现能力较强，企业或个人在需要资金时可以随时择机变现。

（3）提高资产的流动性，增强偿债能力。资产流动性是影响投资者财务安全的主要因素。除了现金等货币资产外，有价证券是流动性最强的资产。在企业和个人需要支付大量现金，而现金储备不足时，可以通过变卖有价证券迅速取得大量现金，保证及时支付，避免出现违约等信用问题。

（4）稳定客户关系，保障生产经营。在企业生产经营各环节中，供应和销售是连接企业与市场的重要通道，因此拥有稳定的原料供应商和销售客户对企业来说至关重要。基于发展战略的考虑，有些企业对产业链上的供销企业进行投资，购买其债权或股权，以达到对其生产经营施加影响或控制，以及保障本企业生产经营顺利进行的目的。这种投资策略的对象主要是同产业链的上下游企业，例如，一家新能源汽车制造企业，为了保证其汽车动力电池的稳定供应，可以投资某电池生产企业的股票甚至控股。

证券投资的目的能否实现及实现程度受多种因素的影响，其中最主要、直接、集中的影响因素是标的证券的交易价格。证券的买卖价格决定了投资者所持有证券的投资收益大小、流动性强弱等。此外，影响证券价格的风险因素主要是系统性风险和非系统性风险。

8.1.3　证券投资的风险

证券投资者所持投资资产的价值随着其市场价格的频繁波动而变动，而影响证券资产价格的因素极具复杂性和多样性，因此证券投资的风险往往是比较大的。资金是企业正常生产经营和长期发展的关键因素，企业投资者对资金具有极大的依赖性，因此在正式投资有价证券之前应该保持谨慎的态度，详细分析投资证券标的的风险因素和盈利能力，充分论证投资的可行性。因此，企业决策者应该充分考虑可能影响其证券投资的多种因素，最大限度地提高收益，尽可能降低风险。

按照风险的性质及是否可分散，证券投资的风险可分为系统风险和非系统风险两大类，具体定义见第 2 章中与"风险分析"相关的内容。

1. 系统风险

证券资产的系统风险，也称为不可分散风险，是由外部经济环境因素变化引起整个资本市场不确定性增加，从而对所有证券都产生影响的共同性风险，主要包括政策风险、利率风险、通胀风险等。

（1）政策风险。政府的经济政策和管理措施的变化，将引起证券所依托的实体公司利润、投资收益的变化。证券交易政策的变化，可以直接影响证券的市场价格。国家的财政政策、货币政策、产业政策、税收政策及汇率政策等会直接影响相关企业的当前生产经营和未来投资计划，直接或间接对其利润和资本收益率产生重大影响，进而影响其有价证券的发行价格和上市交易价格。特别是货币政策会直接或间接地影响资本市场利率的水平，从而影响证券资产的价格走势。例如，每当美联储准备召开利率决策会议时，全球证券投资者都会密切关注，全球的证券资产价格也会随之波动。因此，经济政策、法规的出台或调整，会对证券市场产生一定影响。如果这种影响较大，则会引起市场整体的剧烈波动。

（2）利率风险。利率风险是指由利率的变动引起的证券投资收益的不确定性。投资者对证券资产投资报酬率的预期通常建立在市场利率基础之上。利率上升有可能引起证券资产价值下降，风险保守型或中性的投资者会主动出售证券资产，导致证券价格下降，进一步引起其他证券持有者被动出售证券；反之，利率下降则可能使证券价格升高。以债券来说，其票面利率发行时就固

右侧图标：微课堂

证券资产的系统风险

定了，如果市场利率发生变化，必然会改变债券的实际收益率，影响投资者的实际投资收益水平，进而影响债券投资者的投资决策。这种影响在债券市场上的表现就是债券的供需关系发生了变化，引起其价格发生变动。市场利率是评价和衡量证券价值的重要尺度。这一点在本章的证券估值部分有充分的体现。

（3）通胀风险。通胀风险指因通货膨胀引起货币贬值，造成资产价值、工资收入和投资收益等缩水的风险。通胀风险对那些与货币直接挂钩的固定性或长期稳定性收益的证券影响最为明显，例如，未来预期稳定不变的工资收入、固定收入债权类的利息和本金、货币基金等。在通货膨胀率较高的期间，债券资产会缩水，其实际的收益率会降低（甚至为负数），这使得当前和今后的购买力下降。因此，通胀风险也被称为购买力风险。但较高的通胀率对固定收益类债权的出售者是有利的，另外通胀风险对未与货币直接挂钩的权益类证券（如股票）的影响相对较小。

（4）其他风险。能够引发系统性风险的因素，除了上述三种经济性因素外，还包括经济周期、战争、能源危机、人口趋势、政权更迭、政治经济制度与体制改革等。例如，中国自 1978 年之后 40 多年的经济高速发展得益于改革开放政策、政治经济体制的改革、相对宽松友好的外部环境，再叠加人口红利等有利因素，造就了世界经济发展历史上的奇迹。

2. 非系统风险

非系统风险是公司的特有风险，也称为可分散风险、公司特别风险，是指由特殊因素引起的，只影响特定标的资产收益的风险，主要表现为违约风险、变现风险和破产风险等。

（1）违约风险，是指证券资产发行者无法按时兑付证券利息和偿还本金的可能性。有价证券本身就是一种契约性权利资产，经济合同的任何一方违约都会给另一方造成损失。违约风险多发生于收益固定型有价证券，如债券。根据国家金融与发展实验室的统计，2024 年第二季度，我国债券市场共发行债券 12 732 只，发行规模合计 20.96 万亿元，发生实质性违约的主体有 8 家（不含海外发债主体），其中新增 6 家首次违约主体。虽然违约数量较同期明显减少，但发债主体信用评级遭下调的主体数量同比大幅上升。产生违约的直接原因是证券发行者偿还资金不足，间接原因有资金短期周转不灵、公司长期经营管理不善或产品滞销导致销售收入下降等。

（2）变现风险，是指证券资产持有者无法在市场上以正常的价格出售证券的可能性。证券投资者可能会为了获取现金或把握新的证券投资机会而出售所持证券，但是如果短期内该证券价格达不到其预期水平，投资者只能选择放弃新的证券投资机会或承受低价出售带来的经济损失。在同一证券市场上，各种有价证券的变现能力是不同的，标的质量越好，交易越频繁的证券变现能力越强。

（3）破产风险，是指证券发行者破产清算时投资者无法收回应得权益的可能性。当证券发行者出现经营管理不善而持续亏损、现金周转不畅而无力清偿债务或其他原因导致其无法持续经营时，一般会申请破产保护。破产保护可能会导致债务清偿的豁免、所有者权益耗尽，使得投资者的投资收益，甚至是本金遭受损失。由于债权的偿还优先于股权，企业破产清算时对债权性证券和所有权性的证券带来的风险大小不同。

对公司特有风险的分析往往建立在系统风险分析的基础上，尽可能多地搜集标的企业的财务和非财务数据、信息资料，构建财务指标和非财务指标进行定量和定性分析，借助波士顿矩阵、波特五力模型、鱼骨图、SWOT 分析等工具对企业进行全面分析，以便准确评估其投资潜力和价值。

3. 不同类型的证券资产的风险差异

对证券资产的风险分析通常要从上述系统风险和非系统风险进行全面考虑，绝大部分的证券资产也都会受到上述风险因素的影响。但不同的证券资产由于其标准化合约规定的权责内容不同，特别是其产生收益的来源、时间、大小等因素不同，因此，其投资所面临的风险因素也各有差异和偏重。这里简要介绍几类主要证券资产的风险因素。

由于债权性的证券与其所依托的特定实体资产或发行公司有直接紧密的关系，且存续时间一般为中短期，如金融机构、企业发行的债券、短期融资券等，因此，对于该类证券资产，除了要关注利率风险、政策风险、通胀风险等系统风险外，还要重点关注其违约风险、破产风险、期限风险、流动性风险、提前赎回风险和突发事件风险等非系统风险。所有权性的证券资产，如股票，其价值受发行者未来长期现金获取能力的影响，所遭受的风险影响因素是复杂和多方面的，因此需要从全局、长期、系统的角度去研究分析。对该类证券资产，除了要关注发行者自身的特有风险，如经营管理水平、财务风险、产品结构、行业地位、企业投资与研发水平、重大投资项目的进展与效果等外，还要持续关注国家的财政货币政策及相关产业政策的变动、科学技术的发展对生产手段和产品需求的影响、产业及产品的生命周期，甚至战争、自然灾害等系统性风险。证券投资基金是一种集中资本、专家管理、分散投资、可降低投资风险的证券投资标的。对于该类证券资产，除了关注影响基金投资资产的各种系统和非系统风险因素外，还要特别注意投资者的短期集中赎回申请带来的变现风险和基金管理机构、管理人员在管理水平及运作上的风险。

8.2　证券价值评估

证券资产价值的评价对其发行者和投资者来说都具有重要意义。发行者为了达到通过发行有价证券从资本市场上筹集所需资金的目的，必须将证券的发行价格维持在合理水平：定价偏低会遭受一定的损失，减少资金的筹集规模；定价偏高会导致发行失败，同样也会造成发行成本的损失。欲购买或出售证券的投资者要准确地评估证券的内在价值，并将其当前价格与内在价值进行对比，前者低于后者是买进的机会，后者低于前者是卖出的机会。有价证券的主要价值评估模型是现金流量折现模型。本节主要以债券、股票为例进行说明。

8.2.1　债券价值评估

1．债券价值的计算

对投资者来说，债券的价值是指债券未来现金流入量的现值，也称为债券的理论价格。其中，债券未来现金流入量是指债券的利息和本金。只有债券价值大于其购买价格，该债券才值得投资。根据定义，债券价值计算的基本模型是：

债券价值 = 利息的现值 + 面值的现值

或

$$V = \sum_{t=1}^{n} \frac{I_t}{(1+k)^t} + \frac{M}{(1+k)^n} \tag{8-1}$$

式中，V 为债券价值，n 为债券期数，I_t 为第 t 期的利息，M 为到期收到的债券面值金额，k 为选用的折现率或市场利率。

【例 8-1】A 公司于 2023 年 2 月 1 日发行面额为 1 000 元的债券，其票面利率为 10%，每年 2 月 1 日计算并支付一次利息。该债券 2028 年 1 月 31 日到期。同等风险资产的必要报酬率为 12%。该债券的价值为：

$$V = \frac{100}{(1+12\%)^1} + \frac{100}{(1+12\%)^2} \frac{100}{(1+12\%)^3} + \frac{100}{(1+12\%)^4} + \frac{100}{(1+12\%)^5} + \frac{1000}{(1+12\%)^5} = 927.9 \text{（元）}$$

微课堂

债券价值对市场利率的敏感性分析

由计算可知，当折现率大于票面利率时，债券的价值小于其面值；反之，债券的价值大于其面值；如果两者相等，则债券的价值等于其面值。读者可以尝试计算并验证这一结论。

除了上述折现率，债券的利息支付方式也会影响债券的价值，并影响其计算方式，具体如下：

（1）平息债券价值的计算。平息债券是指利息在债务持有期内平均支付的债券。债券利息可以按月、季度、半年或年来支付，而债券的面值到期收回。平息债券价值的计算公式如下：

$$V = M \cdot i \cdot (P/A, k, n) + M \cdot (P/F, k, n) \tag{8-2}$$

式中，M 代表债券面值，i 代表票面利率，k 代表市场利率。

【例 8-2】接【例 8-1】。如果该债券每半年支付利息一次，且其他条件保持不变，则该债券的价值为：

$$
\begin{aligned}
V &= M \cdot i \cdot (P/A, k, n) + M \cdot (P/F, k, n) \\
&= 1\,000 \times 10\% \div 2 \times (P/A, 6\%, 10) + 1\,000 \times (P/F, 6\%, 10) \\
&= 926.41 \text{（元）}
\end{aligned}
$$

由计算可知，在每半年支付一次利息的情况下，折价出售的债券价值与每年付息一次时的价值有所降低。在债券折价出售的情况下，其付息期越短，则债券价值越低。如果债券溢价出售，则情况正好相反。

（2）一次还本付息且不计复利债券价值的计算公式如下。

$$V = M(1 + i \cdot n) \cdot (P/F, k, n) \tag{8-3}$$

式中字母所代表的意义同上。

【例 8-3】A 公司购买 B 企业新发行的债券，其面值为 1 000 元，票面利率为 10%，期限为 5 年。该债券到期一次还本付息且不计复利。假设当前市场利率为 12%，则债券的价值为：

$$
\begin{aligned}
V &= M(1 + i \cdot n) \cdot (P/F, k, n) \\
&= 1\,000 \times (1 + 10\% \times 5) \times (P/F, 12\%, 5) \\
&= 851.1 \text{（元）}
\end{aligned}
$$

由计算可以验证，不计复利的债券价值要小于考虑时间价值且用复利计算的债券价值。

（3）纯贴现债券价值的计算。纯贴现债券是指在票面上不规定利率，发行时按某一折扣率，以低于票面金额的价格发行，到期时仍按面额偿还本金的债券。在债券到期日前，投资人得不到任何现金支付，因此，也称为"零息债券"或"贴水债券"，通常采用按年计息的复利计算规则。公式如下：

$$V = M \cdot (P/F, k, n) \tag{8-4}$$

式中字母意义同上。

【例 8-4】接【例 8-1】。如果该债券存续期内不支付利息，到期后按面值偿还。其他条件不变，则该债券的价值为：

$$
\begin{aligned}
V &= M \cdot (P/F, k, n) \\
&= 1\,000 \times (P/F, 12\%, 5) \\
&= 567.4 \text{（元）}
\end{aligned}
$$

实际上，到期一次还本付息债券也是一种纯贴现债券，只不过到期日不是按票面金额支付而是按本利和进行一次性支付。

（4）流通债券价值的计算。流通债券是指已发行并在二级市场上流通的债券。上述 3 种类型债券价值的计算都考虑了债券的整个发行期，而流通债券的估值需要考虑的是持有当下或者说现在至到期日的时间因素。

【例 8-5】接【例 8-1】。假如现在是 2024 年 1 月 1 日，其他条件不变，则该债券的价值计算过程如下。

计算思路：先计算 2024 年 2 月 1 日该债券的价值，然后再折算为 1 月 1 日的价值。

该债券在 2024 年 2 月 1 日的价值=100×（P/A，12%，4）+1 000×（P/F，12%，4）=939.25（元）

该债券在 2024 年 1 月 1 日的价值=939.25×（P/F，12%，1/12）=930.42（元）

2. 债券价值对债券期限的敏感性

由债券计算公式可以知道，债券期限是影响其价值的重要因素。通过【例 8-1】和【例 8-5】可以发现，随着债券到期日的临近，债券的价值会越来越接近其面值。在证券投资的实践中，不管对于发行者还是投资者，债券期限的设定与选择都是双方要面临的问题。

【例 8-6】假定有面值皆为 100 元的三种债券，其票面利率分别是 8%、10% 和 12%，每年支付一次利息，到期归还本金。在市场利率为 10% 的情况下，考察债券的到期日变化对其价值的影响，即债券期限对债券价值的敏感性分析。相关数据如表 8-1 所示。

表 8-1　　　　　　　　　　　　　不同期限下的债券的价值对照表　　　　　　　　　　　金额单位：元

债券期限（年）	债券价值与差异				
	票面利率 8%	票面利率 10%	环比差异	票面利率 12%	环比差异
0	100	100	—	100	—
1	98.17	100	1.83	101.81	1.81
2	96.49	100	3.51	103.43	3.43
5	92.43	100	7.57	107.59	7.59
10	87.76	100	12.24	112.34	12.34
15	84.75	100	15.25	115.17	15.17
20	83.01	100	16.99	117.07	17.07

为了更好地反映债券期限与债券价值之间的关系，将表 8-1 中的数据描绘在图 8-1 中，用横坐标表示债券期限，用纵坐标表示债券价值。

（1）当债券票面利率与市场利率相等时（如图 8-1 中的票面利率为 10% 时），或者说债券平价发行时不会产生上述波动现象。当债券票面利率与市场利率不一致时，债券价值会随债券期限的变化而波动。

（2）债券票面利率对债券价值的影响程度与债券期限长短呈正向变动。当债券期限较短时（如图 8-1 中的期限接近于 0 时），票面利率与市场利率的差异不会使债券的价值过度偏离债券的面值。当债券期限较长时（如图 8-1 中的期限接近 20 年时），债券价值将远离债券面值。但上述偏离会随着债券期限的逐渐延长而减弱，最终趋于平衡，或者说，超长期债券的期限差异对债券价值的影响不大。

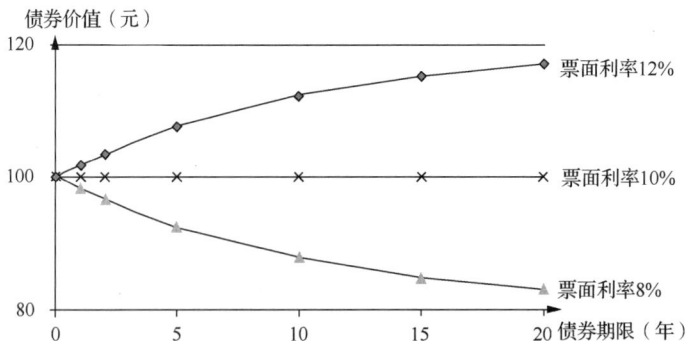

图 8-1　债券价值对债券期限的敏感性

3. 债券价值对市场利率的敏感性

在正式发行之前，债券的面值、期限、票面利率都已确定并相对固定了，因此发行当天的市场利率会影响债券的发行价格。确切地说，两者为反向变动关系，而且持有债券期间其价值的变动主要受市场利率的影响。

【例 8-7】假定现有面值为 100 元、票面利率为 15%的 2 年期和 20 年期两种债券，每年付息一次，到期归还本金。市场利率变化对债券价值的影响如表 8-2 所示。

表 8-2　　　　　　　　　　　　　不同市场利率下的债券的价值表　　　　　　　　　　金额单位：元

市场利率	债券价值	
	2 年期债券	20 年期债券
5%	118.59	224.63
10%	108.64	142.61
15%	100.00	100.00
20%	92.32	75.65
25%	85.60	60.51
30%	79.62	50.24

同样地，将表 8-2 中的数据描绘在图 8-2 中，用横坐标表示市场利率，用纵坐标表示债券价值。

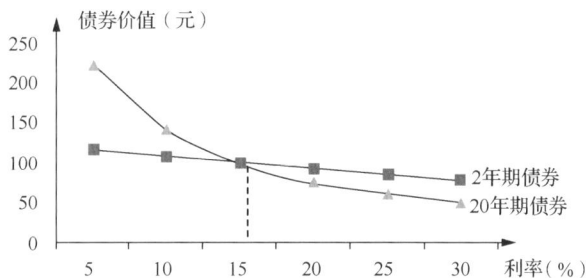

图 8-2　债券价值对市场利率的敏感性

（1）债券的价值与市场利率呈反向变动，即市场利率的上升会导致债券价值下降；反之，市场利率下降会导致债券价值上升。如图 8-2 所示，两条债券的价值曲线是向右下方倾斜的。

（2）债券价值对利率的敏感程度会随着债券期限的增加而增强。如图 8-2 所示，20 年期的债券的价值对利率的敏感程度比 2 年期的债券的价值对利率的敏感程度更敏感。

（3）市场利率低于票面利率时，债券价值对市场利率的变化比较敏感。如图 8-2 所示，在市场利率为 0 至 15%的区域中，债券价值曲线向右下方的倾斜度更大。市场利率超过票面利率后，债券价值对市场利率变化的敏感性减弱。如图 8-2 所示，在超过 15%的区域中，债券价值曲线向右下方的倾斜度变小。

8.2.2　股票的估值

短期来看，上市公司的股票价格会在各种因素的综合影响下上下波动，有时甚至波动剧烈。但从长期来看，股票价格的走势通常能够反映其发行公司的价值变动趋势。因此，投资者进行股票投资时必须了解股票本身的内在价值，才能进行科学的投资决策。

股票的价值是指股票的内在价值或者投资价值，是股票的未来现金流量的现值之和。这里的

微课堂

股票的估值

未来现金流量主要是流入量或收益，包括各期获得的股利、转让股票的收入、股份公司的破产清算收益等。如果长期持有股票，那么未来收益主要是股利，因此从理论上讲股利决定了股票价值。在其他条件不变的情况下，股利分配一般由公司的股利分配政策和净利润决定，因此可以说净利润是股票价值的基础。股票估值的常见模型和方法有股利折现模型（DDM 模型）、自由现金流折现模型（DCF 模型）、市盈率法、市净率法，以及企业价值倍数（EV／EBITDA）法等。考虑到篇幅所限，本书仅以股利折现模型为例进行说明。

1. 股票估值的基本模型

对于永久持有，不设投资到期日的股票，其未来所得到的只有各期的股利收入，其股票价值的估值模型为：

$$V = \sum_{t=1}^{\infty} \frac{D_t}{(1+K)^t} \tag{8-5}$$

式中，V 为股票的内在价值；K 为折现率，一般采用资本成本率或投资的必要报酬率；D_t 为第 t 期的预期股利。

如果投资者在持有一段时间后出售股票，则该投资者获得的未来现金流入包括股利和出售时的股价。在这种情况下，股票的内在价值等于持有期间的股利现值加最终转让股票时转让价格的现值，其计算公式为：

$$V = \sum_{t=1}^{n} \frac{D_t}{(1+K)^t} + \frac{P_n}{(1+K)^n} \tag{8-6}$$

式中，V、K、D_t 代表的意义同上；P_n 为预计的出售时的股票价格；n 为预计持有股票的期数。

2. 股利固定增长的股票估值模型

如果企业长期稳定盈利，则留存下来的收益会不断扩大企业的资本额，不断增长的资本会为下一期创造更多的盈余，进一步引起股利的增长。相关估值公式为：

$$V = \sum_{t=1}^{\infty} \frac{D_0(1+g)^t}{(1+K)^t} \tag{8-7}$$

式中，g 是一个常数。当 K 大于 g 时，根据极限定理，上式可以化简为：

$$V = \frac{D_0(1+g)}{K-g} = \frac{D_1}{K-g} \tag{8-8}$$

式中，V、K 代表的含义同上；D_0、D_1 分别是基期和下一期的股利额；g 为股利固定增长率。

【例 8-8】假定某投资人 B 准备购买并长期持有 A 公司的股票，其要求的投资收益率为 16%。A 公司当年每股发放现金股利 6 元。预计 A 公司未来股利稳定增长，年增长率为 6%。若投资人 B 长期持有 A 公司的股票，则 A 公司股票的内在价值为：

$$V = \frac{6 \times (1+6\%)}{16\% - 6\%}$$
$$= 63.6（元）$$

如果 A 公司股票目前的市场价格低于 63.6 元，则值得购买。

3. 股利零增长的股票估值模型

在股利稳定不变、投资人长期持有的情况下，股利的支付过程是一个永续年金，类似于优先股，其价值估值模型为：

$$V = \frac{D}{K} \tag{8-9}$$

式中，V、D、K 的含义同上。

【例 8-9】接【例 8-8】。如果 A 公司股票的股利增长率 $g=0$，则在其他条件不变的情况下，A 公司股票的内在价值为：

$$V = \frac{D}{K} = \frac{6}{16\%} = 37.5 \text{（元）}$$

4. 股利阶段性增长的股票估值模型

现实中，公司派发股利很少出现上述股利长期固定增长或增长为零的情况。许多公司的股利在其高速发展期会有一个超高增长率，而在发展稳定时，股利则会保持固定不变或正常增长。在这种情况下，需要分段计算，才能确定股票的价值。

【例 8-10】接【例 8-8】。假定 A 公司未来 3 年的股利高速增长，年增长率达 20%，在此以后转为正常增长，增长率为 6%。在其他条件不变的情况下，试计算 A 公司股票的内在价值。

（1）未来 3 年 A 公司股票的股利及其现值的计算结果如表 8-3 所示。

表 8-3　　　　　　　　　　　　非正常增长期股利现值的计算结果　　　　　　　　　　　　单位：元

t	第 t 期的预期股利	第 t 期的预期股利的现值
1	6 ×（1 + 20%）=7.2	7.2 ×（P/F，16%，1）= 6.21
2	7.2 ×（1 + 20%）= 8.64	8.64 ×（P/F，16%，2）= 6.42
3	8.64 ×（1 + 20%）= 10.37	10.37 ×（P/F，16%，3）= 6.64
合计（3 年股利的现值）		19.27

（2）计算第三年年底的普通股价值。

$$V_3 = \frac{D_4}{K - g} = \frac{D_3 \times (1 + g)}{K - g} = \frac{10.37 \times (1 + 6\%)}{16\% - 6\%} = 109.92 \text{（元）}$$

进一步计算其现值：

$$PV(V_3) = 109.92 \times (P/F，16\%，3) = 70.43 \text{（元）}$$

（3）计算 A 公司股票的内在价值。

$$V = 19.27 + 70.43 = 89.70 \text{（元）}$$

8.2.3　证券投资基金的估值

1. 证券投资基金概述

（1）证券投资基金的概念。基金，从广义上来说，是指为了某种目的而设立的具有一定数量的资金。基金在日常生活和金融投资领域广泛存在，例如，养老保险基金、医疗保险基金、诺贝尔奖基金、货币基金、证券投资基金等。从狭义上来说基金则专指证券投资基金。

证券投资基金，是一种间接的证券投资方式和工具，是指通过公开发售基金份额募集资本，由基金托管人托管，由基金管理人管理和运作，以资产组合的方式进行证券投资的一种利益共享、风险共担的集合投资方式。

由于基金具有集合投资、分散风险和专业理财等特点，因此深受广大投资者欢迎，自其推出之日起，就得以迅速发展和推广。中国基金业协会最新数据显示，截至 2024 年 6 月底，全国境内公募基金管理机构共 163 家，其中基金管理公司 148 家，管理基金数量共 12 036 只，基金净值规模总计 31.08 万亿元。其中，开放式货币基金 13.187 万亿元，开放式债券基金 6.889 万亿元，开放式混合基金 3.546 万亿元，开放式股票基金 3.105 万亿元。截至 2024 年 5 月底，存续的私募基金有 152 001 只，基金规模总计 19.89 万亿元。

（2）证券投资基金的分类。证券投资基金的分类，可按以下几种形式进行划分。

① 按基金的组织形式划分，可分为契约型基金和公司型基金。

a. 契约型基金，在组织上是指基于信托原理而组织起来的，由投资人、管理人、托管人三方信托关系的当事人，通过签订基金契约的形式发行的具备受益凭证性质的基金证券而形成的证券投资基金组织。其中，投资人是购买基金份额的投资者；基金管理人负责基金的管理操作；基金托管人作为基金资产的名义持有人负责基金资产的保管和处置，并对基金管理人的运作实行监督。契约型基金是《中华人民共和国证券投资基金法》中所规定的基金类型，目前是我国最主要的，也可以说唯一的基金类型。

b. 公司型基金，在组织上是指按照公司法，依据基金公司章程设立的，具有独立的法人资格，并以营利为目的的证券投资基金公司，因此其组织形式与股份有限公司类似。公司型基金以发行股份的方式募集资本，投资者购买基金公司的股份后，以基金持有人的身份成为投资公司的股东，凭其持有的股份比例分享投资收益，并承担投资风险。《中华人民共和国证券投资基金法》仅在附则中对公司型基金作了简单说明，公司型基金主要在美国流行。

② 按基金的运作方式划分，可以分为封闭式基金和开放式基金。

a. 封闭式基金是指基金发行总额和发行期在设立时已确定，在发行完毕后的规定期限内发行总额固定不变的证券投资基金。封闭式基金的投资者在基金存续期间内不允许向发行机构申请赎回基金份额，基金单位的流通采取在证券交易所上市的办法，投资者日后买卖基金单位，都必须通过证券经纪商在二级市场上进行交易。截至 2024 年 6 月底，我国公募基金中，封闭式基金有 1 354 只，基金净值总额为 3.857 万亿元。

b. 开放式基金，是指基金单位或份额总规模不固定，可视投资者的需求，随时向投资者出售基金单位或者份额，可以应投资者的要求赎回发行在外的基金单位或者份额的一种基金运作方式。开放式基金是世界各国基金运作的基本形式之一，也是国际基金市场的主流品种。相对于封闭式基金，开放式基金在激励约束机制、流动性、透明度和投资便利程度等方面都具有较大的优势。

③ 按基金的投资标的划分，可以分为债券基金、股票基金、货币市场基金、混合基金等。

a. 债券基金是指主要投资于债券的基金。在国内，债券基金的投资对象主要是国债、金融债和企业债。由于债券的发行人信用一般较高，年利率固定，能够按时收回本金和利息，所以债券基金具有收益稳定、风险较低的特点，适合稳健型投资人购买。债券基金的收益会受到市场利率的影响，两者呈反向变动关系。

b. 股票基金是指主要投资于股票市场的基金。股票基金的特点和股票资产类似，高风险伴随高收益，但它可以通过投资于不同的股票来达到分散风险的目的，其主要目标侧重于追求资本利得和长期资本增值。

c. 货币市场基金是指以货币市场工具为投资对象的基金，由于其投资对象为国库券、商业票据、银行定期存单、银行承兑汇票等期限较短的货币市场工具，因此它具有收益稳定、流动性强、购买限额低、资本安全性高，管理费用低等优点。如支付宝中的余额宝即是货币基金，其管理主体是天弘基金公司。

d. 混合基金是指同时投资于股票、债券和货币市场等工具，没有明确的投资方向的基金。它为投资者提供了一种在不同资产之间进行分散投资的工具，比较适合较为保守的投资者。根据投资标的构成特点，混合基金还可以分为偏股型基金、偏债型基金、配置型基金等。

除了上述划分标准外，证券投资基金还可以按照投资理念、投资目标、投资货币种类等进行划分。

在我国，《公开募集证券投资基金运作管理办法》依据基金资产所投资标的资产类别及其比例大小，对基金的类型做了 5 种情况的规定。（一）80%以上的基金资产投资于股票的，为股票基金；（二）80%以上的基金资产投资于债券的，为债券基金；（三）仅投资于货币市场工具的，为货币市场基金；（四）80%以上的基金资产投资于其他基金份额的，为基金中基金；（五）投资于股票、债券和货币市场工具或其他基金份额，并且股票投资、债券投资、基金投资的比例不符合第（一）项、第（二）项、第（四）项规定的，为混合基金。以 50%为界，混合基金还可以进一步划分为偏股基金、偏债基金和平衡基金。

2. 证券投资基金的估值

基金估值是指按照公允价格对基金资产和负债的价值进行计算、评估，以确定基金资产净值和基金份额净值的过程。基金和股票、债券等其他证券一样，属于有价证券，具有一定的内在价值，而且这种价值也是基于基金未来所能带来的现金流量来衡量的。但是，基金价值的确定与股票、债券等又有很大的区别。股票和债券未来的收益是可以预测的，而投资基金未来的收益是不可以预测的，由于其投资证券组合不断变化，以及资本利得是其收益的主要来源，而其持有的证券价格是不断波动的。因此，能够确切把握的就是"现在"，即基金资产的现有市场价值。也就是说，基金的价值取决于目前能给投资者带来的现金流量。这种目前的现金流量可以用基金的净资产价值或基金资产净值来表达。

按一般公认的会计原则规定，基金资产净值的计算公式如下：

$$基金资产净值总额=基金资产总额-基金负债总额 \tag{8-10}$$

$$基金单位净值（NAV）=基金资产净值总额÷基金单位总份数 \tag{8-11}$$

（1）基金资产总额。基金资产总额包括基金投资资产组合的所有内容，具体如下：

① 基金拥有的上市股票、认股权证，以计算日集中交易市场的收盘价格为准，未上市的股票、认股权证则由有资格的会计师事务所或资产评估机构测算；

② 基金拥有的国债、公司债券、金融债券等债券，已上市者，以计算日的收盘价格为准；未上市者，一般以其面值加上至计算日止应收利息为准；

③ 基金所拥有的短期票据，以买进成本加上自买进日起至计算日止应收的利息为准；

④ 现金与相当于现金的资产，包括存放在其他金融机构的存款；

⑤ 有可能无法全部收回的资产及或有负债所提留的准备金；

⑥ 已订立契约但尚未履行的资产，应视同已履行资产，计入资产总额。

若①、②中规定的计算日没有收盘价格或参考价格，则以最近的收盘价格和参考价格代替。

（2）基金负债总额。基金负债总额包括的内容如下：

① 依基金契约规定至计算日止对托管人或管理人应付未付的报酬；

② 其他应付款，包括应付税金等。

3. 基金报价

基金报价是指基金的市场交易价格。基金的价值，也即基金的单位净值，决定了基金的市场交易价格。封闭型基金在二级市场上竞价交易，其交易价格由供求关系和基金业绩决定，围绕基金的单位净值上下波动。开放型基金的交易价格则完全以基金单位净值为基础，包括基金认购价、基金申购价和赎回价。基金首次募集期购买基金的行为称为认购；在基金成立后购买基金的行为称为申购；投资者向基金管理公司要求部分或全部退出其基金的投资行为称为申请赎回。相关计算公式如下。

$$基金认购价=基金单位净值+首次认购费 \tag{8-12}$$

$$基金赎回价=基金单位净值-基金赎回费 \tag{8-13}$$

8.3 证券投资收益率

证券投资收益率简称证券收益率，是指投资收益额占投资额的百分比。证券投资收益是指投资者进行证券投资所获得的净收入，主要包括债券利息、股票股利以及资本损益（即证券交易现价与原价的价差等收益）。在财务管理中通常使用相对数，即证券投资收益率，一般以收益额与投资额之比表示。

8.3.1 债券投资的收益率

债券的投资收益包含两个方面的内容：一是债券的年利息收入；二是资本损益。债券的年利息收入是在债券发行时决定的，一般情况下，债券的利息收入不会改变，投资者在购买债券时就明确了解。资本损益是指债券卖出价和买入价之间的差额：当债券卖出价大于买入价时，为资本收益；当债券卖出价小于买入价时，为资本损失。由于债券买卖价格受市场利率和供求关系等因素的影响，因此资本损益很难在投资前做准确预测。

衡量债券收益水平的尺度为债券收益率，即在一定时期内所得收益与投入本金的比率。为了便于比较，债券收益率一般以年收益率为计算单位。决定债券收益率的主要因素有：债券面值、票面利率、期限、持有期间、购买价格和出售价格。债券收益率的具体形式有票面利息率、直接收益率、持有收益率和到期收益率等多种形式。这些收益率分别反映投资者在不同买卖价格和持有年限下的不同收益水平。

1. 票面利息率

票面利息率是指票面利息与票面本金的比率。票面利息率一般在债券票面上注明，是债券投资最直观的收益率指标。面值相同的债券，票面利率越高，利息收入自然越多。由于大多数债券可以在二级市场流通，其交易价格随市场波动，投资者购买债券时实际支付的价款可能与面值不符，因此，票面利率并不能准确反映实际投资收益。

2. 直接收益率

直接收益率又称现行收益率，是投资者获得的票面利息与实际支付的价款之间的比率，其计算公式是：

$$直接收益率 = \frac{票面面额 \times 票面利率}{实际购买债券价格} \times 100\% \qquad (8\text{-}14)$$

【例8-11】某投资者于2024年1月1日以900元的价格买入A公司发行的面值为1 000元、票面利率为9.6%、每年付息一次的债券，则该投资者的直接收益率为：

$$直接收益率 = \frac{1\,000 \times 9.6\%}{900} \times 100\% = 10.67$$

直接收益率反映了投资者的投资成本带来的收益。用直接收益率评估投资风险程度，显然比票面利息率指标更具有实际意义。对于希望每年从债券投资中获得预期利息现金收入的投资者来说具有重要的参考价值。但它与票面利息率一样，无法全面反映投资者的实际收益，由于它忽略了资本损益，既没有计算投资者买入价格与持有至到期时按面值收回本金之间的差额，也没有反映买入价格与到期前出售或赎回价格之间的差额。

3. 到期收益率

到期收益率是指以特定价格购买债券并持有至到期日所能获得的报酬率。它是使未来现金流量现值等于债券购入价格的折现率，因此一般也称债券的内部收益率。也就是说，使用该收益率对其未来现金流入量进行贴现求得的债券内在价值，刚好等于债券的目前购买价格。

计算到期收益率的方法是求解含有折现率的方程，类似于求解投资项目的内含报酬率，即购进价格=每年利息×年金现值系数+面值×复利现值系数，该等式也可表示成如下形式：

$$V_0=I×(P/A, r, n)+M×(P/F, r, n) \tag{8-15}$$

式中，I 是债券每期利息；n 是计息期数；M 是债券面额；V_0 是债券的价格；r 是年折现率，也即到期收益率、内部收益率。

【例 8-12】假定投资者于 2024 年 1 月 1 日以 90 元的价格购买 B 公司当天发行的面值 100 元、票面利率 10%、每年付息一次，到期归还本金的 5 年期债券。该投资者打算持有该债券至到期日。计算该债券的到期收益率。

根据公式（8-15）有：

　　90=100×10%×（P/A，r，5）+100×（P/F，r，5）

利用插值法解之得：

　　到期收益率 r=12.85%

如果投资者的购买价格为 100 元或 110 元，则同样可以解得对应的到期收益率为 10% 和 7.55%。

可见，债券的价格与市场利率呈反向变动：溢价债券的到期收益率低于票面利率；折价债券的到期收益率高于票面利率。平价债券的到期收益率等于票面利率。

需要说明的是，上述收益率的计算只是停留在理论上，而在实际操作过程中，收益率的计算要考虑购买成本、交易成本、通货膨胀和税收成本等因素，需要对上述计算公式作相应的调整。

8.3.2　股票投资的收益率

股票投资的收益是指投资者从购入股票开始到出售股票为止整个持有期间的收益。股票投资的收益包括股利收入和资本利得两个方面。股票的收益主要受公司的经营业绩和股票市场的价格变化的影响，并且与投资者的经验与技巧有一定关系。股票投资收益率主要有本期收益率和持有收益率两种形式。

1. 本期收益率

在股票投资中，本期收益率是指股份公司以现金派发的股利与本期股票价格的比率，其计算公式为：

$$本期收益率=\frac{年现金股利}{本期股票价格}×100\% \tag{8-16}$$

式中，本期股票价格指该股票的当日收盘价；年现金股利是指上一年的每股股利；本期收益率表明以现行价格购买股票的预期收益。

【例 8-13】某公司 2024 年 5 月 20 日的市场价格为 4.5 元/股，公司决定 2023 年度派发现金股利 0.2 元/股，则本期收益率为：

$$本期收益率=\frac{0.2}{4.5}×100\%≈4.44\%$$

由于股票价格是波动的，因此用本期收益率评价股票的收益率时应该以动态思维来分析，否则该指标没有意义。这是因为股票价格上升时虽然会降低本期收益率，但也会给投资者带来资本利得。

2. 持有期收益率

持有期收益率是指投资者持有股票期间获得的股息、红利收入加上卖出股票时的资本利得之和与股票买入价格的比率。如果投资者持有股票时间不超过 1 年，则不用考虑资金时间价值，其持有收益率的计算公式为：

$$持有收益率=\frac{年现金股利+（卖出价-买入价）\div 持有年限}{买入价}\times 100\% \qquad（8-17）$$

如果投资者持有股票超过 1 年，则需考虑资金时间价值，其持有收益率的计算公式为：

$$V=\sum_{i=1}^{n}\frac{D_t}{(1+i)^t}+\frac{F}{(1+i)^n} \qquad（8-18）$$

式中，V 为股票的购买价格；F 为股票的出售价格；D_t 为某年的现金股利；n 为持有期数；i 为持有收益率。这种方法计算出来的收益率也称为股票的内部收益率。

【例 8-14】某投资者于 2024 年 1 月 10 日以 10 元/股的价格购买 A 公司股票，2024 年 3 月 5 日收到 A 公司派发的 0.5 元/股的现金股利。投资者持有股票至 2024 年 4 月 10 日，并以 15 元/股的价格出售。持有收益率为（不考虑所得税因素）：

投资者持有该股票共 3 个月，即 0.25 年，则，

$$持有收益率=\frac{0.5+（15-10）\div 0.25}{10}\times 100\%=205\%$$

【例 8-15】某投资者于 2021 年 5 月 1 日以每股 12 元的价格购入 A 公司的股票 100 股。该投资者于 2024 年 5 月 1 日以每股 15 元的价格将该股票全部出售。持有股票期间，A 公司分别分派现金股利 0.3 元/股、0.3 元/股、0.3 元/股。计算投资者投资 A 股票的持有期收益率（不考虑所得税因素）。

根据式（8-18）有：

$$12=0.3\times（P/A，i，3）+15\times（P/F，i，3）$$

利用插值法解之得：

$$i=9.25\%$$

8.3.3　证券投资基金的收益率

证券投资基金的收益率或回报率是通过基金净资产的价值变化来衡量的，用来反映基金增值的情况。基金净资产的价值是以市价计量的，基金资产的市场价值增加，意味着基金的投资收益增加，基金投资者的权益也随之增加。基金收益率计算公式如下：

$$基金收益率=\frac{年末持有份数\times 年末 NAV-年初持有份数\times 年初 NAV}{年初持有份数\times 年初 NAV}\times 100\% \qquad（8-19）$$

式中，"持有份数"是指基金单位的持有份数。如果年末和年初的基金单位持有份数相同，基金收益率就简化为基金单位净值在本年内的变化幅度。这时，年初的 NAV 相当于购买基金的本金投资，基金收益率也就相当于一种简便的投资报酬率。

8.4　证券投资的优缺点

8.4.1　债券投资的优缺点

1. 债券投资的优点

（1）本金安全性高。与股票相比，债券投资风险比较小。政府发行的，特别是中央政府发行的债券以国家财力做后盾，其本金的安全性非常高，通常被视为无风险资产，其收益率被视为无风险收益率。企业债券的持有者拥有优先求偿权，即当企业破产时，优先于股东分得企业的资产，

因此，其本金损失的可能性较所有权类证券小。

（2）收入较高且很稳定。债券票面一般都标有固定利息率，债券的发行人有按时支付利息的法定义务。因此，在正常情况下，投资于债券能获得比较稳定的收入。在我国，债券的利率一般高于同期的银行存款利率，而且可以利用债券价格的涨跌，买卖债券，赚取价差，获得较高收益。

（3）市场流动性好。相关法律法规对发行债券主体所需满足的条件要求很高，一般只有政府、金融机构和财务状况良好的大型企业才能发行，加之有专门供债券流动的资本市场，投资者可以随时在二级市场上出售，因此债券具有较好的流动性。

2. 债券投资的缺点

（1）购买力风险较大。债券的面值和利息率在发行时就已确定，如果投资期间的通货膨胀率比较高，则本金和利息的购买力将被侵蚀，在通货膨胀率非常高甚至高于债券的利息率时，投资者虽然名义上有收益，但实际收益率很低甚至是负的，因此，其对抗通货膨胀的能力比较差。

（2）没有经营管理权。投资于债券只是获得稳定利息收入的一种手段，属于债权，投资者无权对债券发行单位施加影响和控制。

8.4.2　股票投资的优缺点

1. 股票投资的优点

股票投资是一种具有挑战性的投资，其收益和风险比较高。股票投资的主要优点如下：

（1）能够获得较高的投资收益。股票的价格虽然变动频繁，但从长期看，优质股票的价格呈上涨趋势，只要选择得当，能得到丰厚的投资收益，比如本章开篇案例中提到的伯克希尔·哈撒韦公司的股票。实践中，国内外这样的公司还有很多。

（2）能适当降低购买力风险。在通货膨胀率比较高时，由于物价普遍上涨，大部分上市公司的营业收入和盈利水平会随着提高，股利的支付一般也随之增加，因此，与固定收益证券相比，普通股能有效地降低购买力风险。

（3）流动性很强。上市公司股票的流动性很强：在合规的基础上，投资者拥有闲散资金可以随时买入，需要资金时则可以随时卖出。这既有利于增强资产的流动性，又有利于提高其收益水平。但是这种流动性需要以稳定或上升的股价为条件。如果股票价格长期连续下跌或突然大跌，股票持有人就有可能面临被套牢的风险。

（4）拥有一定的经营控制权。普通股股东属于股份公司的所有者，有权监督和控制企业的生产经营状况，当单个投资者的投资比例达到公司股份的 2/3 及以上时，就拥有了对公司的绝对控制权；持股比例达到 51% 及以上时就拥有了相对控制权；但现实中，由于大多数上市公司的股权呈分散化、社会化分布，因而实际上一般持股比例达到 30%～40%，甚至更低，就可以实现对上市公司产生重大影响，甚至控制公司的目的。

2. 股票投资的缺点

（1）求偿权居后且金额不固定。普通股股东对企业资产和盈利的求偿权均居于最后。例如，公司向股东分配股利处在利润分配的最后环节，获得的股利分配也不像债权的利息那样固定；公司破产后，股东对剩余财产的求偿权处在最后，即使有机会获得补偿，补偿的金额也是不确定的，而且在很大概率上得不到初始投资的全额补偿，甚至一无所有。

（2）股票价格不稳定。普通股的价格受众多因素影响，缺乏稳定性。政治因素、经济因素、投资者的心理因素、企业的盈利情况、财务风险情况，甚至是偶发的事件，都会影响股票价格。这也使股票投资具有较高的风险。

（3）对投资者投资水平要求较高。股票市场涨跌难以事先进行判断和预测，投资难度较大。这就要求投资者必须具备一定的专业知识、过硬的心理素质、丰富的投资经验和一定的资金量，否则难以从股市获取较好的收益，甚至有可能产生较大亏损。

8.4.3 证券投资基金的优缺点

1. 证券投资基金的优点

（1）集合投资，规模优势。投资的基本原则之一是风险的分散化，但是如果没有足够的资金作为支撑，则很难实现这一原则，因为小额资金往往只能集中投资于某一个或几个标的。证券投资基金能够将广大中小投资者的小额资金汇集起来，形成巨额的资金池，用于多品种、结构化的投资，以最大限度地分散风险，并实现资金的规模优势，获取较高的稳定收益。另外，证券投资基金通常通过大宗交易来买卖证券，可以享受手续费等方面的优惠，降低交易成本、实现规模经济。

（2）专家理财，专业优势。证券投资基金的管理者和运营者，即基金经理人的入门门槛很高，对其学历、专业、经验和业绩都有一定的要求。基金的管理者和运营者一般是由投资分析师和基金经理人组成的专业团队。他们不仅掌握了深厚的投资分析和投资组合的理论知识，而且在投资实践中也积累了相当丰富的投资经验，能够提高投资者的投资回报率。对于那些有闲置资金和投资意愿的投资者来说，购买证券投资基金，可以节省大量的时间和精力。

（3）组合投资，分散风险。"不把鸡蛋放在一个篮子里"是投资的原则之一，但由于资金规模较小，中小投资者通常很难做到这一点。而证券投资基金通过汇集众多中小投资者的小额资金，形成雄厚的资金实力，可以将巨额资金分散投资于风险和收益率各不相同的标的，进而实现组合投资、分散风险的目的。

（4）存管分离，资金安全。证券投资基金的管理者及操作者与基金资金的保管者相对独立。管理者、操作者只负责基金日常的运作和投资操作，本身并不经手基金的任何资金；无权从资金保管者处挪用基金，而且受基金财产保管者的监督。同时，作为基金资金保管者的银行等金融机构虽然掌握大量的基金财产，但不能具体进行投资运用，更不能挪作他用。这种存管分离的安排，极大地保障了基金财产的安全，确保了投资者的利益。

2. 证券投资基金的缺点

（1）无法获得很高的投资收益。投资基金在投资组合过程中，在降低风险的同时，也丧失了获得巨大收益的机会。

（2）在大盘整体大幅度下跌的情况下，投资人同样要承担投资标的证券大幅度下跌的风险。

（3）对投资的掌控程度低。一旦购买了证券投资基金，投资者将在很大程度上丧失对投资资金的掌控。特别是对于封闭型基金这样的具有一定期限限制的基金，在封闭期内无法赎回，限制了资金的流动和变现。同时投资者完全放弃了包括购买什么样的标的证券、什么时候买、买多少、什么时候卖等投资决策和操作。此外，对基金公司和基金经理在合规性运作、经验水平、道德操守等方面的顾虑，也会给投资者的心埋带来负面影响。

（4）增加投资成本。比起股票、债券投资，证券投资基金的投资除了同样要负担证券投资的交易费、佣金、印花税外，还要额外承担申购费、赎回费、基金管理费、基金托管费、基金销售服务费等费用，增加了投资者的投资成本，降低了投资收益率。

小知识　退市是上市公司主动或被动终止已发行上市股票交易的情形，同时该公司由一家上市公司变为非上市公司。据证券时报的统计，截至 2024 年 7 月底，年内已强制退市的公司共计 29 家，锁定退市的有 19 家，合计退市数量已经超过 2023 年全年。根据 2024 年新修订的退市规则，主要有交易类、财务类、规范类、重大违法四大类强制退市标准，每个大类下又包含若干符合退市的情形。上述 48 家已经或即将退市的公司中有三分之二是因为面值退市，即公司股价连续二十个交易日的每日收盘价低于 1 元。

本章小结

本章主要阐述了证券投资的含义、种类、风险因素、估值、收益率及优缺点等。

（1）证券投资的含义。证券投资是指有价证券投资，是企业或个人买卖股票、债券、基金等有价证券或有价证券的衍生产品，借以获得收益的行为和过程。证券投资是一种间接投资活动，比直接投资具有更大的风险性。

（2）影响证券投资的风险因素主要有两大类：系统风险，主要包括政策风险、利率风险、货币购买力风险、通胀风险等；非系统风险，主要表现在违约风险、变现风险和破产风险等方面。另外，不同类型的证券资产的风险存在差异，分析时要有侧重点。

（3）债券的投资收益率具体有票面利息率、直接收益率和到期收益率等多种形式，要掌握各种收益率的计算公式。

（4）债券价值的计算：债券价值计算的基本模型，平息债券价值的计算，一次还本付息且不计复利债券价值的计算，纯贴现债券价值的计算，流通债券价值的计算。

（5）股票价值评估：股票估值的基本模型，股利固定增长的股票估值模型，股利零增长股票估值模型，股利阶段性增长的股票估值模型；掌握各种模型计算公式。

（6）债券投资的优缺点：优点是本金安全性高，收入稳定性强，市场流动性好；缺点是购买力风险较大，没有经营管理权。股票投资的优缺点：优点是能获得较高投资收益，能适当降低购买力风险，市场流动性强，拥有一定的经营控制权；缺点是风险比较高，求偿权居后，收益不稳定。基金投资的优缺点：优点是投资基金具有专家理财优势和资金规模优势；缺点是无法获得很高的投资收益，自主操作性较差。

关键术语

证券投资　债券投资　股票投资　基金投资　持有收益率　到期收益率　估值模型

练　习　题

一、思考题

1. 证券投资的目的是什么？
2. 简述系统风险和非系统风险的含义及内容。
3. 分别简述债券价值对债券期限和市场利率的敏感性。
4. 对比分析债券投资、股票投资、基金投资的优缺点。

二、单项选择题

1. 对债券持有人而言，债券发行人无法按期支付债券利息或偿付本金的风险是（　　　）。

　A. 流动性风险　　　　　　　　　　B. 系统风险

　C. 违约风险　　　　　　　　　　　D. 购买力风险

2. 市场利率和债券期限对债券价值都有较大的影响。下列相关表述中，不正确的是（　　）。

    A. 市场利率上升会导致债券价值下降

    B. 长期债券的价值对市场利率的敏感性小于短期债券

    C. 债券期限越短，债券票面利率对债券价值的影响越小

    D. 债券票面利率与市场利率不同时，债券面值与债券价值存在差异

3. （　　）不是影响债券到期收益率的因素。

    A. 票面利率   B. 债券面值   C. 市场利率   D. 债券期限

4. 基金发起人在设立基金时，规定了基金单位的发行总额。筹集到这个总额后，基金即宣告成立，在一定时期内不再接受新投资。这种基金称为（　　）。

    A. 契约型基金   B. 公司型基金   C. 封闭式基金   D. 开放式基金

5. 某公司当期每股股利为 3.30 元，预计未来每年以 3% 的速度增长。假设投资者的必要收益率为 8%，则该公司每股的价值为（　　）元。

    A. 41.25   B. 67.98   C. 66.00   D. 110.00

6. 以下最有可能产生违约风险的是（　　）。

    A. 国库券   B. 金融债券

    C. 企业短期融资券   D. 企业长期债券

三、判断题

1. 证券资产的系统风险，也称为不可分散风险，是由外部经济环境因素变化引起整个资本市场不确定性加强，从而对所有证券都产生影响的共同性风险。（　　）

2. 证券投资组合能完全消除系统风险。（　　）

3. 债券投资具有本金安全性高、收益稳定的特征，且市场价格波动通常小于股票。（　　）

4. 证券投资的收益仅来源于股息或利息收入。（　　）

5. 公司高管变动导致的股价波动属于系统性风险。（　　）

6. 债券市场价格不受市场利率变动的影响。（　　）

四、计算题

1. 某投资者于 2024 年 1 月 5 日以每张 108 元的价格购买了 A 企业发行的面值为 100 元、票面利率为 10%、每年付息一次、到期归还本金、期限为 5 年的债券 100 张。假定购买债券时的市场利率为 8%。不考虑所得税。

（1）利用债券估值模型评价该投资者购买 A 企业的债券是否合算？

（2）如果该投资者于 2025 年 1 月 5 日将该债券以 110 元的市场价出售，计算该债券的投资收益率。

2. 某投资者打算购买并长期持有股票资产。他的证券经理推荐了 X 和 Y 两家公司，但该投资者只准备投资一家公司的股票。已知 X 公司处于快速发展阶段，股票现行市价为每股 9 元，上年每股股利为 0.2 元，预计以后每年以 8% 的速度稳定增长。Y 公司处于发展的成熟阶段，股票现行市价为每股 20 元，上年每股分得现金股利 0.5 元，且该公司一贯坚持固定股利政策。假定该投资者所要求的必要投资报酬率为 10%。要求：利用股票估值模型，分别计算 X 和 Y 公司的股票价值，并为投资者进行投资决策。

五、案例题

倒挂的收益率是否正常

据统计，2024 年 8 月 9 日，美国 2 年期国债收益率为 4.05%，10 年期国债收益率为 3.94%，上述短期国债利率高于长期国债利率，这一现象被称为收益率倒挂。收益率倒挂现象自 2022 年 7

月初持续至 2024 年 8 月 9 日，已超过了历史上最长 624 天的纪录。全球投资者忐忑不安，因为它的出现，往往预示着美国经济将在不久的未来进入衰退。据华尔街统计，美国历史上出现 10 次美债收益率倒挂的现象，而这 10 次中竟有 8 次美国经济出现了衰退。比如 1989 年、2000 年和 2006 年收益率倒挂发生后，美国经济分别于 1990 年、2001 年和 2008 年陷入了经济衰退，并引发了全球经济危机。

根据本章债券的相关理论知识可知，债券价值受票面利率、到期时间、市场利率等多种因素影响。其中，根据债券价值计算的基本模型：$V = \sum_{t=1}^{n} \dfrac{I_t}{(1+k)^t} + \dfrac{M}{(1+k)^n}$，在其他条件一定的前提下，债券价值与期限呈正向关系。图 8-3 所示为 1976 年 6 月 1 日至 2024 年 7 月 1 日美国 10 年期国债收益率，及其与 3 月期、2 年期国债收益率利差走势图。

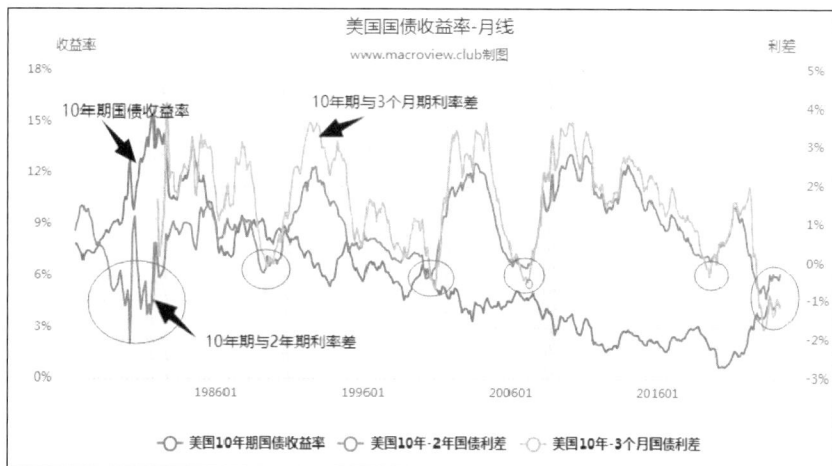

图 8-3　美国 10 年期国债收益率及其与 3 月期、2 年期国债收益率利差走势图

要求：根据上述资料，分析和讨论下列问题。
（1）分析美国国债长期和短期收益率倒挂现象的原因。
（2）结合美国同期股市走势情况，讨论其国债收益率对其股市的影响。
（3）美国国债收益率变化，是否会影响我国的股市走势？并进行说明。

第9章 营运资本管理

【学习目标】

营运资本管理在现代企业运营中扮演着日益重要的角色，它与企业的盈利能力和生存发展紧密相连。因此，合理确定各项流动资产的最优配置显得尤为重要，这是保障企业财务稳健、实现可持续发展的关键所在。

通过本章的学习，读者应达到以下目标。

- 了解营运资本的含义和特点；
- 了解现金的持有动机，掌握最佳现金持有量的确定方法；
- 掌握应收账款管理中信用标准、信用条件、收账政策的决策方法；
- 了解存货的功能与成本，熟悉存货控制方法，掌握经济订货批量和订货点的计算方法。

【引导案例】

三棵树的应收账款之困

在涂料行业激烈的竞争环境中，三棵树涂料股份有限公司（以下简称"三棵树"）近年来在应收账款管理领域面临了严峻挑战。自2018年至2022年间，该公司的应收账款规模迅速膨胀，由7.72亿元激增至42.40亿元，其在营业收入中的占比也显著攀升至37.39%。这一显著增长主要源于公司与房地产企业的深度合作，以及为扩大市场份额而采取的宽松赊销政策。然而，此策略也给公司的资金链带来了沉重负担。

尤为值得关注的是，房地产市场的波动，特别是恒大地产等大型房企陷入财务困境，使得三棵树的应收账款坏账风险急剧增加。为此，公司不得不在2021年和2022年分别计提高达10.41亿元和12.29亿元的坏账准备，其中仅针对恒大地产的计提就达到了3.11亿元和4.56亿元。恒大地产的财务危机直接冲击了三棵树，导致大量应收账款难以收回，进一步加剧了公司的财务风险。

三棵树面临的应收账款管理问题凸显了加强此方面管理的重要性，以及有效控制坏账风险的紧迫性。这也警示我们，企业在追求市场份额增长的同时，必须对应收账款管理给予高度重视，以确保资金流的稳定和企业的财务健康。那么，企业如何制定并执行有效的应收账款管理策略？这是一个值得我们深入研究和探讨的重要课题。

9.1 营运资本概述

莱瑞·吉特曼和查尔斯·马克斯维尔曾经对美国1 000家大型企业的财务经理进行调查，以了解他们是如何分配工作时间的。调查结果表明：他们在营运资本管理上所花费的时间占到工作时间的1/3。可见，营运资本管理是企业财务管理的重要内容。另外，营运资本管理几乎涉及企业的所有部门，需要采购、生产、销售和信息部门的配合与努力。

9.1.1　营运资本的含义

营运资本（Working Capital）是企业经营过程中用于日常运营周转的资金。从企业营运资本的外在表现形态上看，营运资本又称总营运资本或毛营运资本，是指在正常生产经营活动中占用在流动资产上的资本。这是广义上的营运资本的概念。从企业财务策略和融资结构的角度讲，营运资本是指流动资产与流动负债的差额部分，即净营运资金。这是狭义的营运资本的概念。营运资本管理，从静态的角度看，主要是加强对货币资金、应收款项、存货和预付款项等流动资金项目的管理；从企业动态营运过程来看，则是对采购与付款、销售与收款、存货收发存和货币资金收支等业务循环的管理与控制。

本章所采用的是广义营运资本概念，即讨论企业投资于流动资产上的资金的确定问题，主要包括三个重要的流动资产项目——现金、应收账款和存货。

9.1.2　营运资本的特点

（1）流动性强。流动资产相对固定资产等长期资产来说，具有较强的变现能力。这对于增强企业偿债能力、降低企业财务风险具有重要意义。

（2）回收期短。企业占用在流动资产上的资金一般在一年或一个营业周期内收回，资金周转速度快，对企业影响的时间短。

（3）收益性差。相比固定资产，流动资产的盈利性较弱，如果企业持有过多的流动资产，必将影响整个企业的盈利能力。

因此，营运资本管理的目标是在风险与收益权衡下，以最低的成本满足生产经营资金周转的需要。

9.2　现金管理

这里所说的现金，是指广义上的现金，包括企业的库存现金、各种形式的银行存款，以及银行本票、银行汇票等。另外，企业所持有的有价证券，也是企业现金的一种转换形式，或者可以说是企业现金的替代品。这是因为有价证券的变现能力强。当企业现金流出量大于流入量、企业需要补充现金时，可以在证券市场上将有价证券兑换成现金；当企业有多余的现金时，也常将其转换成有价证券，这样既保证了资金的流动性，又能够获得一定的收益。

现金是流动性最强的资产，具有普遍的可接受性。也就是说，它可以用来购买原材料、商品、劳务或用于偿还债务。因此，企业拥有足够的现金，对于降低企业的财务风险具有非常重要的意义。企业对现金的管理应该努力做到既保证企业生产经营活动所需现金，降低经营风险，又不会使企业保留过多的闲置资金，提高整个企业的收益。因此，在实际工作中，企业通常首先要编制现金收支计划，以便合理地估计和预测未来的现金需求；还要考虑现金的持有成本，确定最佳现金持有量，并做好现金的日常管理。

微课堂

持有现金的成本

9.2.1　现金的持有动机与成本

1. 现金的持有动机

对现金进行管理，首先应该搞清楚一个问题，即企业为什么要持有一定数量的现金余额。一一般情况下，企业持有现金主要是为了满足交易性需求、预防性需求和投机性需求。因此，现金的持有动机也对应有交易性动机、预防性动机和投机性动机。

（1）交易性动机是指企业持有现金以便满足日常的支付需求，如购买原材料、支付工资、缴纳税金、支付办公管理经费等。企业在正常的经营过程中，会经常发生现金流入和现金流出事项，但二者很少同时等额发生。当现金流入量大于现金流出量时，形成现金闲置，企业可以进行有价证券或其他方面的投资活动；当现金流出量大于现金流入量时，则需补充现金的不足，如果资金筹集出现问题，则会影响企业的日常经营活动。因此，企业会保留一定的现金余额，以保证在现金支出大于现金收入时，正常的生产经营活动不会中断。

（2）预防性动机是指企业持有现金以应付意外情况对现金支付的需要。除日常经营业务外，预算之外的事件可能会影响企业的现金流量，如自然灾害、意外的生产事故、突如其来的行业政策调整等。因此，企业除了持有能够满足交易性动机的现金余额之外，往往还要持有更多的现金，以满足意外情况发生时的支付需求，从而保证整个企业经营业务的顺利进行。在预防性动机下持有的现金数额的多少主要取决于以下三个因素。

其一，企业现金收支预测的可靠程度。如果现金流量的可预测性很强，在未来一段时间不会发生较大变化，则用于满足预防性动机的现金数额就可以减少，反之则应当增加。

其二，企业的临时借款能力。如果企业有能力随时筹措短期资金，也可以减少用于满足预防性动机的现金数额；若筹资能力有限，则应扩大用于满足预防的现金数额。

其三，企业经营者对风险的态度。企业经营者如果风险承担能力较强，则可以减少用于满足预防性动机的现金数额。

（3）投机性动机是指企业持有现金，以便抓住稍纵即逝的市场机会，从事投机活动，从中获得收益。市场上各种商品及有价证券的价格会随时发生变动，这就使一些投资者产生了"为卖而买"的投机心理。例如，遇到廉价的原材料或有价证券的价格低谷等投资机会时，就需要企业持有一定数额的现金作为抓住机会的保证。当然，一般企业用于满足投机性动机的现金储备相对较少。

2. 持有现金的成本

（1）机会成本。现金的机会成本是企业因保留现金余额而丧失的进行有价证券投资所产生的收益。这种成本与现金持有量成正比，是一种变动成本。

（2）管理成本。企业持有现金会发生一定的管理费用，如管理人员薪酬及必要的安全防范措施费用。这就是现金的管理成本。管理成本具有固定成本的性质，在一定范围内与现金持有量呈弱相关关系。

（3）转换成本。转换成本是指企业买卖有价证券付出的交易费用，即现金和有价证券相互转换的成本，包括委托买卖佣金、手续费、印花税等。在这些费用中，固定性的交易费用与证券变现次数密切相关。因此，在现金需求总量一定的情况下，每次现金持有量越少，变现次数越多，转换成本就越大；反之，现金持有量越多，变现次数越少，转换成本就越小。可见，现金的转换成本当中的固定性交易费用，与现金持有量成反比。

（4）短缺成本。短缺成本是指因现金持有量不足，又无法通过有价证券变现及时补充而给企业造成的损失，包括停工待料损失及无法及时支付而蒙受的信誉损失。现金的短缺成本会随现金持有量的增加而下降，随现金持有量的减少而增加。

9.2.2 最佳现金持有量的确定

现金不仅是企业主要的支付手段，而且是一种非盈利性的资产。若企业的现金持有量不足，则可能影响企业的生产经营，增加企业的财务风险；若企业的现金持有量过多，则会降低企业的整体盈利水平。因此，确定最佳现金持有量具有非常重要的意义。

1. 鲍莫尔模型（Baumol Model）

这一模型由美国学者 W. J. Baumol 于 1952 年提出，也被称为存货模型。该学者认为现金最佳余额在很多方面与存货相似。运用存货模式确定最佳现金持有量时，其基本前提包括：预测期内现金需要量是可预测的；企业的现金流入量和现金流出量是均匀发生的；在预测期内，企业不会发生现金短缺，可以通过出售有价证券及时补充现金。

鲍莫尔模型的基本原理是将现金的持有成本与有价证券的转换成本结合起来进行权衡，以求得两者总成本最低时的现金余额，从而得出最佳现金持有量。在一定时期内，如果现金持有量较多，则持有现金的机会成本较高，但现金的转换成本可减少；如果现金持有量较少，则现金的转换成本较高，但现金的持有成本可减少。也就是说，现金的持有成本和转换成本是此消彼长的关系，所以在这两种成本之和最低时的现金持有量即为最佳现金持有量。鲍莫尔模型下的现金持有量和现金相关总成本的函数关系如下：

$$TC = \frac{N}{2}i + \frac{T}{N}b \tag{9-1}$$

式中，TC 为相关总成本；b 为现金与有价证券的单次转换成本；T 为特定时期内的现金需求总量，N 为最佳现金持有量；i 为短期有价证券利息率。

当随着现金持有量上升而产生的转换成本的边际减少额与随着现金持有量上升而产生的机会成本的边际增加额相等时，持有现金的总成本最低。此时的现金持有量为最佳现金持有量。使用求导数的方法，可计算出总成本最小时的现金持有量 N。相关计算公式如下。

$$N = \sqrt{\frac{2Tb}{i}} \tag{9-2}$$

【例 9-1】某企业的现金流量稳定，预计全年的现金总需求量为 250 000 元，现金与有价证券的转换成本为每次 500 元，有价证券的收益率为 10%。要求采用鲍莫尔模型确定该企业的最佳现金持有量。

根据鲍莫尔模型的公式，可计算出该企业的最佳现金持有量为：

$$N = \sqrt{\frac{2 \times 250\,000 \times 500}{10\%}} = 5\,000 \ （元）$$

变现次数为：250 000÷50 000 = 5（次）

鲍莫尔模型反映了现金管理中的基本成本结构，并可以计算一定时期内的最佳现金持有量和变现次数，对加强企业的现金管理有一定的作用。但鲍莫尔模型也有以下缺点：一是该模型假定现金流量是均匀的，且呈周期性变化，实际上企业现金流量的变化存在一定的不确定性；二是该模型假定企业的现金补偿都来源于有价证券的出售，企业所需的现金均通过证券变现取得，实际上以有价证券变现收入作为现金来源的企业很少，企业以有价证券投资作为现金调节的并不多见。因此，只有在其假设成立的情况下，鲍莫尔模型确定的最佳现金持有量才是正确的。

2. 米勒奥尔模型（随机模型）

在现金收支的不确定性较大时，存货模型会失效。每日现金收付是一个随机过程，其收付量也许不可预知，但企业可以根据历史经验和现实需要，测算出一个现金持有量的控制范围，即定出现金持有量的上限和下限，并将现金持有量控制在上下限之内。如图 9-1 所示，上面的虚线对应现金存量的上限 H，下面的虚线对应现金存量的下限 L，实线 R 对应目标现金余额。从图 9-1 中可以看到，企业的现金存量（表现为现金每日余额）是随机波动的，当其到达 A 点时，即达到了现金控制的上限，企业用现金购买有价证券，使现金量回落到目标现金余额的水平；当现金存量降至 B 点时，即达到了现金控制的下限，企业则应转让有价证券换回现金，使其存量回升至目标现金余额的水平。现金存量在上下限之间的波动属于控制范围内的变化，是合理的，企业不采取任何措施。

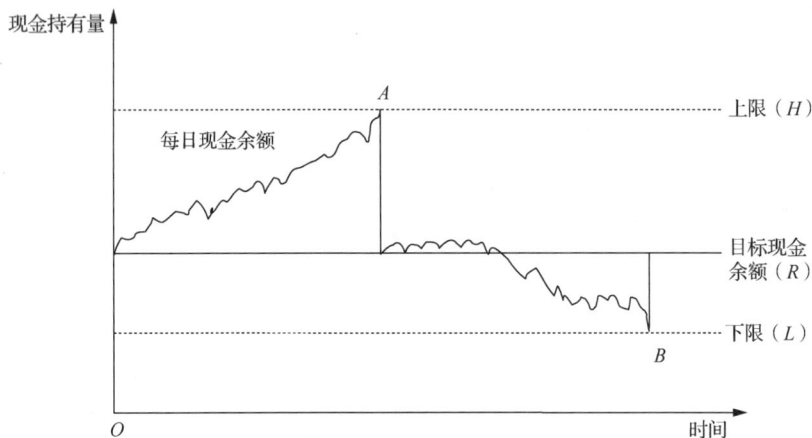

图 9-1　米勒奥尔（随机）模型图

与鲍莫尔模型相同的是，图 9-1 所示的随机模型也依赖于现金的转换成本和机会成本，且每次转换有价证券的交易成本被认为是固定的，而每期持有现金的机会成本率则是有价证券的日利息率。与鲍莫尔模型不同的是，随机模型每期的交易次数是一个随机变量，且随着每期现金流入与流出量的不同而发生变化。因此，每期的转换成本就取决于各期有价证券的期望交易次数。同理，持有现金的机会成本就是关于每期期望现金额的函数。

其中，L 可以是等于零或大于零的某一个安全储备额，或银行要求的某一最低现金余额；上限 H 和目标现金余额 R 的最优值不仅依赖于转换成本和机会成本，还依赖于现金余额的波动方差 δ^2。使现金持有量的总成本（即交易成本和机会成本之和）最小的 R 值和 H 值分别为：

$$R = \sqrt[3]{3b\delta^2 \div 4i} + L \tag{9-3}$$
$$H = 3R - 2L \tag{9-4}$$

式中，b 的含义同上；i 为以日为基础计算的证券收益率。

【例 9-2】假定某企业持有的有价证券的日利率为 0.018%，每次现金与有价证券的转换成本为 120 元。该企业认为其任何时候的现金余额均不能低于 50 000 元，根据历史数据计算出的现金余额波动标准差为 6 000 元。该企业目标现金余额 R 和现金存量上限 H 的计算如下：

$$R = \sqrt[3]{\frac{3 \times 120 \times 6\,000^2}{4 \times 0.018\%}} + 50\,000 = 26\,207 + 50\,000 = 76\,207 \text{（元）}$$

$$H = 3R - 2L = 3 \times 76\,207 - 2 \times 50\,000 = 128\,621 \text{（元）}$$

在本例中，当企业的现金余额达到 128 621 元时，即应以 52 414（128 621−76 207）元的现金去投资于有价证券，使现金持有量回落为 76 207 元；当企业的现金余额降至 50 000 元时，则应转让 26 207（76 207−50 000）元的有价证券，使现金持有量回升为 76 207 元。

通过分析和计算可以看出，随机模型说明目标现金余额 R 与转换成本 b 成正比、与机会成本成反比，与现金流量的波动程度成正比，即现金流量不确定性大的企业应持有更大的平均现金余额。同时，该模型建立在企业的未来现金需求总量和收支不可预测的前提下，因此计算出来的现金持有量比较保守。

9.2.3　现金的日常管理

加强现金日常管理的主要目的在于提高现金的使用效率。为达到这一目的，要注意对现金收入和现金支出的日常管理。现金日常管理主要包括以下几个方面。

1.　网上银行

银行通过互联网向客户提供开户、销户、查询、对账、行内转账、跨行转账、信贷等服务。这些服务所受到的时间、空间的限制较小。企业可以以较低的费用在网上银行进行"汇划即时通""集团理财""对公账户查询"等业务。

2.　合理使用现金"浮游量"

现金浮游量是指企业账户上的银行存款余额小于银行账户上所显示的存款余额的差额。企业账簿上的银行存款数字往往无法代表企业在银行中的可用现金。实际上，企业在银行中的可用现金余额，通常要大于企业账簿上的银行存款余额。这主要是因为有些支票虽然已经开出，但对方企业还没有到银行兑现。如果能够正确预测现金浮游量并合理利用，可以降低现金持有量，从而提高企业的现金使用效率。但使用现金浮游量也有一定的风险：一方面可能会出现支付不及时的情况，影响企业的信用；另一方面可能会出现银行存款的透支现象。所以在使用现金"浮游量"时，必须注意控制好使用额度和使用时间。

3.　推迟支付

在不影响企业商业信用的前提下，企业应当尽量利用供货方所提供的信用优惠，推迟应付账款的支付时间，在信用期的最后一天付款。例如，企业在采购材料时，如果付款条件是"2/10，N/30"，就应安排在发票开出日后的第 10 天付款，这样可以最大限度地推迟现金支付而又不丧失现金折扣。如放弃折扣，则应在第 30 天付款。

9.3　应收账款管理

随着市场经济的不断发展和商业竞争的加剧，企业的应收账款数额明显增加，因此，应收账款管理已经成为营运资本管理中的重要组成部分。应收账款的管理目标包括正确衡量信用成本和信用风险，合理确定信用政策，及时收回账款，保证流动资产的质量。

🎬微课堂

应收账款的成本

9.3.1　应收账款的功能和成本

1.　应收账款的功能

企业产生应收账款的原因主要有以下三个。

（1）结算。在现金销售中，发货的时间和收到货款的时间会有所不同，这是因为货款结算需要时间。结算手段越是落后，结算所需的时间越长，销售企业只能承担由此引起的资金垫支。

（2）市场竞争。这是发生应收账款的主要原因。在市场经济的条件下，存在着激烈的商业竞争。企业在竞争中利用各种手段扩大销售，除了依靠产品质量、价格、售后服务、广告等，赊销也成为促销手段之一。出于扩大销售的竞争需要，企业不得不以赊销的方式招揽客户，因而产生了应收账款。

（3）减少存货，加速资金周转。企业持有存货，仓储过程中会产生各种管理费用，还可能发生存货的正常损耗，成本较高；相反，通过较为优惠的赊销条件，将存货转化为应收账款，在一定条件下可减少各种存储支出，加速存货更新，促进资金周转，提高资金使用效率。

2. 应收账款的成本

应收账款的成本主要包括以下几个方面。

（1）机会成本。因将资金投放于应收账款而放弃的其他收益就是应收账款的机会成本。确定应收账款的机会成本时需要考虑 3 个方面：应收账款占用资金的数额、企业进行其他投资的投资报酬率及持有时间。计算应收账款的机会成本可以采用以下公式：

$$应收账款的机会成本=应收账款占用资金的数额×$$
$$短期投资收益率（或资金成本率）$$

式中，

$$应收账款占用资金的数额=应收账款平均余额×变动成本率$$
$$应收账款平均余额=一定期间赊销额/一定期间应收账款周转率$$

（2）管理成本。应收账款的管理成本主要有：调查客户信用情况的费用；催收和组织收账的费用；账簿的记录费用等。

（3）坏账成本。应收账款因不能收回而发生的损失，就是坏账成本。发生坏账的原因主要是客户破产、解散、财务状况恶化或拖欠时间较长等。一般来说，应收账款数额越大，拖欠时间越长，发生坏账的可能性也就越大。

通过对企业持有应收账款的原因及有关成本的分析，我们可以看出，企业提供商业信用，一方面可以扩大销售、增加利润；另一方面也会造成有关成本、费用的发生，如资金垫支成本、坏账损失等。因此，进行应收账款管理的最终目标，就是在充分发挥应收账款扩大销售、减少存货这些积极作用的前提下，尽可能地降低应收账款的投资成本，使因为应收账款而增加的收益大于其产生的相关成本、费用。

9.3.2　应收账款的信用政策

应收账款的信用政策是指企业对应收账款投资进行规划与控制而确立的基本原则和行为规范，包括信用标准、信用条件和收账政策 3 部分内容。制定合理的信用政策，是加强应收账款管理，提高应收账款投资效益的重要前提。

1. 信用标准

信用标准是指客户获得企业的信用交易所应具备的条件，通常用客户的信用分数或预计坏账损失率来表示，例如，"只对那些信用分数在 80 分以上的客户提供商业信用"或"只对那些预计坏账损失率低于 5%的客户提供商业信用"。如果客户达不到信用标准，便不能享受企业的信用销售。如果企业的信用标准制定过高，将使许多客户因信用品质达不到标准而被企业拒绝赊销，其结果尽管有利于降低企业承担的坏账风险及收账费用，但会影响企业市场竞争力的提高和销售收入的扩大；相反，如果企业采用较低的信用标准，虽然有利于扩大销售，提高市场竞争力和市场占有率，但同时也会导致坏账损失和收账费用的增加。因此，企业应结合实际情况制定合理的信用标准，在收益和费用之间进行权衡。

为了预防和控制信用风险，企业必须对每一个提出赊购的客户进行信用评估，预测客户延迟支付或发生坏账的可能性。

（1）信用调查。首先要对客户进行信用调查。通常采用的信用调查方法如下。

① 直接调查。直接调查是指调查人员直接与被调查单位接触，通过当面采访、询问、观察、记录等方式获取信用资料的一种方法。

② 间接调查。间接调查是以被调查单位及其他单位保存的有关原始记录和核算资料为基础，通过加工整理来获得被调查单位的信用资料的一种方法。这些资料的来源主要有以下几个方面：财务报表、信用评估机构、银行、其他相关机构。

（2）信用风险评估。在进行客户的信用调查后，企业需要进行客户的信用风险评估，可以采用 5C 评估法和信用评分法。

① 5C 评估法。该方法中的 "5C" 是指：品德（Character）、能力（Capacity）、资本（Capital）、抵押（Collateral）和条件（Conditions）。

品德是指客户履行偿还债务义务的态度。这是评价客户信用品质的首要因素。众所周知，信用交易意味着付款承诺，债务人能否诚信履约尤为重要。为此，企业应对客户过去的往来账务记录进行分析，对客户的付款表现做到心中有数。

能力是指客户偿还债务的财务能力。为了了解客户偿还债务的财务能力，需着重了解客户的流动资产数量、质量，以及流动负债的性质，计算流动比率和速动比率，同时辅以实地观察客户的日常运营情况，并进行评价。

资本是指客户的资本金，表明客户可以偿还债务的背景和财务实力。客户的资本状况主要根据有关的财务比率进行判断。

抵押是指客户提供作为信用安全保证的资产。这对于不知底细或信用状况有争议的客户尤为重要。客户提供的抵押品越充足，信用安全保障就越大。

条件是指可能影响客户付款能力的经济环境。当社会经济环境发生变化时，客户的经营状况和偿债能力可能受到影响。

通过以上五个方面的分析，基本上可以判断客户的信用状况，从而为是否提供商业信用做好准备。但 5C 评估法的特点是凭经验进行判断，因此有一定的主观随意性，是一种定性的分析方法。

② 信用评分法。该方法是先对一系列的财务比率和信用品质指标进行评分，然后按照一定的权重进行加权平均，得出客户综合的信用分数，并以此进行信用评估的一种方法。信用评分的基本公式是：

$$y = a_1x_1 + a_2x_2 + a_3x_3 + \cdots + a_nx_n = \sum_{i=1}^{n} a_ix_i \tag{9-5}$$

式中，y 为某企业的信用评分；a_i 为事先拟定的对第 i 种财务比率或信用品质进行加权的权重；x_i 为第 i 种财务比率和信用品质的评分。

【例 9-3】某企业的信用评分表如表 9-1 所示。

表 9-1　　　　　　　　　　　　某企业的信用评分表

项目	财务比率和信用品质①	分数（x_i）②	预计权数（a_i）③	加权平均数（a_ix_i）④＝②×③
流动比率	1.8	90	0.20	18.00
资产负债率	60%	90	0.10	9.00
净资产收益率	10%	85	0.10	8.50
银行授予信用等级	AA	90	0.25	22.50
付款历史	良好	80	0.25	20.00
企业未来发展	尚好	80	0.05	4.00
经营现金流状况	好	85	0.05	4.25
合计	—	—	1.00	86.25

在运用信用评分法进行信用评估时，通常认为分数在 80 分以上者，其信用状况良好；分数在 60～80 分者，其信用状况一般；分数在 60 分以下者，其信用状况较差。

2. 信用条件

所谓信用条件，是指企业接受客户信用订单时所提出的付款要求。主要包括信用期限、折扣期限及现金折扣等。其中，信用期限是企业为客户规定的最长付款时间；折扣期限是为客户规定的可享受现金折扣的付款时间；现金折扣是在鼓励客户提前付款时给予的优惠。信用标准是企业评价客户信用状况，决定给予或拒绝信用销售的依据。企业一旦决定向客户提供赊销，就需要考虑具体的信用条件。信用条件通常的表达方式如"1/10，N/30"，意思是：若客户能够在发票开出后的10日内付款，可以享受1%的现金折扣；最长付款期为开出发票后30天。在此，30天为信用期限，10天为折扣期限，1%为现金折扣率。

（1）信用期限决策。企业的产品销售量与信用期限之间存在着一定的关系。通常情况下，给予赊销客户更长的信用期限，可以在一定程度上刺激销售，从而增加毛利。但不适当地延长信用期限，会给企业带来不良后果：一是使平均收账期延长，引起应收账款的机会成本增加；二是引起坏账损失和收账费用的增加。因此，企业是否给客户延长信用期限，应视延长信用期限增加的收益是否大于增加的成本而定。

【例9-4】某企业预测的年度赊销收入净额为3 600万元，现在的信用期限是30天，变动成本率为70%，资金成本率（或短期投资收益率）为10%。假设企业收账政策不变、变动成本率不变，分别测算该企业在三个信用期限方案下的收益和成本：A方案，维持N/30的信用期限；B方案，将信用期限放宽到N/60；C方案，将信用期限放宽到N/90。三种信用期限方案下预计的赊销净额、应收账款周转次数、坏账损失率和收账费用如表9-2所示。

表9-2　　　　　　　　　　　　三种信用期限方案下的指标变动情况　　　　　　　　　　　金额单位：万元

项目	A（N/30）	B（N/60）	C（N/90）
年赊销额	3 600	4 320	5 040
应收账款周转率（次数）	12	6	4
应收账款平均余额	3 600÷12＝300	4 320÷6＝720	5 040÷4＝1 260
应收账款占用资金	300×70%＝210	720×70%＝504	1 260×70%＝882
坏账损失/年赊销额	2%	3%	4%
坏账损失	3 600×2%＝72	4 320×3%＝129.6	5 040×4%＝201.6
收账费用	24	50	80

根据以上资料，可计算表9-3所示的指标。

表9-3　　　　　　　　　　　　三种信用期限方案下的成本收益计算表　　　　　　　　　　　单位：万元

项目	A（N/30）	B（N/60）	C（N/90）
年赊销额	3 600	4 320	5 040
变动成本	2 520	3 024	3 528
贡献毛利	1 080	1 296	1 512
信用成本：			
应收账款机会成本	210×10%＝21	504×10%＝50.4	882×10%＝88.2
坏账损失	72	129.6	201.6
收账费用	24	50	80
合计	117	230	369.8
扣除信用成本后收益	963	1 066	1 142.2

根据表 9-3 中的计算可知，在这三种方案中，C 方案（N/90）扣除信用成本后收益最大，因此，在其他条件不变的情况下，C 方案最佳。

（2）现金折扣和折扣期限决策。许多企业为了加速资金周转，及时收回货款，减少坏账损失，往往在延长信用期限的同时，给予一定的提前付款优惠，即在规定的时间内提前偿付货款的客户可按销售收入的一定比率享受现金折扣。实际上，现金折扣也是应收账款的一项成本。企业决定是否提供以及提供多大程度的现金折扣，重点考虑的是提供折扣后所得的收益是否大于现金折扣的成本。与延长信用期限相同，采取现金折扣方式在刺激销售的同时，也需要付出一定的成本代价，即给予现金折扣造成的损失。如果加速收款带来的机会成本和坏账成本的减少能够绰绰有余地补偿现金折扣成本的增加，企业就可以采取现金折扣或进一步改变当前的折扣条件；如果加速收款带来的机会成本和坏账成本的减少不能补偿现金折扣成本的增加，则现金折扣优惠条件被认为是不恰当的。

【例 9-5】接【例 9-4】。如果企业选择了 C 方案，但为了加速应收账款的回收，决定将付款条件改为"2/15，1/45，N/90"（D 方案）。估计约有 60% 的客户（按赊销额计算）会利用 2% 的折扣；20% 的客户将利用 1% 的折扣；坏账损失率降为 2%，收账费用降为 30 万元。根据上述资料，计算的有关指标如下：

应收账款周转期 = 60% × 15 + 20% × 45 + 20% × 90 = 36（天）

应收账款周转率 = 360 ÷ 36 = 10（次）

应收账款平均余额 = 5 040 ÷ 10 = 504（万元）

应收账款占用资金 = 504 × 70% = 352.8（万元）

应收账款机会成本 = 352.8 × 10% = 35.28（万元）

坏账损失 = 5 040 × 2% = 100.8（万元）

现金折扣 = 5 040 × (2% × 60% + 1% × 20%) = 70.56（万元）

根据以上资料可编制表 9-4。

表 9-4　　　　　　　　　　　　　　C 方案和 D 方案的数据对比　　　　　　　　　　　单位：万元

项目	C（N/90）	D（2/15，1/45，N/90）
年赊销额	5 040	5 040
减：现金折扣	—	70.56
年销售净额	5 040	4 969.44
减：变动成本	3 528	3 528
信用成本前收益	1 512	1 441.44
减：信用成本		
应收账款机会成本	88.2	35.28
坏账损失	201.6	100.8
收账费用	80	30
合计	369.8	166.08
信用成本后收益	1 142.2	1 275.36

以上计算表明，实行现金折扣以后，企业扣除信用成本后收益增加 133.16 万元，因此，企业最终应选择 D 方案（2/15，1/45，N/90）。

3. 收账政策

在企业向客户提供商业信用时，必须考虑 3 个问题：一是客户是否会拖欠或拒付账款，程度如何；二是怎样最大限度地防止客户拖欠账款；三是一旦账款遭到拖欠甚至拒付，企业应采取怎样的措施。前两个问题主要靠信用调查和严格的信用审批制度及信用条件来解决，而第三个问题则必须通过制定完善的收账方针，采取有效的收账措施予以解决。所谓收账政策，即收账方针，是指当客户违反信用条件，拖欠甚至拒付账款时，企业所采取的收回应收账款的策略与措施。

企业对拖欠的应收账款，无论采用何种方式进行催收，都需要付出一定的代价，即收账费用，如收款需支付的邮电通信费、派专人收款的差旅费和不得已时的法律诉讼费等。在一定的范围内，收账费用与坏账损失呈反方向变动，即收账费用适当增加，坏账损失会相对减少，但二者之间并不存在线性关系。通常情况是：初始期，随着收账业务的展开，坏账损失有小部分减少；后期，收账费用继续增加，坏账损失有明显减少，即费用增加的幅度将小于坏账损失减少的幅度；当收账费用达到一定限度时，继续增加收账费用对坏账损失减少的影响就较小了，这个限度称为饱和点，如图 9-2 所示。

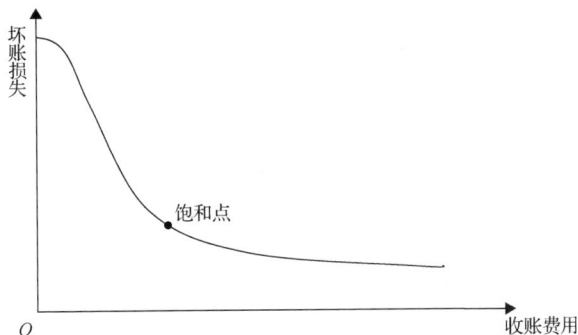

图 9-2　坏账损失与收账费用的关系

收账费用除与坏账损失有关外，还与应收账款的机会成本有一定的关系，即增加收账费用，将会减少应收账款的平均收回天数，从而减少应收账款的机会成本。企业可以根据收账费用、坏账损失和应收账款机会成本三者之间的关系，制定合理的收账政策，或修改原有的收账政策。因此，制定收账政策就是要在增加收账费用与减少坏账损失、减少应收账款机会成本之间进行权衡，若前者小于后者，则说明制定的收账政策是可取的。

【例 9-6】某企业现行收账政策和拟采取的收账政策如表 9-5 所示。假设该企业的资金成本率（短期投资收益率）为 10%，则两种收账政策的信用成本分析如表 9-6 所示。

表 9-5　　　　　　　　　　　　　　收账政策

项目	现行收账政策	拟采取的收账政策
年赊销额（万元）	720	720
应收账款周转期（天）	45	30
年收账费用（万元）	5	8
坏账损失率	2%	1%

表 9-6　　　　　　　　　　不同收账政策的信用成本计算表

项目	现行收账政策	拟采取的收账政策
年赊销额（万元）	720	720
应收账款周转率（次数）	360 ÷ 45 = 8	360 ÷ 30 = 12
应收账款平均占用额（万元）	720 ÷ 8 = 90	720 ÷ 12 = 60
坏账损失率	2%	1%

续表

项目	现行收账政策	拟采取的收账政策
应收账款机会成本（万元）	90 × 10% = 9	60 × 10% = 6
坏账损失（万元）	720 × 2% = 14.4	720 × 1% = 7.2
年收账费用（万元）	5	8
信用成本合计（万元）	28.4	21.2

通过表 9-6 中两种收账政策的成本分析可知，拟采取的收账政策预计将使企业减少应收账款成本 7.2 万元，因此企业应当改变现行的收账政策。

9.3.3　应收账款的日常管理

应收账款是企业对外提供商业信用的结果，涉及的对象广泛。有些企业的应收账款的总额较大，其中潜藏着巨大的风险。因此，除了制定合理的信用政策外，还需要对应收账款加强日常管理，及时发现问题、解决问题。相关措施主要包括应收账款的追踪分析和账龄分析。

微课堂

应收账款管理

1. 应收账款的追踪分析

一般来说，客户赊购了产品，能否按期偿还货款，主要取决于以下 3 个因素：①客户的信用品质；②客户的财务状况；③客户是否可以实现该产品的价值转换或增值。其中，客户信用品质和财务状况是企业在赊销之前就必须注意分析的内容。在赊销之后，企业仍然应进行追踪分析。这是因为这两个因素随时有可能发生变化。当发现客户的信用品质和财务状况发生变化时，企业应果断采取措施，尽快地收回应收账款，并且对客户的信用记录进行相应的调整。第 3 个因素对客户能否及时支付应收账款也具有重大的影响。如果可以实现该产品的价值转换或增值，那么客户一般会及时付款。原因一方面是客户具有付款的能力，另一方面是客户希望建立良好的信誉，为后续交易打下基础。在商品的流通过程中，如果其中一个环节出现问题，可能导致一系列的信用危机。所以，应收账款的追踪分析应时刻关注客户及其交易伙伴上述 3 个因素的变化，以便及时做出政策调整。

当然，企业不可能也无须对全部应收账款进行追踪分析，而应该将主要精力集中在交易金额大、交易次数频繁或信用品质有疑问的客户身上。

2. 应收账款的账龄分析

应收账款的账龄分析是指企业在某一时点，将各笔应收账款按照开票日期进行归类（即确定账龄），并计算出各账龄应收账款的余额占总余额的比重。列出账龄分析表，如表 9-7 所示。企业对逾期账款应予以足够重视，查明原因。对不同拖欠时间的账款及不同信用品质的客户，企业应采取不同的收账方式，制定出经济可行的收账政策、催讨方案。一般而言，客户拖欠账款的时间越长，账款催收的难度越大，相应应收账款成为坏账损失的可能性也就越高。因此，企业必须做好应收账款的账龄分析，密切注意应收账款的回收进度和出现的变化。

表 9-7　　　　　　　　　　　　　　应收账款账龄分析表

2024 年 12 月 31 日

应收账款账龄	账户数量（个）	金额（万元）	金额百分比（%）
信用期内	220	3 250	81.25
超过信用期 1～10 天	23	360	9
超过信用期 11～30 天	15	120	3

续表

应收账款账龄	账户数量（个）	金额（万元）	金额百分比（%）
超过信用期31~60天	11	49	1.22
超过信用期61~90天	16	126	3.15
超过信用期91~120天	5	50	1.25
超过信用期120天以上	10	45	1.13
合计	300	4 000	100

通过对应收账款的账龄分析，企业财务管理部门可以掌握以下信息：有多少客户在折扣期限内付款；有多少客户在信用期限内付款；有多少客户在信用期限过后才付款；有多少应收账款拖欠太久，可能会成为坏账。

如果账龄分析显示企业的应收账款的账龄开始延长或者过期账户所占比例逐渐增加，那么就必须及时采取措施，调整企业信用政策，努力提高应收账款的收现效率。对尚未到期的应收账款，也不能放松监督，以防发生新的拖欠。

> **小知识**　企业对于过期账款的收款方式一般为：对过期较短的客户不宜过多打扰，以免失去市场；对过期稍长的客户，可通过电子邮件催款；对过期很长的客户，则应频繁催款，且措辞严厉。典型的收款过程包括以下步骤：①电子邮件催款；②电话催款；③个人拜访；④借助收款机构；⑤诉讼。

9.4　存货管理

在很多企业的流动资产中，存货所占的比重较大，一般占流动资产的40%~60%。存货管理能力，对企业财务状况的影响极大。因此，加强对存货的规划与控制，使存货保持在最优水平上，是财务管理的一项重要内容。

9.4.1　存货的功能和成本

1. 存货的功能

存货的功能是指存货在企业生产经营过程中所具有的作用。在企业的正常生产经营过程中，如果工业企业能在生产投料时随时购入所需的原材料，或者商业企业能在销售时随时购入该项商品，就不需要存货。但实际上，企业总是或多或少地储备存货，这是出于以下几个原因。

（1）防止停工待料。适量的原材料、在产品和半成品是企业生产正常进行的前提和保障。就企业外部而言，供应商的产品供应会因某些原因而暂停或推迟，从而影响企业材料的及时采购、入库和投产；就企业内部而言，有适量的半成品储备，能使各生产环节的生产调度更加合理，各生产工序的步调更为协调，联系更为紧密，不至于因等待半成品而影响生产。可见，适量的存货储备能有效防止停工待料事件的发生，维持生产的连续性。

（2）适应市场变化。存货储备能增强企业在生产和销售方面的机动性及适应市场变化的能力。企业有了足够的库存产成品，能有效地供应市场，满足顾客的需要。相反，若某种畅销产品库存不足，企业将会错失目前的或未来的销售良机，并有可能因此而失去顾客。

（3）降低进货成本。许多企业为扩大销售规模，对购货方提供较优厚的商业折扣待遇，即购货达到一定数量时，便在价格上给予相应的折扣优惠。企业采取批量集中进货，可获得额外的商业折扣。此外，通过增加每次购货数量、减少购货次数，可以降低采购费用支出。

（4）维持均衡生产。对于那些所生产产品属于季节性产品，生产所需材料的供应具有季节性特征的企业来说，若想实行均衡生产，降低生产成本，就必须适当储备一定的半成品存货或保持一定的原材料存货；否则，这些企业若按照季节变动组织生产活动，难免会产生忙时超负荷运转，闲时生产能力得不到充分利用的问题，而拥有合理的存货可以缓冲这种季节性特征对企业生产活动及获利能力的影响。

2. 与存货有关的成本

企业持有一定数量的存货，必然要有一定的支出，与存货有关的成本可以分为取得成本、储存成本和缺货成本等。

（1）取得成本。取得成本是指为取得某种存货而支出的成本，通常用 TC_a 来表示，其又分为订货成本和购置成本。

① 订货成本。订货成本指取得存货订单的成本，如办公费、差旅费、邮资、电话费等支出。其中一部分与订货次数无关，如常设采购机构的基本开支等，被称为固定订货成本，用 F_1 表示；另一部分与订货次数有关，如差旅费、邮资等，这类成本与订货次数成正比，被称为变动订货成本，每次订货的变动成本用 K 表示。订货成本应为变动订货成本与固定订货成本之和。订货次数等于存货年需要量 D 除以每次进货量 Q。订货成本的计算公式为：

$$订货成本 = F_1 + \frac{D}{Q}K \tag{9-6}$$

② 购置成本。购置成本是指存货本身的价格，通常用数量与单价的乘积来确定，当存货采购总量一定，价格保持不变，并且无数量折扣时，存货的购置成本是稳定的；若存货购置有数量折扣，则必须考虑订购批量变动时购置成本的变动。通常单价用 U 表示，于是购置成本为 DU。

总之，订货成本加上购置成本，即为存货的取得成本，其公式可表达为：

取得成本 = 订货成本 + 购置成本

= 固定订货成本 + 变动订货成本 + 购置成本

即：

$$TC_a = F_1 + \frac{D}{Q}K + DU \tag{9-7}$$

（2）储存成本。储存成本指为储存存货而发生的成本，通常用 TC_c 来表示，包括存货占用资金应计的利息、仓储费用、保险费用、存货毁损和变质损失等。

储存成本分为固定储存成本和变动储存成本。固定储存成本与存货数量的多少无关，如仓库折旧、仓库管理人员的固定月工资等，通常用 F_2 表示；变动储存成本与存货的数量有关，如按存货量计算的仓库租金、存货占用资金的机会成本、存货的毁损和变质损失、存货的保险费用等，变动储存成本通常用平均存货量与单位存货的变动储存成本的乘积表示，其中单位存货的变动储存成本用 K_c 表示。因此，储存成本的公式表达为：

储存成本 = 固定储存成本 + 变动储存成本

即：

$$TC_c = F_2 + \frac{Q}{2}K_c \tag{9-8}$$

（3）缺货成本。缺货成本是指由于存货供应中断而造成的损失，通常用 TC_s 来表示，包括材料供应中断造成的停工损失、产成品库存缺货造成的拖欠发货损失、丧失销售机会的损失和企业信誉损失等。如果生产企业以紧急采购代用材料解决库存材料中断之急，那么缺货成本表现为紧急额外购入材料而超过正常开支的成本。

总之，企业持有一定数量的存货必然会发生各种成本。存货的总成本应为上述三种主要的成本之和，总成本用 TC 表示。它的计算公式为：

$$TC = TC_a + TC_c + TC_s = F_1 + \frac{D}{Q}K + DU + F_2 + \frac{Q}{2}K_c + TC_s \tag{9-9}$$

存货管理不仅涉及企业的财务部门，而且还关系到企业的采购部门、生产部门和销售部门的工作。通常来说，销售经理、生产经理和采购经理都倾向于保持较多存货，因为持有充足的存货，不仅有利于生产过程的顺利进行，能够节约采购费用与生产时间，而且能够迅速地满足客户各种订货的需要，为企业的生产与销售提供较大的机动性，避免因存货不足而带来的机会损失。因此，抵制保持大量存货的责任就落在了财务经理身上，他必须在考虑存货成本的基础上来确定合理的存货水平。存货的增加必然要占用更多的资金，将使企业付出更大的持有成本（即存货的机会成本），而且存货的储存与管理费用也会增加，影响企业获利能力的提高。因此，如何在存货的功能（收益）与成本之间进行利弊权衡，在充分发挥存货功能的同时降低成本、增加收益，成为存货管理的基本目标。

9.4.2　经济订货批量基本模型及其扩展

在整个企业的存货管理工作中，通常要进行 4 个方面的决策，即决定进货项目（进什么货）、选择供货单位（何处进货）、决定进货时间（何时进货）和决定进货批量（进多少货）。其中，决定进货项目和选择供货单位往往是销售部门、采购部门和生产部门的职责。财务部门要做的则是决定进货时间和决定进货批量（分别用 T 和 Q 表示），并根据进货有关要求控制、安排和调度资金。又因为存货本身不会直接产生收益，所以对存货管理就是为了在满足正常生产经营活动的基础上，使存货的各项成本之和降至最低。

1. 经济订货批量基本模型

存货经济订货批量是在给定存货的预计用量、单位订货成本和储存成本的条件下，确定能使存货的相关总成本达到最低的单次采购数量。

采用经济订货批量基本模型确定经济订货量，应满足以下的假设条件：①存货市场供应充足且企业资金充裕，即企业需要订货时便可立即取得存货；②能集中到货且不允许缺货，即无缺货成本；③一定时期的存货需求量稳定，并且能够预测；④存货单价已知并且保持不变，同时不考虑数量折扣；⑤每次变动订货成本和一定时期内的单位存货变动储存成本保持不变；⑥存货均衡耗用。

由上述假设可以看出，在存货的 3 项成本中，购置成本与订购批量决策无关，缺货成本则无须考虑。那么，与存货订购批量有关的成本就只有订货成本和储存成本两项。这两项成本中的固定部分是常量。订购的批量大，储存的存货就多，会使变动性储存成本上升，但由于订货次数减少，则会使变动性订货成本降低；反之，如果降低订货批量，可降低变动性储存成本，但由于订货次数增加，会使变动性订货成本上升。也就是说，随着订货批量大小的变化，这两种成本是互为消长的。存货管理的目的，就是要寻找这两种成本合计数最低的订购批量，即经济订购批量。

存货总成本的公式可以简化为：

总成本 = 订货成本 + 储存成本

即

$$TC = F_1 + \frac{D}{Q}K + F_2 + \frac{Q}{2}K_c \tag{9-10}$$

其中，固定订货成本 F_1 和固定储存成本 F_2 为常量，因此总成本 TC 的大小取决于订货量 Q。为了

求出总成本 TC 的极小值, 对其进行求导并令其导函数为零, 可得出下列公式:

$$经济订货批量 Q^* = \sqrt{\frac{2KD}{K_c}}$$ （9-11）

式（9-11）被称为经济订货批量的基本模型, 用此模型求出的每次订货批量, 可使总成本 TC 的值达到最小。

【例9-7】某企业全年需耗用甲材料 360 000 千克。该材料采购单价 10 元, 单位储存成本为 4 元, 每次订货成本 800 元。

$$经济订货量 Q^* = \sqrt{\frac{2 \times 800 \times 360\ 000}{4}} = 12\ 000 （千克）$$

2. 订货点控制

在经济订货批量基本模型中, 假定每次当库存量降至零时, 下一批存货才入库。这种假定的前提是企业从订货到存货入库所需的时间极短（至少在一天内完成）, 但这不太符合实际情况。实际中, 为了保证生产和销售的正常进行, 工业企业必须在材料用完之前订货, 商业企业必须在商品售完之前订货。那么, 究竟在上一批购入的存货量还有多少时, 订购下一批货物呢? 这就是订货点的确定问题。所谓订货点, 是指再次订货的时间, 通常以提出订货时的库存量 R 来表示:

$$R = d \times L$$ （9-12）

式中, d 为存货每日正常耗用量; L 为到货时间。

一般情况下, 企业不能等存货消耗完后再去订货, 而是要提前订货。在提前订货的情况下, 企业再次发出订货单时, 尚有存货的库存量, 称为再订货点。为防止因日需求增大、送货延迟发生缺货或供货中断而多储备的存货称为保险储备或安全存量。保险储备会引起再订货点的变化, 同时引起相关决策成本的变化。保险储备虽然可以减少缺货成本, 但增加了储存成本。最优的存货政策就是在这些成本之间进行权衡, 选择总成本最低的保险储备量。其中再订货点=预计交货期内的需求+保险储备; 预计交货期内的需求=交货时间×日平均需要量。

【例9-8】某企业全年需要甲材料 360 000 千克, 每次订货成本 800 元, 单位储存成本 3 元, 每日正常消耗量为 1 000 千克, 到货时间为 5 天。则:

$$R = 1\ 000 \times 5 = 5\ 000 （千克）$$

也就是说, 当该材料库存量下降到 5 000 千克时, 采购部门就应当订货。

3. 基本模型的扩展

经济订货批量基本模型是在各种假设条件下建立的, 而在实际的存货管理中, 能够完全满足这些假设条件的情况较少。因此, 为使基本模型更接近于实际情况, 具有更高的实用价值, 就需要取消某些假设条件, 以逐渐改进基本模型, 使其得到扩展。在这个扩展的过程中, 基本的思路依然是不变的, 即在满足生产经营的前提下, 使有关存货的总成本达到最低。

（1）有数量折扣的经济批量模型。这个模型否定了存货单价不变的假设。在基本模型中, 我们假设存货价格不变, 但实际中许多公司在销售时都有数量折扣, 对大批量采购在价格上给予一定的优惠。在这种情况下, 除了考虑订货成本和存储成本外, 企业还应考虑购置成本。此时, 相关总成本 = 订货成本 + 储存成本 + 购置成本。

【例9-9】某企业的存货的全年需要量为 4 800 件, 每件价格为 10 元, 一次订货成本为 800 元, 单位储存成本为 3 元。在这种情况下, 经济批量为 1 600 件, 但如果一次订购量超过 2 400 件, 可给予2%的数量折扣, 问应以多大批量订货?

此时, 如果确定最优订货批量, 就要按以下两种情况分别计算三种成本的合计数。

① 按经济批量采购，不取得数量折扣。若不取得数量折扣，按经济批量采购时的总成本应为：

总成本 = 订货成本 + 储存成本 + 购置成本

$$= \frac{4\,800}{1\,600} \times 800 + \frac{1\,600}{2} \times 3 + 4\,800 \times 10$$

$$= 52\,800 （元）$$

② 不按经济批量采购，取得数量折扣。如果想取得数量折扣，则必须按 2 400 件来采购，此时三种成本的合计为：

总成本 = 订货成本 + 储存成本 + 购置成本

$$= \frac{4\,800}{2\,400} \times 800 + \frac{2\,400}{2} \times 3 + 4\,800 \times 10 \times (1 - 2\%)$$

$$= 52\,240 （元）$$

将以上两种情况进行对比可知，批量为 2 400 件时总成本更低，因此，企业应当取得这项数量折扣。

（2）存货陆续供应和使用情况下的经济批量模型。这个模型否定了存货集中到货的假设。在实际中，原材料可能是陆续到达，但企业并不是等全部材料到齐后才开始耗用的，而是边补充边消耗。因此，我们有必要对基本模型的假设条件进行一些修改，其模型如图 9-3 所示。

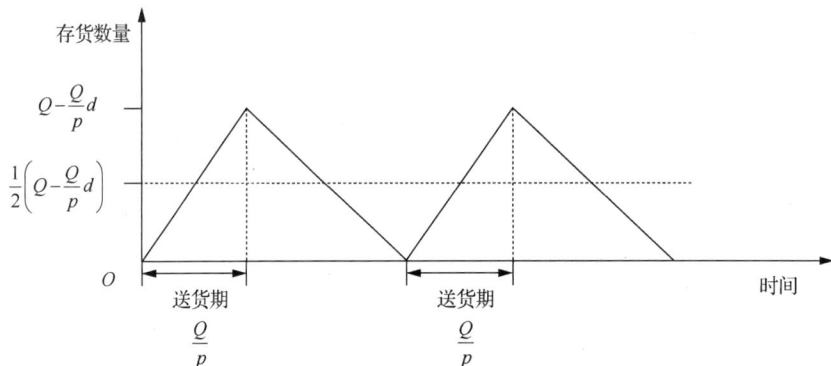

图 9-3　陆续供应和使用存货数量

设每日送货量为 p，每日耗用量为 d，则每批订货量 Q 全部送达所需要的天数为 Q/p。这个天数就是送货期。

因此，与批量 Q 有关的总成本为：

$$TC(Q) = \frac{D}{Q}K + \frac{1}{2}\left(Q - \frac{Q}{p}d\right)K_c = \frac{D}{Q}K + \frac{Q}{2}\left(1 - \frac{d}{p}\right)K_c \tag{9-13}$$

以 Q 为自变量，对 TC 求导，得：

$$TC' = -\frac{2KD}{Q^2} + \frac{1}{2}\left(1 - \frac{d}{p}\right)K_c \tag{9-14}$$

令其为零，得出当订货变动成本与储存变动成本相等时，总成本 TC 有最小值。此时，存货陆续供应和使用的经济订货批量为：

$$Q^* = \sqrt{\frac{2KD}{K_c\left(1 - \dfrac{d}{p}\right)}} \tag{9-15}$$

将式（9-15）代入式（9-13），可得出存货陆续供应和使用情况下的经济订货量的总成本的计算公式为：

$$TC(Q^*) = \sqrt{2KDK_c\left(1-\frac{d}{p}\right)} \tag{9-16}$$

【例 9-10】某零件全年需要量为 5 400 件，每日送货量为 50 件，每日耗用量为 20 件，单价为 10 元，一次订货成本为 30 元，单位储存成本为 6 元。

在这种情况下，经济订货批量为：

$$Q^* = \sqrt{\frac{2\times30\times5\,400}{6\times\left(1-\dfrac{20}{50}\right)}} = 300 \ (\text{件})$$

经济批量的总成本为：

$$TC(Q^*) = \sqrt{2\times30\times5\,400\times6\times\left(1-\frac{20}{50}\right)} = 1\,080 \ (\text{元})$$

9.4.3　存货的其他控制方法

1. ABC 分类管理法

ABC 分类管理法就是将企业的存货按一定标准，根据重要性程度，划分为 A、B、C 3 类，分别实行分品种重点管理、分类别一般控制和按总额灵活掌握的存货管理方法。

企业存货品种繁多，尤其是大中型企业的存货可能多达上万种甚至数十万种。有的存货尽管品种数量很少，但单价金额高，如果管理不善，将给企业造成极大的损失。相反，有的存货虽然品种数量繁多，但金额微小，即使管理当中出现一些问题，也不至于对企业产生较大的影响。因此，无论是从管理能力，还是从经济效益角度来讲，企业都不可能对所有存货不加区别地采用同样的管理手段。ABC 分类管理可以使企业在存货管理中分清主次、突出重点，提高存货资金管理的整体效果。

（1）存货 ABC 分类的标准。分类的标准主要有两个：一是金额标准，二是品种数量标准。其中金额标准是最基本的，品种数量标准仅作为参考。

A 类存货的特点是单价金额高，但品种数量较少；B 类存货单价金额一般，品种数量相对较多；C 类存货品种数量繁多，但单价金额却很小。一般而言，3 类存货的金额比重大致为 A：B：C = 7：2：1，而品种数量比重大致为 A：B：C = 1：2：7。

（2）A、B、C 3 类存货的划分方法。具体过程可以分 3 个步骤（有条件的可通过计算机进行）。

① 列示企业全部存货的明细表，并计算出每种存货的价值总额及占全部存货金额的百分比。

② 按照金额标准由大到小进行排序并累加金额百分比。

③ 当金额百分比累加到 70% 左右时，以上存货视为 A 类存货；百分比介于 70%～90% 的存货为 B 类存货，其余则为 C 类存货。

【例 9-11】某公司共有 20 种材料，总金额为 100 000 元，按金额多少的顺序排列并按上述原则将其划分成 A、B、C 3 类，如表 9-8 所示。

表 9-8　　　　　　　　　　　　　　　　ABC 分类表

材料品种（编号）	占用资金（元）	类别	各类存货的种类		各类存货占用资金	
			种类（种）	比重（%）	金额（元）	比重（%）
1 2	50 000 20 000	A	2	10	70 000	70

材料品种（编号）	占用资金（元）	类别	各类存货的种类		各类存货占用资金	
			种类（种）	比重（%）	金额（元）	比重（%）
3	10 000	B	4	20	20 000	20
4	5 000					
5	3 000					
6	2 000					
7	950	C	14	70	10 000	10
8	900					
9	900					
10	850					
11	850					
12	800					
13	750					
14	750					
15	700					
16	700					
17	600					
18	600					
19	500					
20	150					
合计	100 000		20	100	100 000	100

（3）ABC 分类管理法在存货管理中的应用。通过对存货进行 ABC 分类，可以使企业分清存货优先级，采取不同的策略进行有效的管理、控制。由于 A 类存货占用了企业绝大多数的资金，因此只要能够控制好 A 类存货，基本上就不会出现大的问题；同时，由于 A 类存货的品种、数量较少，企业完全有能力进行精细管理。B 类存货金额相对较小，企业不必像对待 A 类存货那样花费太多的精力；同时，由于 B 类存货的品种数量远远多于 A 类存货，企业通常没有能力对每一具体品种进行控制，因此可以通过划分类别的方式进行类别管理。C 类存货尽管品种数量繁多，但其所占金额较小，因此企业只需要把握总数量和总金额即可。

2. 供应商管理库存

存货管理直接关系到企业的资金占用、成本控制以及运营效率。随着全球化和信息化的快速发展，企业对存货管理的要求也日益提高，传统的库存管理方式已经难以适应新的市场环境。为了更好地应对这些挑战，企业需要探索和实施更加高效、精细化的存货管理策略。供应商管理库存（Vendor Managed Inventory，VMI）便在这样的背景下应运而生。在这种方式下，供应商会基于需求预测和库存状况，主动对下游企业的库存进行规划、补充和调整。该模式中，供应商肩负起下游企业库存管理的重任，利用实时监控系统追踪库存量，并结合销售数据、市场动态等信息，精准地判断补货时机与补货量，以确保下游企业的库存处于最佳状态。

供应商管理库存（VMI）的优点主要有：①降低库存成本。VMI 通过实时数据共享，有助于供应商更准确地把握需求，从而避免库存积压。例如，某电子产品零售商采用 VMI 后，供应商能够根据销售情况及时调整库存，减少不必要的库存，进而节省了仓储费用。②提高库存周转率。VMI 通过精准的需求预测和及时的补货策略，有效缩短了库存周转周期，提升了资金利用效率。某汽车制造商实施 VMI 后，零部件供应商能根据其生产计划灵活调整供应，确保生产线连续运转，减少了零部件在库时间，提高了存货周转率。③减少缺货风险。VMI 的实时监控和预测功能使得供应商能够迅速响应市场变化，及时补货，降低缺货风险。如某超市采用 VMI 后，缺货现象明显减少，顾客在货架上总能找到自己需要的商品，提升了购物体验和顾客满意度。④增强供应链协同。VMI 加强了供应商与下游企业之间的信息共享，提高了供应链的协同效率。某汽车制造商通过 VMI 与零部件供应商建立了更紧密的合作关系，确保零部件的供应更加稳定和高效。

供应商管理库存（VMI）的缺点主要有：①对供应商的依赖性增强。VMI 增加了企业对供应商的依赖，如果供应商无法及时交货或出现其他问题，可能会导致生产中断或库存短缺，进而影响企业的生产经营。②数据共享难度。VMI 要求供应商与客户之间建立高度的数据共享机制，但实际操作中可能面临数据准确性、安全性及共享意愿等问题。例如，某些企业可能担心泄露商业机密而不愿完全开放数据，导致 VMI 实施受阻。③信息系统要求高。VMI 的有效实施依赖于高效的信息系统支持，包括库存管理软件、物流配送系统等。若企业信息系统不完善或技术水平不足，可能无法充分发挥 VMI 的优势。

本章小结

（1）营运资本（Working Capital）是企业经营过程中用于日常运营周转的资金。从企业营运资本的外在表现形态上看，营运资本为投放于全部流动资产上的资金。营运资本具有流动性强、回收期短、收益性差的特点。本章讨论的是 3 个重要的流动资产项目的管理，即现金、应收账款和存货。

（2）确定最佳现金持有量的方法有鲍莫尔模型和随机模型。鲍莫尔模型的基本原理是将现金的持有成本与有价证券的转换成本结合起来进行权衡，以求得两者总成本最低时的现金余额。随机模型说明目标现金余额与转换成本成正比、与机会成本成反比，与现金流量的波动程度成正比，即现金流量不确定性大的企业应持有更大的平均现金余额。

（3）应收账款的信用政策包括信用标准、信用条件和收账政策 3 个方面。信用标准是指客户获得企业的信用交易所应具备的条件，通常用客户的信用分数或预计坏账损失率来表示。信用条件是指企业接受客户信用订单时所提出的付款要求。收账政策是指当客户违反信用条件，拖欠甚至拒付账款时，企业所采取的收回应收账款的策略与措施。

（4）经济订货批量是在给定存货的预计用量、单位订货成本和储存成本的条件下，确定能使存货的相关总成本达到最低的单次采购数量。

（5）ABC 分类管理法是将企业的存货按一定标准，根据重要性程度，划分为 A、B、C 3 类，分别实行分品种重点管理、分类别一般控制和按总额灵活掌握的存货管理方法。

（6）供应商管理库存是供应商基于需求预测和库存状况，主动对下游企业的库存进行规划、补充和调整的方式。供应商肩负起下游企业库存管理的核心职责，利用实时监控系统持续追踪库存量，同时结合销售数据、市场动态等信息，精准判断补货时机与补货量，以确保下游企业的库存处于最佳状态。

关键术语

营运资本　　　鲍莫尔模型　　米勒奥尔模型（随机模型）　信用标准
5C 评估法　　　信用条件　　　现金折扣　　　收账政策　　　经济订货批量
订货点　　　　ABC 分类管理法

练 习 题

一、思考题

1. 什么是营运资本，营运资本的特点是什么？

2. 现金的持有动机包括哪些方面？

3. 什么是现金的机会成本、转换成本、短缺成本？

4. 应收账款的功能是什么？应收账款的机会成本主要取决于哪些因素？

5. 5C评估法通过哪些因素评估客户的信用风险？

6. 简述如何对延长信用期限做出决策。

7. 简述如何对是否提供现金折扣做出决策。

8. 存货的功能是什么？存货会给企业带来哪些成本？

9. 存货经济进货批量基本模型的假设包括哪些方面？基本模型需要考虑的存货相关成本包括哪几项？

二、单项选择题

1. 企业在确定为应付紧急情况而持有的现金数额时，无须考虑的因素是（　　）。

   A. 企业愿意承担风险的程度

   B. 企业临时举债能力的强弱

   C. 金融市场投资机会的多少

   D. 企业对现金流量预测的可靠程度

2. 以下现金成本与现金持有量成正比的是（　　）。

   A. 现金机会成本　　　　　　　　　　B. 现金转换成本

   C. 现金管理成本　　　　　　　　　　D. 现金短缺成本

3. 企业在进行现金管理时，可利用的现金浮游量是指（　　）。

   A. 企业账户所记企业存款余额

   B. 银行账户所记企业存款余额

   C. 企业账户与银行账户所记存款余额之差

   D. 企业实际现金余额超过最佳现金持有量之差

4. 某企业预测的年赊销额为1 200万元，应收账款平均收账期为30天，变动成本率为60%，资金成本率为10%，则应收账款的机会成本为（　　）万元。

   A. 10　　　　　　　　B. 6　　　　　　　　C. 5　　　　　　　　D. 9

5. 客户信用风险评估的"5C评估法"中，资本是指（　　）。

   A. 顾客的经济实力和财务状况，是顾客偿付债务的最终保证

   B. 顾客拒付款项或无力支付款项时能被用作抵押的资产

   C. 影响顾客付款能力的经济环境

   D. 企业流动资产的数量和质量，以及与流动负债的比例

6. 在其他因素不变的情况下，企业采用积极的收账政策，可能导致的后果是（　　）。

   A. 坏账损失增加　　　　　　　　　　B. 应收账款投资增加

   C. 收账费用增加　　　　　　　　　　D. 平均收账期延长

7. 下列对信用期限的叙述，正确的是（　　）。

   A. 信用期限越长，坏账发生的可能性越小

  B. 信用期限越长，表明客户享受的信用条件越优惠

  C. 延长信用期限，将会减少销售收入

  D. 信用期限越长，预计收账成本越低

8. 经济进货批量基本模型所依据的假设不包括（　　）。

  A. 存货集中到货   B. 存货价格稳定

  C. 一定时期的存货需求量能够确定 D. 允许缺货

三、判断题

1. 企业在支付动机下所持有的现金余额主要取决于企业销售水平。   （　　）

2. 信用风险是企业不能收回赊销商品的货款而发生坏账损失的可能性。 （　　）

3. 如果企业放宽信用标准，则会增加销售量，减少企业的坏账损失和应收账款的机会成本。

                             （　　）

4. 在规定的时间内提前偿付货款的客户可按销售收入的一定比率享受现金折扣，折扣比率越高，越能及时收回货款，减少坏账损失，因此企业将现金折扣比率定得越高越好。 （　　）

5. 企业制定的信用标准严格，给予客户的信用期限短，使得应收账款周转率提高，必然有利于企业效益的提高。   （　　）

6. 只有当应收账款所增加的收益超过所增加的成本时，才应放宽信用条件。 （　　）

7. 在年需要量确定的情况下，经济订货批量越大，进货次数越少。 （　　）

8. 在计算经济订货批量时，如果考虑订货提前期，则应在按经济订货量基本模型计算出订货批量的基础上，再加上订货提前期天数与每日存货消耗量的乘积，才能求出符合实际的最佳订货批量。   （　　）

四、计算题

1. 某企业对甲材料的年需要量为4 000千克，每千克单价为20元。已知每批进货费用60元，单位材料的年储存成本3元。要求：

（1）按照基本经济进货批量模型确定经济进货批量。

（2）计算按经济进货批量进货时的存货的相关总成本。

2. 某企业全年需从外购入某零件1 200件，每批零件的进货费用为400元，单位零件的年储存成本为6元。该零件每件进价为10元。销售企业规定：若客户每批购买量不足600件，则按标准价格计算；若每批购买量超过600件，则价格优惠3%。

要求：回答下列问题并进行相关计算。

（1）该企业进货批量为多少时，才是有利的？

（2）该企业最佳的进货次数是多少？

（3）该企业最佳的进货间隔期为多少天？

（4）该企业经济进货批量的平均占用资金是多少？

3. 某公司预计的年度赊销收入为6 000万元，其变动成本率为65%，资金成本率为8%，目前的信用条件为N/60，信用成本为500万元。公司准备改变信用政策，改变后的信用条件是（2/10，1/20，N/60），预计信用政策的改变不会影响赊销规模，改变后的预计收账费用为70万元，坏账损失率为4%。预计占赊销额70%的客户会利用2%的现金折扣，占赊销额10%的客户利用1%的现金折扣。按一年360天计。要求：完成以下各题。

（1）计算改变信用政策后的下列数值：①年赊销净额；②信用成本前收益；③平均收账期；④应收账款平均余额；⑤维持赊销业务所需要的资金；⑥应收账款机会成本；⑦信用成本后收益。

（2）通过计算判断是否应改变信用政策。

五、案例题

案例一　飞跃公司的应收账款

飞跃股份有限公司，自 1995 年创立以来，经过不断发展已成为一家集运动鞋、运动服及配套产品的研发、生产、营销于一体的综合性企业。飞跃已成为近年来成长迅速的民族运动品牌之一。在运动鞋服行业中，国际品牌如耐克、阿迪达斯凭借其强大的研发和资金实力，稳固地占据着国内高端市场；而国内领先品牌如李宁、安踏，则依靠稳定的产品质量和广泛的营销网络，在市场上迅速扩张。

为了稳固自己在运动鞋服市场上的地位，飞跃公司实施了一系列营销策略，并加大了宣传力度，导致广告费用急剧增加。同时，为了增加营业收入，公司采取了相对宽松的应收账款信用政策。2021 年 12 月 31 日，公司应收账款净额为 6.8 亿元，占流动资产的 45%，占总资产的 32%。为了增强竞争力并应对消费市场的疲软，飞跃公司采取了提高信用额度和延长信用期的营销策略。因此，2022 年的应收账款净额增加至 9.9 亿元。而到了 2023 年，应收账款更是飙升至 15.7 亿元，占总资产的比例高达 48%，与 2022 年的 9.9 亿元相比，增长了惊人的 58%。

应收账款的大幅增加无疑会给飞跃公司的正常生产经营带来压力，导致资金缺口扩大。为保障正常的经营活动，公司不得不通过多渠道的融资方式解决资金困境，这也导致了融资需求的不断增加。2023 年，飞跃公司的短期借款达到 8.5 亿元，同比增加了 30%。融资总额的快速增长也增加了公司的融资成本。

针对上述情况，我们可以分析和讨论以下问题：

（1）飞跃公司应收账款剧增的原因可能是什么，会给企业带来什么影响？

（2）你认为飞跃公司可以从哪些方面加强应收账款管理？

案例二　雀巢与家乐福供应商管理库存

雀巢与家乐福的合作已久，然而，传统的买卖关系导致双方对市场需求的响应速度缓慢，库存管理效率低下。为了改善这一状况，双方决定实施 VMI 系统，以更紧密的合作方式共同管理库存，提高管理效率。

在具体实施上，雀巢与家乐福实施了以下步骤来实现 VMI：家乐福在每日 9:30 前通过 EDI（Electronic Data Interchange，电子数据交换）方式将结余库存与出货资料等信息传送至雀巢公司，确保数据的实时性；雀巢公司收到数据后，将其合并至销售数据库系统中，产生预估的补货需求，并根据实际库存量计算出可行的订货量，生成建议订单；雀巢公司在 10:30 前将建议订单以 EDI 方式传送给家乐福。家乐福在收到订单进行必要的修改后，回传至雀巢公司；雀巢公司根据确认后的订单进行拣货和发货，以确保及时补货。

经过近半年的实际上线执行，雀巢与家乐福的 VMI 系统取得了显著的成果。首先，在到货率方面，雀巢对家乐福物流中心的产品到货率提升至 95%，超越了目标值，同时家乐福物流中心对零售店面的产品到货率也提升至 90% 左右，且仍在继续改善中。其次，在库存管理方面，库存天数由原来的 25 天左右下降至目标值以下，有效降低了库存成本。最后，在订单修改率方面，也由原来的 60%～70% 下降至 10% 以下，大大提高了订单的准确性和执行效率。除了具体成果的展现，雀巢与家乐福在合作过程中也收获了更为紧密的关系。双方相互更为了解，愿意共同解决问题。

针对上述情况，我们可以分析和讨论以下问题：

（1）雀巢与家乐福是如何通过实施 VMI 系统显著提升库存管理效率的？

（2）企业引入 VMI 系统时可能会遇到哪些挑战？

第 10 章
利润分配

【学习目标】

利润分配的合规与科学性,直接关系到公司的长期稳定发展、内外部利益平衡及股价表现。从某种意义上说,利润分配是一个全新的开始,管理者通过制定分配政策来促成其特定财务目标的实现;投资者根据分配政策传递的信息来评估公司价值,并作出投资决策;政府根据分配政策对其进行监管,优化资本市场环境。因此,学习并掌握利润分配相关的理论知识是非常必要的。

通过本章的学习,读者应达到以下目标:

- 了解利润分配的原则和程序;
- 掌握股利分配的程序及支付方式;
- 掌握公司股利分配政策的主要类型;
- 了解公司股票分割和股票回购。

【引导案例】

贵州茅台的慷慨分红

贵州茅台(600519)于 2024 年 4 月 3 日发布公告,披露 2023 年年度利润分配方案:以本公司总股本 12.6 亿股为基数,向全体股东每 10 股派发现金红利 308.76 元(含税),合计派发现金红利总额为 387.86 亿元,此次是针对 2023 年度的第二次分红,两次分红合计 627.87 亿元。

贵州茅台的公司总部位于贵州省北部赤水河畔茅台镇,当前员工 3 万多人,占地面积 10 653 亩,拥有全资、控股和参股公司 30 余家,涉足产业领域包括白酒、葡萄酒、银行、保险、物业、旅游、房地产等。该公司是国内白酒行业品牌价值最高的公司,其生产和销售的茅台酒是世界三大名酒之一,是其最主要的支柱产品。该公司在上缴国家税金、股票总市值、品牌价值、主导产品的营业收入、利润等指标稳居国内白酒行业榜首。

贵州茅台自 2001 年上市至 2024 年 6 月 30 日累计现金分红 26 次,合计分红金额 2 714.41 亿元人民币,自 2015 年开始,每年分红金额占当年净利润的 50%~52%,2022 年和 2023 年更是超过了 75%,2019—2023 年 5 年的分红合计多达 1 957.1 亿元。表 10-1 为贵州茅台 2014—2023 年现金分红的统计表。

表 10-1　　　　　贵州茅台 2014—2023 年的现金分红统计表　　　　　单位:亿元

年份	现金分红		营业收入	净利润	年份	现金分红		营业收入	净利润
	(元/每股)	合计				(元/每股)	合计		
2023	49.982	627.87	1 505.6	747.34	2021	25.911	272.28	1 094.64	524.6
2022	47.821	600.72	1 275.54	627.17	2020	21.91	242.36	979.93	466.97

续表

年份	现金分红		营业收入	净利润	年份	现金分红		营业收入	净利润
	（元/每股）	合计				（元/每股）	合计		
2019	21.675	213.87	888.54	412.06	2016	6.79	85.26	401.55	167.18
2018	14.53	182.53	771.99	352.04	2015	6.17	77.52	334.47	155.03
2017	11.00	138.17	610.63	270.79	2014	4.37	49.95	322.17	153.5

10.1　利润分配的原则及程序

　　利润分配是财务管理的重要内容。广义的利润分配是指对公司收入和利润进行分配的过程，如上缴国家税金、支付工人工资、支付债权人利息、向股东分红等；狭义的利润分配则是指对公司净利润的分配。利润分配的结果，形成了国家的所得税收入、投资者的投资报酬和公司的留存收益等不同项目。由于税法具有强制性和严肃性，缴纳税款是公司必须履行的义务，因此从这个意义上看，财务管理中的利润分配主要是指公司的净利润分配，利润分配的实质就是通过某一适用的分配政策决定投资者分红与公司留用利润的比例。本章所讨论的利润分配是指对净利润的分配，即狭义的利润分配概念，而且主要讲解的是上市公司的股利分配。

10.1.1　利润分配的原则

　　一个公司的利润分配不仅会影响公司的筹资和投资决策，还涉及国家、公司、投资者、职工等多方面的利益关系，涉及公司长远利益与近期利益、整体利益与局部利益等关系的处理与协调。为合理组织公司财务活动和正确处理财务关系，公司在进行利润分配时应遵循以下原则。

1．依法分配原则

　　公司的利润分配必须依法进行，这是正确处理各方面利益关系的关键。国家为了规范公司的利润分配行为，制定和颁布了若干法规，主要包括公司制度方面的法规、财务制度方面的法规等，同时分配政策的制定还要符合公司自身制定的公司章程及财务制度。这些法规、制度规定了公司利润分配的基本要求、一般程序和分配比例等。

2．分配与积累并重原则

　　公司在进行利润分配的过程中，应兼顾长远利益和近期利益，处理好积累和分配的比例关系。一方面要考虑为满足扩大再生产和保持必要流动性需要而积累必要资金；另一方面还应满足投资者对分红的要求，向投资者分配必要的利润，以维护公司良好的形象和信誉。

3．多方及长短期利益兼顾原则

　　利润分配直接关系到有关方面的切身利益。因此，要坚持全局观念，兼顾各方利益。国家作为社会事务管理者，为行使其自身职能，必须有充足的资金保证。这就要求公司以缴纳税款的方式，无偿上缴一部分利润。这是公司应尽的义务，同时也是公司发展的保障。投资者作为资本投入者和公司所有者，依法享有利润分配权。公司净利润归投资者所有，是公司的基本制度，也是公司所有者投资于公司的根本动力所在。但公司的利润离不开全体职工的辛勤工作，职工作为公司利润的直接创造者，有获得工资及奖金等劳动报酬的权利。因此，公司进行利润分配时，应统筹兼顾，合理安排：既要满足国家集中财力的需要，又要考虑公司自身发展的要求；既要维护投资者的合法权益，又要保障职工的切身利益。在发展资金积累与股东利润分配关系的处理上，公司应遵循长短期兼顾原则，合理确定留存收益和分配给投资者利润的比例，使利润分配真正成为促进公司发展的有效手段。

4. 投资与收益对等原则

公司分配利润应当体现投资与收益对等的原则，既要做到"谁投资谁受益"，还要保证分配的公平性，收益大小与投资比例相对等。这是正确处理投资者利益关系的关键。这就要求公司在向投资者分配利润时，应遵循公开、公平、公正的原则，按照各方投入资本的比例进行分配。不搞幕后交易，不得以其在公司中的其他特殊地位谋取私利。这样才能从根本上保护投资者的利益，调动投资者的投资积极性。

5. 无利不分原则

原则上认为，只有当公司有税后盈余时，方可分配利润。因此，当公司出现亏损时，公司不得分配股利或进行投资分红。但在特殊条件下，也可用以前年度的积累进行分配，但必须遵守一定的比例限制。

10.1.2　利润分配的程序

根据我国《公司法》的规定，公司进行利润分配时涉及的项目包括盈余公积和股利两部分。公司利润按下列顺序分配。

1. 弥补以前年度亏损

根据资本充实原则，公司可以用法定公积金弥补上一年度的亏损。公积金不足以弥补的，在本年度有盈余的情况下，在提取法定公积金之前，应当先用当年税前利润弥补亏损。根据《企业所得税法》的规定，公司纳税年度发生的亏损，准予向以后年度结转，用以后年度的所得弥补，但结转年限最长不得超过 5 年。超过规定年限的，只能用税后利润抵补，或用盈余公积金补亏。

2. 提取法定盈余公积金

根据《公司法》的规定，法定盈余公积的提取比例为当年税后利润（弥补亏损后）的 10%。法定盈余公积金达到注册资本的 50%时可不再提取。法定盈余公积可用于弥补亏损、扩大公司生产经营或转增资本，但公司用盈余公积金转增资本后，法定盈余公积金的余额不得低于转增前公司注册资本的 25%。

3. 提取任意盈余公积金

根据《公司法》的规定，公司从税后利润中提取法定公积金后，经股东会或者股东大会决议，还可以从税后利润中提取任意公积金。任意公积金的提取与否、提取比例及用途由股东大会根据公司发展的需要和盈余情况决定，法律不作强制规定。

4. 向股东分配股利

根据《公司法》的规定，公司弥补亏损和提取公积金后所余税后利润，可以向股东（投资者）分配股利（利润），其中有限责任公司股东按照实缴的出资比例分取红利，全体股东约定不按照出资比例分取红利的除外；股份有限公司按照股东持有的股份比例分配，但股份有限公司章程规定不按持股比例分配的除外。

根据《公司法》的规定，股东大会或者董事会违反相关规定，在公司弥补亏损和提取法定公积金之前向股东分配利润的，股东必须将违反规定分配的利润退还公司。另外，公司持有的本公司股份不得分配利润。

【例 10-1】A 公司是一家股份有限公司，2023 年实现利润 1 000 万元，所得税税率为 25%。2022 年该公司由于产品销售不利，亏损 300 万元。经股东大会讨论决定，按照 5%的比例提取任意盈余公积金，用于设备的技术改造，并按照每股 0.5 元发放股利。2023 年年末，公司发行在外的普通股股数为 500 万股。

根据上述资料，A 公司 2023 年的利润分配情况如表 10-2 所示。

表 10-2 　　　　　　　　　　　　　　A 公司 2023 年利润分配表 　　　　　　　　　　　　单位：万元

项目	行次	本年实际
一、利润总额	1	1 000
减：以前年度亏损	2	300
所得税费用	3	175
二、可供分配的利润	4	525
减：提取法定盈余公积金	5	52.5
提取任意盈余公积金	6	26.25
三、可供投资者分配的利润	7	446.25
减：支付普通股股利	8	250
四、未分配利润	9	196.25

10.2　股利的分配程序和支付方式

股利分配是指公司向股东分派的以现金、股票等为主要形式的股利，是公司利润分配的一部分。股利分配一般按年度进行，也可以进行中期分配。股利分配的主要内容包括明确股权登记日、除权（息）日、现金红利发放日、支付方式和金额。股权登记日决定了哪些股东可以分得股利，支付方式决定了股东可以得到什么形式的股利，支付的金额多少影响投资者的投资收益和未来对该公司的投资决策。本节着重介绍股利分配的程序和股利的支付形式。

10.2.1　股利分配的程序

在我国，根据相关法律、法规的规定，上市公司股利分配的程序主要包括决策程序、信息披露和股利支付程序三个部分。

1. 决策程序

上市公司具体分配股利前，应该由公司董事会根据公司盈利水平和股利政策，制定股利分配方案，并提交股东大会审议，通过后方能生效。只有经过上述决策程序之后，公司才能对外发布股利分配公告，并实施具体分配方案。我国上市公司的股利分配决策权属于股东大会。

2. 信息披露

上市公司董事会应该在股东大会召开后两个月内完成股利派发和股份转增事项。在此期间，董事会必须对外发布股利分配公告，以确定分配的具体程序和时间安排。股利分配公告一般在股权登记日前 3 个工作日发布。如果公司股东少，股票交易不活跃，公告日可以与股利支付日在同一天。公告内容必须包括利润分配方案、股利分配对象、股利发放方法等信息。

3. 股利支付程序

以深圳证券交易所的规定为例。对于流通股份，其现金股利由上市公司于股权登记日前划入深交所账户，再由深交所于登记日后第 3 个工作日划入各托管证券经营机构账户，托管证券经营机构于登记日后第 5 个工作日划入股东资金账户。红股则于股权登记日后第 3 个工作日直接划入股东的证券账户，并即日起开始上市交易。

10.2.2　股利支付过程中的重要日期

股利的发放必须遵循相关的规定，按照一定的日程安排进行。其主要日程依次为：预案公布日、股利宣告日、股权登记日、除息日和股利支付日。

1. 预案公布日

上市公司分派股利时，首先要由公司董事会制定分红预案，包括本次分红的数量、分红的方式，以及股东大会召开的时间、地点及表决方式等。以上内容由公司董事会向社会公开发布。

2. 股利宣告日

股利宣告日是指公司董事会宣布发放股利方案的日期。公告中将宣布每股支付的股利、股权登记期限、除息日和股利支付日期。

3. 股权登记日

股权登记日是指有权领取本次股利的股东的资格登记截止日期。只有在股权登记日在公司股东名册上有名的股东，才有权领取本次股利。

4. 除息日

除息日，是指股利所有权与股票本身分离的日期，从该日起股票中含有的股利分配权利被解除。除息日一般是股权登记日的下一个交易日。因此，在除息日前购买的股票，才能领取本次股利，在除息日当天或之后购买的股票，则不能领取本次股利。除息对股票价格有明显的影响。在除息日之前股票价格中包含了本次股利，除息日之后的股票价格则不含本次股利，因此，除息日股价会下降。下降的幅度与股利额相当，即股权登记日股票的收盘价减去每股股利，作为次日，也即除息日股票开盘价的参考价格。但股价具体是下跌还是上涨，涨跌幅由市场决定。

例如，贵州茅台于 2024 年 6 月 12 日发布 2023 年年度权益分派实施公告，以 2023 年年末发行在外的普通股股数为基础，每股发放现金股利 30.876 元，股权登记日为 2024 年 6 月 18 日，股息的除权日为 6 月 19 日。

5. 股利支付日

股利支付日，也称付息日，是指向股东发放股利的日期。在这一天，公司应将股利支付给股东。但由于股东人数众多，股利的发放主要是委托券商通过中央结算登记系统将股利打入股东资金账户，而不是直接支付给股东。

【例 10-2】假定 A 公司于 2024 年 4 月 12 日发布公告："本公司于 2024 年 4 月 12 日在上海召开股东大会，通过了 2024 年 3 月 5 日董事会关于每股分配 2 元的 2023 年股息分配方案。本公司将于 2024 年 5 月 10 日将上述股利支付给已在 2024 年 4 月 25 日登记为本公司股东的人士，除息日为 2024 年 4 月 26 日。"

A 公司的股利支付过程如图 10-1 所示，其预案公布日为 2024 年 3 月 5 日，股利宣告日为 2024 年 4 月 12 日，股权登记日为 2024 年 4 月 25 日，除息日为 2024 年 4 月 26 日，股利支付日为 2024 年 5 月 10 日。

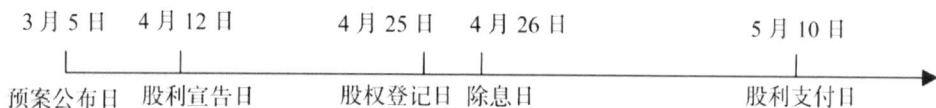

图 10-1　A 公司股利支付过程图

10.2.3　股利支付的方式

股利的支付方式有多种，常见的有以下几种形式。

1. 现金股利

现金股利是上市公司以货币形式向股东支付股利，是最普通、最常见的股利形式。现金股利发放的数额主要取决于公司的股利政策、经营业绩、现金流量等。发放现金股利将减少公司资产负债表上的留存收益和现金，因此，公司选择支付现金股利时，除了要有足够的留存收益之外，还要有足够的现金。现金股利适用于现金较充足，分配股利后公司的资产流动性仍能达到一定的标准的，并且有效、广泛的筹资渠道的公司。大部分股东希望公司发放较多的现金股利，尤其是那些依靠公司发放现金股利维持日常生活的股东。而部分股东出于避税心理不希望公司发放过多的现金股利。现金股利的发放会对股票价格产生直接的影响。一般来说，在股票除息日之后，股票价格会下跌。

现金股利不会改变公司的股权结构，也不会稀释股权，但会减少所有者权益总额。同时该方式会增加公司的现金流出，使公司的现金压力加大，而且持股期限不打算超过一年的股东需要考虑股利收入缴纳的个人所得税，这会直接减少股东的收益。

> **小知识**
>
> 现金股利分红纳税知多少？根据《关于上市公司股息红利差别化个人所得税政策有关问题的通知》（财税〔2015〕101号）规定：个人从公开发行和转让市场取得的上市公司股票，持股期限超过1年的，股息红利所得暂免征收个人所得税；持股期限在1个月以内（含1个月）的，其股息红利所得全额计入应纳税所得额；持股期限在1个月以上至1年（含1年）的，暂减按50%计入应纳税所得额。上述所得统一适用20%的税率计征个人所得税。
>
> 机构投资者收到现金股利要交公司所得税，税率是25%，不过符合《企业所得税法》中税收优惠条件的可免税。

2. 股票股利

股票股利是指公司向原股东以无偿送股的方式支付股利。发放股票股利时，一般按股权登记日的股东持股比例来分派。可以用于发放股票股利的，除了当年的可供分配利润外，还有公司的盈余公积。股票股利的发放是通过中央结算登记系统按比例增加各个股东的持股数量。股票股利侧重于反映长远利益，因其既可以不减少公司的现金，又可使股东分享利润，还可以免缴个人所得税，因而对长期投资者更为有利，能吸引那些看重公司的潜在发展能力，不太计较即期分红数额的股东。

微课堂

股票股利

股票股利并没有改变公司账面的股东权益总额和股东的持股结构，但是会增加市场上流通的股票数量，因此，公司发放股票股利会使股票价格相应下降。一般来说，如果不考虑股票市价的波动，发放股票股利后的股票开盘价格，应当按发放的股票股利等比例下降。比如原来股价是10元，10股送10股，或者1∶1送股后的股票开盘价格为5元。

【**例10-3**】假定A公司于2024年6月3日公布2023年度分红送股实施方案：以本公司总股本200 000股为基数，向全体股东每10股送2股、派发现金红利1.0元（含税），合计派发现金红利总额为20 000元。本次权益分派的股权登记日为2024年6月9日，股权除息日为2024年6月10日。假设A公司2023年实现净利润8万元，实施分配方案时每股市价20元，则A公司实施分红派息前后的所有者权益结构如表10-3所示。

表 10-3　　　　　　　　　现金股利和股票股利对所有者权益的影响　　　　　　　单位：万元

所有者权益	实施前	实施后
普通股（面值 1 元，已发行 20 万股）	20	24
资本公积	10	10
净利润	8	0
未分配利润	10	12
所有者权益合计	48	46

该公司资本公积占注册资本的 50%，当年的净利润可以不用计提资本公积。

现金股利为每 10 股派发现金 1 元，合计派发 20 000 元，需要从当年的净利润中扣除。

公司股票股利为 10 送 2，合计送红股 4 万股，面值 1 元，股本由 20 万变为 24 万，需要从当年的净利润中扣除 40 000 元。

当年净利润还剩 20 000 元，转入未分配利润。

3. 财产股利

财产股利是上市公司用现金以外的其他资产向股东分派的股息和红利。它可以是上市公司持有的其他公司的有价证券，也可以是实物。财产股利主要有 3 种形式。

（1）向股东分派公司以前所发行的公司债券或优先股。

（2）向股东分派不属于该公司的证券。

（3）将商品实物分派给股东。

国外有很多股份公司，常将其附属公司的普通股股份派给股东。

4. 负债股利

负债股利是以负债形式支付股利，其实质是公司以负债形式所界定的一种延期支付股利的方式，即上市公司通过建立一种负债，用债券或应付票据作为股利分派给股东。这些债券或应付票据既是公司支付的股利，又确定了股东对上市公司享有的独立债权。公司通常以应付票据的负债形式来界定延期支付股利的责任。股东因手中持有带息的期票，补偿了股利没有即期支付的货币时间价值；公司则因此而承受了相应的利息支付压力。显然，公司只有在必须支付股利且现金不充足的特定条件下，才采用这种权宜之策。

实际上，财产股利和负债股利都是现金股利的替代方式，虽然相关法规规定，上市公司可以分配财产股利和负债股利，但目前这两种股利支付方式在我国实务中极少使用。

送股也称为派股、股票股利，是股份有限公司以对原股东派发股票的办法实施分配公司利润或留存收益的一种形式。增股，即转增股，是股份有限公司将资本公积金以股本的方式赠送给股东。配股是股份有限公司向原持股股东按照其持股比例、以低于市价的某一特定价格配售一定数量新发行的股票以进行融资的行为，原股东可以自由选择是否参与配股。送股和转增股都会使股东无偿获得一定数量的上市公司股票；如果股东选择参与配股的话，需要在股票账户中提前补足配股认缴款。送股属于利润分配的范畴，而转增股和配股不是。

10.3　股利分配理论与股利分配政策

股利分配的核心问题是如何权衡公司当前的股利支付决策与未来长期增长之间的关系，以实现股东的目标、公司的财务目标和长期整体目标。股东的投资收益来源于持股期间获得的股利和出售股票时的价格差。如果公司当前或短期内的股利支付水平较高，虽然会提高股东的短期收益，但公司用于未来发展的留存资金会减少，从而可能降低公司长期的投资收益，进而降低股票的价值和价格，损害股东的长期利益；反之，则可能出现相反的结果。

基于上述原因，股利分配理论及分配政策主要讨论以下主要内容：①股利支付与股票价格及公司价值之间是否存在某种相关性；②公司如何在发放股利和未来增长之间达到某种平衡，确定最优的股利支付比例，以实现股票价格及公司价值的最大化；③如何解释现实中的股利分派行为及股利分配政策等。

10.3.1　股利分配理论

股利分配理论是指人们对股利分配的客观规律的科学认识与总结，其核心问题是股利分配政策与公司价值的关系。根据股利分派对公司价值是否有影响，股利分配理论大致可以分为两种：股利无关论和股利相关论。

1. 股利无关论

股利无关论是由美国经济学家弗兰科·莫迪利安尼（Franco Modigliani）和财务学家默顿·米勒（Merton Miller）（以下简称"莫米"）于1961年在其论文《股利政策、增长和股票价值》中首先提出的。

股利无关论认为在一定假设条件的限定下，股利政策不会对公司的价值或股票的价格产生任何影响。一个公司的股票价格完全由公司的投资决策的获利能力和风险组合决定，而与公司的利润分配政策无关。股利无关论的主要观点如下所述。

（1）投资者并不关心公司的股利分配。若公司留存较多的利润用于再投资，会导致公司股票价格上升。此时尽管股利较低，但需用现金的投资者可以出售股票换取现金。若公司发放较多的股利，投资者又可以用现金再买入一些股票以扩大投资。也就是说，无论公司多分配还是少分配股利，对投资者而言都没有区别，投资者只是通过不同的方式获利而已，因此投资者对股利和资本利得两者并无偏好。

（2）股利的支付比率不影响公司的价值。既然投资者不关心股利的分配，公司的价值就与股利分配政策无关，而完全由其投资的获利能力所决定，公司的盈余在股利和保留盈余之间的分配并不影响公司的价值。

该理论是建立在完全市场理论之上的，从不确定性的角度提出了股利分配政策和公司价值不相关的理论。这是因为公司盈利和价值的增加与否完全视其投资政策而定。投资政策价值与公司的资本结构无关，而是取决于它所在行业的平均资本成本及其未来的期望报酬。在公司投资政策给定的条件下，股利分配政策不会对公司价值产生任何影响。因此，公司的权益资本成本为其资本结构的线性递增函数。这一理论的假定条件包括以下几方面。

（1）市场具有强式效率，是完全竞争的市场：在这样的市场上，任何一位证券交易者都没有足够的力量通过其交易活动对股票的现行价格产生明显的影响。

（2）信息完备假设：所有的投资者都可以平等地免费获取影响股票价格的任何信息。

（3）交易成本为零假设：证券的发行和买卖等交易活动不存在经纪人费用、交易税和其他交易成本，在利润分配与不分配或资本利得与股利之间均不存在税赋差异。

（4）理性投资者假设：每个投资者都是财富最大化的追求者。

这些假设与现实世界有一定的差距。虽然，莫米也认识到公司股票价格会随着股利的增减而变动，但他们认为，股利增减所引起的股票价格的变动并不能归因于股利增减本身，而应归因于股利所包含的与公司未来盈利相关的信息内容。

2. 股利相关论

股利无关论的假设描述的是一种完美资本市场，但在现实生活中，不存在完美资本市场。股利支付不是可有可无的，而是非常必要的，并且具有策略性。因为股利分配政策的选择对股票市价、公司的资本结构与公司价值以及股东财富的实现等都有重要影响，股利分配政策与公司价值是密切相关的。因此，股利分配政策不是被动的，而是一种主动的理财计划与策略。股利相关论主要有以下几种。

（1）"一鸟在手"理论。"一鸟在手"论由戈登和林特纳提出。该理论认为，用留存收益再投资给投资者带来的收益具有较大的不确定性，并且投资的风险随着时间推移会进一步增加，因此风险厌恶者会偏好确定的股利收益，而不愿意将收益留存在公司内部去承担未来的投资风险。

股东的收入有股利和资本利得收益。由于股利收入是当期收入，要比留存盈利所带来的未来资本收益更为可靠，而且"今天的一元钱比明天的一元钱值钱"，因此，股东更为偏好股利。如果不发放股利，而让股东去赚取资本收益，无异于"双鸟在林"。"一鸟在手，强于双鸟在林"——股东更偏好现金股利而非资本利得，倾向于选择股利支付率高的股票。公司权益价值 = 分红额/权益资本成本。当股利支付率提高时，股东承担的收益风险会降低，权益资本成本也会降低，则公司价值提高；当股利支付率下降时，股东的权益资本成本升高，公司的权益价值将会下降。因此，公司应维持高股利的股利政策，以消除投资者的不安定感。

（2）信号传递理论。信号传递理论认为，在信息不对称的情况下，公司可以通过股利分配政策向市场传递有关公司未来获利能力的信息，从而影响股价。该理论得以成立的基础是信息在各个市场参与者之间的概率分布不同，即信息不对称。投资者对股利信号、信息的理解不同，所做出的对公司价值的判断也不同：股利增长可能传递未来业绩大幅增长的信号，也可能传递公司缺乏前景良好的投资项目的信号；股利减少可能传递公司未来出现衰退的信号，也可能传递公司有前景良好的投资项目的信号。

（3）所得税差异理论。所得税差异理论认为，由于普遍存在的税收的差异及纳税时间的差异，资本利得收入比股利收入更有助于实现收益最大化的目标，因此，公司应当采用低股利政策。在许多国家的税法中，由于认为股利收入和资本利得收入是两种不同类型的收益，所以对两种收入征收所得税的税率不同。一般而言，长期资本利得的所得税税率要低于股利收入的所得税税率。因为股利税率比资本利得的税率高，投资者自然喜欢公司少支付股利而将较多的收益保存下来作为再投资用，以期提高股票价格，从而将股利转化为资本利得。即使资本利得与股利收入的税率相同，由于股利所得税在股利发放时征收，而资本利得在股票出售时征收，因而对股东来说，资本利得也有推迟纳税的效果。同时，为了获得较高的预期资本利得，投资者将愿意接受较低的股票必要报酬率。

根据这种理论，股利分配决策与公司价值也是相关的，而只有采取低股利和推迟股利支付的政策，才有可能使公司的价值达到最大。因此，在其他条件不变的情况下，投资者更偏好资本利得收入而不是股利收入。而持有高股利支付水平的股票的投资者，为了取得与低股利支付水平的股票相同的税后净收益，必须要求有更高的税前回报预期。这会导致资本市场上的股票价格与股利支付水平呈反向变化，而权益资本成本与股利支付水平呈正方向变化。

（4）代理理论。代理理论最初是由简森（Jensen）和梅克林（Meckling）于 1976 年提出的。代理理论认为，股利分配政策有助于减缓管理者与股东之间的代理冲突，股利分配政策是协调股东与管理者之间代理关系的一种约束机制。这一理论后来发展成为契约成本理论。契约成本理论假定：公司由一系列契约所组成，包括资本的提供者（股东和债权人等）和资本的经营者（管理层）、公司与供货方、公司与顾客、公司与员工等的契约关系。

公司较多地派发现金股利至少具有以下几点好处。

① 公司的盈利以股利的形式分配给投资者，则公司管理者可以支配的"闲余现金流量"会相应减少。这在一定程度上可以抑制公司管理者过度地扩大投资或进行特权消费，从而保护外部投资者的利益。

② 较多地派发现金股利，减少了内部融资，导致公司进入资本市场寻求外部融资，使公司经常接受资本市场的有效监督，可以减少代理成本。

因此，较高的股利分配政策有助于降低公司的代理成本，但同时也增加了公司外部融资成本。所以，最理想的股利分配政策应当是使得代理成本和外部融资成本两者之和最小的股利分配政策。

股利相关论这一类理论尚存在一些不足之处。股利相关论的几种观点都只是从某一角度来解释股利分配政策和股票价格的相关性，没有同时考虑多种因素的影响。在不完全市场上，公司股利分配政策效应要受许多因素的影响，如所得税负担、筹资成本、市场效率、公司本身因素等，因此，单从某一个角度来解释股利分配政策和股票价格的相关性是不够的。

10.3.2　股利分配政策

股利分配政策，也称股利政策、分配政策，是指在法律允许的范围内，公司股东大会或董事会对有关净利润和留存收益分配事项，如公司是否发放股利、发放多少股利，以及何时发放股利等方面制定的方针与政策。对股份有限公司，特别是上市公司来说，股利政策是重要的财务管理内容之一，要求股利政策既要保持相对稳定，又要符合公司财务目标和发展目标。因此，制定一个合理的股利政策对公司来说是非常重要的。在实务中，公司通常可以采用的股利政策主要有：剩余股利政策、固定或稳定增长的股利政策、固定股利支付率政策和低正常股利加额外股利政策。

微课堂

剩余股利政策

1. 剩余股利政策

股利分配与公司的资本结构相关，而资本结构又是由投资所需资金构成的，因此，股利分配政策的制定要受到投资机会对留存资金的需求及其资本成本的双重影响。剩余股利政策是指公司在有良好的投资机会时，根据既定目标资本结构（最佳资本结构），测算出投资所需的权益资本金额，先从盈余中留用，然后将剩余的盈余作为股利进行分配，体现了无剩余不分的原则。

采用剩余股利政策时，应遵循以下4个步骤。

（1）设定目标资本结构，即确定权益资本与债务资本的比率，在此资本结构下，加权平均资本成本将达到最低水平。

（2）确定目标资本结构下投资所需的所有者权益金额。

（3）最大限度地使用留存收益来满足投资所需的权益资本金额。

（4）留存收益在满足投资所需后若有剩余，再将其作为股利发放给股东。

【例10-4】假定A公司2023年的税后净利润为1 000万元，预计2024年投资所需资金1 500万元。该公司的目标资本结构为权益资本占60%、债务资本占40%。该公司发行在外的普通股为200万股，无优先股。计算该公司2023年可供支付给股东的剩余股利及每股股利。

① 确认该公司目标资本结构：权益资本占60%、债务资本占40%。

② 在目标资本结构下，2024年公司投资所需的权益资本：

$$1\ 500 \times 60\% = 900（万元）$$

③ 计算 2023 年可供向投资者分配的股利：

　　1 000−900 = 100（万元）

每股股利 = 100÷200 = 0.5（元）

采用剩余股利政策可以优先满足再投资对权益资金的需求，有助于降低再投资的资本成本，保持了最佳资本结构，有助于实现公司价值的长期最大化。但是公司若长期严格地执行剩余股利政策，会使得每年的股利发放额随着投资机会和盈利水平的波动而波动，给外界造成公司经营不稳定的印象，不利于公司树立良好的形象，而且剩余股利政策不利于投资者安排收入与支出。一般来说，剩余股利政策适用于公司初创阶段。

2. 固定或稳定增长的股利政策

固定或稳定增长的股利政策是指公司将每年发放的股利金额固定在某一特定水平或在此基础上维持某一固定比率逐年稳定增长，并在未来较长的时期内，无论公司的盈利情况和财务状况如何，派发的股利额或增长率都保持不变。只有当公司非常确认未来盈余会保持稳定或稳定的增长时，才可以采用固定或稳定增长的股利发放政策。在此政策下，股东所分得的是"固定"的股利，体现了固定不变的原则。

采用固定或稳定增长的股利政策，可以避免出现由于经营不善而削减股利的情况。稳定的股利金额或增长率向市场传递着公司正常发展的信息，有利于公司树立良好形象、稳定股票的价格；有助于投资者安排股利收入和支出；有利于吸引那些打算进行长期投资并对股利有很高依赖的投资者；可以对冲或降低资本市场上其他对股票价格产生不利影响的风险，有助于维持公司股票价格稳定或持续上升。但采用固定股利政策会使得公司股利支付与公司盈利脱节，当公司盈利较低时仍要支付固定的股利，易导致公司资金短缺，财务状况恶化；在公司无利可分的情况下，若继续实施该政策，会违背无利不分的原则，违反《公司法》的相关规定。

一般来说，固定或稳定增长股利政策适用于经营比较稳定或正处于成长期的公司。考虑到公司未来经营管理和业绩存在不确定性的情况，该政策很难被长期采用。

3. 固定股利支付率政策

固定股利支付率政策是指公司确定一个股利占盈余的比率，长期按此比率支付股利的政策。在这种政策下，公司各年的股利额随公司经营的好坏而上下波动：获得较多盈余的年份股利额高，获得盈余少的年份股利额低。在此政策下，股东所分得的是"波动"的股利，体现水涨船高的原则。

【例 10-5】A 公司 2021 年、2022 年和 2023 年可供向投资者分配的利润分别为 200 万元、240 万元和 300 万元。假设 A 公司实行固定股利支付率政策，固定股利支付率为 50%，发行在外的流通股为 200 万股。计算该公司 3 年的股利发放额及每股股利。

　　2021 年支付的股利 = 200 × 50% = 100（万元）

　　2021 年的每股股利 = 100÷200 = 0.50（元）

　　2022 年支付的股利 = 240 × 50% = 120（万元）

　　2022 年的每股股利 = 120÷200 = 0.60（元）

　　2023 年支付的股利 = 300 × 50% = 150（万元）

　　2023 年的每股股利 = 150÷200 = 0.75（元）

采用固定股利支付率政策能使股利与公司盈余紧密地配合，体现了"多盈多分、少盈少分、不盈不分"的原则。公司每年按照固定的比例从税后利润中支付现金股利，从公司支付能力的角度看，这是一种稳定的股利政策。但是，采用固定股利支付率政策会使得各年的股利支付额随着每年的收益波动，容易使外界对公司产生公司经营不稳定、投资风险较大的不良印象，不利于股票价格的稳定与上涨；公司每年按固定比例从净利润中支付股利，缺乏财务弹性，在业绩不好的年份，公司财务压力增加；合理的固定股利支付率也难以确定。

一般来说，固定股利支付率政策只适用于处于稳定发展且财务状况较稳定的公司。但是由于公司每年面临的投资机会、筹资渠道都不同，因此，现实中一成不变地奉行固定股利支付率政策的公司极少。

4. 低正常股利加额外股利政策

低正常股利加额外股利政策是指公司一般情况下每年只支付固定的、数额较低的股利，在盈余多的年份，再根据实际情况向股东发放额外股利的政策。由于额外股利并不固定，采用此政策，股东所分得的是"低固定＋额外"的股利，体现了"稳健＋灵活"的原则。

低正常股利加额外股利政策具有较大的灵活性，使公司在股利分配上具有较大的财务弹性和可行性，有利于稳定或提高股价，有利于实现公司价值的最大化；可保障股东每年取得数额较低但稳定的股利收入，有利于吸引那些高度重视股利的股东；既能在一定程度上维持股利的稳定性，又有利于公司的资本结构达到目标资本结构，使灵活性与稳定性较好地相结合，因而被许多公司所采用。

但是，采用低正常股利加额外股利政策时，额外股利会随盈利的变化而变化，时有时无，时多时少，容易给投资者留下"公司收益不稳定"的印象；当公司较长时期持续发放额外股利时，容易使股东误认为是正常股利，一旦取消，极易造成公司"财务状况"逆转的负面影响，进而可能引起股价下跌。因此，对那些盈利水平随着经济周期波动而产生较大波动的公司或行业，这种股利政策或许是一种不错的选择。

以上4种可供选择的股利分配政策适用于公司发展的各个不同阶段，同时也要结合公司所处的法律环境、公司内部因素及公司股东的组成等各类因素来进行选择。表10-4是对处于不同发展阶段的公司股利分配政策的简单归纳。

表10-4　　　　　　　　公司在各个发展阶段所适用的股利分配政策参考表

公司的发展阶段	特点	适用的股利政策
初创阶段	公司经营风险高，有投资需求但融资能力差	剩余股利政策
快速发展阶段	产品销量急剧上升，需要进行大规模的投资	低正常加额外股利政策
稳定增长阶段	销售收入稳定增长，公司的市场竞争力增强，行业地位已经巩固，公司扩张的投资需求减少，广告支出比例下降，净现金流入量稳步增长，每股净利呈上升态势	固定或稳定增长股利政策
成熟阶段	产品市场趋于饱和，销售收入难以增长，但盈利水平稳定，公司通常已积累了较多的盈余和资金	固定支付率股利政策
衰退阶段	产品销售收入锐减，利润严重下降，股利支付能力日渐下降	剩余股利政策

10.3.3　影响股利分配政策的因素

公司可供分配的净利润既可以分配给投资者，也可以留存于公司，股利分配政策的关键问题之一就是确定分配和留存的比例。在实践中，公司制定股利分配政策会受到各种因素的影响和制约，公司必须认真考虑这些影响因素，以便制定出符合公司财务目标和发展目标的股利分配政策。一般来说，影响股利分配政策的因素主要有法律因素、股东因素及公司自身因素等。

1. 法律因素

国家为了保护债权人和股东的利益，往往制定有关法律法规对公司的利润分配加以限制。影响公司股利分配政策的主要法律因素有以下几方面。

（1）资本保全约束：要求公司股利的发放不能侵蚀资本，即避免用资本（包括股本和资本公积）发放股利，其目的在于使公司有足够的资本来保护债权人的权益。

（2）资本积累约束：规定公司必须按净利润的一定比例和基数提取各种公积金。同时，应遵循"无利不分"的原则，即公司出现年度亏损时，一般不进行利润分配。

（3）偿债能力约束：应保证支付现金股利后不会影响公司债务的偿还和正常经营；否则，公司发放现金股利的数额就要受到限制。

（4）超额累积利润约束。由于资本利得与股利收入的税率不一致，股东接受股利缴纳的所得税高于进行股票交易的资本利得税，公司通过保留利润来提高股票价格，可使股东避税。因此，一些国家规定公司不得超额累积利润，一旦累积利润超过法律认可的水平，将被加征额外税款。目前我国法律尚未对此做出限制性规定。

我国证监会 2023 年修订的《上市公司监管指引第 3 号——上市公司现金分红》对公司的现金分红做了比较详细的要求和规范。要求上市公司牢固树立回报股东的意识，鼓励有条件的上市公司提高分红的金额和频次，要充分听取中小股东的意见和诉求，并对连续多年不分红或分红水平低的公司进行问询。

2. 股东因素

股东为了保护自身的利益，对公司的股利分配也会产生影响。

（1）稳定的收入。一些股东依靠股利维持生活，往往要求公司支付稳定的股利。如果公司留存较多的利润，将受到这部分股东的反对。

（2）避税。按照税法规定，政府对公司征收公司所得税以后，还要对股东分得的股息、红利征收个人所得税。因此，一些高股利收入的股东出于避税的考虑往往反对公司发放较多的股利。到目前为止，我国开征了证券投资所得税，尚未开征资本利得税。证券投资所得税是对从事证券投资所获得的利息、股息、红利收入征税；资本利得税是对资本利得（低买高卖资产所获收益）征税。按照我国现行税法规定，从分红时点算起，如果股东持有股票不足 1 年的话，从公司分得的股利和红利需要缴纳个人所得税（最终税率因持股时间的长短而异）。因此，对股东来说，股票价格的上涨获得的收益比分得股息、红利更具吸引力。

（3）控制权。公司支付较高的股利，就会导致留存盈余减少，这又意味着将来发行新股的可能性增加，而发行新股必然分散公司的控制权。这是公司原有控股股东所不愿看到的结果。因此，他们往往主张限制股利的支付，以防止控制权旁落。

3. 公司因素

公司确定股利分配政策时，出于长期发展和短期经营的需要，通常会考虑以下因素。

（1）盈余的稳定性。公司是否能获得长期稳定的盈余，是其股利决策的重要基础。盈余相对稳定的公司能较好地控制财务风险，有可能支付比较高的股利。而盈余不稳定的公司一般采取低股利政策，以减少因盈余下降而造成的股利无法支付、股价急剧下降的风险，还可将更多的盈余用于再投资，以提高公司权益资本比重，减少财务风险。

（2）现金流量。保证公司正常经营活动对资金的需求是确定股利分配政策的重要限制性因素。公司进行股利分配时，必须充分考虑公司的现金流量，而不仅仅是公司的净利润。

（3）资产的流动性。公司经营必须保持一定的资产流动性。若公司较多地支付现金股利，会减少其现金持有量，使资产的流动性降低。若公司的资产变现能力较强，现金来源较充裕，则其股利支付能力也较强。

（4）筹资能力。这是指公司筹集资金的能力。规模大、效益好的公司往往容易筹集到资金。它们可向银行借款或发行股票、债券。这类公司在股利分配政策上有较大的选择余地，既可采用高股利政策，也可采用低股利政策。而规模小、风险大的公司，一方面很难从外部筹集到资金；另一方面在股利分配后的阶段往往又需要大量资金。因此，这类公司往往会采取低股利或不发股利的政策，以尽可能多地保留盈余。

（5）投资机会。有着良好投资机会的公司，需要有强大的资金支持，往往采用低股利支付水平的分配政策，少发放股利，将大部分盈余用于投资；反之，缺乏良好投资机会的公司，则倾向于支付较高的股利。

（6）筹资成本。留存收益是公司重要的内部筹资方式，与发行新股或举债相比，具有筹资成本低的优点。因此，从资本成本考虑，留存收益是一种比较经济的筹资渠道。

（7）偿债需要。具有较高债务偿还需要的公司，可以通过举借新债、发行新股筹集资金偿还债务，也可直接用经营积累偿还债务。如果公司认为前者资本成本高或受其他限制难以进入资本市场，将会减少股利的支付，而采用后者。

4. 其他因素

公司股利分配政策的确定还会受一些其他因素影响。

（1）债务合同约束。公司的债务合同，特别是长期债务合同，往往有限制公司现金支付程度的条款，这使公司只得采取低股利政策。

（2）通货膨胀。在通货膨胀的情况下，公司折旧基金的购买力水平下降，导致公司没有足够的资金来源重置固定资产。这时盈余会用于充实折旧基金，因此，公司在通货膨胀时期的股利政策往往偏紧。

10.4 股票分割与股票回购

我国的相关法律规定，股份公司一般只能采用现金股利和股票股利两种方式进行股利分配。但在我国香港地区，以及一些国家的资本市场中，除了上述股利发放方式外，公司还经常会采用股票分割和股票回购方式来达到类似的效果或目标。

10.4.1 股票分割

股票分割在国内也称为拆股，早在 1993 年之前国内 A 股市场出现过一些拆股案例，之后由于相关法律法规的出台就不再出现拆股现象，取而代之的是送红股和转增股份。但股票分割方式在其他国家或地区的股票市场上是常见的，美国的上市公司，如百度、谷歌、苹果等公司在股票价格比较高的时候都采取过股票分割行为。

1. 股票分割的含义

股票分割又称拆股，是指把单股面值较高的股票拆分为多股面值较小的股票。与股票股利相比，两者都是在不增加所有者权益总额的前提下，增加了发行在外的股份数量。只是股票股利会引起所有者权益内部结构发生变化，而股票分割不会；股票股利不会改变股票的面值，而股票分割会同比例地降低股票面值。

【例 10-6】假定 A 公司 2023 年资产负债表上的所有者权益项目的情况如下：普通股面值 2 元（已发行 20 万股），资本公积 20 万元，未分配利润 100 万元。假设当前股票市价是 20 元，请计算在分配股票股利和进行股票分割两种情况下的 A 公司所有者权益和每股净资产。

（1）假设 A 公司于 2024 年 6 月 3 日公布 2023 年度分红派息实施方案：以本公司总股本 200 000 股为基数，向全体股东每 10 股送 2 股、派发现金红利 0 元。

（2）假设 A 公司按照 1：2 的比例进行股票分割。

根据资料（1），分配股票股利后，A 公司所有者权益变动情况见表 10-5。

每股净资产=160÷24=6.67（元）

根据资料（2），进行股票分割后，A 公司的普通股面值和股数会发生变化，其他所有者权益不变。

A 公司的股票面值=2÷2=1（元）

A 公司的股票数量=20×2=40（万股）

每股净资产=160÷40=4（元）

两种情况对所有者权益和每股净资产的影响如表 10-5 所示。

表 10-5　　　　　　　　　　股票股利和股票分割对所有者权益的影响

所有者权益		实施前	股票股利	股票分割
普通股	面值（元）	2	2	1
	股数（万股）	20	24	40
	金额（万元）	40	48	40
资本公积（万元）		20	20	20
未分配利润（万元）		100	92	100
所有者权益合计（万元）		160	160	160
每股净资产（元）		8	6.67	4

从表 10-5 中可以看出，股票分割前后的公司股权结构没有发生变化，只是股票股数和股票面值发生了变化。

如果公司认为自己的股票价格过低，不利于公司发展，则可以进行股票合并。股票合并亦称反分割，是将面值较低的几股股票合并为一股股票的行为，如【例 10-6】中，将 2 股股票合并为 1 股，则公司普通股股数将变为 10 万股，股票市值也相应上升。

从实践效果看，股票分割与股票股利非常接近，因此，通常要根据证券管理部门的具体规定对两者加以区分。如有的国家的证券交易机构规定，发放 25% 以上的股票股利即属于股票分割。

2. 股票分割的主要作用

（1）降低股票价格。可以通过拆分股票达到短时间内降低每股市价的目的，进而降低中小股东投资的门槛，有利于吸引更多的投资者。

（2）有利于增发新股。股票分割后，价格降低的同时也增加了投资者的信心，为公司将来发行新股做准备。

（3）防范恶意收购。股票分割后不仅有利于增强股票的流动性，还有利于股票股数与股东数量在短期内大幅增加。这在一定程度上加大了收购的难度，降低了公司被恶意收购的风险。

（4）向市场传达利好信息。股票分割往往是处在成长阶段中公司的行为，通过给投资者传达一种今后可能会有更多股息回报的利好信息，向资本市场呈现一种"公司正在发展之中"的迹象，这种迹象可以在短期内刺激股价的上升。

10.4.2　股票回购

股票回购在国内外资本市场上都是发生频率较高的行为。

1. 股票回购的含义

股票回购是指公司出资购回自身发行在外的股票。根据证监会最新发布的《上市公司股份回购规则》（证监会公告〔2023〕63 号），上市公司以现金为对价，采用要约方式、集中竞价方式回购股份的，视同上市公司现金分红，纳入现金分红的相关比例计算。这一规定实质是公司以多余现金购回股东所持有的股份，这相当于公司回馈给股东现金，因此可以将股票回购看作一种现金股利的替代方式。

【例 10-7】A 公司现有发行在外普通股 4 000 万股，2023 年实现净利润 5 000 万元，每股收益为 1.25 元，每股市价 25 元，市盈率为 20 倍。公司准备用 2 000 万元发放现金股利，那么股东得到的每股股利为 0.5 元。假定公司宣布进行股票回购，那么可按市价每股 25 元回购 80 万股。两种方式对 A 公司的所有者权益和每股收益的影响如表 10-6 所示。

表 10-6　　　　　　　　　　现金股利和股票回购的影响对比表

所有者权益	现金股利	股票回购
普通股股数（万股）	4 000	3 920
股利或回购金额（万元）	2 000	2 000
每股股利（元）	0.5	0
每股市价（元）	25	25.51
每股收益（元）	1.25	1.275 5
市盈率（倍）	20	20

在【例 10-7】中，股票回购与股票股利的效果是等同的，股东都得到了 2 000 万元现金。不同的是股票回购后每股收益提高为 1.275 5 元，在市盈率不变的情况下，股价可提高至每股 25.51 元（股票价格=市盈率×每股收益）。这使未出售股票的股东获得了每股 0.51 元的资本利得。可见股票回购对现金股利的替代作用十分明显。

小知识

根据证监会 2023 年发布的《上市公司股份回购规则》第二条规定，本规则所称上市公司回购股份，是指上市公司因下列情形之一收购本公司股份的行为：（一）减少公司注册资本；（二）将股份用于员工持股计划或者股权激励；（三）将股份用于转换上市公司发行的可转换为股票的公司债券；（四）为维护公司价值及股东权益所必需。第八条规定，上市公司回购股份应当同时符合以下条件：（一）公司股票上市已满六个月；（二）公司最近一年无重大违法行为；（三）回购股份后，上市公司具备持续经营能力和债务履行能力；（四）回购股份后，上市公司的股权分布原则上应当符合上市条件；公司拟通过回购股份终止其股票上市交易的，应当符合证券交易所的相关规定；（五）中国证监会、证券交易所规定的其他条件。

2. 股票回购的动机

（1）现金股利的替代。当公司有多余现金时，就可以采用股票回购的方式将现金分配给股东。股票回购可供股东选择继续持有股票或者出售以换取现金，尤其是在避税效果明显的情况下，股票回购是一项有效的股利替代政策。

（2）股票回购可以稳定或提高公司股价。过低的股价会对公司经营造成一系列不良的影响，降低投资者对公司的信心。而股票回购能引起每股收益增加，会直接导致公司股价上升，从而提升投资者对公司的信任。

（3）优化资本结构。回购股票会降低公司的所有者权益比重，进而提高负债比率，可以适当调整公司资本结构，充分发挥负债的财务杠杆作用，并在一定程度上降低综合资本成本。

（4）基于控制权的考虑。股票回购可以减少发行在外的流通股，避免了发放股票股利和股票分割带来的所有权稀释效应，有助于稳定公司控制权。

（5）防止敌意收购。股票回购可以提高公司股价，给收购方制造收购难度，因此，股票回购可以作为防止敌意收购的一种策略。

（6）传递积极信息。由于信息不对称，证券市场上的公司股票价格可能被低估，过低的股票价格会对公司产生负面影响。因此，上市公司公开回购股票时，投资者通常会认为这是公司在自家股票被低估情况下所采取的应对措施。

3. 股票回购的方式

按照不同的分类标准，主要有以下几种股票回购的方式。

（1）按回购地点的不同，股票回购可分为场内公开回购和场外协议回购。场内公开回购是指公司委托证券机构代替自己按照股票当前市场价格回购；场外协议回购是指公司直接与股东商讨回购事宜，包括回购价格、数量、时间等。

（2）按股票回购对象的不同，股票回购可分为在资本市场上随机回购、向全体股东招标回购、向个别股东协议回购。

（3）按出资方式的不同，股票回购可分为举债回购、现金回购和混合回购，其中混合回购是指通过举借外债和支付现金结合的方式进行回购。

（4）按回购价格确定方式的不同，股票回购可分为固定价格要约回购和荷兰式拍卖回购。其中，固定价格要约回购是指公司在特定时间发出的以某一高出股票当前市场价格的价格水平，回购既定数量股票的回购报价。荷兰式拍卖回购是按照荷兰式拍卖形式回购股份。荷兰式拍卖是一种特殊的拍卖形式，也称"减价拍卖"。它是指拍卖标的的竞价由高到低依次递减直到第一个竞买人应价（达到或超过底价）时击槌成交的一种拍卖形式。

4. 股票回购的影响

（1）对上市公司的影响。股票回购对上市公司的影响主要有：股票回购需要大量的资金，容易造成公司资金紧张，对发展不利；股票回购容易引发操纵股价行为，尤其是大股东对股价影响较大，这就会对信息不对称的中小股东的权益造成损害；股票回购的结果会使股东权益下降，削弱了公司资本的安全性，对债权人利益有一定程度损害；股票回购虽然需要消耗大量现金，但可以降低发行在外的流通股，提高每股股价，有利于防范潜在的恶意收购者，特别是觊觎公司大量现金存量的恶意收购者对公司的恶意收购行为。

（2）对股东的影响。对股东而言，股票回购具有更多的优势。股东分得现金股利需要缴纳个人所得税，而股票回购不仅可以避税，还可供股东在继续持有与出售股票之间自由选择，更加尊重股东的意愿。股票回购通常被视为市场对公司价值认可的积极信号，有助于提振投资者信心，推动股票市价上涨，为股东带来直接的资本增值机会，从而构成对股东利益的实质性利好。

本章小结

本章介绍了与公司利润分配相关的知识，其要点包括以下几个。

（1）利润分配的原则和程序。股利分配要遵循依法分配原则、分配与积累并重原则、多方及长短期利益兼顾原则、投资与收益对等原则、无利不分原则；利润分配的程序包括弥补以前年度亏损、提取法定盈余公积金、提取任意盈余公积金、向股东分配股利。

（2）股利分配形式。公司发放股利的形式一般有现金股利、股票股利、财产股利和负债股利4 种。在现金股利的支付过程中，需要明确股利宣告日、股权登记日、除息日和股利支付日等几个重要的日期。

（3）股利分配理论。股利分配理论可分为两种：股利无关论和股利相关论。股利无关论认为，股利分配政策不会影响公司的股票价值；股利相关论认为，股利分配政策对公司股票价值有较大的影响。

（4）股利分配政策。根据每股股利的稳定程度的不同，公司的股利分配政策可分为剩余股利政策、固定或稳定增长的股利政策、固定股利支付率政策及低正常股利加额外股利政策。

（5）股利分配方案的确定，主要考虑以下内容：选择股利分配政策；确定股利支付水平；确定股利支付形式。

（6）影响股利分配政策的因素有法律因素、股东因素、公司因素和其他因素。

（7）股票分割和股票回购。股票分割是指把单股面值较高的股票拆分为几股面值较小的股票；股票回购是指公司出资购回自身发行在外的股票。

关键术语

现金股利　股票股利　股利无关论　股利相关论　股票分割　股票回购

练 习 题

一、思考题
1. 阐述股利无关论的假设基础和几种常见的理论观点。
2. 对比分析不同股利分配政策的优缺点。
3. 分析现金股利和股票股利对公司所有者权益的影响。
4. 辨析股票股利和股票回购的区别与联系。

二、单项选择题
1. （　　）不属于利润分配项目。

　　A. 盈余公积　　　　B. 财务费用　　　　C. 所得税　　　　D. 股利

2. A 公司年初未分配利润为贷方余额 60 万元，当年净利润为 40 万元，则当年以 10%提取的法定盈余公积为（　　）。

　　A. 15 万元　　　　B. 4 万元　　　　C. 7.5 万元　　　　D. 10 万元

3. 领取股利的权利与股票相分离的日期是（　　）。

　　A. 股权登记日　　B. 除息日　　　　C. 股利宣告日　　D. 股利发放日

4. 关于股票股利，说法正确的是（　　）。

　　A. 股票股利会导致股东财富的增加

　　B. 股票股利会引起所有者权益内各项目的结构发生变化

　　C. 股票股利会导致公司资产的流出

　　D. 股票股利会引起负债的增加

5. 可最大限度满足公司对再投资的权益资金需要的股利政策是（　　）。

    A. 固定股利政策
         B. 剩余股利政策

    C. 固定股利支付率政策
    D. 正常股利加额外股利政策

6. 固定股利支付率政策的优点是（　　）。

    A. 使股利与公司盈利脱节

    B. 会增强股东对公司未来经营的信心

    C. 使股利与公司盈利结合

    D. 有利于股价的稳定与上涨

三、判断题

1. 发放股票股利会减少企业现金存量，但不会改变股东权益总额，仅内部结构发生变化。

                                       （　　）

2. 当企业处于成长期，对未来盈利和支付能力可作出准确判断并具有足够把握时，可以考虑采用稳定增长的股利政策，增强投资者的信心。（　　）

3. 稳定增长的股利政策会向市场传递积极信号，降低股价波动，但可能导致现金流压力。

                                       （　　）

4. 企业法定盈余公积提取比例为当年净利润的 10%，但累计达注册资本 50% 后不可继续提取。（　　）

5. “一鸟在手”理论认为，相对于资本利得，投资者更偏好现金股利。（　　）

6. 企业如果采取剩余股利政策，首先要确定最佳资本结构。（　　）

四、计算题

1. 某公司 2024 年税后利润为 80 万元，企业为了进一步扩大再生产决定下一年度投资 120 万元，以前若干年度公司股东权益与公司负债之比始终为 3∶2。

要求：计算当企业采用剩余股利政策时，2024 年是否可以向股东分配利润；若不可以，请说明理由；若可以，请计算出可分配金额是多少。

2. C 公司 2024 年年初的所有者权益总额为 2 000 万元，其中股本 600 万元（每股面值 1 元）、资本公积 400 万元、盈余公积 300 万元、未分配利润 700 万元。2024 年实现净利润 1 000 万元，按净利润的 10% 提取法定盈余公积。假设 C 公司决定在原股份数量的基础上，每 10 股发放股票股利 1 股、发放现金股利 5 元。C 公司当前的股票市价为 4 元。

要求：

（1）计算提取的盈余公积金额；

（2）计算发放的现金股利总额；

（3）计算分配后的所有者权益结构。

五、案例题

案例一　恒生电子的“分红送转”之路

恒生电子股份有限公司（以下简称“恒生电子”）1995 年成立于杭州市滨江区，所属行业为信息传输、软件和信息技术服务业。该公司于 2003 年 12 月 16 日在上海证券交易所主板上市（股票代码为 600570），是中国领先的金融软件和网络服务供应商。2024 年 8 月 9 日，该公司的股票收盘价为 16.97 元，其历史上盘中最高股价 179.80 元出现于 2015 年。

恒生电子聚焦于财富资产管理，致力于为证券、期货、基金、信托、保险、银行、交易所、私募等机构提供整体的解决方案和服务，为个人投资者提供财富管理工具。目前，恒生电子拥有约 8 000 人的高素质专业队伍，其中研发工程人员约占 80%，在规划咨询、软件开发实施、技术服务、系统集成及系统维护服务等方面，具备强劲实力和竞争优势。恒生电子近些年的现金分红数据如表10-7所示。除现金分红外，恒生电子还在2004—2009年连续进行了数量可观的转股或送股政策，如表10-8所示。

表10-7 恒生电子历年现金分红统计表

年份	现金分红		销售额（亿元）	净利润（亿元）	年份	现金分红		销售额（亿元）	净利润（亿元）
	每股（元）	合计（亿元）				每股(元)	合计（亿元）		
2023	0.13	2.46	72.81	14.24	2015	0.26	1.61	22.26	4.54
2022	0.13	2.47	65.02	10.91	2014	0.18	1.11	14.22	3.61
2021	0.10	1.46	54.97	14.64	2013	0.16	0.99	12.11	3.23
2020	0.10	1.04	41.73	13.22	2012	0.10	0.62	10.06	2.00
2019	0.53	4.26	38.72	14.16	2011	0.08	0.50	10.48	2.54
2018	0.32	1.98	32.63	6.45	2010	0.05	0.31	8.67	2.19
2017	0.29	1.79	26.66	4.71	2009	0.05	0.22	7.30	2.06
2016	0.10	0.62	21.70	0.18	2008	0.10	0.30	6.69	1.34

表10-8 恒生电子上市以来送转股情况统计表 单位：股

年份	每10股送股	每10股转股	年份	每10股送股	每10股转股
2021	3		2008	2.5	2.5
2020	4		2007	6	
2019	3	2.5	2006		3
2018	3		2005		4
2009	4		2004		5

要求：根据上述情况，分析和讨论下列问题。

（1）根据相关数据，试分析恒生电子在不同时间段采用的分配政策类型，并说明理由。

（2）试分析该公司上市之后的前6年和2018—2021年连续4年时间中进行送转股政策造成的后果。

（3）根据本章引导案例中贵州茅台的资料和本章的相关理论知识，结合对两家公司的财务管理环境的分析，对这两家公司的分配策略进行评价，并讨论这两家公司制定分配政策时需要考虑的因素各自有哪些。

案例二 云南白药股份回购

云南白药集团股份有限公司（以下简称"云南白药"）源自历史悠久的云南白药厂，其业务涵盖化学原料药、化学药制剂、中成药、中药材、生物制品等多个领域。1993年云南白药在深圳证券交易所成功上市（代码为000538），成为云南省首家A股上市公司。1996年，云南白药厂正式更名为云南白药集团股份有限公司，通过一系列改革措施，进一步提升了品牌形象并增强了市场竞争力。经过数十年的不懈努力，云南白药不仅在国内医药行业占据领先地位，还成功进军国际市场并稳固了市场地位，其产品质量与效果广受认可，赢得了消费者的信赖。

2022年4月6日，云南白药召开第九届董事会2022年第五次会议，并于4月20日召开2021年度股东大会，审议并通过了《关于〈回购公司股份方案〉的议案》。该议案同意公司使用自有资金，通过集中竞价或法律法规允许的其他方式回购公司股份，用于实施员工持股计划或股权激励计划。云南白药表示，此举有助于建立和完善利益共享机制，提高员工凝聚力和公司竞争力，实现企业的长远可持续发展，并进一步提升公司价值。本次回购股份的数量上限为 900 万股，下限为 450 万股；回购价格不超过人民币 124.38 元/股，预计回购金额不超过 11.194 2 亿元。回购股份的期限自股东大会审议通过本回购方案之日起不超过 12 个月。同时，云南白药分别于 2022 年 4 月 8 日和 4 月 21 日披露了《关于回购公司股份方案的公告》（公告编号：2022-24）和《云南白药集团股份有限公司回购 A 股股份报告书》（公告编号：2022-32）。

截至 2022 年 6 月 6 日，云南白药此次回购公司股份的方案已顺利实施完毕。自 2022 年 5 月 5 日首次回购股份起至 6 月 6 日，云南白药通过回购专用证券账户在二级市场上以集中竞价交易方式累计回购了 12 599 946 股股票，约占公司总股本的 0.701 5%，最高成交价为 64.46 元/股，最低成交价为 53.71 元/股，支付的总金额为人民币 707 428 892.15 元（不含交易费用）。

要求：云南白药以股份回购进行员工持股或激励，旨在增强凝聚力与竞争力，请分析此决策对公司可能有哪些影响。

附录一 复利终值系数表

期数	1%	2%	3%	4%	5%	6%	7%	8%	9%	10%	11%	12%	13%	14%	15%	16%	17%	18%	19%	20%	25%	30%
1	1.0100	1.0200	1.0300	1.0400	1.0500	1.0600	1.0700	1.0800	1.0900	1.1000	1.1100	1.1200	1.1300	1.1400	1.1500	1.1600	1.1700	1.1800	1.1900	1.2000	1.2500	1.3000
2	1.0201	1.0404	1.0609	1.0816	1.1025	1.1236	1.1449	1.1664	1.1881	1.2100	1.2321	1.2544	1.2769	1.2996	1.3225	1.3456	1.3689	1.3924	1.4161	1.4400	1.5625	1.6900
3	1.0303	1.0612	1.0927	1.1249	1.1576	1.1910	1.2250	1.2597	1.2950	1.3310	1.3676	1.4049	1.4429	1.4815	1.5209	1.5609	1.6016	1.6430	1.6852	1.7280	1.9531	2.1970
4	1.0406	1.0824	1.1255	1.1699	1.2155	1.2625	1.3108	1.3605	1.4116	1.4641	1.5181	1.5735	1.6305	1.6890	1.7490	1.8106	1.8739	1.9388	2.0053	2.0736	2.4414	2.8561
5	1.0510	1.1041	1.1593	1.2167	1.2763	1.3382	1.4026	1.4693	1.5386	1.6105	1.6851	1.7623	1.8424	1.9254	2.0114	2.1003	2.1924	2.2878	2.3864	2.4883	3.0518	3.7129
6	1.0615	1.1262	1.1941	1.2653	1.3401	1.4185	1.5007	1.5869	1.6771	1.7716	1.8704	1.9738	2.0820	2.1950	2.3131	2.4364	2.5652	2.6996	2.8398	2.9860	3.8147	4.8268
7	1.0721	1.1487	1.2299	1.3159	1.4071	1.5036	1.6058	1.7138	1.8280	1.9487	2.0762	2.2107	2.3526	2.5023	2.6600	2.8262	3.0012	3.1855	3.3793	3.5832	4.7684	6.2749
8	1.0829	1.1717	1.2668	1.3686	1.4775	1.5938	1.7182	1.8509	1.9926	2.1436	2.3045	2.4760	2.6584	2.8526	3.0590	3.2784	3.5115	3.7589	4.0214	4.2998	5.9605	8.1573
9	1.0937	1.1951	1.3048	1.4233	1.5513	1.6895	1.8385	1.9990	2.1719	2.3579	2.5580	2.7731	3.0040	3.2519	3.5179	3.8030	4.1084	4.4355	4.7854	5.1598	7.4506	10.605
10	1.1046	1.2190	1.3439	1.4802	1.6289	1.7908	1.9672	2.1589	2.3674	2.5937	2.8394	3.1058	3.3946	3.7072	4.0456	4.4114	4.8068	5.2338	5.6947	6.1917	9.3132	13.786
11	1.1157	1.2434	1.3842	1.5395	1.7103	1.8983	2.1049	2.3316	2.5804	2.8531	3.1518	3.4785	3.8359	4.2262	4.6524	5.1173	5.6240	6.1759	6.7767	7.4301	11.642	17.922
12	1.1268	1.2682	1.4258	1.6010	1.7959	2.0122	2.2522	2.5182	2.8127	3.1384	3.4985	3.8960	4.3345	4.8179	5.3503	5.9360	6.5801	7.2876	8.0642	8.9161	14.552	23.298
13	1.1381	1.2936	1.4685	1.6651	1.8856	2.1329	2.4098	2.7196	3.0658	3.4523	3.8833	4.3635	4.8980	5.4924	6.1528	6.8858	7.6987	8.5994	9.5964	10.699	18.190	30.288
14	1.1495	1.3195	1.5126	1.7317	1.9799	2.2609	2.5785	2.9372	3.3417	3.7975	4.3104	4.8871	5.5348	6.2613	7.0757	7.9875	9.0075	10.147	11.420	12.839	22.737	39.374
15	1.1610	1.3459	1.5580	1.8009	2.0789	2.3966	2.7590	3.1722	3.6425	4.1772	4.7846	5.4736	6.2543	7.1379	8.1371	9.2655	10.539	11.974	13.590	15.407	28.422	51.186
16	1.1726	1.3728	1.6047	1.8730	2.1829	2.5404	2.9522	3.4259	3.9703	4.5950	5.3109	6.1304	7.0673	8.1372	9.3576	10.748	12.330	14.129	16.172	18.488	35.527	66.542
17	1.1843	1.4002	1.6528	1.9479	2.2920	2.6928	3.1588	3.7000	4.3276	5.0545	5.8951	6.8660	7.9861	9.2765	10.761	12.468	14.427	16.672	19.244	22.186	44.409	86.504
18	1.1961	1.4282	1.7024	2.0258	2.4066	2.8543	3.3799	3.9960	4.7171	5.5599	6.5436	7.6900	9.0243	10.575	12.376	14.463	16.879	19.673	22.901	26.623	55.511	112.46
19	1.2081	1.4568	1.7535	2.1068	2.5270	3.0256	3.6165	4.3157	5.1417	6.1159	7.2633	8.6128	10.197	12.056	14.232	16.777	19.748	23.214	27.252	31.948	69.389	146.19
20	1.2202	1.4859	1.8061	2.1911	2.6533	3.2071	3.8697	4.6610	5.6044	6.7275	8.0623	9.6463	11.523	13.744	16.367	19.461	23.106	27.393	32.429	38.338	86.736	190.05
21	1.2324	1.5157	1.8603	2.2788	2.7860	3.3996	4.1406	5.0338	6.1088	7.4002	8.949	10.804	13.021	15.668	18.822	22.575	27.034	32.324	38.591	46.005	108.42	247.06
22	1.2447	1.5460	1.9161	2.3699	2.9253	3.6035	4.4304	5.4365	6.6586	8.1403	9.934	12.100	14.714	17.861	21.645	26.186	31.629	38.142	45.923	55.206	135.53	321.18
23	1.2572	1.5769	1.9736	2.4647	3.0715	3.8197	4.7405	5.8715	7.2579	8.9543	11.026	13.552	16.627	20.362	24.892	30.376	37.006	45.008	54.649	66.247	169.41	417.54
24	1.2697	1.6084	2.0328	2.5633	3.2251	4.0489	5.0724	6.3412	7.9111	9.8497	12.239	15.179	18.788	23.212	28.625	35.236	43.297	53.109	65.032	79.497	211.76	542.80
25	1.2824	1.6406	2.0938	2.6658	3.3864	4.2919	5.4274	6.8485	8.6231	10.835	13.586	17.000	21.231	26.462	32.919	40.874	50.658	62.669	77.388	95.396	264.70	705.64
26	1.2953	1.6734	2.1566	2.7725	3.5557	4.5494	5.8074	7.3964	9.3992	11.918	15.080	19.040	23.991	30.167	37.857	47.414	59.270	73.949	92.092	114.48	330.87	917.33
27	1.3082	1.7069	2.2213	2.8834	3.7335	4.8223	6.2139	7.9881	10.245	13.110	16.739	21.325	27.109	34.390	43.535	55.000	69.346	87.260	109.59	137.37	413.59	1192.5
28	1.3213	1.7410	2.2879	2.9987	3.9201	5.1117	6.6488	8.6271	11.167	14.421	18.580	23.884	30.634	39.205	50.066	63.800	81.134	102.97	130.41	164.84	516.99	1550.3
29	1.3345	1.7758	2.3566	3.1187	4.1161	5.4184	7.1143	9.3173	12.172	15.863	20.624	26.750	34.616	44.693	57.576	74.009	94.927	121.50	155.19	197.81	646.23	2015.4
30	1.3478	1.8114	2.4273	3.2434	4.3219	5.7435	7.6123	10.063	13.268	17.449	22.892	29.960	39.116	50.950	66.212	85.850	111.06	143.37	184.68	237.38	807.79	2620.0
40	1.4889	2.2080	3.2620	4.8010	7.0400	10.286	14.975	21.725	31.409	45.259	65.001	93.051	132.78	188.88	267.86	378.72	533.87	750.38	1051.7	1469.8	7523.2	36119
50	1.6446	2.6916	4.3839	7.1067	11.467	18.420	29.457	46.902	74.358	117.39	184.56	289.00	450.74	700.23	1083.7	1670.7	2566.2	3927.4	5988.9	9100.4	70065	497929
60	1.8167	3.2810	5.8916	10.520	18.679	32.988	57.946	101.26	176.03	304.48	524.06	897.60	1530.1	2595.9	4384.0	7370.2	12335	20555	34105	56348	652530	*

附录二 复利现值系数表

期数	1%	2%	3%	4%	5%	6%	7%	8%	9%	10%	11%	12%	13%	14%	15%	16%	17%	18%	19%	20%	25%	30%
1	0.9901	0.9804	0.9709	0.9615	0.9524	0.9434	0.9346	0.9259	0.9174	0.9091	0.9009	0.8929	0.8850	0.8772	0.8696	0.8621	0.8547	0.8475	0.8403	0.8333	0.8000	0.7692
2	0.9803	0.9612	0.9426	0.9246	0.9070	0.8900	0.8734	0.8573	0.8417	0.8264	0.8116	0.7972	0.7831	0.7695	0.7561	0.7432	0.7305	0.7182	0.7062	0.6944	0.6400	0.5917
3	0.9706	0.9423	0.9151	0.8890	0.8638	0.8396	0.8163	0.7938	0.7722	0.7513	0.7312	0.7118	0.6931	0.6750	0.6575	0.6407	0.6244	0.6086	0.5934	0.5787	0.5120	0.4552
4	0.9610	0.9238	0.8885	0.8548	0.8227	0.7921	0.7629	0.7350	0.7084	0.6830	0.6587	0.6355	0.6133	0.5921	0.5718	0.5523	0.5337	0.5158	0.4987	0.4823	0.4096	0.3501
5	0.9515	0.9057	0.8626	0.8219	0.7835	0.7473	0.7130	0.6806	0.6499	0.6209	0.5935	0.5674	0.5428	0.5194	0.4972	0.4761	0.4561	0.4371	0.4190	0.4019	0.3277	0.2693
6	0.9420	0.8880	0.8375	0.7903	0.7462	0.7050	0.6663	0.6302	0.5963	0.5645	0.5346	0.5066	0.4803	0.4556	0.4323	0.4104	0.3898	0.3704	0.3521	0.3349	0.2621	0.2072
7	0.9327	0.8706	0.8131	0.7599	0.7107	0.6651	0.6227	0.5835	0.5470	0.5132	0.4817	0.4523	0.4251	0.3996	0.3759	0.3538	0.3332	0.3139	0.2959	0.2791	0.2097	0.1594
8	0.9235	0.8535	0.7894	0.7307	0.6768	0.6274	0.5820	0.5403	0.5019	0.4665	0.4339	0.4039	0.3762	0.3506	0.3269	0.3050	0.2848	0.2660	0.2487	0.2326	0.1678	0.1226
9	0.9143	0.8368	0.7664	0.7026	0.6446	0.5919	0.5439	0.5002	0.4604	0.4241	0.3909	0.3606	0.3329	0.3075	0.2843	0.2630	0.2434	0.2255	0.2090	0.1938	0.1342	0.0943
10	0.9053	0.8203	0.7441	0.6756	0.6139	0.5584	0.5083	0.4632	0.4224	0.3855	0.3522	0.3220	0.2946	0.2697	0.2472	0.2267	0.2080	0.1911	0.1756	0.1615	0.1074	0.0725
11	0.8963	0.8043	0.7224	0.6496	0.5847	0.5268	0.4751	0.4289	0.3875	0.3505	0.3173	0.2875	0.2607	0.2366	0.2149	0.1954	0.1778	0.1619	0.1476	0.1346	0.0859	0.0558
12	0.8874	0.7885	0.7014	0.6246	0.5568	0.4970	0.4440	0.3971	0.3555	0.3186	0.2858	0.2567	0.2307	0.2076	0.1869	0.1685	0.1520	0.1372	0.1240	0.1122	0.0687	0.0429
13	0.8787	0.7730	0.6810	0.6006	0.5303	0.4688	0.4150	0.3677	0.3262	0.2897	0.2575	0.2292	0.2042	0.1821	0.1625	0.1452	0.1299	0.1163	0.1042	0.0935	0.0550	0.0330
14	0.8700	0.7579	0.6611	0.5775	0.5051	0.4423	0.3878	0.3405	0.2992	0.2633	0.2320	0.2046	0.1807	0.1597	0.1413	0.1252	0.1110	0.0985	0.0876	0.0779	0.0440	0.0254
15	0.8613	0.7430	0.6419	0.5553	0.4810	0.4173	0.3624	0.3152	0.2745	0.2394	0.2090	0.1827	0.1599	0.1401	0.1229	0.1079	0.0949	0.0835	0.0736	0.0649	0.0352	0.0195
16	0.8528	0.7284	0.6232	0.5339	0.4581	0.3936	0.3387	0.2919	0.2519	0.2176	0.1883	0.1631	0.1415	0.1229	0.1069	0.0930	0.0811	0.0708	0.0618	0.0541	0.0281	0.0150
17	0.8444	0.7142	0.6050	0.5134	0.4363	0.3714	0.3166	0.2703	0.2311	0.1978	0.1696	0.1456	0.1252	0.1078	0.0929	0.0802	0.0693	0.0600	0.0520	0.0451	0.0225	0.0116
18	0.8360	0.7002	0.5874	0.4936	0.4155	0.3503	0.2959	0.2502	0.2120	0.1799	0.1528	0.1300	0.1108	0.0946	0.0808	0.0691	0.0592	0.0508	0.0437	0.0376	0.0180	0.0089
19	0.8277	0.6864	0.5703	0.4746	0.3957	0.3305	0.2765	0.2317	0.1945	0.1635	0.1377	0.1161	0.0981	0.0829	0.0703	0.0596	0.0506	0.0431	0.0367	0.0313	0.0144	0.0068
20	0.8195	0.6730	0.5537	0.4564	0.3769	0.3118	0.2584	0.2145	0.1784	0.1486	0.1240	0.1037	0.0868	0.0728	0.0611	0.0514	0.0433	0.0365	0.0308	0.0261	0.0115	0.0053
21	0.8114	0.6598	0.5375	0.4388	0.3589	0.2942	0.2415	0.1987	0.1637	0.1351	0.1117	0.0926	0.0768	0.0638	0.0531	0.0443	0.0370	0.0309	0.0259	0.0217	0.0092	0.0040
22	0.8034	0.6468	0.5219	0.4220	0.3418	0.2775	0.2257	0.1839	0.1502	0.1228	0.1007	0.0826	0.0680	0.0560	0.0462	0.0382	0.0316	0.0262	0.0218	0.0181	0.0074	0.0031
23	0.7954	0.6342	0.5067	0.4057	0.3256	0.2618	0.2109	0.1703	0.1378	0.1117	0.0907	0.0738	0.0601	0.0491	0.0402	0.0329	0.0270	0.0222	0.0183	0.0151	0.0059	0.0024
24	0.7876	0.6217	0.4919	0.3901	0.3101	0.2470	0.1971	0.1577	0.1264	0.1015	0.0817	0.0659	0.0532	0.0431	0.0349	0.0284	0.0231	0.0188	0.0154	0.0126	0.0047	0.0018
25	0.7798	0.6095	0.4776	0.3751	0.2953	0.2330	0.1842	0.1460	0.1160	0.0923	0.0736	0.0588	0.0471	0.0378	0.0304	0.0245	0.0197	0.0160	0.0129	0.0105	0.0038	0.0014
26	0.7720	0.5976	0.4637	0.3607	0.2812	0.2198	0.1722	0.1352	0.1064	0.0839	0.0663	0.0525	0.0417	0.0331	0.0264	0.0211	0.0169	0.0135	0.0109	0.0087	0.0030	0.0011
27	0.7644	0.5859	0.4502	0.3468	0.2678	0.2074	0.1609	0.1252	0.0976	0.0763	0.0597	0.0469	0.0369	0.0291	0.0230	0.0182	0.0144	0.0115	0.0091	0.0073	0.0024	0.0008
28	0.7568	0.5744	0.4371	0.3335	0.2551	0.1956	0.1504	0.1159	0.0895	0.0693	0.0538	0.0419	0.0326	0.0255	0.0200	0.0157	0.0123	0.0097	0.0077	0.0061	0.0019	0.0006
29	0.7493	0.5631	0.4243	0.3207	0.2429	0.1846	0.1406	0.1073	0.0822	0.0630	0.0485	0.0374	0.0289	0.0224	0.0174	0.0135	0.0105	0.0082	0.0064	0.0051	0.0015	0.0005
30	0.7419	0.5521	0.4120	0.3083	0.2314	0.1741	0.1314	0.0994	0.0754	0.0573	0.0437	0.0334	0.0256	0.0196	0.0151	0.0116	0.0090	0.0070	0.0054	0.0042	0.0012	0.0004
40	0.6717	0.4529	0.3066	0.2083	0.1420	0.0972	0.0668	0.0460	0.0318	0.0221	0.0154	0.0107	0.0075	0.0053	0.0037	0.0026	0.0019	0.0013	0.0010	0.0007	0.0001	*
50	0.6080	0.3715	0.2281	0.1407	0.0872	0.0543	0.0339	0.0213	0.0134	0.0085	0.0054	0.0035	0.0022	0.0014	0.0009	0.0006	0.0004	0.0003	0.0002	0.0001	*	*
60	0.5504	0.3048	0.1697	0.0951	0.0535	0.0303	0.0173	0.0099	0.0057	0.0033	0.0019	0.0011	0.0007	0.0004	0.0002	0.0001	0.0001	*	*	*	*	*

附录三　年金终值系数表

期数	1%	2%	3%	4%	5%	6%	7%	8%	9%	10%	11%	12%	13%	14%	15%	16%	17%	18%	19%	20%	25%	30%
1	1.0000	1.0000	1.0000	1.0000	1.0000	1.0000	1.0000	1.0000	1.0000	1.0000	1.0000	1.0000	1.0000	1.0000	1.0000	1.0000	1.0000	1.0000	1.0000	1.0000	1.0000	1.0000
2	2.0100	2.0200	2.0300	2.0400	2.0500	2.0600	2.0700	2.0800	2.0900	2.1000	2.1100	2.1200	2.1300	2.1400	2.1500	2.1600	2.1700	2.1800	2.1900	2.2000	2.2500	2.3000
3	3.0301	3.0604	3.0909	3.1216	3.1525	3.1836	3.2149	3.2464	3.2781	3.3100	3.3421	3.3744	3.4069	3.4396	3.4725	3.5056	3.5389	3.5724	3.6061	3.6400	3.8125	3.9900
4	4.0604	4.1216	4.1836	4.2465	4.3101	4.3746	4.4399	4.5061	4.5731	4.6410	4.7097	4.7793	4.8498	4.9211	4.9934	5.0665	5.1405	5.2154	5.2913	5.3680	5.7656	6.1870
5	5.1010	5.2040	5.3091	5.4163	5.5256	5.6371	5.7507	5.8666	5.9847	6.1051	6.2278	6.3528	6.4803	6.6101	6.7424	6.8771	7.0144	7.1542	7.2966	7.4416	8.2070	9.0431
6	6.1520	6.3081	6.4684	6.6330	6.8019	6.9753	7.1533	7.3359	7.5233	7.7156	7.9129	8.1152	8.3227	8.5355	8.7537	8.9775	9.2068	9.4420	9.6830	9.9299	11.259	12.756
7	7.2135	7.4343	7.6625	7.8983	8.1420	8.3938	8.6540	8.9228	9.2004	9.4872	9.7833	10.089	10.405	10.731	11.067	11.414	11.772	12.142	12.523	12.916	15.074	17.583
8	8.2857	8.5830	8.8923	9.2142	9.5491	9.8975	10.260	10.637	11.029	11.436	11.859	12.300	12.757	13.233	13.727	14.240	14.773	15.327	15.902	16.499	19.842	23.858
9	9.3685	9.7546	10.159	10.583	11.027	11.491	11.978	12.488	13.021	13.580	14.164	14.776	15.416	16.085	16.786	17.519	18.285	19.086	19.923	20.799	25.802	32.015
10	10.462	10.950	11.464	12.006	12.578	13.181	13.816	14.487	15.193	15.937	16.722	17.549	18.420	19.337	20.304	21.322	22.393	23.521	24.709	25.959	33.253	42.620
11	11.567	12.169	12.808	13.486	14.207	14.972	15.784	16.646	17.560	18.531	19.561	20.655	21.814	23.045	24.349	25.733	27.200	28.755	30.404	32.150	42.566	56.405
12	12.683	13.412	14.192	15.026	15.917	16.870	17.889	18.977	20.141	21.384	22.713	24.133	25.650	27.271	29.002	30.850	32.824	34.931	37.180	39.581	54.208	74.327
13	13.809	14.680	15.618	16.627	17.713	18.882	20.141	21.495	22.953	24.523	26.212	28.029	29.985	32.089	34.352	36.786	39.404	42.219	45.245	48.497	68.760	97.625
14	14.947	15.974	17.086	18.292	19.599	21.015	22.551	24.215	26.019	27.975	30.095	32.393	34.883	37.581	40.505	43.672	47.103	50.818	54.841	59.196	86.950	127.91
15	16.097	17.293	18.599	20.024	21.579	23.276	25.129	27.152	29.361	31.773	34.405	37.280	40.418	43.842	47.580	51.660	56.110	60.965	66.261	72.035	109.69	167.29
16	17.258	18.639	20.157	21.825	23.658	25.673	27.888	30.324	33.003	35.950	39.190	42.753	46.672	50.980	55.718	60.925	66.649	72.939	79.850	87.442	138.11	218.47
17	18.430	20.012	21.762	23.698	25.840	28.213	30.840	33.750	36.974	40.545	44.501	48.884	53.739	59.118	65.075	71.673	78.979	87.068	96.022	105.93	173.64	285.01
18	19.615	21.412	23.414	25.645	28.132	30.906	33.999	37.450	41.301	45.599	50.396	55.750	61.725	68.394	75.836	84.141	93.406	103.74	115.27	128.12	218.04	371.52
19	20.811	22.841	25.117	27.671	30.539	33.760	37.379	41.446	46.019	51.159	56.940	63.440	70.749	78.969	88.212	98.603	110.28	123.41	138.17	154.74	273.56	483.97
20	22.019	24.297	26.870	29.778	33.066	36.786	40.996	45.762	51.160	57.275	64.203	72.052	80.947	91.025	102.44	115.38	130.03	146.63	165.42	186.69	342.94	630.17
21	23.239	25.783	28.677	31.969	35.719	39.993	44.865	50.423	56.765	64.003	72.265	81.699	92.470	104.77	118.81	134.84	153.14	174.02	197.85	225.03	429.68	820.22
22	24.472	27.299	30.537	34.248	38.505	43.392	49.006	55.457	62.873	71.403	81.214	92.503	105.49	120.44	137.63	157.42	180.17	206.34	236.44	271.03	538.10	1067.3
23	25.716	28.845	32.453	36.618	41.431	46.996	53.436	60.893	69.532	79.543	91.148	104.60	120.20	138.30	159.28	183.60	211.80	244.49	282.36	326.24	673.63	1388.5
24	26.974	30.422	34.427	39.083	44.502	50.816	58.177	66.765	76.790	88.497	102.17	118.16	136.83	158.66	184.17	213.98	248.81	289.49	337.01	392.48	843.03	1806.0
25	28.243	32.030	36.459	41.646	47.727	54.865	63.249	73.106	84.701	98.347	114.41	133.33	155.62	181.87	212.79	249.21	292.10	342.60	402.04	471.98	1054.8	2348.8
26	29.526	33.671	38.553	44.312	51.114	59.156	68.677	79.954	93.324	109.18	128.00	150.33	176.85	208.33	245.71	290.09	342.76	405.27	479.43	567.38	1319.5	3054.4
27	30.821	35.344	40.710	47.084	54.669	63.706	74.484	87.351	102.72	121.10	143.08	169.37	200.84	238.50	283.57	337.50	402.03	479.22	571.52	681.85	1650.4	3971.8
28	32.129	37.051	42.931	49.968	58.403	68.528	80.698	95.339	112.97	134.21	159.82	190.70	227.95	272.89	327.10	392.50	471.38	566.48	681.11	819.22	2064.0	5164.3
29	33.450	38.792	45.219	52.966	62.323	73.640	87.347	103.97	124.14	148.63	178.40	214.58	258.58	312.09	377.17	456.30	552.51	669.45	811.52	984.07	2580.9	6714.6
30	34.785	40.568	47.575	56.085	66.439	79.058	94.461	113.28	136.31	164.49	199.02	241.33	293.20	356.79	434.75	530.31	647.44	790.95	966.71	1181.9	3227.2	8730.0
40	48.886	60.402	75.401	95.026	120.80	154.76	199.64	259.06	337.88	442.59	581.83	767.09	1013.7	1342.0	1779.1	2360.8	3134.5	4163.2	5529.8	7343.9	30089	120393
50	64.463	84.579	112.80	152.67	209.35	290.34	406.53	573.77	815.08	1163.9	1668.8	2400.0	3459.5	4994.5	7217.7	10436	15090	21813	31515	45497	280256	*
60	81.670	114.05	163.05	237.99	353.58	533.13	813.52	1253.2	1944.8	3034.8	4755.1	7471.6	11762	18535	29220	46058	72555	114190	179495	281733	*	*

附录四　年金现值系数表

期数	1%	2%	3%	4%	5%	6%	7%	8%	9%	10%	11%	12%	13%	14%	15%	16%	17%	18%	19%	20%	25%	30%
1	0.9901	0.9804	0.9709	0.9615	0.9524	0.9434	0.9346	0.9259	0.9174	0.9091	0.9009	0.8929	0.8850	0.8772	0.8696	0.8621	0.8547	0.8475	0.8403	0.8333	0.8000	0.7692
2	1.9704	1.9416	1.9135	1.8861	1.8594	1.8334	1.8080	1.7833	1.7591	1.7355	1.7125	1.6901	1.6681	1.6467	1.6257	1.6052	1.5852	1.5656	1.5465	1.5278	1.4400	1.3609
3	2.9410	2.8839	2.8286	2.7751	2.7232	2.6730	2.6243	2.5771	2.5313	2.4869	2.4437	2.4018	2.3612	2.3216	2.2832	2.2459	2.2096	2.1743	2.1399	2.1065	1.9520	1.8161
4	3.9020	3.8077	3.7171	3.6299	3.5460	3.4651	3.3872	3.3121	3.2397	3.1699	3.1024	3.0373	2.9745	2.9137	2.8550	2.7982	2.7432	2.6901	2.6386	2.5887	2.3616	2.1662
5	4.8534	4.7135	4.5797	4.4518	4.3295	4.2124	4.1002	3.9927	3.8897	3.7908	3.6959	3.6048	3.5172	3.4331	3.3522	3.2743	3.1993	3.1272	3.0576	2.9906	2.6893	2.4356
6	5.7955	5.6014	5.4172	5.2421	5.0757	4.9173	4.7665	4.6229	4.4859	4.3553	4.2305	4.1114	3.9975	3.8887	3.7845	3.6847	3.5892	3.4976	3.4098	3.3255	2.9514	2.6427
7	6.7282	6.4720	6.2303	6.0021	5.7864	5.5824	5.3893	5.2064	5.0330	4.8684	4.7122	4.5638	4.4226	4.2883	4.1604	4.0386	3.9224	3.8115	3.7057	3.6046	3.1611	2.8021
8	7.6517	7.3255	7.0197	6.7327	6.4632	6.2098	5.9713	5.7466	5.5348	5.3349	5.1461	4.9676	4.7988	4.6389	4.4873	4.3436	4.2072	4.0776	3.9544	3.8372	3.3289	2.9247
9	8.5660	8.1622	7.7861	7.4353	7.1078	6.8017	6.5152	6.2469	5.9952	5.7590	5.5370	5.3282	5.1317	4.9464	4.7716	4.6065	4.4506	4.3030	4.1633	4.0310	3.4631	3.0190
10	9.4713	8.9826	8.5302	8.1109	7.7217	7.3601	7.0236	6.7101	6.4177	6.1446	5.8892	5.6502	5.4262	5.2161	5.0188	4.8332	4.6586	4.4941	4.3389	4.1925	3.5705	3.0915
11	10.3676	9.7868	9.2526	8.7605	8.3064	7.8869	7.4987	7.1390	6.8052	6.4951	6.2065	5.9377	5.6869	5.4527	5.2337	5.0286	4.8364	4.6560	4.4865	4.3271	3.6564	3.1473
12	11.2551	10.5753	9.9540	9.3851	8.8633	8.3838	7.9427	7.5361	7.1607	6.8137	6.4924	6.1944	5.9176	5.6603	5.4206	5.1971	4.9884	4.7932	4.6105	4.4392	3.7251	3.1903
13	12.1337	11.3484	10.6350	9.9856	9.3936	8.8527	8.3577	7.9038	7.4869	7.1034	6.7499	6.4235	6.1218	5.8424	5.5831	5.3423	5.1183	4.9095	4.7147	4.5327	3.7801	3.2233
14	13.0037	12.1062	11.2961	10.5631	9.8986	9.2950	8.7455	8.2442	7.7862	7.3667	6.9819	6.6282	6.3025	6.0021	5.7245	5.4675	5.2293	5.0081	4.8023	4.6106	3.8241	3.2487
15	13.8651	12.8493	11.9379	11.1184	10.3797	9.7122	9.1079	8.5595	8.0607	7.6061	7.1909	6.8109	6.4624	6.1422	5.8474	5.5755	5.3242	5.0916	4.8759	4.6755	3.8593	3.2682
16	14.7179	13.5777	12.5611	11.6523	10.8378	10.1059	9.4466	8.8514	8.3126	7.8237	7.3792	6.9740	6.6039	6.2651	5.9542	5.6685	5.4053	5.1624	4.9377	4.7296	3.8874	3.2832
17	15.5623	14.2919	13.1661	12.1657	11.2741	10.4773	9.7632	9.1216	8.5436	8.0216	7.5488	7.1196	6.7291	6.3729	6.0472	5.7487	5.4746	5.2223	4.9897	4.7746	3.9099	3.2948
18	16.398	14.992	13.754	12.659	11.690	10.828	10.059	9.372	8.756	8.201	7.7016	7.2497	6.8399	6.4674	6.1280	5.8178	5.5339	5.2732	5.0333	4.8122	3.9279	3.3037
19	17.226	15.679	14.324	13.134	12.085	11.158	10.336	9.604	8.950	8.365	7.8393	7.3658	6.9380	6.5504	6.1982	5.8775	5.5845	5.3162	5.0700	4.8435	3.9424	3.3105
20	18.046	16.351	14.878	13.590	12.462	11.470	10.594	9.818	9.129	8.514	7.9633	7.4694	7.0248	6.6231	6.2593	5.9288	5.6278	5.3527	5.1009	4.8696	3.9539	3.3158
21	18.857	17.011	15.415	14.029	12.821	11.764	10.836	10.017	9.292	8.649	8.0751	7.5620	7.1016	6.6870	6.3125	5.9731	5.6648	5.3837	5.1268	4.8913	3.9631	3.3198
22	19.660	17.658	15.937	14.451	13.163	12.042	11.061	10.201	9.442	8.772	8.1757	7.6446	7.1695	6.7429	6.3587	6.0113	5.6964	5.4099	5.1486	4.9094	3.9705	3.3230
23	20.456	18.292	16.444	14.857	13.489	12.303	11.272	10.371	9.580	8.883	8.2664	7.7184	7.2297	6.7921	6.3988	6.0442	5.7234	5.4321	5.1668	4.9245	3.9764	3.3254
24	21.243	18.914	16.936	15.247	13.799	12.550	11.469	10.529	9.707	8.985	8.3481	7.7843	7.2829	6.8351	6.4338	6.0726	5.7465	5.4509	5.1822	4.9371	3.9811	3.3272
25	22.023	19.524	17.413	15.622	14.094	12.783	11.654	10.675	9.823	9.077	8.4217	7.8431	7.3300	6.8729	6.4641	6.0971	5.7662	5.4669	5.1951	4.9476	3.9849	3.3286
26	22.795	20.121	17.877	15.983	14.375	13.003	11.826	10.810	9.929	9.161	8.4881	7.8957	7.3717	6.9061	6.4906	6.1182	5.7831	5.4804	5.2060	4.9563	3.9879	3.3297
27	23.560	20.707	18.327	16.330	14.643	13.211	11.987	10.935	10.027	9.237	8.5478	7.9426	7.4086	6.9352	6.5135	6.1364	5.7975	5.4919	5.2151	4.9636	3.9903	3.3305
28	24.316	21.281	18.764	16.663	14.898	13.406	12.137	11.051	10.116	9.307	8.6016	7.9844	7.4412	6.9607	6.5335	6.1520	5.8099	5.5016	5.2228	4.9697	3.9923	3.3312
29	25.066	21.844	19.189	16.984	15.141	13.591	12.278	11.158	10.198	9.370	8.6501	8.0218	7.4701	6.9830	6.5509	6.1656	5.8204	5.5098	5.2292	4.9747	3.9938	3.3317
30	25.808	22.397	19.600	17.292	15.373	13.765	12.409	11.258	10.274	9.427	8.6938	8.0552	7.4957	7.0027	6.5660	6.1772	5.8294	5.5168	5.2347	4.9789	3.9950	3.3321
40	32.835	27.356	23.115	19.793	17.159	15.046	13.332	11.925	10.757	9.779	8.9511	8.2438	7.6344	7.1050	6.6418	6.2335	5.8713	5.5482	5.2582	4.9966	3.9995	3.3332
50	39.196	31.424	25.730	21.482	18.256	15.762	13.801	12.234	10.962	9.915	9.0417	8.3045	7.6752	7.1327	6.6605	6.2463	5.8801	5.5541	5.2623	4.9995	3.9999	3.3333
60	44.955	34.761	27.676	22.624	18.929	16.161	14.039	12.377	11.048	9.967	9.0736	8.3240	7.6873	7.1401	6.6651	6.2492	5.8819	5.5553	5.2630	4.9999	4.0000	3.3333

[1] 中国注册会计师协会. 财务成本管理[M]. 北京：中国财政经济出版社，2024.

[2] 财政部会计财务评价中心. 财务管理[M]. 北京：经济科学出版社，2024.

[3] 中国注册会计师协会. 经济法[M]. 北京：中国财政经济出版社，2024.

[4] 王化成，佟岩. 财务管理学[M]. 北京：中国人民大学出版社，2024.

[5] 陈玉菁. 财务管理实务与案例[M]. 北京：中国人民大学出版社，2019.

[6] 马忠. 公司财务管理案例分析[M]. 北京：机械工业出版社，2016.

[7] 刘淑莲. 公司理财[M]. 北京：中国人民大学出版社，2022.

[8] 尤金·F. 布里格姆，乔尔·F. 休斯顿. 财务管理[M]. 张敦力，杨快，赵纯祥，李银香，马光华，译. 北京：机械工业出版社，2018.

[9] 斯蒂芬·A. 罗斯，伦道夫·W. 威斯特菲尔德，杰弗利·F. 杰富. 公司理财[M]. 吴世农，沈艺峰，王志强，等，译. 北京：机械工业出版社，2012.